我的外公

张人希

［新加坡］林竹青 著

上海三联书店

谨将此书献给外公在天之灵

目录

引 子

　　命运这东西,只有一半是天定的,而另一半却掌握在自己的手中。——张人希

　　在中国福建东南沿海隔着一条海峡与台湾遥相对望的地方,有一座美丽繁华的亚热带小岛,东西距离十三公里,南北距离十四公里,全岛面积约一百三十五平方公里,是福建省的第四大岛屿。岛的南部山峦起伏,奇石遍布。岛上棕榈树、凤凰树、三角梅等亚热带花木异常繁茂,气候怡人、四季如春,素有"海上花园"之称。而在远古时代,这座美丽的小岛上渺无人烟,栖息在这里的只有一群又一群的白鹭,所以名为"鹭岛"。岛上稻谷丛生,因此也称"嘉禾屿"。直到三千多年前,这座岛上才开始有人生活繁衍。

　　明朝为在沿海防御倭寇,于这座岛上驻军扎寨,建设了"厦门城"。明末郑成功在这里抗清,驱逐荷兰人,光复台湾,将她改名为"思明州"。鸦片战争后,清政府签订了丧权辱国的《南京条约》,由于她是一个天然深水良港,被列强看中,便强迫清廷将她和其他四个地方,包括上海、广州、福州、宁波同时开放,这就是所谓的"五口通商"。

　　厦门老城位于岛的西南面,于1392年建成,呈圆形。周围约四百二十五丈,有四个城门:东边的"启明"、西边的"怀音"、南边的"洽德"与北边的"潢枢"。清兵入关后,1682年扩建厦门城,周围扩展到六百丈,城高三丈,仍有四个城门,后来还在每个城门装上两门二千斤重的"牛腿炮"。这座城的城墙一直到1928年厦门开辟马路时才拆除。清李惺有诗曰:

分控东南接大荒，八闽门户此雄疆。

山身戴石千头黑，海面粘天一气黄。

杂杂夷舡犹鲛鳄，喧喧袄教沸蜩螗。

戍楼三两残兵在，指点当年小战场。

在 20 世纪的 50 年代，当地政府在岛的西北端填海建设了一条海堤，一端连着厦门岛，另一端连着大陆那头的集美镇，使她成为一个人工半岛。90 年代初期，为了应付繁忙的交通需要，又在海堤旁边兴建了一座厦门大桥。90 年代末，为了更好发展厦门半岛的周边地区，当地政府又投资建设了一条连接厦门半岛西边中部及大陆那边的海沧地区的海沧大桥。为了舒缓交通，2008 年，厦门岛与集美之间的集美大桥通车。两年后，厦门岛东边与翔安半岛西边之间的翔安海底隧道启用。随着城市的扩建，如今的厦门市范围已覆盖周边诸多城镇，全市总面积达到一千六百四十平方公里，人口约四百万。

水不在深，有龙则灵。厦门虽偏于一隅，却地灵人杰，名人辈出。比如宋代的著名政治与科学家苏颂、近代爱国华侨领袖陈嘉庚、近代体育家马约翰、近代妇产科专家林巧稚和当代钢琴家殷承宗等。曾经在厦门地区侨居、成长而名扬天下的有南宋理学家朱熹、明朝历史文化名人蔡复、明末民族英雄郑成功和近代数学家陈景润等。

在老市区西南边思明南路大生里东侧有座鸿山公园，海拔 99.2 米。这座公园傍山面海，每逢风雨交加的天气，雨因为风顺着山势来回旋转，雨丝随风飞旋飘忽，相互穿梭交错，形成著名的厦门八大景之一"鸿山织雨"。

鸿山公园东北侧有两幢如双子楼般耸立着的大厦，北座四楼面向思明南路的单元只有一百三十几平方米大小。公元两千年初，这里曾经布置得简洁雅致。从大门进去，左右两边墙上挂满了墨宝，有刘海粟、沈从文、叶圣陶、俞平伯、赖少其、刘汉、张正宇、苏渊雷、张晓寒和陈子奋等诸多近代赫赫有名的文学艺术大师们的真迹，或字或画。正对大门有一套黑色沙发，中间三人座沙发背后是一片玻璃窗，窗外的花槽种满了花木，玻璃窗窗沿上方横挂着一幅由当代著名画家黄永玉题的楼号"听涛楼"。楼主是厦门当地几乎家喻户晓、德高望重、集诗书画印于一身的著名老艺术家张人希先生，他是我的外公。

......

关于命运究竟掌控在谁的手中这个问题争议由来已久,却从无定论。或许每个人的理解都基于自己的经验与认知。对于像我外公这样一个以入世的态度做事、以出世的态度做人的人,既不和他人争一日之长短,也从来不屈服于命运,尽管出生寒门,十个月失怙,但他善用与生俱来的聪明才智经营了十分充实且收获甚丰的一生,的确没有理由不相信命运有一半掌控在自己手中。然而,事物总是有其两面性,必然中有偶然,偶然也创造了必然。假使我外公不生长在上世纪民国初年的泉州那样一座文化气息极其浓厚的千年古城,并在二十岁时因为一方印章得到弘一大师的青睐收为授名弟子,以此铺开贯穿其一生最重要的师友人脉网,他还会是人们眼中的张人希吗?

第一章 九十个春秋

第一节 泉州

1. 出生

福建省最早的名字为"闽",是闽南话"蛮"的谐音。公元前334年,周晋王三十五年时越王勾践七世孙无疆与楚威王作战,失败后被楚威王所杀。越王族逃亡,率其国民航海迁徙入闽,这是历史上记载着的华夏人最早入闽的故事。

公元3世纪后,居住在黄河流域的人不断南迁入闽。唐朝末年农民起义,中原入闽移民浪潮汹涌,其中以河南人居多,闽南话正是古代河南河洛地区的方言土话。

离厦门一百公里外有一座城市叫泉州,历史悠久,文化古迹无处不在。唐朝时,它的"刺桐港"已经是中国最重要的对外贸易口岸,乃古代"海上丝绸之路"的起点。元朝时更号称"东方第一大港",与埃及的亚历山大港并列为世界最大的两个贸易港。

晚清时期,泉州城旧驿巷一条死胡同的尽头住着一户张姓人家,兄弟三个育有子女十人,同在一个屋檐下生活。

张家的祖先据传是明朝末年从河南迁徙过来的,至于来自河南哪里,时隔四五百年,如今有了两个版本。

开封说是我的上一代人广泛流传的段子。

传说明末开封府里有户张姓人家,父亲早丧,家中一贫如洗。由于生活所迫,寡母决定改嫁以换取金钱养活儿子。出阁那天,年仅五岁的儿子抱住母亲的大腿哭倒在地上死活不肯起来,但接载母亲的轿子还是离开了,留下那个失去爹又没了娘凄苦无助的孤雏。这孩子十分伤心,立志长大后一定要出人头地,将母亲接回家来。他刻苦读书,十分成器。有说他应试高中,仕途得意;也有说他长大成了商贾,不管哪一种,结局都说他果然将母亲接回家侍奉终老,并成为后世流传的一段佳话。

另一说则没有那么戏剧化。

据我称其为姑婆的张丽玲女士说,张家乃唐朝河南张公艺的后人,因为族谱中书有"百忍传家",源于唐高宗赐封张公艺的堂号"百忍堂"。张公艺(577—676年)是河南寿张县(今濮阳市台前县)张家庄村人士。根据族谱,张丽玲的曾祖父(人称吕凡叔)是我外公张人希的祖父的堂兄弟。

河南张家因何南下已经无从考证,只知道其后人世代都是读书人。发达时曾买下泉州东岳山一片山地,建了张家祠,并将那地作为义山免费供给贫苦人家安葬先人。

清末时旧驿巷这一户张家经营客运,拥有几艘泉州人口中的"网仔船"穿梭往返于泉州与宁波、上海等地。可惜到了民初时,因生意失败,张家已落魄到把自己的祖屋典当以维持生计了。

三兄弟中的老二名张雨水,其长子名张泽川,字马德,是一个极为善良的人。传说他看见活鱼活虾总不忍杀生,将之放生。张泽川不仅一表人才,相貌堂堂,而且交游很广。他在厦门洪本部侨批局当账房先生。洪本部是厦门的地方名,即后来的第八菜市场附近。侨批局乃当时的厦门银行工会。

张泽川在十个堂兄弟姐妹中排行第二。他的堂大哥在学堂里因同学恶作剧在他要坐下时抽掉椅子害他摔坐在地上头部重创成了痴呆,排行老二的张泽川便成了家族的顶梁柱。为了侨批局丰厚的报酬,张泽川远赴离泉州城一百多公里的厦门岛工作。他自视甚高,不近女色,三十出头还未成家。他又酷爱书画,珍藏有《芥子园画谱》及《古今名人画册》等。有一回他买了宣纸,裁成几十张三十二开大小的单页,先十分用心地在每张单页上画了各种不同的美术图案边框,然后向泉州地区著名的书画家们索求字画,并将之梅花间竹,做成"什锦"字画册。

1914年,年逾三十的张泽川拗不过父母之命、媒妁之言,终于迎娶了泉州府一户王姓人家年方十六的闺女金姑。王家虽非大户人家,但金姑的父亲是个知书达理之人,家教极为严苛。

王金姑出生于 1898 年。五岁的时候父母给她缠足,她挣扎反抗,但王父固执地坚持,说怕她长大嫁为人妇后抱着孩子走街串巷有失体统,会丢夫家的脸。

在那个女子无才便是德的时代,王金姑的父母不让她读书识字,自幼督促她学女红。除了刺绣、剪纸花,王母也教会她梳妆打扮,灌输给她许多为人处世的道理。

光阴荏苒,日渐长大的王金姑学会了为自己的三寸金莲做鞋子:以锦缎做面,很像现今流行的坡跟高跟鞋,鞋底模样的木质材料做鞋跟,在锦缎上用五光十色的丝线层层叠叠地绣出不同的花卉,裹住鞋跟就成了特制的手工鞋子。为了阻止脚长大,缠脚的人必须用长长的白布条长年捆绑着脚趾头与脚后跟,脚背被扭曲后与地面几乎垂直耸立在脚趾头上。可以想见,王金姑一辈子都像穿着特别高的高跟鞋一样,得用脚趾头和脚后跟支撑着身体的全部重量,举步维艰。然而,根深蒂固的封建思想也深深地禁锢了王金姑一辈子。她一直珍视这种残缺的美,直到八十二岁高龄去世时依然拥有三寸金莲。

⋯⋯

洞房花烛夜,新郎张泽川掀起了素未谋面的新娘王金姑的盖头,不知是否为了化解紧张情绪,他劈头竟然对新娘子说:"早知道你长得这么丑,我就不娶你了。"这真是当头一棒!丈夫的英俊和自己的相貌对比强烈,王金姑很不是滋味,耿耿于怀一辈子。数十年后,每逢她对重外孙女竹青我反复唠叨这段陈年往事时,总不忘提及新婚之夜相公对她说过的这第一句话。

王金姑虽然相貌平凡,但心灵手巧、大方得体,深得丈夫欢心。夫妻俩十分恩爱,举案齐眉,相敬如宾。

长辈给四位嫁入张家的妯娌们各取一字,王金姑字益舍。从此人们都称呼她王益舍,而把她的原名王金姑给淡忘了。

张泽川的工作每年有一半时间在厦门,另一半在泉州。王益舍随家人在泉州生活。虽然厦门和泉州之间只隔一百多公里,但在交通极其不便的民国初年,回一趟家并非易事。张泽川抱子心切,可婚后数年王益舍还没有害喜现象,难免为此紧张不安。

邻居林姓夫妻与张泽川夫妇相交甚笃。林家已经养了个儿子,张泽川十分艳羡,每次回泉州,必定要去抱抱林家的儿子。后来林先生的妻子又身怀六甲,张泽川夫妇便与林家约定,如果生下来的是儿子就过继给张泽川,若生下个女儿,则给张家做童养媳,并从立约的那天起每月送一个银元给孕妇养胎。

1917年,林家添了一个女婴,取名爱琴,并依约将林爱琴给张家做童养媳。根据风俗,孩子出生后长辈们要拿新生儿的八字去算命,张泽川去请教算命先生。根据八字一推,算命先生竟然给林爱琴批了个"暗夫命",意思是说林爱琴一生将不只嫁一次。这可犯难了!经过商量,张泽川夫妻决定将林爱琴过继为女儿。

断奶前张爱琴仍由亲生母亲抚育,而后才进张家。说来可巧,小爱琴一进张家门,王益舍就怀孕了。1918年12月15日(戊午年十一月十三日),张家迎来一个男婴。不用说,当父亲的张泽川与当祖父的张雨水不知道有多欢喜了!男婴的降临是幸福的象征,这一房后继有人了。家里根据族谱的字辈给孩子取名叫"仁熙"。小仁熙的鼻孔生得大,俗称"狮鼻",故又给他起了个乳名叫"虎狮"。

张仁熙出世的时候身体被胎衣包裹着,泉州人说这样的孩子天生"比较贵气",意思是说这孩子比较矜贵。初为人母的王益舍很珍视儿子的胎衣,将它晒干,珍藏在箱子里。

自从弟弟来到了人间,爷爷与父母都非常高兴,对张爱琴更疼爱有加。用迷信的话说,张爱琴命好,一进门就招了个弟弟。

王益舍右手长着断掌纹,有道断掌的女人剋夫。张仁熙出世才十个月,全家人还怀有强烈的幸福感与无限的憧憬时,张泽川突然因为拔牙后伤口受到感染谢世。这对年方二十一岁的王益舍及还在襁褓中的儿子张仁熙,乃至整家人无疑是个致命打击。

张家住在旧驿巷胡同的尽头。据说那天有人看到一个浑身上下穿着白罗纱裙的女人翩翩地沿着胡同飘进了张家,紧接着张泽川就断气了。王益舍十分迷信,听说婆婆的结拜姐妹桂姨能和她所供奉的"星子公"对话,便去找星子公"请神"。星子公是一尊得道升天的神灵,通过他所附体的桂姨告诉王益舍,说张泽川前世欠人家的债,那女鬼今生来索命。对这种鬼神与宿命论王益舍深信不疑。基于对丈夫的爱,她开始吃长斋,求神灵保佑儿子。为了儿子不被人当母亲的"拖油瓶"瞧不起,她决计终身不改嫁。

眼见儿子在咿呀学语中日渐长大，长得酷似先夫，王益舍触目伤情。但她是个内心十分强大的女人。既然张爱琴已当做女儿抚养，她便又去领养了一个童养媳，小名阿尚。阿尚比张仁熙小一岁。幼小的张仁熙哪懂得母亲的心思，和张爱琴及阿尚只管玩在一起。一个是姐姐，另一个当然是妹妹。

泉州有先人死后在家"藏棺"三年的民俗。不满五十而身亡者谓之"夭寿"，其棺只能藏于后房内。由于家贫无钱下葬，三年后张泽川的棺木还继续藏在后房，架在两条板凳上，与妻儿"生死相依"。少不更事的孩子们不晓得父亲为何老睡在那个奇特的床里不起来，母亲为何总独自垂泪。他们每天都乖乖地陪母亲上香跪拜，玩耍时则绕着父亲的棺木跑或者捉迷藏。渐渐地，小仁熙对棺木上的龙凤彩绘与驾鹤飞天的人物图案开始着迷，觉得它们真叫个好看。他将小手指头贴在图案上比划描摹，假装自己在画画，自娱自乐。

三岁多的时候，张仁熙在父亲的棺木边玩耍时无意间发现棺木前方的桌子有个小小的抽屉。好奇心驱使他偷偷地拉开抽屉，霍然看见里面藏有《芥子园画谱》与《古今名人画册》，还有几十张书画小品。他又惊又喜，如获至宝，将它们小心翼翼地珍藏起来。也许世界上很多事情真的冥冥中早已注定，这些遗物仿佛张泽川从九泉之下寄予儿子的期望，所以张仁熙注定要疯狂地爱上绘画，穷其一生不倦追求。

据王益舍回忆说，儿子很小的时候有一天在自家门口的地上玩耍时曾有个算命先生经过，他摸了摸儿子的头告诉自己，说这孩子将来会成大器，可惜命中剋父，但却会侍奉母亲直到很老很老。

所谓福无双至，祸不单行。张泽川的三弟，十个堂兄弟姐妹中排行第九，也是最疼爱张仁熙的九叔，在十九岁那年逛完元宵花灯回家就病倒了，不久便去世。至此，家里连同张雨水的三弟已经累积了两代人三口棺材。典当出去的自住祖屋尚且没有钱赎回，更遑论筹措殡葬费用。一直藏棺在家，犯了泉州人所谓的已去的先人会召唤活着的后人之忌，张家上下为此十分犯愁。

张泽川排行第五的堂弟媳杨发舍娘家有座房子位于泉州城南邻近关岳庙的肖下埕，此时正因破败不堪急需款项修葺。杨发舍九岁时就与张家老五订婚，十七八岁入门。婚后不久，丈夫学人家漂洋过海到南洋谋生，从此一去不回头，杳无音信。杨家与张家商议，由张家出资帮他们修葺屋子，完成后腾出一部分房间给张家的人居住，双方一拍即合。张家把祖屋卖掉，还了房子的质押款，将已逝的三人同时殡葬。三口棺材一起抬出家门时的凄惨之状难以言喻。张仁熙后来每当忆起这段往事时总情难自禁，不胜唏嘘。

肖下埏除邻近关岳庙，还紧邻清净寺、铜佛寺及承天寺。过了承天寺往西北不远就是开元寺。因为房子不够大，张仁熙的堂八叔与媳妇枣舍被迫自立门户，直至年迈去世。

张仁熙成天津津有味地研究他的宝贝画谱，继而在地上墙上用木炭或瓦片依样画葫芦地描摹。五岁多的时候，在药房当账房先生的邻居坤叔无意间看到了一张小仁熙画的小船，非常惊讶。他知道张家孤儿寡母家徒四壁穷得买不起纸笔，便给张仁熙送来他药房里一些准备丢弃的旧笔和旧账簿，还教他到税务局拣废纸习字。张仁熙从此更加勤奋地临摹画谱，练习书法。

有一天，张仁熙将纸张裁成拳头大小的纸片，在每张纸片上写了个斗大的毛笔字，得意地去找他的爷爷张雨水批示。

"爷爷、爷爷，您看我的字写得好看吗？"张仁熙歪着头天真地等着爷爷夸奖。

"玩去。"张雨水正忙着，接过来瞄了一眼随口又问，"这是谁给你的？"

"我写的！"张仁熙嘟起小嘴。

"你写的？"张雨水推推老花眼镜，拿起那叠纸头又翻了翻，将眼镜拉到鼻尖，低头抬眼盯着孙子的脸问："你写的？你才几岁？六七岁的小孩子能写这样的字？"

张仁熙不敢辩驳，委屈地走了。半个世纪之后他屡次对外孙女竹青我提起这件往事，不无后悔地感慨道："当时我真傻呀，怎么就不懂得对他说：您不相信的话，我这就拿笔当面写给您看呢？"

失去经济顶梁柱后，张泽川的二弟，在堂兄弟姐妹中排行第六的张派然被迫扛起当家的担子。但张派然既无乃兄的学问与能力，也没有固定工作，只能从外面盘些纱绣活回家与嫂子王益舍一起做。为了撑起这个家，他终生未娶。

孩子幼小，养育三个孩子的重担落到了王益舍弱小的肩膀上。那个年头的女人不好抛头露面，她只能靠一手精湛的针线手艺挣钱糊口。每当张派然盘不到活计回来时，母子四人往往断炊挨饿，而有活干时，王益舍则要漏夜赶工。她先将孩子们料理好，哄他们入睡，然后挑一盏小油灯通宵达旦做纱绣。

纱绣即纳纱绣，是传统刺绣工艺。以透明的罗纱作底，依照罗纱的经纬施针，将彩丝戳纳成花、草、垂柳等。丝线通过紧绷的罗纱，每抽起一针就会发出"咻……咻……"的声音。穷人家的孩子早熟，张仁熙对竹青说，他躺下后总佯装睡着的模样，用棉被蒙着头，侧耳倾听母亲做纱绣发出的声音。每当听不到声音的时候，他便知道母亲困了，开始打盹了。然而不一会儿，"咻……咻……"的声音便又响起。生活的重负压着母亲，也压在自己幼小的心上，叫他痛苦万分，不知怎样才能为母亲分担？

王益舍对孩子们十分疼爱，从不打骂他们。然而，有一回，她的箆子不知何故断了，她十分生气和伤心。男孩生性调皮，首先成了最大的嫌疑犯。王益舍想当然地责骂了儿子。小仁熙心里十分委屈，但见到母亲那么伤心生气的模样，不敢申辩。直到他当了人家的外祖父，才对他的"桂花孙女"我喊冤。

王益舍很喜欢儿子认真研究字画的模样，那像极了已经亡故的丈夫。她给小仁熙买了许多薄竹纸，让他将《芥子园画谱》和《古今名人画册》一幅幅勾影描绘。小仁熙描了又描，渐渐地开始自由发挥，创作出一点新花样来。有一天，他画了一幅白描兰花，王益舍觉得很漂亮，便将图案绣成枕套，让人拿到市集里去碰运气，居然卖了。小仁熙获悉十分雀跃，他发现了一个帮助母亲赚钱的方法。

农历新年来临前，张仁熙和与他同龄的邻居兼"结义兄弟"陈加水一起跑到集市为人写挥春，五个铜板一幅。当时他年仅七岁多，个头太小，桌子太高，于是站到小凳子上写。许多路人好奇地围观，啧啧称奇，更有人称赞他为"未来的曾振仲"。曾振仲乃进士出身，擅长书法，在泉州负有盛名。

张仁熙是个长情的人，虽然每个人的际遇不同，但与发小们的友情却一生一世，比如陈加水（又名家水、嘉水）。七十六年后，时年已八十有三的陈加水从泉州回给张仁熙的信中如此写道：

人希兄：

　　手书及作品集均收到。当日，观赏之后，感慨万千！致未及时回复，请谅！

　　首先令弟惊异的，是来照龙准丰耳，雍容端庄，特别是人中深长，地谷方圆，是晚年福寿双增。这不是恭维，是相貌所必然，可贺！

其次，对于诗、书、画，弟是略懂皮毛，可称"三绝"。至于金石篆刻，门外汉只能作老牛了。

弟前寄照片，只让故人一见瘦影，换来的却是整套的作品集，正合古人所言"抛砖引玉"。当将此集，作为子孙传家之宝。

咱俩同属马，兄遨游世界，潇洒自如，若天马行空。弟株守家园，一事无成，相形而见拙。幸蒙不忘"车笠"，但是晚了，欲"附骥"已无能了。

何日惠临蜗居？共忆往事，甚盼！

顺夹去我们青年时照片二张，作为回忆。

谨复、并祝

全家健康！

弟家水

2001 年 6 月 29 日下午寄

泉州的东街有位著名的老中医名叫王年仙，医术高明。据传他帮人家看病只要把把脉，便能断定出病人三天前曾吃过什么东西。他行医，遇到穷苦人家，非但不收诊金，还常常施医赠药。

有一天，张派然的胃病又犯了，痛苦难当。堂五嫂杨发舍的出家胞弟认识王医生，便帮忙请他来张家。

王医生进门时头戴碗帽，身上穿的蓝布衫长过了膝盖，脚上踩着一对靴子，束着脚，腋下夹着一把雨伞。小仁熙和姐妹们隔着窗户偷看，悄悄议论说这个王医生的穿着好怪异，活像个唱大戏的。

不久之后，因为杨发舍的养女阿安休克又请王医生来。王医生把完脉后说孩子没有大碍，半夜自然会醒。大家听了都半信半疑，但无计可施。半夜里，阿安突然醒了，哭着叫"妈妈"，大家不得不佩服王医生医术高超。

王医生出诊帮人看病，从不坐车，而走路去。别人问他为什么不坐车？他答："坐车的费用可以医一个病人。"他替病人的家属省车马费。开药方时，王医生往往一连开几张，上面做了眉批，注明早晚的服法。别人问他为什么一次性开了那么多张？他回答说：医生看病，复诊时的药方通常只需加减一两味。如果多出诊一次，病人就得多付一次诊金，所以一次性给开了。

王医生的医德深深震撼了张仁熙,在他幼小的心灵里播下了为人处事准则的优良种子。这种高尚的品德在小仁熙的心灵里生根发芽,影响了他日后整整一辈子。

儿子的教育是王益舍最放不下的心头大事。张仁熙八岁那年,益舍用辛苦攒了多年的钱将他送去私塾。张仁熙开始的时候十分高兴,然而,从小就酷爱美术的他对先生要他死记硬背《四书五经》却提不起兴趣。他最感兴趣的是书本四周的空位,于是便在所有空位画上各种图案,还用薄竹纸临摹了多张画册里的小图分赠给同学。有一天,老学究先生发现张仁熙画的那些小图,十分震怒,把他叫到跟前问:"这些画全是你画的吗?""是的。"张仁熙得意地答。先生认真检查他的课本,发现每页边上都涂满了图案后生气地叫他把手伸过来,拿起戒尺就打。连续打了十二下手心后责令张仁熙说:"以后要专心读书,不许再画画!""不许画画,那读书有什么用呢?"老师的惩罚严重伤害了张仁熙童稚的心,第二天他再怎么也不肯去上学。尽管平时精乖伶俐,对寡母千依百顺,但这次却固执得像一头蛮牛,任母亲好话说尽都拉不动。他坚持退学。

张雨水日益老迈,每况愈下,渐渐地卧床不起。张仁熙九岁的时候,爷爷终于寿终正寝。

关岳庙对面成立了一所叫"立诚小学"的新潮小学。张仁熙十岁那年,王益舍再次凑了学费将他送进立诚小学读书,插班四册。四册相等于如今的小学二年级下学期。新式的教育鼓励学生在各领域全面发展,张仁熙如鱼得水,书读得格外起劲。在班上他绘画成绩最好,同学们都很仰慕,纷纷建议说:"你以后应该去考上海美专。"张仁熙深以为然,牢牢记住这些话。

进了立诚小学不久,艺术方面的天赋很快就被校长发现。校长是泉州有名的书法家,觉得这学生是个可造之材,十分喜欢他,常常给予鼓励。有一回,学校举行书法比赛,同学们一致认为张仁熙必定夺冠,岂料比赛结果公布时他竟名落孙山。原来他从小就不喜欢写小楷,所以比赛时只交了行、草、隶、篆,独独没有楷书,无缘问鼎奖状。但他全然不为赛果所动,依然我行我素按照自己的喜好练字。

入学后,张仁熙觉得自己的名字笔画繁多很累赘,便自作主张地给自己改了个笔画较少的名字:人希。少小的他并没有想过名字里暗藏的玄机,但他的确给自己改了一个好名字!

张人希天生有很强的模仿能力。有一回,他在街旁看人家刻印章,见印工手操一把三角刀,在一块石头切面上刻出字样来,看得很是认真。一位同学知道后送他一把三角刀,他收到礼物如获至宝,便操刀依葫芦画瓢,煞有介事地模仿那位印工刻起印章来。

由于家贫无力缴纳学费,跟着的那个学期开学时,张人希没有缴费蒙混了过去。第二年冬季开学时,由于欠费的学生太多,学校制定新的注册办法:先交学费、后填注册单,然后才领课本。张人希在校门口的石狮子上垂头丧气地坐着,当其他学生开开心心地涌入校门办理注册手续后,校长发现了在那里呆坐已久的他,于是走过来爱怜地摸了摸他的头问为什么不进去办理注册手续?

"没有钱,不能读了。"张人希依然垂着头,沮丧的声音低得不能再低,眼泪几乎掉了下来。

校长特别喜欢这个在学校里出尽风头的小男生,他沉吟片刻,便牵起张人希的手将他领到注册处让职员帮他办理入学登记,不但免去他的学费,还替他支付了其他杂费。张人希又惊又喜,感激莫名,于是又上了半年学。

虽然得以继续上学,但自尊心极强的张人希却承受不了人家的怜悯与施舍,暗暗下定决心:下学期无论如何也不再上学了,先到社会上去工作赚钱,等赚到足够的学费再报考上海美术专科学校。老师说上海美专是没有年龄与学历要求的,只要画得够好,就可以报考。新学期来临时,张人希果然没有回学校,而是在家自修。

夏天来后,张人希感染了伤寒,病得奄奄一息。王益舍到处求神拜佛都无效,于是请泉州培元医院的西医王元培来家里抢救。王医生到张家时发现床头贴着的字画,听说是这孩子的作品,对其聪慧既惊讶又欣赏。他不但没有收取分文的诊金药费,反而对王益舍说:"这孩子很聪明。等他病好了后来我处学医。"病愈后,张人希依约去找王医生。王医生收他做学徒。学徒一开始的主要工作是每天开店、关店、挑水、帮房工,并在清早为皮肤病人清洗脚上糜烂的伤口。张人希当时只有十三岁,为了帮补家计什么苦都能吃。几个月后,王医生要张人希每晚读日文。和民初的许多名医一样,王医生早年也是留学日本的,医书全是日文。他告诉张人希说不懂日文就无法抓药,要学好医术必先学好日文,命他从日语拼音,"啊、咦、呜、唉、噢……"学起。张人希平生最痛恨日本,在立诚小学求学时经常与同学们结队游行,拿着彩纸糊的旗高喊"打倒日本帝国主义",所以连带日文也一并痛恨。他越学越不是滋味,忍无可忍,如实告诉了王医生。王医生虽觉得可惜,但也明白强扭的瓜不甜,只能由他去。在王医生处才半年,张人希就辞职回家了。

不学医,干什么好呢?何时才能报考上海美专?这些问题困扰着少年张人希。有一天他漫无目的地在泉州城沿街闲逛,突然经过一家新开张的炭粉像画店——泉州鸣昌画社。门口架着许多人物画像,跟照出来的似的。张人希觉得画这些画像的人好了不起。正当他认真地研究时,老板走了过来。他鼓起勇气问:"有教人画画的吗?""有,四个月学费四十银元,纸和材料等自己购买。"老板回答。张人希听了立刻泄气,他连四块银元都没有,哪来的四十银元?正当他失望地转身要走时,老板又说:"还有一个办法,给我当学徒,不要学费,纸笔用具都提供,也不收膳宿费,但要三年零四个月才可满师。"

张人希听了欢喜若狂,心里暗自思忖:我才十三岁呢?三年零四个月怕什么?就是六年零四个月也不是问题。况且三年零四个月能学会画画吗?便一口答应。

画店是夫妻档,老板庄鸣昌乃福建惠安人,精于算计,十分吝啬。做学徒工作繁多,店里及店主家里的一切开、关店、下厨、做家务、抱孩子、倒夜壶、洗衣服、拖地板等杂七杂八的事务均由张人希一人包办,剩余的时间才能学习绘画。张人希天资聪颖又善于模仿,上手非常快,几个月后就掌握了窍门可以独立画像,成了店里的主要画工。他发现画像没有什么深度与内涵,不过依靠一把放大尺,用炭粉依样画葫芦而已。

第二年,庄鸣昌借回来一张连体婴儿的照片,想放大后张贴出去吸引行人,招徕客户。他要张人希将照片按他要求的尺寸放大。正当张人希聚精会神地画到一半时,王益舍突然托人到店里来唤他回去,说有要事。他赶紧跑去请假,说回来再继续,庄鸣昌表示同意。张人希匆匆回家见母亲,办完事后又匆匆赶回画店。一跨进店门,被老板手持支在画架上的竹杖没头没脑地一阵痛打。

"为什么打我?"张人希委屈地问。

"照片被人偷了!"庄鸣昌一肚子气正没地方发泄。

"我走前已向你请假,遗失照片与我何干?"张人希激动地又问,庄鸣昌顿时语塞。

不见了照片,庄鸣昌无法向照片的主人交代,就把气往张人希身上出。张人希岂是好欺负之人?内心愤愤不平。这样不拿自己当人看的地方是呆不下去了。他卷起包袱就回家。庄鸣昌知道自己理亏,不想失去一个好画工,次日夫妻俩一起到张家游说张人希回去工作。他先借口三年零四个月期限还未满不能走,不然要到官府去状告张人希违约。见他无动于衷,便改口哄他回去,答应以后每个月给他三个银元的工钱。张人希天生傲骨,岂会为三块银元动心?不管老板怎么说都不买账。

离开画店后,张人希凭借画像的本事跑到农村,想去替人家画肖像挣几个钱。可惜他太年少,欠缺说服力,生意极为冷清。于是张人希转往泉州一家戏院当广告员专责画海报,后来又去晋江云梯镇公所及福州第四区署当录事。

就在张人希无力上学又极度渴望读书的时候,关岳庙附近又办了另一所学校,叫做"晦鸣中学"。他眼巴巴看着同龄的孩子们兴高采烈地去上学,心中的艳羡难以形容。不知他渴望读书的故事如何在学校里传开了,晦鸣中学的学生深受感动,为了安慰及鼓舞这好学的穷人家孩子,学生们热情地和他交往,还给他封了个"名义同学"的称号。

张人希的模仿性强,进取心更强。人家会的他要会,人家不会的他也要学会。他听说自己的爷爷是账房先生,很有学问;父亲也是账房先生,也很有学问;爷爷和父亲均写得一手好字,便归纳出一个结论:但凡有学问的人必能写一手好字。于是在书法上下功夫。

《辞源》是张人希的"案头先生",遇到任何不懂的字,他便认真检索,研究一番。他喜欢篆刻、书法、绘画和写诗。在这四者之中,写诗对他来说最为困难,因为仅读了两年书,没有国学基础,于是找来《诗词入门》,从平仄、对仗开始自学。扣启文化艺术之门对张人希而言万分艰辛。

2. 成长

一方水土养一方人,像泉州这样迄今还留着数不尽的文化遗迹的千年古城,自然要蕴育非一般的人物。将近一个世纪前,日本侵华,生活或曾经生活在这座古城里的本土与外来热血青年们因为共同的爱国赤诚与民族气节曾牢牢地拴在一起。数十年后,他们成了海内外大大小小的文化与艺术界知名人士。

1931 年 11 月 30 日,在顾维钧出任中华民国南京国民政府外交部长的宣誓就职大会上,蒋介石致《外交为无形之战争》的训词,提出"攘外必先安内,统一方能御侮。未有国不统一而能取胜于外者"。这一不对敌先对内的论调激起了许多爱国青年的群体愤慨与反感,许多人转而同情并支持共产党。

抗日战争爆发时,不足 19 岁的张人希一心要为国效力。他想报考黄埔军校,但门槛高,仅接受过两年小学教育的现实令他自惭形秽,转投战地工作队。

1992 年 1 月 25 日,张人希发表在《港台信息报》东南风副刊的文章"别梦依稀——台湾画家陈庭诗先生忆往"有这样的描述:

> 抗日战争的第二年,我在福州工作,旧友张玳蝓在省抗敌后援会编《抗敌画报》,经常向我约稿,因此,我认识了副主编陈庭诗,彼此正青春年少,一见便成莫逆。那时厦门已经沦陷,福建处于风雨飘摇之中,省抗敌后援会正招考战地工作队,出于爱国热情,我即辞职,考进工作队,分配在前线漳州。
>
> 战地工作队员来自五湖四海,鱼龙混杂,由于坏人破坏,全队被调回福州,我遭除名。我想回泉州,但身无分文。没钱住旅社,栖身于一间破庙的石板上。庭诗得知,马上来庙里看我。过后,他写给我一封信,中有一句:"看到你睡在破庙中,我一生的眼泪都流尽了。"

1999 年 8 月 10 日,张人希给北京包立民的信里有更加详细的描述:

> 抗战期间,生活很苦。厦门沦陷时,我在福州。抗战后援会招收青年,组织战地工作队。我出于爱国热情,毅然应考,被录取,派往漳州。厦门沦陷,漳州是前线。路过泉州,我去看我母亲,把我所想的向她说明,她说:"这件事做得对,你去吧,我会照顾自己。"当时,我有说不出的难过。
>
> 到漳州后,进行抗日宣传:演剧,画漫画,街头宣传等等。想不到有一天突然上级来命把我们全队调回福州,原因是有人对两位队员,说他们是共产党员。抗敌后援会是国民党省党部领导的,当时公开是说"国共合作",事实上是阳奉阴违。而这两位地下党员又和我很好,他们约我往延安,后来通

知我说:"潼关有战事,路通不过,再等一些时间。"不幸发生了突然事变,到福州后,对我审问过好几次,我守口如瓶,对我就不了了之,但那两位朋友就失踪了。

调回福州,张人希被冠上"异党"罪名遭清算,幸好有朋友相助,只被除名,幸免于难。想回泉州,却身无分文。正当张人希一筹莫展时,突然在街上巧遇泉州旧相识司机詹标,告诉他说三天后将开车回泉州,可以顺便带上他,真是大热天的及时雨。此时的张人希狼狈到连吃饭都成问题,只能在破庙里过夜。

张人希考进战地工作队乃陈庭诗所介绍的,陈庭诗做梦也没有想到自己会间接导致好友落到那种田地,因此难过不已。福州沦陷后,《抗敌画报》迁到三明出版,两人常有书信往来。日本投降后,张人希去台湾,陈庭诗也到台湾台中《和平日报》任美编。张人希返厦门,陈庭诗转往博物馆工作。1949 年新中国成立,海峡两岸音讯隔绝,两人一度失去联系。《别梦依稀》还有一段:

> 前几年,报载北京中国美术馆开过一次台湾六画家画展,还出一本画册,他名列首位。知他健在,我惊喜交集,但不知他的地址,后来想方设法托一位台湾朋友去探访,终于联系上了。他给我来信说:"我知你还健在,真是狂喜,当时在福州我到破庙去看你的情景,尚历历在目,这说明我永远在想念你。"他还寄赠了他的画册及很多照片。前年两岸关系有所松动,他马上到厦门来看我,并去全国旅游。

陈庭诗是福建长乐人,1916 年出生。祖父是清末进士,父亲是秀才。八岁时不幸从树上摔下,伤了耳膜,导致失聪。陈庭诗书法、金石、版画、彩墨、铁雕无一不精,作品涵盖了东方与西方、传统与现代、具象与抽象元素,其甘蔗板大型版画《蛰》1970 年获南韩第一届国际版画头奖。

1991 年 9 月,陈庭诗在张人希家中作画时题上他的咏梅七律:"万花凋落独开迟,不畏冰霜损玉肌。冷艳料知难入世,孤高自是欲无辞。幽禽偷眼横枝处,处士哦诗立杖时。一树风情千万态,凭栏相对鬓如丝。"此诗正是艺术家自己的写照。此为后话。

张人希回到泉州后,经朋友介绍进了《福建日报》当校对。有一天,他心血来潮写了篇"校对生涯"投到副刊去,编辑觉得文章一气呵成、风格清新,便刊登出去。文章见报后获得好评,读者反应颇为热烈。编辑好奇地与作者约见,却见到自己报社里的小年轻校对。他觉得这年轻人挺好学,文笔不俗,便破格录用出任外勤记者。

八年抗战中,泉州不像厦门那样整个沦陷在日本侵略者的铁蹄底下。黄永玉的《无愁河的浪荡汉子·八年》中册有这样的描述:

> 泉州的军队都是保安队,不是中央军。这地方近海,日本军队说来就来,不来是因为他不想来。中央军也犯不上留在这里和他们对着干。连福州、福清、长乐那一带的日本兵也是有时来,有时去;来来去去像好玩一样,不怎么认真。

因为这样的特殊环境,泉州的民生相对受到的影响较少,也因此各行各业依然热闹,保家卫国的文宣工作如火如荼。张人希自然而然地与同时代的青年俊彦交往,曾经加入《福建日报》胡子芳发起的"致知社",也广交其他志趣相投的朋友,包括泉州本土的黄恢复(笔名黎丁)、林景煌、黄菲君、李秋叶、谢真、蔡实鼎、吴耀堂;成都的龚裴伽;湖南湘西的黄永玉等。

1939年晋江侨乡创办《民声报》,黄恢复任实际主编,龚裴伽任总编辑。龚裴伽娶了爱群学校的教师石狮人蔡碧瑜。三十年后蔡碧瑜回老家时信件常常经由张人希代转。

张人希虽然未能如愿报考上海美专,但他利用业余时间一点一滴地学习与模仿,并虚心向他所能遇到的各方高人求教,此时在地方上已经小有名气。二十岁那年,张人希有缘认识了当年名噪一时比自己年长八岁的福建年轻篆刻家方近汶,经他点拨之后,篆刻水平更加突飞猛进。

黄永玉书中写他刚刚到泉州时就有这样的文字:

> 看过几次美术展览。宣传抗战的漫画展,木刻展,国画展。认识了安海刻木刻的史习敏,泉州的国画家、金石家张人希,国画家李硕卿……

书中的史习敏应该是史其敏之误。

也因为篆刻，张人希无意中种下一段佛缘。这佛缘是他一生中最宝贵的人脉主线，衍生出后来影响其一辈子的多位良师益友。

3. 婚姻

所谓冤仇成父子，恩怨结夫妻。闽南人说：和谁吃饭是冥冥中注定的。互相恩爱还是彼此怨恨但看各人的造化。不知道张人希的祖先积了多少阴德，也不知道张人希哪里修来的福分，上苍悄悄地将庇佑他一生有惊无险安然度过无数惊涛骇浪，使其在艺术事业上最终修得正果，一直默默在背后支持他的贤良淑德女人送到他跟前！

1938 年，抗战烽火连天，《福建日报》驻石狮的记者与警署发生争执，报社便派张人希前去替换。

张人希年方二十，精力充沛，经常在工余时间到朋友家与同龄人聚会。有一天他到石狮友人玉英家做客，宾客中有位陌生少女样貌姣好、温婉可亲。最特别的是身上穿着裙子。那年头，石狮地方女孩子穿裙子实属少见，它多少象征着爱美、新潮和反叛。玉英告诉张人希说这少女叫李惠若，是自己的同学。李家是南洋闽侨救乡会总理、曾于 1932 年请求并资助十九路军入闽消灭泉州地区最大土匪头子陈国辉的著名旅菲华侨领袖李清泉五代内的族亲。

李惠若 1922 年 5 月 20 日（农历四月二十四）诞生在晋江石圳。李家在海边一个小村落里有一片土地，建有四套一模一样的房子，地方上的人管他们叫做"四块厝"，兄弟四房各居一套。这四套房子外面有公用的基础生活设施，如水井、洗漱的地方、茅厕，还有用以养鸡养鸭和种菜的小块土地，再外面则用高高的围墙把这"四块厝"围住，只留前后两道厚重的木门。围墙上还有用来防御与自卫的枪孔。李惠若就出生在面向大海左上角的那"一块厝"。父亲李回东和母亲林乌选育有四男两女。可惜民初的闽南医疗条件不佳，新生儿存活率很低。李惠若小时候家里还有两个哥哥和一个弟弟，可她的二哥才十几岁就因冬至吃了一点冷粉粿突然死了。

据李惠若族人，2017 年时 98 岁高寿，但十分健康且头脑极其清楚的王善友老太太回忆说，那时候闽南侨乡大部分的乡民生活来源几乎全依靠南洋侨汇，李家也不例外。李回东年轻时与长子到菲律宾谋生，林乌选就与子女留在老家，依靠丈夫的侨汇生活。不幸的是李回东父子二人均在菲律宾感染了麻风症,被迫返唐山养病。患病后的李回东性情大变,脾气变得很暴躁。族人既害怕被传染,又受不了他的脾气,纷纷搬离四块厝到外面躲避。麻风在民国时还没有特效良药,李回东病情严重回天乏术,终于不治身亡。死的时候还很年轻,留下孤儿寡妇。其长子病情较轻,侥幸活了下来。后来不但结婚,还育有二女一男,并领养了一个儿子,把自己的小女儿转送他人抚养。

为了照顾寡母孤雏,族人命林乌选负责掌管家族祭祀,并给她一份丰厚的报酬。所以尽管没了父亲,李惠若生活倒也无忧。她不但接受了教育,认识张人希时已是一位初小教师,甚是知书达理。

张人希少年英俊、风度翩翩,谈笑间处处显出过人的才华。他对时事政治常有自己独特的见解,深得朋友们的喜爱。他的风趣幽默引起李惠若的注意,渐渐地被他所吸引。与此同时,张人希也在不知不觉间倾倒在秀外慧中的李惠若石榴裙下。郎才女貌、天造地设,他们毫无悬念地堕入了爱河。

林乌选守了多年寡,好容易盼到子女们长大,满心希望女儿能觅得一处好归宿,嫁入富裕人家去过无忧无虑的生活。这时远在南洋经商、家境殷富的李惠若表哥已来提亲,林乌选自然要女儿奉母亲之命、媒妁之言接受这段世俗眼中的美满婚姻。

那是上世纪 30 年代末的闽南侨乡,"浮脚桶"下南洋赚了钱的男人们都致力在家乡建大厝。侨乡的大厝几乎是清一色的红砖房,几进则视个人的财力而定,但一成不变的是他们会在家乡娶妻,让妻子在大厝里侍奉自己的父母,并抚养自己所生的,或者领养的孩子。也会在南洋另置产业,讨小老婆繁衍后代过正常人的生活。老家的妻子美其名叫原配,实际上只是一个终身守活寡帮助出洋丈夫照顾父母与子女的高级管家。闽南民风朴素保守,宋代理学大家朱熹的学说禁锢了普通人的思维,女人在家庭中是完全没有自主权的!

李惠若接受过教育。天性勇敢顽强的她极力反抗盲婚哑嫁,拒绝接受闽南侨乡女子这种被禁锢在大厝内与公婆子女相依为命、依赖南洋侨汇、守活寡、毫无生气地苟活一辈子的宿命。她不怕穷不怕苦,渴望甜蜜的爱情,她要把握自己的人生。所以,她做了一件惊世骇俗的事:与穷小子张人希私奔!那年,1939年,她才 17 岁。

李惠若的行为在乡里引起轩然大波。林乌选被千夫所指，既伤心又害怕。找人去寻找女儿，可是派去的人没有把女儿带回来，却带回新姑爷一贫如洗，人长得又高又瘦，一张国字脸上只见到一对大眼睛之类的坏消息。乡人添油加醋，议论纷纷，说这位新姑爷骨瘦如柴，准是得了贫血症，恐不久于人世。林乌选心碎了，迫于舆论的压力，她与女儿断绝关系。但表面决绝的她内心有多痛苦只有她自己知道。由于日夜以泪洗脸，林乌选竟然把自己的眼睛给哭瞎了。

另一边厢，李惠若随张人希私奔到泉州，却认真地生活在一起。房子残破，门上连门帘都没有，就用破席子挂起来权当门帘。李惠若深爱着张人希，为了自己所爱的男人她什么苦都能吃，什么委屈都能忍受，从此成了张人希一生最忠诚的伴侣与贤内助，无悔无怨。

1940年，小俩口迎来了他们人生的第一个爱情结晶，是个男婴。夫妻俩与王益舍都兴奋莫名，给新生儿取名韦平。

张韦平长得酷似乃父，精乖伶俐，十分可爱。张人希与李惠若愈发恩爱。张人希依然派驻石狮，这时他的姐妹们都已先后出阁。不幸的是妹妹因难产年纪轻轻就去世了。

抗战时期物资紧张，记者的薪酬微薄，张人希上有寡母下有妻儿，杯水车薪，家庭经济十分拮据。李惠若时常到农民收成后的地里拣剩下的萝卜叶子回家腌了当菜佐食。穷苦难不倒贤惠忠贞的她，但耿耿于怀的是寡母还没有正式承认自己这段婚姻。

有一天，李惠若终于鼓起勇气托人给母亲捎了封信，告诉她自己已经诞下一个儿子，马上就要满周岁了。林乌选获悉后辗转难眠，内心挣扎了很久，终于冒着再次被千夫所指的危险答应让女儿带丈夫、儿子回娘家。

母女重逢，仿若隔世。林乌选听到众人夸自己的小外孙张韦平可爱，更盛赞自己的女婿一表人才，方破涕为笑。她舍不得女儿，临别时悄悄塞了一包沉甸甸的礼物给女儿，叮嘱她回到家才看。李惠若回到泉州家里打开一看，竟然是包黄金，足足有一斤重。可怜天下父母心，初为人母的李惠若痛哭流涕。"啊妈妈，女儿不孝伤透了您的心，而您却是那么的仁慈与宽容。"

鉴于父亲与大哥的遭遇，李惠若的弟弟长大后并没有像其他人一样下南洋，而是留在乡下干起了出海捕鱼的活计。

都说靓仔无本心,然而,张人希并不在此列。究其一生,爱他的女性不计其数,追上门的也为数不少,但张人希纹丝不动!

作为《福建日报》泉州分社派驻石狮的记者,张人希时常依赖电话联系工作。那个时代的电话需要接线生人工转接,泉州当时的电话接线生是位年轻的女孩子,叫郑玄静。张人希成天用电话,自然与郑玄静熟络。在等待接通电话时,两人偶尔闲谈几句,但在马路上遇见则彼此不打招呼。

有一天,张人希从书店出来后在路上碰见了郑玄静,于是郑玄静便在电话中问他那天干什么去了?张人希回答去书店买了本书。郑玄静又问买了什么书?张人希顺口回答:《一个失落的梦幻》。大抵说者无心,听者有意。郑玄静听了表示很感兴趣,要求借阅,请张人希将书送到她家去。张人希答应了,依约将书送到郑家。让他十分意外的是郑玄静在长时间的电话交往中已滋生情愫,含蓄地表达了爱慕之心。张人希是个正人君子,连忙坦言自己已经有了家室及儿女。郑玄静不相信,以为不过是在和她开玩笑,有一天竟冒失地撞到张家来看个究竟。到了张家,郑玄静果然见到了李惠若和两个孩子。这个突如其来的打击令郑玄静芳心破碎,万分悲伤,于是辞去工作远走香港。李惠若知道后耿耿于怀一辈子,而张人希则为自己无意中伤到了一颗女性的心而懊恼不已。然而,懊恼归懊恼,原则必须坚持。张人希日后到香港很多次,其中1949年至1950年间甚至在那里生活了好几个月,却从来不曾向人打听过郑玄静的下落。张人希的心里只有和自己相濡以沫的发妻李惠若!

抗战胜利后,龙溪县长陈石见张人希在报社工作薪酬微薄,便帮他介绍工作。陈石给台北长官公署的秘书长李民本写了一封介绍信,力促他到台湾寻找更大的空间。可是张人希是个正直的人,天生不喜欢当官,所以到了台湾后并没有接受李民本的工作安排。他在台湾游历了一段时间,想做生意没有门路,便决定打道回府。适逢泉州朋友陈明楼买的船在台湾出了点故障,维修好后接了张订单,满载着一船大豆准备运往上海,张人希于是搭了他的船跟着往上海。船上的货物装得很满,船身只剩下货篷顶与货物之间一段狭小的空间,张人希唯有随陈明楼一起将身体钻进那个小空间躺着横渡台湾海峡。船航行到中途又再出故障,有沉没的危险。为了保全船只,船员们被迫将大豆抛进海里以减轻负荷,同时请求救援。船只被拖回台北维修,货主追讨损失将陈明楼诉诸公堂,张人希只好去请求台北警察局局长许衍帮陈明楼解决纠纷,并为此滞留在台湾。此时台湾百业萧条,张人希找不到固定工作,日子过得非常艰难。这场官司整整打了一年多才告一段落,张人希也才得以返回泉州。

4. 贵人

人的一生总会遇到很多人,有好有坏,有害你的,有救你的,形形色色,一切因缘。

张人希酒量相当好,在他的生活圈子中尽人皆知。他动辄一斤白酒下肚依然面不改色。

有一天,张人希在马路上遇到一位在税局工作叫许伯卿的人。这人很喜欢喝酒,酒量也相当好,两人常常把盏聊天。平时许伯卿如果不慎喝多了,张人希叫他回家去他一定很听话地回去,可是这天他好像中了邪一样,带着酒意,神情古怪,在大街上拽着张人希不放,语无伦次。张人希叫他不要再喝了,赶快回家休息,许伯卿却一反常态,不像平时那样听张人希的话,而是莫名其妙地揪住他低声叫:"人希救我! 人希救我!"大庭广众前纠缠不休,张人希拗不过他,只好将他带回自己家。

王益舍是个热心肠的人,见到儿子带了个醉鬼回家并不生气,而是一如既往地热情招呼客人。许伯卿嘴里反复嘟囔着:"人希救我!"

"到底发生什么事?"张人希关切地问,可许伯卿没有回答。无可奈何,张人希只得料理许伯卿在客房里躺下休息。许伯卿躺下后嘴里还继续喃喃自语:"人希救我、人希救我……"拽着人希的手不肯放。

好不容易将许伯卿打点好,见他睡着了,张人希也已经很疲惫了。家人各自回房睡觉。

众人睡得正香的时候,突然"砰……"的一声巨响震彻了夜空。那时正值子夜,更深人静,所以声音显得十分响亮,特别刺耳。张人希从睡梦中惊醒,心里一沉,坏,许伯卿出事了! 他猛然从床上一跃而起,穿起拖鞋一脚深一脚浅便往楼下跑。

那是石狮海滨一溜三层的简易平房,张人希一家住在三楼。他的心咚咚地猛跳,手往外衣衣袖里套,三步并作两步冲到楼下。

"天哪,发生什么事?"这一惊非同小可! 只见许伯卿倒卧在地,满嘴的血。

张人希连忙唤人去请医生,并强迫自己镇定,伸手指往许伯卿的鼻孔前一探,"谢天谢地,还有呼吸!"他的心稍微放松了一下,抱起许伯卿的头,拍打着他的肩,反复呼唤他的名字。渐渐地许伯卿微微睁开了眼睛,嘴里依然喃喃地道:"人希救我!"

医生终于来了,检查了一下,瞳孔、呼吸都正常,扒开嘴巴一看,原来许伯卿从楼上摔下来时撞掉一颗牙齿,血正是从受伤的牙床流出来的。张人希一颗悬着的心这才落了下来,如释重负,将他背上了客房。

第二天上午许伯卿醒了,张人希问他究竟发生了什么事?他说他也不知道。不知道?活见鬼了,这开的是哪门子玩笑?张人希气急败坏,差点没有给许伯卿一巴掌。

许伯卿说的是真话假话只有天知道。他走了,很快就失去联系,下落不明。然而人世间总有许多离奇古怪的事,几年后,这个曾经喊着"人希救我"的许伯卿非但没有死,到头来反而救了张人希一命,天晓得谁是谁的贵人呢?

第二节　厦门

1. 解放前

1945 年抗战胜利前,张人希在漳州工作,当时《青年日报》社址在漳州。抗战胜利消息传来,《青年日报》决定搬往厦门,邀请他前往厦门出任该报的采访主任。张人希对厦门的向往由来已久,那是他父亲二十六年前工作过的地方,于是欣然接受聘请。

关于张人希移居厦门的原因,原厦门博物馆副馆长、文博研究员何丙仲如是说:

清末民初,泉州士绅阶层介入政治。军阀混战,南北反,别的地方乱了,泉州因有士绅在,且有华侨的经济基础,此地尚觉平静。钱东路亮时任混成旅长,杀人如麻,一见弘一,立即改邪归正。尤希注意的是闽南的民主革命(包括辛亥革命、反袁斗争等)都是以泉州籍华侨为主的革命人士在厦门发起的。泉厦之间就不仅仅是经济关系,而是政治、文化等的关系。如此,人希先生之来厦,寻找的必然不是平庸的谋生,而是施展抱负的舞台。

何丙仲不愧是张人希的忘年交,也不枉张人希对他的爱护,他是读懂张人希内心世界为数不多的人之一。

移居厦门的时候,张人希将母亲王益舍与三岁的女儿张君平留在泉州,只带着妻子李惠若与五岁的长子张韦平打头阵安家。

厦门是闽南最发达的岛屿城市。那时,从大陆这头的集美镇乘帆船摆渡过海就可以登上厦门岛的西北角高崎。由高崎往南约十公里便是非常繁华的市中心。市中心沿着海岸线坐落着许多家银行、海关、邮局及工商机构,属于大块头欧陆建筑。短短的大同路是厦门岛上最繁忙的街道,两旁的房子有浓厚的厦门建筑特色,混杂着南洋风味。街道两旁底层有能为行人遮风挡雨的"雨脚架",雨脚架内是店铺、百货,车水马龙,行人熙来攘往、摩肩接踵。海口一带属于平民夜总会,每到夜幕低垂时,歌女们便在这儿卖唱,捧场客加上小贩的叫卖声此起彼落,非常热闹。

与厦门岛隔着一条更狭窄一点的人称"鹭江"的海峡是面积仅一点七一平方公里的小岛"鼓浪屿"。

鼓浪屿原名"五龙屿",因为闽南语"五龙"与"鼓浪"谐音,又因厦门八大景其中一景名为"鼓浪洞天",所以这个小岛的名字叫着叫着就变成"鼓浪屿"了。鼓浪屿是万国租界,不同国家的别墅与庭院建筑风格迥然成趣,各有千秋,星罗棋布地散落在岛的各处,相互争辉。据说,那时的洋人与买办们时兴住在鼓浪屿,白天则到对岸的厦门岛沿岸那些大块头的建筑办公。当然,住在鼓浪屿的除了普通平民,还有众多西方传教士、随传教士一起来包括医生在内的西洋人,浮脚桶到南洋发达后回来的"海龟"们如印尼糖王黄奕柱、台湾回来的富商林尔嘉、及林语堂的岳父廖悦发等大户人家。

初到厦门的张人希在传说中专卖兴化"南猪"位于开元路与升平路之间的南猪行巷一个院子里租了一间小房间。南猪行巷七弯八转,非常狭窄,但囊中羞涩的张人希一时间并没有多少经济能力在厦门这个花花世界里选择更好的落脚点。他希望先安置好妻儿,而后将还在泉州的母亲与女儿一起接到厦门生活。

天生热情好客、喜欢呼朋唤友的张人希很快便在厦门报业与社交界活跃起来。八年抗战对于他这一代人影响深远，不仅仅影响了他们的生活，也影响了他们的政治倾向。抗战结束后，这些进步爱国青年不是加入国民政府工作，比如蔡实鼎，就是暗地里同情共产党，最终加入共产党的地下组织或者其外围组织，比如抗战初期曾经想去延安而没有去成的张人希及他的多位泉州好友们。

在厦门安顿下来后，由于工作关系，张人希很快便有了一堆故雨新知，比如从泉州来的黄恢复、蔡实鼎，及新认识的杨梦周、《江声报》编辑郑梦周、教师王梅窗、厦门警察局侦查队长宋子岑、水警第二大队副队长李度青等。

张人希在报界以撰写针砭时弊的杂文闻名，所以和郑梦周的关系很好，还感化了李度青，令他日后解放军一到便率部投诚了。

厦门气候宜人，冬天若无寒潮来袭气温总归在摄氏十度上下。夏天最高温度也不过三十三四度。春天与秋天特别长，气温介乎十五到二十五六度之间。蔡实鼎在半个多世纪以后的 2007 年初于美国三藩市大湾区寓所对来访的林竹青回忆他当年眼中的张人希时说："当时我住在中山路，常常看到你外公在路上来来回回。他身材瘦长，喜欢穿一件黄色的长风衣，不扣扣子，里边穿衬衫、西裤，走起路来风衣的下摆随风飘动，玉树临风。我很欣赏他，觉得他风度翩翩，好不潇洒。"

1948 年，张人希去台湾一段时间后回到厦门，因为一时找不到好工作，便为报章杂志撰稿及发表画作。他写了许多批评社会上种种不公的文章，抨击国民政府。1948 年底更在《江声报》以"伽叶"的笔名发表了一篇《新哭秦庭》，讽刺宋美龄赴美向杜鲁门求援之事（宋美龄于 1948 年 11 月 28 日赴美）。文章发表后，厦门《江声报》险些因此被封，编辑也被迫离厦逃往香港，张人希还一度被通缉。当时中共地下党对张人希的爱国热情十分赞赏，认为他是个进步的文化人，便积极争取他的支持。闽中地下党工委庄建国在张人希安海旧友中共地下党员周绍龄的介绍下化名柳青来找他。庄建国将张人希发展为地下党的外围组织成员，对他十分信任，经常将国内外的形势和共产党的政策传达给他。张人希从地下书店买来香港出版的进步书刊如《整风文献》《新民主主义论》等，也常借给庄建国作为宣传材料。在庄建国经费困难时，张人希便慷慨解囊资助。随后，庄建国在张人希家认识了杨梦周，在杨梦周的介绍下又认识了吴忠翰等人。闽中地下党渐渐地将张人希的家作为开会的地点。

开元路南猪行巷一号的房子没有后门,张人希的家是大门入口处旁边的一个房间,人来人往很显露,万一被包围的话很难脱身。同时一家几口挤在一个小房间里也很拥挤,王益舍因为住房局限还在泉州未能来厦团聚。因此摆在张人希面前有两件重要事情需要解决:一是搬家,二则找一个掩护身份的职业。他委托侨批局朋友在升平路十七号三楼的厦门市商会侨批工会谋得秘书一职,并商借到该座房子五楼天台加建的简陋棚屋作为居所,将母亲王益舍从泉州接到厦门来。这一溜房子中有一厕一房专供地下党使用。

升平路上的建筑天台头尾相接,很大的一片。侨批局的老板在17号天台上加建了一排房间。为了遮风挡雨,张人希请人用木材加瓦片沿着屋顶搭建出一排"雨脚架"。雨脚架外过了第二幢建筑天台的楼梯口,隔着一排小小的栏杆的那头有一座两层的中式亭子。亭子的左边沿街是一排矮矮的水泥小罗马柱式样的栏杆。每座房子都有自己上天台的独立楼梯,因此整片天台四通八达。17号天台这排房子一头有个通往四楼的楼梯口,只要把楼梯门一关,就自成一方天地,十分隐秘。对于地下工作,这样的地点再合适不过了。闽中地下党的杨梦周、叶绍书等便在张人希家办公,与各方组织进行联络,两人时常住在这里。张人希则将搜集到的情报信息直接交给他们。

王益舍热情好客的性格坊间有名,无论乡下来了什么客人,哪怕是再穷的亲戚,她都一定会留饭,让客人吃饱了才回去。所以家里人来人往是正常不过的事情,不会引起任何人注意。遇到地下党在家中开会时,她就会搬张凳子,坐在通往四楼的楼梯口"纳凉",或坐在"雨脚架"前晒太阳。李惠若也帮忙把风放哨。婆媳俩胆大心细,方圆几里任何风声都逃不过她们的耳朵。同时她们又绝对忠诚,对张人希及其朋友们绝对信任,对他们所从事的事业全力以赴给予支持!

闽中厦门工委在张人希家中成立,新党员入党宣誓也在张人希家进行,"厦门解放宣言"更在这片简陋棚屋里诞生。

搬进升平路后的十余年里,李惠若陆续生下三男两女。每个新生命都为这个家庭带来无限欢乐,同时也带来经济负担。然而,张人希夫妇深爱着自己的子女,从没想过将孩子送给他人。

1949年中旬,香港华南局有个叫庄少萍的人携一封张人希当时在香港的泉州朋友林景煌的信来找他,要他在厦门配合庄少萍成立一个代号为"五四小组"的组织。张人希因为闽中地下党的关系,十分为难,于是请示叶绍书。林景煌也是叶绍书的朋友,故叶绍书指示张人希说可以和庄少萍合作,但绝对不可以透露给他任何闽中地下党的活动。

张人希配合香港华南局成立了"五四小组"。庄少萍说他到厦门来主要带着两个任务,一为建立"五四小组",二来搜集国民党军政动态材料。小组成员一共四个,包括组长庄少萍、负责经济的黄永强、负责行动的陈礼泉和副组长张人希。

庄少萍用化学药水写报告给香港组织汇报小组工作状况及国民党军队动态。

这个时候,那个在石狮街头醉酒频喊"人希救命"的许伯卿在失踪数年后突然摸上张人希厦门的家来。酒过三巡,许伯卿向他解释自己过去几年离开石狮是到福州参加特务训练,随后被派到南京警备司令部工作。由于南京已解放,他唯有仓皇南逃。此次到厦门准备与泉州的原配离婚,因为他在南京已另有家室。许伯卿的母亲、妻子及儿女们获悉后一起跑到厦门来,在张人希家里哭哭啼啼闹了好几天才回去。许伯卿的生活一时间没有着落,便在张家住了下来。

有一天许伯卿告诉张人希说他在路上遇到南京的旧同事,他们打算在厦门重新成立特务组织,想邀请张人希参加。张人希不但拒绝了,还力劝他不要一错再错,许伯卿唯有作罢。

五四小组建立后,张人希征求庄少萍的意见,想通过许伯卿的关系去弄些情报。庄少萍觉得确实可行,但为了安全起见,只能用张人希的私人名义见机行事。于是,张人希便开始做许伯卿的思想工作。一开始许伯卿十分犹豫,但最终被张人希说服了,提出需要一位助手以及一些经费。于是张人希自掏腰包给了许伯卿三十块银元。过后许伯卿果然给张人希搞来一份名单,张人希遂转交给庄少萍。

八月底的一个黄昏,许伯卿突然很神秘地来找张人希,告诉他说:"你现在的处境很危险,你家已被监视。特务们在盯你,因为毛森要杀你。你赶快走吧,以后我也不敢来你家了,我马上要去台湾。"

毛森是国民党军统的特务头子,杀人如麻。张人希闻讯连忙通知闽中地下党的叶绍书及五四小组成员不要再来,让李惠若带着三个孩子前往鼓浪屿王益舍的远房亲戚家暂避,自己越过天台逃离升平路,登上九月一日开往香港的湖北号轮船离开厦门。这艘船是解放前港厦航线倒数第二班船,很快地,往来厦门与香港之间的邮轮便正式停航了。

果然不出所料,张人希走后的第三天,一队特务便恶狠狠地冲到张家抓人来了。

"你儿子在哪?"那个领头的问。

"我儿子去香港了。"王益舍不慌不忙地回答。

"什么时候去的?"

"有一两天了。"

"媳妇、孙子呢?"

"全都去了,只剩下我这个老太婆。你们要找我吗?"王益舍故意装作莫名其妙状,把个特务头子搞得哭笑不得。

"找你顶个屁用!"

他们翻箱倒柜,搜出并带走两部相机,一些杂物,以及给韦平治疗肾病的药物。临走时还恶狠狠地踹了那张破饭桌一脚。

张人希侥幸逃过了杀身之祸,其他来不及躲避而被特务逮捕的厦门地下党人和其他革命群众共十七人在 1949 年 10 月 16 日厦门解放前夕被国民党特务惨杀在鸿山脚下。

……

香港位于广东省南部珠江口的东面,是世界三大天然良港之一。她原本是一个渔村,鸦片战争后,香港岛约七十八平方公里及九龙半岛界限街以南约五十平方公里的土地被清政府割让给了英国。1897 年清廷又将九龙半岛界限街以北,到深圳河以南约一千多平方公里的土地租借给英国,为期一百年。

和厦门一样,香港也是个亚热带城市,邻近太平洋,十分潮湿和温暖。冬天时的气温约十度左右,夏天最高温度大约三十四度。由于是英国的殖民地,香港有很浓重的殖民地色彩,街道大多以外国人的名字命名,市中心的许多建筑、花园、码头、酒店、餐厅、娱乐场所等都富有欧陆风味。

这个纸醉金迷的花花世界新近涌进一批又一批躲避战火的上海人、江浙人、福建人等,让这个小殖民地突然异常热闹起来。即便如此,她的人口此时还不足四十万。

张人希逃到香港后,下榻在几位朋友拥有的"六国大饭店"。朋友们免去他的房费,伙食自理。为了节省开支,他常常买一大条面包作为一整天的伙食。

"六国大饭店"位于香港岛北面中部湾仔海滨告士打道,面朝北正对着九龙半岛的尖沙咀火车总站。背面隔着两条街就是轩尼诗道,那里往来穿梭着有轨电车。向西可以去到坚尼地城,向东可达筲箕湾。轩尼诗道往西几百米便进入了金钟道,再往前几百米过了夏悫花园,在遮打花园附近沿着山路拾步上山约一公里,便可以抵达位于花园道通往太平山炉峰峡的山顶缆车站。这是上太平山的有轨缆车线,由于地势陡峭,整节车厢是用一条很粗的电缆将之沿轨道拉上山的,所以上山的时候,人整个向后倾与水平面成一百二十度角,下山时则倒着下来,也后倾成一百二十度角。

湾仔的海边是深水港,一大片的码头,为渡轮、货轮和军舰靠岸停泊的地方。沿岸这一带灯红酒绿,活色生香,水手们上岸寻花问柳,所以它既繁华又龙蛇混杂,是港岛著名的"红灯区"。

张人希去找华南局地下党负责统战的陈文基,但对方并没有什么任务派给他。他去找陈文基之前并不知道他因为曾经被捕而与党组织早已失去联系,这个时候正专心致志地埋首研究政治理论。陈文基建议他多看一些理论书籍,说:"解放后要工作,没有理论基础是不成的。"

逃离厦门的张人希内心十分担忧家人的安危。几天后,厦门邻居南大信局经理施援遥带着家眷逃到香港,也住在六国大饭店。他遇见张人希便急不及待地对他说:"多亏你走得快,不然必死无疑。你离开不久,特务就到你家中搜查。他们抓不到人,拿了一些东西就走了。"直到这时候,张人希才得到一点家里的消息,知道寡母与妻儿没有危险。

不久,"五四小组"的陈礼泉和黄永强携家眷也逃到了香港躲避,张人希急忙打听庄少萍的下落,答曰:"少萍失踪了。"他大吃一惊,不禁为庄少萍的安危忧心忡忡。

张人希找到了黄永玉,常常去黄永玉与方成等人在九龙荔枝角组建的"人间画会",在那里的还有端木蕻良及好友林景煌。这些人后来都陆续回国,却在日后的各种政治运动中遭到错误清算。除了黄永玉,其他人曾一度失去联系,直到文革结束后才陆续通过朋友、报章、各种活动找到彼此。

在香港，张人希有许多朋友。日本投降后，爆发国共内战，许多文艺界人士纷纷躲到这块英殖民地暂避。除了黄永玉那伙人，尚有吴耀棠、陈柄元、吴奕华、林丹铭、吴再钵、许茂铨等，都是泉州、厦门籍人士。大家除了关切着国家的未来与民族的命运之余，也互相切磋技艺，其乐融融。他还结交了不少新朋友，其中就包括著名导演张钦鹏，即林语堂的外甥。但这些人后来都选择留在香港发展。正所谓梦里不知身是客，一晌贪欢。

张人希酷爱阅读，最常光顾的是三联书店，那里的好书琳琅满目。时间长了，张人希和店员们便混得很熟。四十七年后，当记者采访他问及对香港的印象时，他对当年在三联书店读的书、看的画，以及店员们的音容笑貌依然记忆犹深。

夜阑人静时，对岸尖沙咀火车总站的灯光总是彻夜地亮着。九龙沿岸虽然没有香港岛的繁华，但也有不少霓虹灯。秋天的香港天气还挺热，楼下不远处的湾仔码头有通往九龙尖沙咀天星码头的渡轮，无论白天或晚上，这条航线都不失为欣赏港岛和九龙两岸风光的最佳旅游航线。乘渡轮在海上慢慢渡海是一种纳凉的好方法，同时也是赏心悦目的享受。张人希依栏而坐，吸着烟，烟雾笼罩着沉思中那双深邃的眼睛。他眼神凝重，心事重重。他的确喜欢香港，因为这座城市挺美，而且还有许多好朋友在这里。然而他更喜欢厦门，因为他魂牵梦萦的是远在厦门已年逾五十的寡母，柔弱的妻子，及三个年幼的儿女，特别是长子韦平，他患有严重的肾病。

张人希日夜翘首巴望来自厦门的消息，等待厦港恢复通航，望眼欲穿。朋友们都力劝他不要回去，有的人甚至极力怂恿他在香港成家立室。那个年代，纳妾是挺普遍的现象。父辈单传他一个，长子体弱病多，恐怕养不大。母亲也曾一再表示希望他纳妾，为张家开枝散叶。然而，爱妻坚贞的爱情是他心怀感激且始终放不下的，她为丈夫抛弃了一切，自己岂忍辜负，伤她的心？

1949 年 10 月 17 日，厦门终于解放了。消息传来，张人希欣喜若狂，更加心急如焚盼望回家的日子。可是，刚刚政权轮替的中国大陆国门还紧闭着，往来于香港与厦门之间的航线一时间还没有开通。他归心似箭，度日如年。

几个月后的 1950 年初，香港与厦门之间终于恢复通航，张人希闻讯第一时间跑去买船票。朋友们一再挽留，奈何他去意已决。他一生重情重义，岂肯为朋友的深情厚谊留在香港而撂下厦门的寡母妻儿？于是便赶第一艘开往厦门的邮轮，兴冲冲地踏上归途。

乱世中回不了家的人最懂得家庭的温暖，异乡的游子才明白漂泊的辛酸。邮轮在海上航行了一整夜，当清晨来临，张人希登上甲板，极目远眺，远处一望无际的台湾海峡水连着天。渐渐地，东方泛起了鱼肚白，第一抹霞光正慢慢地熏染着天边，继而为天边镀上一层金光，让水和天分出一个究竟。张人希望眼欲穿地期盼着那片熟悉的大陆再次浮现在他的眼眸。终于，海天深处若隐若现地浮起一条银色丝带，慢慢地变粗一点，再变粗一点，终于化成一片美丽的陆地。海鸥在船前领航，海豚在远处比赛跳跃，张人希热血沸腾、心跳得几乎要从口中飞出来。厦门到了，这个有海豚护港，从无鲨鱼入侵，得天独厚的美丽小岛到了。

"我回来啦，俺娘！我回来啦，惠若！我回来啦，我的小宝贝们!"张人希在心里兴奋地叫着。然而，他不知道此时等待他的是经济已经陷入严重困境的家人，以及病入膏肓奄奄一息的长子韦平。由于自己逃亡去香港，家里断了经济来源，穷得揭不开锅。他刚回到厦门又开始失业，长子韦平终于由于家贫无力延医于1950年夭折。这聪明伶俐的孩子，很小就能在父亲的指导下读古书的小韦平，离开人世时享年不足十岁。

2. 解放初期

1950年张人希回到厦门，才知道庄少萍与另外十六位被逮捕的地下工作者及外围组织成员在厦门第二监狱被毛森残酷杀害。

厦门筹备烈士追悼会，由共青团市委陈野负责组织，邀请张人希参加筹备工作，并负责处理庄少萍的善后。然而，追认一个死去的地下工作者为革命烈士并让其家属获得照顾非一件简单的事情。

庄少萍是福建龙海人，1913年出生。1932年参加革命，不久就加入共产党，曾在中国闽南特委工作。1945年抗战胜利后去了香港，在中共南方工委从事地下革命活动。1949年8月回到厦门代表中共华南局在厦门组织了"五四小组"。张人希被毛森追杀逃亡香港后，黄永强与陈礼泉也逃亡香港，但庄少萍坚决留在厦门，献身革命。

张人希为了追认庄少萍为烈士付出了巨大的努力。在地方上无法做出决定时，他找到了从香港回到北京并服务于外交部的陈文基。从陈文基于1952年、以及 1953 年的三封信函可见张人希的努力：

其一：

人希吾兄：

别来无恙。时以博学多才且见善勇的从善如流为我所钦敬与向往。

蒙赐尊札和"拆穿美帝伪面具"等画，已辗转抵京。拜阅完。

礼泉兄于去年九月我保送广州石牌南方大学三部十一班五组，学习表现得很进步！

黄永强兄，我得您信后即通过中共中央给厦房产科去证明当时与咱的关系，以供参考。这是旧历年间以前的事情，祈查后来示。

少萍同志为革命壮烈牺牲，实早于沂水（港海）握别，向我盟其誓愿，并非偶然。生命只有一次，我对此伟大的战友，无时不在仰慕！怅望！与向其学习中！当然也会关切到庄烈士家属的问题?! 但是我们的政府目前的环境还是暂难解决的。

二月间我和本部杨汉章处长（是湘省老革命者）因公到长沙，驻统战部数天，该部长刘宏达提起有许多生活无着的革命家属求政府救济，而且有不少是由中央委员函促照办的，可是只就长沙马日事变牺牲的就有两万多同志，您想这是否可能马上办到？

谈起来见笑，我跟共产党走了廿年了，在印星、延安、留守兵团、牢狱、地下活动、为革命总也成了青年子到江湖老，抚心自问是耿耿忠贞的！我舍弟文现在抗美援朝最前线，但是我年迈的双亲，生活依靠在风雨中飘摇！难道说我会无动于衷吗？不是的。环顾全局，展视未来，为了贯彻我们的初衷，我深信每一位优秀的革命家，一定是毫无条件地去献身，为人民为革命的。只要全民有办法，我们也是会有办法的，但是我们要后天下之乐而乐！您说对吗？

我去秋调京外交部，本拟派出国，但部内需人，暂在行政处任职。一切很满意，堪慰故人！

愿您将智慧和天才献给人民事业，把握时代前进，做一个革命的宠儿您是具备条件的！

家乡报导和消息请多赐给,近况及庄家情形亦所愿知! 我常在全国公出奔忙! 祝:

健康! 快乐! 努力!

弟陈文基于黄河南岸许昌城
三、廿七日

其二:

人希同志:

你的来信我均收阅了。你对革命的牺牲者,给以最大的关怀和负责任的精神,使我感激和惭愧。关于少萍烈士事,我曾给张兆汉同志书面报省,并请追认他为光荣的布尔塞维克,以表忠贞,但"三反"我也卷入漩涡里,因我去年离京三次,往各地采捐数十亿物资,虽考验后证明是清白,但也又再次的受挫了。(在港您也知道)

我经历的事实多而复杂些,类似少萍的事在蒋匪牢里牢外的斗争中亦有数起,问题多也形象了有点复杂,加上我自己根基浅,感情浓厚的缺点,工作的忙乱,对一些往日的问题,总是悬着,请你原谅指教。并祝

健康!

陈文基五二、十二、十五
陈礼泉同志现在广州沙河光烈东路十八号江东造纸厂里工作,请去信联络。

其三:

人希同志:

知道您一切都在进步中,有工作经验和能力,因此对人民事业也就有了一定的贡献,使我至感敬爱与欣慰!

"三反"后我由外交部转百货公司领导,对于复杂的经营管理工作,很为吃力,因此一年来也说不上有什么成绩,只有改了薪金制,每月收入的倒富裕的多了。

礼泉的爱人也到了广州,您和他通信吗?

少萍同志的妻、子,在您关怀照应下,有了安置,这使我万分的感激与惭愧。我很对不起这伟大的战友,他的为革命牺牲的精神,在港时就向我披露肝胆了。

泉、厦、旧人和景况,便中希告我一二,为此
敬礼!

陈文基 53、7、14

通过各种努力,庄少萍终于被追认为烈士,张人希将他的遗孀林守准安排到庄少萍的老家龙海总工会工作,将其儿子庄燕南送往福州烈士子弟学校读书。庄少萍的骨灰与其他十六位烈士全部安葬在厦门解放纪念碑烈士陵园。

三十六年后的 1985 年 10 月 30 日,陈文基托他到北京旅游的外甥捎了一封信到厦门给张人希。他深情地写道:

亲爱的人希同志:

卅四年返故乡:应您预约我归去,您要陪我去海滨拾贝壳的友声。

在厦门得到您热诚的访问,为我联系登炮台看金门岛,邀到府上团聚饮宴……良情美意永生难忘!

谒亲返京,三年来一切如意:政历的事已得到结论;(平反)去年五月办离休,入伍年龄由 1939 年到延安算起;今年三月份外交部恢复我的党籍。复员仍上班,已有两儿媳两孙子,身体尚好,安享晚年,堪慰故人!

解放前您为闽中游击队及许集美做了许多革命工作;党派庄少萍同志到厦结合陈礼泉、您、黄永强,为了革命进行活动。您曾是来回港厦的联络同志。

今年 4 月 13 日厦门市委统战部黄清才、柯天送二位同志来京找我,我如实郑重证明。

您是多才多艺的风流人物,对人对事都很热情,责任心强,工作灵活态度好,深令同志们敬佩与学习,为统一祖国,振兴中华,您将会努力尽瘁!

有空盼指教并告我近况为盼。握紧手。谨致

敬礼！

向惠若同志和全家人问好。

老战友陈文基手书

八五年十月卅日

　　在《江声报》副刊主编，同时也是胡文虎旗下的厦门《星光日报》副刊主编吴忠翰的介绍下，张人希去粤侨中学任教，同时为《厦门日报》编"新美术"。这时候，他认识了《厦门日报》创刊成员林文衍。

　　市委副书记张道时及李文陵等领导都很关心张人希的去向，但张人希无心当官，他一直坚持自己解放前参加革命纯粹基于一种爱国热忱。既然厦门已经解放，新中国已经诞生，他就应该功成身退，好好地去为自己毕生的艺术理想而奋斗。张道时安排张人希出任市中苏友好协会委员及副秘书长。

　　解放初期，厦门的民主党派纷纷成立，中国国民党革命委员会、中国民主同盟、中国民主建国会、中国民主促进会、中国致公党、九三学社、台湾民主自治同盟都先后建立完毕，唯独中国农工民主党没有建立起来。省工委会指派郑静安为党务特派员负责组建厦门的中国农工民主党。郑静安找了张人希几次，动员他参加市农工民主党组建工作，都被婉言拒绝。最后因为"革命工作需要"，加上郑静安介绍了农工民主党的历史，使张人希感觉这个组织的历史还比较"进步"，而"服从组织安排"接受了新使命。1951年3月10日，中国农工民主党厦门市工委会正式成立，由郑静安出任主任委员，郑静安、林絜成及张人希三人出任委员。张道时又动员张人希到厦门市农工部市委员会工作，出任组织部长。张人希从此踏上文官仕途。

　　1951年秋，张人希以厦门市中国农工民主党的负责人身份被派往苏州参加华东人民革命大学政治研究院学习。

　　华东人民革命大学政治研究院一共三期，从1950年8月至1953年3月，第一、二期在苏州，第三期在上海打浦桥。

　　张人希抵达苏州，一出火车站过桥进平门，便踏上卵石子铺成的街道。50年代初的苏州除了观前街一带是平整的柏油马路外，几乎全是石子路、石板路与石板桥。

政治研究院位于苏州老市中心如今叫做人民路的护龙街,是一座拥有一千七百年历史的古老佛寺:北寺塔。学员的住处和活动地点在寺对面的一排平房院子里。学员大部分是来自华东各高等院校的教授、院长之类的知名人士,只有少数人分属各个民主党派的负责人。学习内容主要为中国革命历史、统一战线理论和政策,以及各民主党派的性质、任务和作用等。每周约有三次由上海市、江苏省等华东地区市委、部长们来院里演讲,下午分组讨论,三点之后便开始自由活动。在那里,张人希度过了六个月叫他终身回味无穷的快乐时光。

作为第二期的学员,张人希被编排在二班六组。同组学员有来自福建龙岩的农工民主党闽西特派员郭依萍(后改名郭一平)、浙江杭州之江大学的教授富阳人胡继瑗、山东济南齐鲁大学的历史学家张维华、苏州法院的季福生、安徽合肥的童杏荪、上海震旦大学的教授杂文家何满子、安徽黟县的孙若鑑、江苏常熟的余锦祥、江苏无锡的陈谟,以及上海华东师范大学的教师孙尧年,共十一人。其中,张人希最要好的同学为同组的何满子和张维华,以及其他组的比如一班四组南京来的合肥作家高植、二班三组南京大学的苏州社会学家孙本文、二班四组浙江大学的书法家沙孟海、二班五组上海圣约翰大学的福建晋江作家兼翻译家黄嘉德、三班一组上海的安徽诗人兼书法家潘伯鹰、三班五组上海震旦大学的山西汾城人贾植芳、三班七组的陕西泾阳书法家周伯敏等。

张人希这组的成员住在靠大门的外间,贾植芳那组分在里面的一间。因为贾植芳和何满子特别熟悉,每天下午三点,贾植芳便要站在过道前用山西腔大声喊:"老何,喝酒去!"学员们听多后乐了,每逢看见贾植芳往过道走来,便大声模仿他的山西口音喊:"老何,喝酒去!"

学员们多为五十几岁的人,像张人希及何满子这种三十开外的年轻人为数甚少。何满子与其他教授、院长们被派到这里与其说是学习,毋宁说为了交代历史。他们对政治洗脑十分无奈,对民主党派的人更敬而远之,先入为主地觉得他们无非是一群沽名钓誉的政客。道不同不相为谋,何满子与同组的许多民主党派学员自始自终没有交谈过一言,唯独对张人希例外。张人希很低调,不好出风头,喜欢喝酒,何满子也喜欢喝酒,熟络后便邀请张人希加入他们的小圈子一起泡茶馆酒楼。

从北寺塔出来往市中心去要经过护龙街,即后来的人民路。当年的护龙街十分冷清,没有汽车,偶尔有自行车或三轮车经过,连行人都稀少。整条街只有平房和二层高的房子,十分衰败。然而,沿街却有许多旧书店、书画店、古玩店、和一些卖古钱、案头小摆设的小摊贩。因为解放不久,文物类的货品没有多少人问津,所以这些书画古玩店里贩卖的从地主豪绅家里出来的真品标价奇低无比。翁同龢的五言对联只要十万元(即三年后币制改革后的十元)、沈石田的行书横披只要三十万元、清初四大家之一的王石谷的翠绿山水条幅只要四十万元,等同于几斤大闸蟹的价格。何满子买下了王石谷的翠绿山水条幅。半个世纪后他对义外孙女,也就是张人希的外孙女竹青非常肯定地说:"你外公也有不少斩获"。

旧书店里也有许多好书,如书画古玩店一样,都是从倒霉的地主豪绅家里流出来的。有一家书店的老板姓王,是明朝宰相王鏊的后人,和这帮客人混熟了,便介绍他们到自己的堂弟在临顿路开的一家酒店去吃饭。

酒店其实是个很小的单开间店面,里面摆放着四五张小桌子。当其时,苏州解放前的有钱人正落魄,便将家里最矜贵的家常菜烧了让孩子们送到小店里来卖。那葱烤鲫鱼、红烧肉等完全不是一般饭店里的普通货色,味鲜肉嫩,十分可口。有一回,有人送来半坛女儿红。女儿红是富户生女孩时选佳酿埋藏地下,等女儿出嫁时宴客用的。据说主人家的闺女很小就夭折了,而这坛酒已经在地下埋了三十余年。众人打开酒坛塞,浓香扑鼻,但酒因为收藏时间太久,已经十分粘稠,于是都傻了眼,不知如何吃?幸好潘伯鹰是内行,提议掺入新的好酒化开来喝,于是如法炮制,终于将这半坛女儿红喝个精光。

秋天来了,桂花飘香,弥漫四邻,逾日不绝,大有"独占三秋压众芳"之势。大闸蟹也开始上市了,小店一雌一雄搭配着卖。张人希吃惯了海里的螃蟹,本来对这种厦门人口中所谓的"毛花"是不会感兴趣的。苏州的大闸蟹特别大,张人希好奇便买一对尝尝,不期一吃便爱上了。他常常上馆子,要一对大闸蟹,外加一斤绍兴酒,一边喝,一边慢慢剥蟹壳。张人希在泉州、厦门及香港生活过,都是吃货出没的地方,对美食情有独钟。他坚持健康是吃出来的。除了诗书画印,佳肴美酒可谓他人生另一大乐事与要事。

苏州人称东方威尼斯,到处是亭台楼榭、小桥流水,十分雅致与浪漫,然而,苏州的老房子大都没有厕所。每天清晨,大小河畔家家户户从后门端出一个木制大马桶,齐齐洗刷,咚咚、哗啦作响,蔚为壮观。张人希觉得有趣,将之戏称为

"清晨交响曲"。

学员们在假日偶尔会结伴游览苏州乃至周遭的名胜古迹。张人希最爱虎丘，他常说：不到虎丘，等于没有到过苏州！

学员里有位留英的大学教授听说张人希只念了两年的小学感到非常惊讶，有一天对他说："与你相识后，我觉得自己的书都白读了。"另一位苏州诗人朝和，笔名张冷香，写信给张人希时，劈头就是一句"又是聪明又少年，几回相见信翩翩"。还有一位在苏州认识的吴老先生也好吟诗作对，多年后给张人希写信，表达他的思念，谓"一别姑苏十八年，每依北斗望南天"。

在华东政治研究院的半年里张人希既快乐又交了一群朋友，至死都对苏州念念不忘。然而，自50年代的胡风事件后，张人希与遭到牵连的贾植芳和何满子等所谓的"胡风集团"分子们便失去了联系。他内心一直惦记着他们，但那个疯狂的年代，谁也不能幸免。张人希也遭到政治运动的打击，再联系上已经是二十五年以后的事了。

刚过而立之年，张人希在厦门艺术界已经十分有名气，常常在工人文化宫等公开场合即席挥毫，现场表演。

1952年9月28日，张人希接受厦门市人民政府聘书，厦府秘字第00012号，出任厦门市第二届各界人民代表会议代表。

时已七十八岁的著名新加坡华侨，集美学校及厦门大学的创办人陈嘉庚回国定居。他是一位热爱书法艺术的人，尤其喜爱汉碑、汉隶，手边常放着一部《汉碑大全》。集美学区所有建筑碑额都用隶书，而且是陈嘉庚亲自从《汉碑大全》里选集出来的，其中有许多出自张人希之手。陈嘉庚十分欣赏张人希的书法，曾经请他用汉隶书写了两首诗刻在集美一座纪念碑上。陈嘉庚逝世时国家安排了国葬。他的灵柩被运回厦门，安葬于他的故乡集美海滨的"鳌园"里。追悼会现场布置的书法工作落到张人希肩上，他用陈嘉庚最喜欢的汉隶题了会场的大横幅，还用汉隶题了《陈嘉庚追悼会会刊》。

李禧（1883—1964）字绣伊，号小谷，厦门人。清末毕业于全闽师范学堂。他是一位学问渊博的人，曾任厦门竞存小学校长，市图书馆馆长。他因看到张人希写的隶书标语四处打听作者而相识。

有一回张人希画了幅寒山寺，并题了一首七律。

游寒山寺

芒鞋漫步出金阊，来踏寒山古寺霜。

败叶迎风撼零落，残碑对客话沧桑。

钟声半夜诗情暗，渔火一江旅梦凉。

我是枫桥看晓色，乌啼月落两茫茫。

李禧看了非常高兴，他吟咏再三后对张人希说："您那句'残碑对客话沧桑'写得很好，这一句会成为名句留下。"张人希深受鼓舞，常常向他请教。李禧也赠送给张人希一些自己的诗稿，包括他梦见亡妻后写的悼亡诗：

空堂一榻老吟身，阅尽繁花不是春。

怜尔重泉寒彻骨，五更尚忆独眠人。

1957 年 6 月 8 日，中共中央发出关于组织力量准备反击右派分子进攻的内部指示。《人民日报》发表题为"这是为什么?"的社论。于是，全国陆续开展了大规模的反右派斗争。

1949 年从泉州到厦门，1952 年出任鹭潮美术学校校长的许霏做贼心虚，一直想除掉张人希。反右运动一开始，许霏觉得这是千载难逢的好机会，便去诬告张人希。他"证据确凿"，指张人希画的一幅松树没有画到树梢即是松树断头，意思是诅咒新中国没有未来；而张人希一方"莫名其妙"的闲印钤在这幅画上，则在谩骂新中国。莫名其妙本来就有无法表达其奥妙之意，是张人希的得意闲章。许霏蓄意攻击，自然百般描黑以捏造罪名。但在那个有硬性指标凑人数打成右派分子的年代，张人希有口莫辩，被隔离审查，危在旦夕。但他曾经提着全家人的脑袋为共产党效命，隶属统战系统，是省级官员。厦门市无权定罪，所以将其打为右派的档案送往省里，到了时任福建省统战部部长张兆汉的手中。张兆汉是福建仙游人，解放前曾任闽中特委书记、中共厦门儿童救亡剧团支部书记等，与张人希很熟悉，知道这个向来低调不好功名的人一心只想当艺术家，不可能借着大鸣大放的机会绵里藏针攻击党和社会主义，觉得事有蹊跷，连忙赶往厦门。

厦门统战部与各民主党派的代表为了欢迎这位省里来的大部长举行了隆重的酒宴，张兆汉不动声色地和大家寒暄叙旧，直到酒足饭饱后才若无其事地问大家："怎么不见张人希呢？不在厦门吗？今天为何不见他来欢迎我？"厦门官员听了心虚，赶忙回答"在的，在的。"然后将张人希带到酒会现场。张兆汉夸张地当众拥抱张人希，还拍拍他的肩膀亲热地问："小张啊，最近好吗？"在场的官员们面面相觑，张人希就这样被释放，逃过又一场险些灭顶的劫难。现实总是讽刺，企图诬告张人希的许霏做梦也没有料到到头来自己会在这场运动中中标，被打成右派。

1957 年 8 月 7 日中央发出"中央关于反对右倾思想的指示"。这回张人希没有再受冲击。他一直以为，反右派时差点被划成右派纯粹是他人的恶意陷害。君子坦荡荡，只要做好党和国家交给自己的任务就没有什么好忧患的。他依然故我，业余时间孜孜不倦地研习他的篆刻、书画、格律诗。

跟着厦门举办画展，很多美术界的朋友云集在厦门。热爱艺术、热爱家乡泉州的张人希干了一件他自己一生颇为得意的事。多年以后的 1991 年 10 月 19 日，他在《云南日报》的"周末增刊"发表的文章中有非常详细的描述。文章如下：

> 人到了古稀之年，对一切身外之物，均视若尘烟，唯独书画篆刻——这种神奇的身外之物，我是始终难舍难离，形影相随。

> 我出生于东海之滨的泉州市，自小深受这文化古城邹鲁之风的熏陶濡染，说不清是地缘或天性，书画篆刻早早对我稚小的心灵，产生了强烈的兴趣，使我心驰神往，不能自已，忘我地沉溺其间。

> 然而我无缘分入学读书，更无条件系统学习书画篆刻。年轻早寡的母亲，凭着她的操劳，抚养着我，三餐不顾，哪有钱供我上学。年幼时，我只好躲在家里，以地板、墙壁作为画板，龙飞凤舞，自我陶醉。至于我有多少成就，未敢妄自吹嘘，但我曾抢救一批很有价值的古画，可说是我生平最得意的一件事。

> 泉州流传的历史文物很多。城内东门，有一郭姓的大户人家，从古代留下几幅道教人物图，内容是：雷、雨、风、云、日、月。几百年来，他们的家规是每年农历端午午时，在他们的祠堂中，搭起敬天香案，把画挂起，任人参

观。过了午时，即小心地把画收藏起来，交给另一房人保管。其它时间，任何人不得打开，这是他们世世代代遵守的家规。

这六幅画，《福建通志》、《泉州府志》、《泉州民间传说》都有详细的记载。记载的梗概是说，明初道教中人董伯华，长期住在泉州东街郭姓家为食客，他对将要发生的大事，每每言中，因此人人敬佩，对其非常尊重，郭家把他视为神仙。当他要离开泉州外出云游时，事先通知郭家，谓某月某日泉州东门城边，有人携带一批古画出售，这是无价之宝，一定要设法购之。郭家主人听了，如期到所提地点，把这批古画买下，成为郭家传家之宝，被称为"仙画"。

我年轻时与泉州一些前辈老书画家经常交往。商文玄先生曾不止一次对我介绍郭家这些藏画，他认为这些画艺术价值极高，没有署名，但似唐人吴道子风格。抗战期间的一个端午，我和商老前往参观，这些立轴绢本，全用莼菜条笔法，加以淡墨渲染，每幅约二百厘米左右，保存完好，人物神态威武，衣带飘举，虬须飞动，形神兼备，用笔苍劲雄健，线条繁而不乱，重而不滞，确有"浅绛吴装"的遗风。

时隔两年，有一天，泉州几家大小报同日报道郭家"仙画"失盗的消息，郭家也刊登悬赏启事。一时轰动全城，但过了些时，人们也就逐渐把它忘了。由于我对这些画印象深刻，一朝被盗，使我忧心忡忡，生怕这些无价之宝，流入外国人之手，那将是国家的重大损失。我为此下定决心，尽可能设法追回原物。我一有机会，就向美术界人士大力介绍这些画的价值，把画的内容和形式，详细加以说明，希望有人能发现蛛丝马迹。许多年来，我执着地宣传，仍渺如黄鹤。

1957年，厦门举办画展，很多美术界同仁在一起聊天，我利用这个机会，又详述这六幅画。大家听得很有趣味，其中有一位陈姓的美术干部说："你介绍的这些画，我可能看过。"接着他说：日本投降后，由泉州迁来厦门的道南书社的一位伙计谈起老板从泉州带来一批好画，他得知后随即找那位老板，要向他借来看。那位老板，知他是国家干部，做贼心虚，不敢多言，就把画全部捧出，并说："这些画价值很高，政府如要我可以奉赠。"他把这些画带到市政府，但当时有关部门不知这些画的来历，只好束之高阁，后来就连同历次没收的一些官僚地主的文物，一并交市图书馆管理。

我听到这个消息,真是欣喜若狂。我估计它正是我日夜追思的那些画。解放前泉州道南书社,经常坐满了三教九流,老板社会关系复杂,他店里那个伙计,又是郭家子孙,共同策划盗窃此物,实有可能。

　　我马上赶到厦门图书馆,要求看看这些画,但画放在哪里,谁也不知。我非常着急,经过一番仔细翻查,终于在地下室一排橱架下拖出这些古画。幸亏发现得早,否则再过一段时间,这些画就会潮湿腐烂。当这批多年梦寐以求的珍品展现在我的眼前,我几乎怀疑自己是在做梦。真是"苍天不负苦心人"。高兴之情,难以形容。我随即挂电话,把这喜讯告诉当时分管文教的副市长张楚琨(现在全国侨联,全国政协委员)。他也是泉州人,深知这批画的来历和价值,特将画送至北京荣宝斋精心重裱。因这批珍宝文物原属泉州所藏,后来厦门市府将原画如数归还泉州,现由泉州文管会保管。

　　时至今日,这些画尚未经专家鉴定,但我估计它应属国家重要文物。泉州民间传闻这批画是出自董伯华手笔,我不以为然。董是泉州人,生于斯,死于斯,假如他有那么高的艺术造诣,留下的画就不只这些。我揣测,这些画可能是董伯华先代家藏珍品,后因要出外云游,携带不便,又缺川资,乃设法由其朋友收购。由于郭家对这些古画的重视,加上了一层神秘迷信色彩,才能历久因而流传不衰。我估计这些古画可能是明代以前的作品,但未敢妄断,留待专家们鉴定研究。

　　中国流传之道教画,壁画居多。泉州这六幅雷、雨、风、云、日、月属于绢本,纯用水墨描绘,是道教画中少见之物,价值绝非一般。1978 年,在苏州瑞光寺塔中发现的五代四天王木函彩画,也是属于道教画,我把泉州发现的这六件画与之比较,风格上略有相似,但结构、用笔以及人物神态等方面,似在苏州发现的木函彩画之上。

　　这些画的发现可说是我平生一件最高兴也最有意义的事。精诚所至,金石为开,我相信这是千古不移的真理。

1958 年有一次厦门刮台风,风大雨急,楼梯口对面的厨房坍塌了,张人希请人重新修复,将之改作卧室兼画室,因为它有一扇大窗面向鹭江,潮声随着海风入耳,日出日落与四时风景尽收眼底。

王益舍更在屋外搭了个小小的围栏和棚架,种上丝瓜与南瓜。瓜藤攀爬上了屋顶,每逢收成的季节,不是藤架上挂着一条条碧绿的丝瓜,就是屋顶上危坐着几粒硕大金色的南瓜。她又喜欢养花,在"雨脚架"外种了几十盆红玫瑰、几盆建兰和一大缸茉莉。兰花品种很多,而建兰乃福建出产的,已有一千多年的栽培史。叶由根丛生,细长而尖,能长到一尺以上高度,乍看像韭菜。开花时由叶丛中抽出花茎,一茎通常开几萼。王益舍喜欢供奉建兰中极其名贵的品种"素心兰"。剪一枝供在睡房一角的小三角几上,插在素净薄胎的德化长颈花瓶里,清香满屋,仿佛世外。红玫瑰可以入药,每逢家人伤风感冒、喉咙发炎,王益舍就用红玫瑰炖冰糖给他们喝,清火解毒疗效显著。花盆里的猪母草是消炎良药。多年以后,重外孙女竹青我来到这个世界,因为耳道长得特别弯曲,耳垢无法自动掉出来,幼时时常耳朵发炎,疼痛不已。她便将猪母草捣碎,用纱布榨出汁来滴进我的耳朵,炎症很快便消。

李惠若一共生了四男三女。长子韦平夭折后一家还有九个人生活。为了帮补家用,1958 年李惠若便去圆珠笔厂工作。家庭收入少,张人希对艺术的热爱开销甚大。为了确保丈夫的纸、笔、颜料、印石供应,李惠若省吃俭用辛劳持家。张人希只要有诗、有画、有书法篆刻,清贫的生活于他永远甘之如饴,苦的是背后支持他的贤妻。

1961 年,长女张君平考进两年制的漳州市立师专,要往漳州求学。为了筹措她的学费,李惠若将张人希仅剩的一套西装送进当铺。

1963 年,圆珠笔厂因为业务不佳,要缩减人员。厂方知道张人希在民主党工作,便通过市统战部张其华部长动员李惠若带头离开工厂。离开工厂意味着失业,意味着家庭经济将更加捉襟见肘。但为了丈夫,李惠若默默离开了。

同一年,张君平从师专毕业,分配到厦门市郊灌口小学任教,与同校的南安人林长茂结婚。1964 年 6 月中,张君平为张家添了一名新成员,是个女婴。最高兴的莫过于外公张人希。他给小宝贝起了个很富诗意的名字:林竹青,还封了个"桂花孙女"的雅号。他喜欢桂花,13 年前在苏州华东革大学习时正值金秋,是桂花盛开的季节。他将自己对苏州深厚的感情都寄在他的桂花孙女林竹青我的身上。

当林竹青开始懂得叫"俺公"的时候,张人希每天回到家便迫不及待地亲亲他的活玩具娃娃。他托起小竹青,用自己的腮帮子故作亲热地摩擦她的脸,见她左躲右闪的样子就乐不可支。小竹青会一面笑得喘不过气来一面叫着"刺……刺啊……","真的?"当外公的越发来劲,装着要用自己的胡须刺她小脸蛋的样子。于是小竹青便会笑着闹着大声叫:"刺啊,真的真的刺啊!哈哈哈……""不刺就打屁股。"于是张人希将小竹青反过来架在大腿上,煞有介事地噼里啪啦拍打了她几下屁股。爷孙俩就这样日日闹得忘乎所以。

正当张人希享受着清寒但快乐的居家生活时,一场史无前例的政治风暴正悄悄地拉开帷幕。

3. 疯狂的年代

1965 年 12 月 31 日,厦门市委统战部首先向张人希发难,认定他"政治思想反动,诬蔑毛主席,攻击社会主义;资产阶级糜烂的生活作风;非法卖字画谋取暴利",建议撤销其农工党常委、秘书处长职务,下放劳动一年。并于 1966 年 1 月 15 日经市委办公室批复同意按市委统战部意见处理。

这一个定罪直到 1982 年才经由中共厦门市委文件,厦委【1982】86 号,查复原对张人希的问题定性不当,经市委落实政策领导小组研究,同意撤销市委办公室 1966 年 1 月 15 日对《张人希错误问题的处理批复》。

根据中共厦门市委统战部(决定),文件号:厦委统【1980】07 号,关于为受林彪、"四人帮"极左路线迫害遭受审查和批斗的统战、侨务系统干部彻底平反的决定一文有(节录):

> 林彪、"四人帮"为了篡党夺权的罪恶目的,推行一条极左路线。在这条极左路线的影响下,统战、侨务系统的各级领导和干部在文革中有许多同志被以所谓"走资派"、"叛徒"、"特务"、"假党员"、"严重政治问题"、"国民党残渣余孽"、"反动资产阶级分子"、"地主、地主阶级的孝子贤孙"、"文革中犯路线错误"、"执行反动路线"、"散布反动言论"、"海外关系复杂"、"接受特务经费"和"特嫌"等等莫须有的罪名,进行审查和批判。在这期间,遭受到错误批判和审查的有如下同志:……张人希……庄清华……等同志。

> 根据三中全会精神,经统战部部务会议研究决定:凡在文革中受到错误批判和审查的各级领导和干部(包括文革中作过结论和未作过结论的),

应一律予以平反和昭雪,恢复名誉,消除影响,强加给他们的一切污蔑不实之词全部推翻。文革中形成的错误文件和材料应按中央有关规定进行处理。对受株连的家属、子女应予恢复名誉,消除影响,失散在社会上的材料一律无效。

我们要在党的十一届三中、四中、五中全会和五届人大二次会议精神的指引下,更紧密地团结起来,调动国内外一切积极因素,为维护和发展安定团结的政治局面,为加速我国四个现代化建设步伐,为台湾早日归回祖国,实现祖国的统一大业作出更大的贡献。

中共厦门市委统战部

一九八〇年三月三日

这些平反与恢复名誉的事都是十几年后发生的,然而,当风暴来临的时候,每个被席卷进去的人对这场风暴来得那样迅猛,那样惨烈都始料不及,张人希也不例外。

刚开始时,张人希还以为这次的政治运动也和以往一样,无非是针对党内那些犯错误的人,可是,渐渐地便发现事情并非他所想象的那么简单。文联首先出现大字报,把他也给圈点进去,风声日渐紧张起来。

厦门工艺美术学校教师张晓寒首当其冲第一个挨整,被打成反动黑画家,他的家也被冠以"鸡山黑店"。张人希因为与他关系非常好,故第一个被牵扯进去,冠上"黑店掌柜"之名。

有一天,红卫兵逼张晓寒戴纸帽、挂牌游街。他一时想不开十分冲动地一头撞向石壁企图自杀。人没有死成,却撞伤了头,鲜血直流。红卫兵们都像中了邪一样毫无人性,竟然用一条白纱布缠着他的伤口逼他继续游街示众。厦门很小,游街队伍游经思明西路民主大厦时,几个红卫兵突然冲上五楼,恶狠狠地将正在办公的张人希押到楼下,用墨水当头浇得他满脸满身。

那天晚上,张人希吃饭时很心不在焉。饭后他故作镇定地对李惠若说:"晚上我要出去一趟,你们不用等我,先睡吧。"心细如发的李惠若对越来越紧的风声已经十分担忧,这晚看见丈夫神色凝重深感不对劲,又不敢多问,于是悄悄地尾随在其身后,一直跟踪到民主大厦,发现张人希一到便非常狼狈地被众人团团围着狠狠批斗攻击。

很快地，厦门工艺美术学校与厦门大学的红卫兵把张人希抓去戴纸帽、挂牌游街。翌日，这些红卫兵又到民主大厦开批斗会，逼他交代自己和张晓寒的关系。

批斗会的第二天夜里，一群红卫兵突然冲到升平路五楼来抄家，将张人希的孩子们赶到对面那座亭子上，然后进屋翻箱倒柜，把他一分钱一分钱攒下来收藏的许多名帖、画谱、藏书、字画及所有印章全部翻出来，能烧的都付诸一炬。王益舍吓得不知所措。为了保全儿子，她忍痛配合，将自己的佛经也付之一炬，混乱中，连《张氏族谱》也一并烧了。

张人希生性倔强，自懂事后就没有掉过一滴眼泪，然而，这一次他哭了，他的心碎了。红卫兵烧的是他命根一样的收藏品啊，他眼睁睁地看着它们化为灰烬。"为什么我对党无限忠诚，结果不仅国民党要抓我抄我家，连红卫兵也要抄我的家呢？"他想不通，抱着对党的忠诚与信赖，他决定前往北京上访。

去北京不是件容易的事，光一个盘缠就是个大问题。张人希没有钱，家中能筹措得出来的现金连路费都不够，于是跑去鼓浪屿向工艺美术学校的教师杨胜求助。杨胜很替他抱不平，慷慨解囊，给他一百元。杨胜知道张人希的家庭贫困，将那一百元送给张人希，坚决不要他还。

张人希到了北京，才发现北京也乱作一团。他的好朋友黄永玉正挨批斗。他去上访，接待人员给了他一张收条就了事，再无下文。眼看这场政治风波愈演愈烈，一时之间恐怕不会过去，上访也无任何指望，只好返回厦门。

回到厦门没多久，张人希又被迫戴着高帽、敲着破铁锣，像猴子一样游街，被当众凌辱。红卫兵们的喇叭极响亮刺耳，打倒某某某之类的口号丧心病狂地嚎叫个不停。每当队伍游经升平路，锣声一响，还完全没有识别能力的小竹青就会兴奋得大喊大叫起来："俺公来了，俺公来了。"于是，张人希的孩子们便一起冲到天台扒在栏杆上看着父亲被红卫兵们推搡着前行的可怜模样，心里十分难过。小女儿张玄平日后说，每次听到人们高呼"打倒牛鬼蛇神、打倒现行反革命张人希"便不由自主地背脊发凉。厦门就那么丁点大，人口只有二三十万，张人希从风光的顶端刹那间跌到谷底，一切曾经被推崇称赞过的作品一夜间都成了毒草、变成他的罪状逐一被批判。

集美镇入口的地标建筑是四根擎天柱子耸立着直指蓝天,本来是张人希的得意之作,曾得到许多艺术家的高度赞赏,此时却被曲解成"四根柱子扛一个棺材",要他清楚交代准备扛谁?是不是想扛伟大领袖?

一枚"莫名其妙"印章因为盖在一张"歌颂性"的国画上而与黄永玉的"无法无天"及张仃的"不登大雅之堂"同时被批臭,后来被艺术界戏称为文革时期最著名的"三大闲章"。

最令人想不通的还是将解放前那些为革命事业抛头颅、洒热血的地下工作者打为"叛徒""反革命"。不人道地将死者批臭,将生者折磨得不成人样,有许多老革命经不起这样的精神与肉体摧残而自寻短见。当年地下党某些战友的子女为保全自己,对张人希不仅仅划清界线,还口诛笔伐,含血喷人,诽谤诬陷,仿佛要置他于死地而后快。张人希非常苦闷,百思不得其解!

1967 年夏天,厦门各个机关党派乃至平民百姓都开始分成两派。其中"革联"以林金铭为首,而"促联"则由苏辉铭领头,都打着拥护伟大领袖的旗帜,却互相仇视,展开血腥暴力真枪实弹的武装格斗,彼此厮杀。为了自身安全,厦门许多人家都在楼梯口堆上一袋袋的小沙包,随时准备灭火。

入夜之后,鹭江两岸异常安静,突然"咻……"地一声,一颗照明弹瞬间划破了宁静的夜空,将鹭江照得通明,水陆纤毫毕现,紧接着枪声大作,打破了江畔死一样的沉寂。才刚满三岁的林竹青每晚总要站在外公卧室窗前紧张地期待信号弹升起,可一看见鹭江岸上和船上真枪实弹火拼的场景后却吓得抱着头趴在地上。火拼后的第二天总归有大卡车载着死难者的尸体游行。同时有人手持扩音筒,沿街叫口号。于是到处都听得到尖锐刺耳、歇斯底里的口号声。无知的妇幼们和无所事事的闲杂男人们常跟在车子后头起哄,年仅九岁的张玄平便拉着少不更事的林竹青跟在车子后面看热闹。那时的人们都像失去理性从疯人院里逃出来的病人,病态地亢奋着。

升平路与惠通巷交界的转角住着一户解放前的有钱人家,因为挨整,其子弟承受不住打击纵身一跃跳楼自尽。由于近在咫尺,张玄平依旧拽着小竹青去看热闹。她们去到现场时,尸体已经搬走,地上留下一大片模糊的涂地脑浆与斑斑血迹。小竹青听说人是从三楼跳下来的,便好奇地抬头张望。只见三楼阳台的落地玻璃门还敞开着,及地的白色纱窗帘正随风飘荡,玻璃门内靠近阳台的一侧放着一张藤交椅,椅子上放着个用蓝色的纸糊成的老虎头模样的东西。一阵阴森诡异的感觉悄然爬上小竹青童稚的心,令她吓破胆,不寒而栗,从此再也不肯跟阿姨去看热闹了。

张人希像犯人似地从一个地方被押到另一个地方当苦力、干农活,与外界完全断绝联系。李惠若默默面对人们的攻击。为了争取表现,缓和众人对丈夫乃至整个家庭的政治围困,她经常到居委会参加各种服务。有一次她参与在厦门工人文化宫的表演,带年幼的林竹青一起去。林竹青在后台看着美丽朴素的外婆往自己脸上涂了大腮红和红嘴唇,样子十分古怪。演出开始前她被吩咐去坐到观众席上等候看表演。她很兴奋,迫不及待地想看外婆表演节目。好容易等到外婆上台了,可和她想象的却有巨大的差异。她看到的既不是期待中的唱歌,也不是跳舞,而是和一群比外婆还老的阿婆们手持红宝书在舞台上生硬地喊口号,边喊边踏步踏,手臂一上一下,不是把红宝书按在胸前,就是把红宝书举得老高,做着毫无美感的奇怪动作。这一件事在林竹青稚嫩的心灵里留下非常深刻的印记,十分苦涩。她永远都忘不了,却从来不敢在外婆面前提起,深怕会触痛她老人家内心深处的伤疤。

张人希的小儿子张楚平怂恿比他小九岁的林竹青到楼下对面用篱笆围起来的工地舀石灰,他要和外甥女一起种西红柿。小家伙听了非常兴奋,有一天夜里和四舅一起偷偷摸下楼。楼梯口对面就是那堵临时的篱笆墙,墙的下角有个小洞。张楚平已是个十二三岁的少年,手臂已经伸不进去。小竹青只有三四岁,她将小手伸进去,用一个很小的杯子一杯一杯地舀满石灰往小桶里装。舅甥俩都没有意识到自己在偷盗公家物资,还挺得意。

张楚平不知从哪捡来一堆红砖块,在天台上沏成了一方长一米多、宽不足一米的"菜园",种上西红柿。林竹青万分雀跃,天天盼望西红柿长出来。好容易看到西红柿长出了小小的果实,有的开始由青色渐渐变红很快可以吃了,有一天,外婆回来却黑着脸要四舅把"菜园"搞掉。张楚平和母亲据理力争,李惠若一反平时的温柔,突然恶狠狠地一脚踢倒了"菜园"的围墙,还骂张楚平不懂事,说居委会又在批判张家种东西。居委会是城市里最小的单元,但居委会主任和干部的权力却好像很大,尤其在文革时期。他们什么都管,甚至连王益舍种的花、丝瓜和南瓜都要干涉一番。这时候的人们生活在恐慌中,王益舍默默地照顾着孙辈和重孙辈,唯一的心愿就是儿子可以早日平安回来。

张人希的三儿子张叔平喜欢养鸽子。他在阳台上搭了一个大笼子圈养。鸽子会招来其他鸽子,或被其他人家的鸽子招去。张叔平天生聪明,很快便用自己的鸽子把别人家的许多鸽子招到了自己家。毫无疑问地,这事立刻就惹来居委会及其他人家的批判,张叔平的笼子因此很快便被夷为平地。不养鸽子张叔平又变了另一个法宝,他不知道从哪儿借来一把鸟枪,在天台上打猎。张楚平和林竹青是他的粉丝,因为张叔平打下鸽子会在天台上架着烧烤,味道非常香。少年不识愁滋味,外面风雨飘摇,而天台却是孩子们找乐子的地方。

张人希的二儿子张思平的玩法和两个弟弟又不一样。他当时比较大了,已经在圆珠笔厂工作。他的一群朋友全是南洋回来的侨生。这群侨生多为印尼归侨,家庭富有,因为热爱祖国,也因为印尼排华,被长辈们送回国接受教育的。他们在南洋生活了十几年,个性明显比厦门人要开放和浪漫。他们喜欢玩相机,喜欢唱歌、跳舞、弹吉他。张家当时好些照片都是张思平的朋友们拍的,其中一张非常有趣的是小竹青不老实吃饭的最佳证据。话说有一天有个侨生朋友来家里找张思平,张思平正好出门未归,于是他便在雨脚架下等待。他看见四方桌一头坐着李惠若,一手端着碗,一手举着勺子正很有耐心地在哄小竹青吃午饭。小家伙淘气,不认认真真咀嚼吃饭,而是把一大口饭含在嘴里东张西望。那是个寒冷的日子,小竹青身上穿着一件她母亲做的灯芯绒花棉袄。张君平不擅裁剪,把棉袄做得像件"大肚衫",脖子以下夸张地张开。张思平的侨生朋友觉得画面十分生动,便拿起相机偷偷拍下来。这张照片曾在家庭相簿里放了十几年。又有一次,张思平和他的侨生朋友们要去中山公园玩。正好张紫平也在家里,众人便邀请张紫平和小竹青一起去。他们在中山公园的草坪上坐着晒太阳,有人弹吉他,有人唱歌。林竹青天生活泼,闻歌起舞,在阳光下欢快地跳着没人教她的舞步,逗得众人大乐,也给小竹青留下一段美好的回忆。

张人希所属的劳改队行踪保密,和外界无法沟通,家人自然也无法和他取得联系。1968 年的某一个初秋黄昏,正在南普陀寺收割庄稼的张人希精疲力尽地从地里回到宿舍,突然看守的人通知他说有人来找。他疑惑地来到临时会客处,也就是原本放着四大金刚的地方,顿时眼睛一亮,二女儿张紫平和自己的"桂花孙女"林竹青正在那里焦急地等待着。临时会客处有看守的在监视,话不可以随心所欲地说。张人希看到女儿和外孙女很激动却不方便说什么,于是掉头跑回自己的宿舍将珍藏的一袋食物拿来给小外孙女吃。林竹青当时年仅四岁,却因家庭蒙受的灾难而过早地懂事了。才那么点大的年纪,她已经经历了文革、武斗、抄家、逃亡的洗礼。她没有哭,小心翼翼地接过那个透明塑料袋,里面装着许多小圆饼干。袋子已经破了,小圆饼干有许多小小的齿印,好像是老鼠咬过的。监视的人开始显得不耐烦,张人希只能催促她们俩人回去。林竹青倔强地紧闭着嘴巴,眼里含着泪,一路频频回头看着对她微笑挥手的外公,心里十分依依不舍地走了。

除了白天繁重的体力劳动,张人希每晚都被迫写检查,反复交代过去五十年的历史,看他都做过什么事、认识什么人,重复又重复。由于派性斗争,厦门地下党正群体挨批,当权者强迫张人希揭发解放前"五四小组"的负责人庄少萍的劣迹,企图寻找蛛丝马迹作批判他的材料。张人希内心十分悲愤。想当初,张人希与其他成员逃亡去香港时庄少萍勇敢地坚守厦门,被特务逮捕后惨遭严刑拷打,最后被绞死在狱中。连这样一个烈士也不放过,坚决要将他一并批臭实在疯狂。张人希为人刚正不阿,岂肯无中生有卖友求荣? 于是他在"有关庄少萍问题材料"的交代中写下了许多叫这些强迫他写检查的狂人们气急败坏的文字。

1949 年上半年,(大概是六、七月间)庄少萍带一封香港友人林景煌的介绍信来找我,信写得很恳切,要我相信他,尽力帮助他工作(那信上我记得是用一个化名,记不清了)。我当时有些踌躇,我说孩子病得厉害,没有时间,但他的口气一定要我协助,结果我是答应了。我当时的政治态度是这样的:"对国民党的残国祸民,对美帝在中国的横行霸道,我是痛恨的,因为我是中国人,我还有一点爱国心。"对共产党我的认识很肤浅,但当时我认为不管哪一个政府来管理中国,总是比国民党好;另一个看法,是我平时所钦佩的几个作家,如鲁迅、茅盾、郭沫若等人,都是倾向共产党的,如果不是共产党好,这些好的作家怎能拥护共产党,到了临解放,那情况就看得更清楚了。至于我本人,自己有这样的估量,认为像我长期自由散漫惯的人,党也不会吸收我;其次认为如果有机会参加共产党,我也不一定参加,共产党人在国内几十年的斗争中,是出生入死,流血流汗的,假如到了全国快要解放,在这个阶段参加,以后会被人视为投机分子,不光彩。

关于自己加入农工民主党的历史,张人希更加直率而且勇敢地写道:

　　1950年,郑静安找过我好几次,动员我参加农工,他说:"要在厦门成立农工组织,现在如果没有适当的人可以做委员,台就搭不起来。"他认为如果我去是够条件的,但我一直不肯,他还许了很多愿,什么做了委员,"以后可能在市人委做科局长等等",但我一概不答应他,当时我正在急需要职业,为什么有这样优厚的待遇我不去呢?当时我有一些思想障碍:

　　1. 我在旧社会一向没有想做官,虽然我过去也做了科员,区员,但在我的思想中都是属于过渡性的,(在旧社会,要做官必须具备两个起码条件:要进过某一个训练机关受训,经过伪内政部铨署。这些门径我从来没有试过)我的希望就是有一个一般的工作,工作不要太紧张,钱也不一定很多,只要家里几口人度得过就可以,剩下的时间,来作画看书了;

　　2. 我当时看不起民主党派,尤其是农工的一些当时的成员,我很不理解为什么要团结这些人,有啥作用?也认为我这个性格,不合条件。

　　我就是有这些想法所以我一直不答应他,后来纪昆仑找我说他失业,希望我帮他找找工作,我就把纪昆仑介绍给静安,免得他和我纠缠不清。当时静安也很满意,认为他是老报人,可以帮他摇笔杆。不久,静安又来找我,说昆仑上级不同意,还是希望我去,我仍然不肯。有一次我在中苏友协开会,民盟黄亮对我提出参加民盟的问题来,我说:"不想参加组织。"过后,我碰到《厦门日报》副总编辑郭荫棠(旧同事),我就把农工与民盟的这些过程说给他听,我说:"民主党派是什么我不理解,你的看法怎样,帮我考虑一下。"他说:"我调查看看,以后再说。"有一天,郭对我说:"关于你的问题,我问过张道时,他认为像你这种人参加民盟比较顺(当时民盟文化界的成员较多),但是农工现在很需要人,从革命工作出发,还是参加农工。"荫棠这么一说,而且认为这也是"革命工作需要"我心里就有些动了;过后静安又来找我,这一次他是介绍农工的历史,提到邓演达过去如何反蒋,后来如何被蒋匪杀害等等,当时我情感有所触动,认为这个组织过去的历史还是属于"进步"的,(当时的看法)所以我就答应他参加。

这些整张人希的人在他的历史上找不到污点于心不甘,于是将他隔离了起来。文革初期,张人希据称是厦门文艺界最早被扣押的两个人之一。这样的精神与肉体磨难他都咬牙默默忍受,他以为自己光明磊落没有什么好害怕的,他哪里知道全中国的知识分子此时正遭遇史无前例集体被清算的厄运呢?

1968年到1969年间,1966—1968年毕业的老三届开始作为知识青年上山下乡被安排到农村插队落户。张人希的二子张思平和三子张叔平严格来讲都不属于老三届。张思平早已在圆珠笔厂工作,而张叔平则还没有完成高中学业,就因为遇到老师们遭批斗,学校停课不用上学。很快有消息传来说这段时间内的初中生也必须响应党的号召去农村插队落户。李惠若内心有一万个不情愿,她舍不得张叔平,于是将他送回石圳老家去跟随自己靠打渔为业的弟弟出海作业。张叔平在那里度过了好几个月,跟着舅舅一起下海捕鱼。李惠若错误地以为,只要居委会找不到人,自己的儿子就可以逃过上山下乡的命运。殊不知中国是个滴水不漏的国家,户口制将人牢牢地拴在一个位置上。张叔平不下乡,那张叔平的家人岂有好日子过?何况他的父亲张人希还在挨批挨整之中呢?定然罪加一等!

1970年春节前张人希获准回家过节,这时二子张思平和三子张叔平终于逃不过大时代的魔爪,正被迫要去上山下乡,去接受贫下中农再教育。张思平工作没了,张叔平也被叫回厦门了,他俩要去的地方是偏远的福建武平及三明山区;而作为教师的长女张君平也要与丈夫林长茂携一对子女下放到闽西革命老区连城的乡下。张人希第一次,也是此生唯一一次带着全家人到相馆去合影留念。

拍照的那一天林竹青正长针眼,两只眼睛肿得小小的。照片上的她站在外公身边,一脸的严肃。而张君平的儿子林柏青才一岁多,由外婆抱在腿上。张人希和李惠若都强颜微笑。过了知天命之年,张人希早已饱经风霜,镇定自若。此去经年,应是良辰美景虚设。一家四代人从此各散东西,不知何日再聚?聊遣相思的唯有这张全家福。从照片中张人希安详的笑脸,谁能猜得到这时他正处于一生中最坎坷艰苦的人生低谷呢?

尽管山雨欲来风满楼,王益舍、张人希和李惠若还是极力经营一顿温馨的春节年夜饭。

全家福：第一排左起外孙林柏青、外孙女林竹青
第二排左起李慧若、王益舍、张人希、四子张楚平
第三排左起三女张玄平、二女张紫平、长女张君平
后排左起二子张思平、未来二女婿吴汉雄、大女婿林长茂、三子张叔平

　　年三十前，李惠若上菜市场买回来一大堆食物和新鲜的本港带鱼，这是张人希最喜欢吃的鱼。王益舍将带鱼切成一段段，抹上一层薄薄的盐，然后放到锅里干煎。带鱼的香味让林竹青馋得不行，非要站在灶边看曾祖母煎好吃的带鱼。王益舍嫌她碍手碍脚，于是给了她一块香喷喷新鲜出炉的带鱼，促她到一边吃去，林竹青才捧着小碟子心满意足地乖乖走开，享受她的美食去了。因为这个难忘的记忆，林竹青也和她外公一样对这种十分廉价的带鱼情有独钟。

　　李惠若忙着做薄饼。她将高丽菜、红萝卜、冬笋、豆腐干切成细条炒熟，将荷兰豆、海蛎子分别煮透，然后全部拌在一起，再炒一碟浒苔，炸一碟米粉，并在米粉里面洒了点白沙糖，买回现成的面粉皮蒸熟备用。及至食用的时候，便在面粉皮上洒一把炸米粉、一把浒苔，加上一两勺子拌好的食物，裹起来便成了味道鲜美可口的厦门薄饼了。

　　王益舍在洗干净的猪大肠里灌进去糯米，蒸到烂熟，做成糯米肠。它可以趁热的时候切成薄片蘸白砂糖吃，也可以往油锅里炸一下，蘸白糖或者其他酱料吃。这也是闽南的传统年菜。

当然,年菜里还少不了张人希喜欢的芋头焖五花肉等。

一顿众人期待多日的年夜饭开始了,王益舍、张人希、李惠若、张君平、林长茂、张思平、张叔平、张紫平、张楚平、张玄平、林竹青、林柏青十二个人围成一桌,四代同堂。饭桌上有带鱼、薄饼、糯米肠切片、芋头焖肉、海蛎煎、炸海蛎饼、青菜等,好丰盛的大餐。张人希与女婿、儿子们小酌,大家吃得非常开心,享受着天伦之乐。无论窗外的北风多寒冷,这一个夜晚,升平路十七号五楼加盖的简陋棚屋饭厅里却暖烘烘的,一派幸福美满的家庭景象。

据说,张人希曾很严肃地对张紫平的未婚夫吴汉雄说,女儿以后就交给他了,要他好好照顾她。他俩正式订婚时,张紫平只有十六岁。

1970 年 5 月,张人希与市政协、各民主党派、工商联、侨联受冲击的干部们一起集中到同安莲花公社后埔村进行所谓的学习,被审查和批判。据中共厦门市委统战部(文件),厦委统【1980】08 号,关于为受林彪、"四人帮"极左路线迫害,遭受审查和批斗的干部和党外人士彻底平反的决定文件有:

······

在这期间,按敌我矛盾对待,遭受到较严重的批判和审查的有:高怀、王鹏飞、张人希、梁寿榕、林涵国、洪子晖、翁金章等等同志。

······

离开后埔村,张人希被转送往江头薛岭去开垦农场,整个农场里都是来劳动改造的厦门市中上层的国家干部。白天他们在地里耕种,晚上学习及写检查交代自己的历史,周末可以回家。但在周末回家的名单里却不包括张人希。林彪坠机身亡后,归国华侨,原华侨旅行社经理庄清华及工商联主任、厦门市副市长蔡衍吉等人也被送来农场劳改。庄清华是张人希同宗族亲张丽玲的丈夫,到了农场还被编排在同一个小组里,然而,他们俩却被勒令彼此之间不得说话。

被关在牛棚里的某一天,张人希百无聊赖地闲坐着,突然发现墙角地上的草堆里露出纸张,他十分惊喜,趴出来摊开一看,原来是本谈玄论易的书。张人希本来百无禁忌,并非一个迷信的人,但没有书报看已经好一段时日了,心里正闷得慌,难得有本书可以解解闷,慰情聊胜于无。书中有段关于"红羊劫"的介绍吸引了他的注意,它罗列了历史上举凡丙午、丁未年便有国家大劫难的诸多事实,并称之为"红羊劫"。张人希屈指数数,"啊,六六年不是正值丙午年吗?正逢所谓的'红羊劫'啊!"他脑袋里闪过一丝诡异之感,莫非,冥冥中一切真的都已注定?比如国家的劫难?个人的命运?可有谁能解答这个问题呢?!

远在外头的张人希并不知道另一场灾难正悄悄降临张家。

有一天,小儿子张楚平拿了自己用报纸糊的风筝跑到那座两层高的亭子里去放着玩,风筝突然断线坠到楼下。住在三楼的街坊捡到了大喜过望,因为报纸上有伟大领袖的头像,于是立刻跑到居委会去举报邀功,给这个年仅十五岁的少年乱扣罪名。当晚三更半夜,一队公安人马突然包围了张家,开始抄家,把家里所有的柜子、抽屉悉数翻查。他们将全家男女老幼全部逐一隔开,逐个审问。酣睡中的林竹青被惊醒,并被两个彪形大汉隔离在她的睡房里。他们要她打开一个小小的用薄薄的小木板钉成的箱子。这箱子是四舅张楚平帮她做的,里面藏着几件小玩具,外面用螺丝上了一把最简单的锁。她固执地拒绝打开,也不肯交出钥匙,两个大汉于是大声吼着威胁要打她。小竹青含着泪说什么也不肯交出钥匙。这时有一个高大的男人走过来,看了眼前的小丫头及凶神恶煞的同伴一眼,伸手将锁轻轻一拔就连锁带螺丝一起拔掉了。他们翻了一下,十分没趣地丢下林竹青。当晚,张楚平被架走,并被狠狠地痛殴了一顿,关进拘留所。在拘留所里,审问的人逼张楚平招供张人希和张晓寒喝酒时都说了些什么反动言论?张楚平据实回答家里的规矩大人吃饭聊天孩子们都得回避,不知道也没有听到。他们不得要领就将张楚平吊在树上用皮鞭抽,拳打脚踢,逼他捏造事实诬陷张人希。张楚平天性非常倔强,不知道就是不知道,打死也不知道。于是他们日以继夜严刑拷打了长达半个多月之久却毫无所获,最终给这个未成年少年扣上现行反革命罪名判有期徒刑两年。张楚平锒铛入狱,被送往闽西劳改农场。他被剥夺了政治权利、求学权利,一生就这样毁了!

张君平和林长茂初去连城的时候将两个孩子留在厦门父母家。白天家里常常只剩下缠脚的王益舍和林竹青姐弟俩。林竹青因为急性肺炎并发肾炎病倒在床上一年多起不来,小柏青正咿咿呀呀开始学说话,每天冲着姐姐叫"妈妈……妈妈……"。卧病在床的林竹青便将父母留下的一张两寸的黑白照片拿出来给弟弟看,指着相片里头靠着头的两个人对弟弟说:"爸爸、妈妈……"

1971年春,张君平从连城回厦门,将六岁半尚未完全康复的林竹青和两岁半的林柏青带往连城下放的小队去。一个原本有十二个人的家此时支离破碎到只剩下年迈的王益舍、瘦弱的李惠若和二女张紫平及小女儿张玄平。

张人希是厦门文联"促联"的其中一个主要人物,敌对派"革联"对其猛烈攻击。落井下石的还包括社会上一些成天巴结他的所谓江湖朋友们。张人希出生寒微,所以对社会底层的人十分尊重,从不嫌弃他们的低微地位。然而,那些无耻的市井之徒哪懂什么人间道义?张人希得意时逢迎巴结唯恐不及,借以抬高自己。及至文革,见张人希落难,便趾高气扬,在公开场合与他划清界线、见面时佯装不识,还拉帮结派排挤冷落张人希,故意让他难堪。

一场浩劫,叫张人希看尽世态炎凉,尝尽人情冷暖。他万万没有想到的是,诬陷他的大多数是他的朋友。在政府退给他的档案中夹着一张"斯文的检举信",还有红头骑缝章。这份"补充说明"是这样写的:

1. 1968年夏(大概是四月间),厦门革促两派有一天午后,在中山公园举行声讨杨、傅、余大会,会后发生武斗。事情过后一两天(或两三天),我到张人希家里去找他闲谈,并在张家中用午饭。午睡之前,张人希对我讲了污蔑江青的那些话,未讲之前,张告诉我有一件事要讲给我听,但千万不能把这事转告别人,一讲就不得了。我答应了,张便把那些黑话对我说了。我听了不太相信,问道这事从哪儿听来的。张只笑了一笑,不答。张讲的时候,是躺在床上,我也躺在另一张床上。那天事后有朋友来找张人希座谈,直到三四点钟才离开张家。我(……缺字)的朋友走后我才起来,坐后有顷,即告别回家。

2. 也是在1968年夏间(比上一次谈话早一段时间)一天下午,我去张人希家座谈。讲到厦门两派武斗时,张就提出谁是武斗挑动者那些话。当时张坐在他的画桌前的靠背椅上,我坐在画桌旁的靠背椅上。张座位的墙壁上贴有毛主席像,讲到"挑动"时,他抬头看了主席像一眼。这时大约是下午四、五时。

3. 1968年秋间(大概是党的八届十二中召开期间),一天上午,我又去找张人希。那时因张的工作单位已开始清队。张已在工商联门前被挂牌示众了几次。张见面时告诉我这件事,因怕我们在交谈时遇有外人来找他,所以这次他带我到他家吃饭的地方去和我座谈。讲到十二中全会召开一事时,张就讲了如把刘少奇开除出党就意味内战的开始那些话。

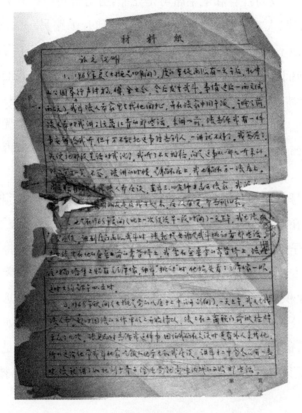

他人的检举信

从"补充说明"里,读者可能会产生一些奇怪的联想。

一方面可能联想到的是:检举的都是真实的吗?如果属实,那么,张人希是个很有分析能力的人。他骂江青,暗示武斗的挑动者另有其人,而非那个在1967年七二〇事件发生第二天接见河南群众组织的"二七公社"代表时提出"文攻武卫"的江青,把刘少奇开除出党有内战的风险等,在五十年后的今天回头看都没有说错。同时,也说明这个检举的人是张人希非常信任的知心好友。否则,地下工作者出身的张人希不会在自己已经"在工商联门前被挂牌示众了几次"后,还这样毫无戒心,肆无忌惮地对他人推心置腹发表"敏感政治议论"。

而从另一方面来看,张人希也许并没有说,或者不是那样说。那个检举的人纯属诬陷。可是,在那个人人自危的时代为什么要诬陷张人希呢?动机要么为了邀功,要么与张人希平日里有什么过节非要借刀杀人置之于死地不可。在五十年前文革时期,反对江青和毛主席可是死罪,分分钟可以掉脑袋的啊!

1971年秋,张人希获释回家期间决定迁居到升平路另一头的惠通巷去,因为升平路这边他不愿意再呆下去了。三、四楼一大堆的住客中有许多是革联的人,过去几年他们捏造事实、毁谤造谣,为了往上爬不择手段、丧心病狂地诬陷自己,还跑到妻子那里去大说特说他们自己是如何地、不得已地去举报儿子张楚平,送他去坐牢。坑了人还要对方感谢,什么世道?人性最卑劣无耻的一面是那样赤裸裸地暴露出来。张人希已经厌恶极了这些丑陋的邻居,再也不愿意面对他们。

惠通巷二号这座建筑物是南洋一位姓吴的富商在厦门的产业之一,前身是个仓库。吴家在厦门的一系列房产早在解放初期就被没收充公了,唯一剩下的就只有这座房子的二分之一。为了在家乡留下自己的根,吴某将其姨太太所生的头三个儿女安顿在这幢房子的三楼。建筑物中间有个天井,天井的前后两头是建筑主体,面积很大。底层仓库此时是粮食局的货仓,二楼靠近马路的一边大部分成了医药公司的办公室,剩余房间住着吴家的远房亲戚。如今居委会又在打三楼的主意,借口空间大人少,企图强占。吴家的二儿子汉雄是张紫平的未婚夫,他力劝准岳父搬过去,一则彼此有个照应,二来可以保全三楼的房子,免被充公。

张人希请人用厚纸板上不着天花、下不着地板地将面向惠通巷三楼的那一间大仓库隔出两间明室、一间暗室,中间的"大厅"与大门入口之间再用厚纸板隔了个屏风。楼梯上来,入门的那间墙外面是迷你厨房。这所谓的厨房其实并不成房,只是在三楼往四楼天台楼梯转弯处靠墙放了个灶台,有两个炉子。而入门那道墙的窗口下面则放着一张小桌可以用来放东西,旁边有口水缸。楼梯扶手上架了块木板权充操作台用来切菜。进门的过道间充作饭厅,纸板墙后充作内厅。内厅里只放着两个小的旧衣柜,一个碗柜,一张旧四方饭桌,四张长木凳和两张简单的床。走进内厅迎面左手边那间明室稍微大一些,放着两张大床,给益舍和两个在家的女儿作睡房。这间睡房与内厅之间的厚纸板墙上贴着张人希自己用一整张宣纸画的花鸟。画里有一条江,江畔长着旺盛的竹林,盛开着桃花的树枝正肆无忌惮地穿过竹子探向江面,鸭子在水面上畅游,空白处题着苏东坡的名句:"竹外桃花三两枝,春江水暖鸭先知。"尽管生活条件很差,又饱受着苦难的煎熬,张人希从来没有放弃过对人生光明面的憧憬和渴望。他坚信春天一定会来。

冬天来临的时候,张君平将两个孩子送回厦门。林竹青本来在连城乡下已经疯玩了一个半学期,回到厦门后插班无门,便天天翻阅家里烧剩下的一叠足有一尺高的旧画报。这些画报在她六岁之前已经翻了无数次,尽管她不认识多少字,但看图识字,连猜带想也琢磨出故事的内容。张人希这些60年代的旧画报重新唤起林竹青对生命光明面的向往。画报里有苏联小朋友吃棉花糖的故事、有美国太空人上月球的图片、有云南泼水节的连环画。她看图研究故事,趣味盎然,心驰神往。

这时候的张人希还没有完全自由。他依然被抓去劳动改造,很少回家。1972年夏天的一个晚上,林竹青上床睡觉后朦胧中被曾祖母叫醒。原来外公突然回家,而且还扛回家一箩筐红彤彤的荔枝。于是,全家人便围着这个箩筐剥荔枝。这时的闽南荔枝正是收成的季节,粒粒硕大,肉厚子小汁多味美,人人大快朵颐欣喜非常。吃完荔枝,张人希又连夜离开了。

又有一次,据说在南普陀劳动的时候遇到一条蛇。张人希身边没有竹子,便用厦门人称为"土结"的大泥砖块将蛇砸死了。那天傍晚,他带着那条死蛇回家,将它挂在一个铁钩上开膛破肚剥皮,然后切成一段段,将蛇的骨髓通掉。他告诉林竹青说,骨髓里怕有毒,不要吃。毫无疑问地,那晚家里又有了一顿美味的佳肴。林竹青也因此喜爱上吃蛇。

王益舍依然养花,不过这回她必须爬一层楼,到四楼阳台上去养。厦门岛内没有淡水,食水一直依靠九龙江。那几年不知道是遇到干旱还是什么其他原因,厦门水源不足开始限制自来水供应,家家户户都买几个大铁桶到楼下排队等候水龙头出水。因为水压低,自来水细若游丝。为了让水流量比其他房子的大些,居民们几乎都在每座楼房的门口地上挖掘一个坑,尽量地深,以使自己的水流量比其他高一点的出水口大一些。张人希的孩子们也加入了这个队伍，天天排队等候供水。因此王益舍取水浇花自然遭到孙辈们的反对。人喝的用的水尚且不够，哪有多余的水浇花呢？可王益舍很倔强，她摇晃着三寸金莲，自己从三楼一扭一扭地扭到楼下接水，再提到四楼浇花。林竹青发现后连忙阻止曾祖母，并从此天天到楼下接水提到四楼给曾祖母浇花。那时林竹青年仅七岁，身体虚弱，力气小，每回只能用最小号的铁桶装半桶水，一手抓着楼梯扶手，一手提着桶使尽吃奶的力一级级往楼上爬。

王益舍喜欢养猫，她养的母花猫很通人性。那时物资极端匮乏，任何东西都要票，比如豆腐票、粮票、肉票，凭票购买。李惠若到菜场买厦门人俗称"叶子鱼"的小海鲜，形状像树叶，只比成年人的中指略长，很廉价。据说原本人们只用它们来喂猫，但在这个困难时期，这就是餐桌上的美味海鲜。王益舍为了确保心爱的猫有饭吃，总在家人还没有开始用饭前就先摘下几个小鱼头用筷子捣烂，和着稀饭，倒在小碟子里喂猫。为此，孙辈们自然又要埋怨一番，但王益舍充耳不闻。猫是她生命的重要组成部分之一，也是她的亲人。不管有多难，她从来没有离弃过它。

1972年3月，历经许多刁难，打了一大堆证明后，林竹青终于获准进入升平路上的工农兵小学重新读一年级。这所学校是她的母亲和二姨等人的母校民立小学。

这时，十年文革已经渐渐到了后期，挨整的知识分子们开始陆续回到原工作单位上班。张人希回到农工民主党继续担任党委员，同时兼任厦门政治协商委员会委员。这些工作都是闲差，严格而言都是挂个名而已。农工民主党和政协平时如果不开会，只需去敷衍一下，虚应一应故事，看看报纸、泡泡茶，然后就可以回家。不是他不干活，而是他想干活，也没有人给他活干。他乐得清闲，因为这样一来就有更多的时间研究诗书画印了。

张人希的卧室约十个平方米，睡房兼画室，靠门摆着一张双人床，床尾和隔墙形成一条约莫只有八十公分宽的通道。门对面是两扇大玻璃窗，窗前放着两张书桌，成曲尺形。座位的背面放着一座很旧的书柜，从书柜顶端到地上堆满了宣纸和画作。空间十分局促，但这个房间却常常人来人往、高朋满座。

张人希很宠爱林竹青这个外孙女。他作画、练书法、治印时总将房门锁起来,怕孩子们吵闹,却独独让林竹青站在桌前帮他研墨,看他作画写字。他招呼朋友时也让她当小接待员,负责端茶递水。他要林竹青搬张小凳子坐在他卧室的那条小通道上等候差遣。

王益舍的家教很严厉。林竹青打自娘胎里钻出来就由她带大,接受她的启蒙教育。家训包括小孩子不能大声喧哗、不能大声说话、坐着双腿必须并拢,嘴里常挂着一句"囝仔人有耳冇咀",说大人聊天时小孩子只可以听,不许插嘴说话等等。张人希大抵觉得林竹青很懂礼貌,不会失礼,所以才要她去服务客人,但他并没有意识到自己和朋友们的高谈阔论涉及的尽是林竹青那个年纪的小孩子所不能理解的话题,所以她对这些话题的兴趣远远不如躲在隔壁间偷听的阿姨们,也从来不往心里去。

张人希喜欢喝酒,尽管二子、三子在下乡的地方实在呆不下去了偷偷地跑回厦门没有口粮,四子出狱后没有工作,李惠若必须从黑市购买粮食,家里的经济非常拮据,但酒还是要喝的。他常遣林竹青去食杂店帮他买几分钱一斤的地瓜酒,中午和晚上各小酌一杯。佐酒的菜常常只有一小碟炒花生米,上面洒几粒盐。偶尔能吃上一块配额的肉或者一块带鱼什么的就叫丰盛了。早餐往往是稀饭加白糖。

物资紧张,政府什么都用配额,城市人口每人每月二十四斤米,一斤猪肉,白糖、豆腐、布料等生活必需品皆限量供应,凭票购买,有时即使有票也还买不到东西。如果哪一天传来有苹果、芋头或马铃薯供应的消息,孩子们必定要起个大早,清晨就去排队,等候买那一点可怜的卖相极差的小苹果或者山里的农人们所不屑的瘦芋头或马铃薯。米不够,粮店就强行搭配其他杂粮。二十四斤米只能买到若干数量,其余的都是搭配的那种已经被洗掉粉的红薯条。这样的红薯条涩得根本没法吃,可是当人们肚子饿到了极致,什么都得咽下去。加一点糖掺和着,大人们总装着很好吃的样子,孩子们心里嘀咕着被迫跟着咽下去。

因画公鸡出名、在鼓浪屿区政府文教股工作、在厦门师范院校任教的陈文织,同属厦门师范的教师傅子玖及厦门第五中学的教师吴斌等常来做客,他们与张人希一起谈文学、论绘画,打开话闸子就关不上,乐不思蜀,因此常常忘了用餐时间。李惠若是位极贤惠的好妻子,她对贫穷的生活从没有半句怨言,知道丈夫爱面子,又好客,每逢家里来客人,一到吃饭时间必定留饭。地瓜酒也是酒,佐酒的便不能只是花生米了，总得弄三两道菜来。家里本来经济就很拮据，这么一来，没到月底口袋早已穿孔。为了顾全丈夫的面子，李惠若唯有十分难为情地到朋友处借钱以招呼客人，等下个月薪水发了再去还债。张君平的家翁家婆是菲律宾华侨，逢年过节就给中国的长子、长媳汇钱，外汇有外汇券，可以用来购物，尤其是购买白糖。张君平夫妻因为女儿寄养在娘家而给点家用李惠若，也给点外汇券让她买白糖。林家乡下的祖屋里有一应俱全的家当及家庭用品库存，林长茂返乡下时偶尔也会带点小东西回来相赠。然而，对张家而言，这到底杯水车薪，微不足道，李惠若一直苦苦地操持着这个家。

张人希十分宠爱林竹青。他吃饭时家人都不上桌，只有桂花孙女坐在他边上。除了喝酒，他吃什么林竹青跟着吃什么。随着家境日益贫寒，张家已没有足够的大米烧干饭。配给的地瓜丝和那么点粮食完全不够吃，到黑市里买大米的能力十分有限，而家里三个儿子正年轻，饭量惊人，因此全家人都只能喝着稀粥挨饿。有一回林竹青实在想极了干饭，少不更事的她竟然向外婆闹着要干饭吃。外婆拗不过她，给了她二两粮票和五分钱。于是林竹青十分开心地跟着邻居的小朋友拿着个小搪瓷盆子到附近一家工厂的食堂里打了份饭回来。当她吃得津津有味，仿佛吃着什么山珍海味一样独自享用着她的"美味干饭"时，突然发现全家人都还在喝稀粥。她后悔莫名，内心充满歉疚。这件独食的事令她内心惭愧懊恼，觉得自己是那样的自私自利，太对不起外婆，曾祖母、外公和舅舅阿姨们。亏欠感深深地烙印在她的心里无法忘怀。

李惠若的身体越来越差，她的慢性肾炎长期折磨着她，每隔一段时间就要发作一下，而且发作起来总是十分吓人。王益舍身体也不好，为了儿子，她吃了几十年长斋，如今也被迫开荤了。她经常背痛，发作起来也忍不住低声呻吟。张人希年少时在泉州西医王培元那儿当过学徒，后来在人生路上摸爬滚打时又向不同的人学过一点中医，加上自己看了许多书，几十年来积累了不少经验。他非常大胆地自己动手给妻子针灸，为母亲拔罐，以减轻她们的痛苦。在那样混乱的年代，没有急症根本无力到医院看医生。不仅仅医药费付不起，即便有钱也未必能及时看上。那时什么都得介绍信，没有单位的人想拿到介绍信十分困难。张人希在为妻子、母亲治疗时，林竹青总是忧心忡忡地在一旁待着。

张人希坚持天天吟诗、作画、治印、练书法，这已经成了他生活必不可少的一部分。没有钱买印石,他将刻好的印磨平了再刻,反复推敲研习。宣纸太贵,习字改用毛边纸,而这些用过的宣纸和毛边纸裁开来给家人如厕使用,一点也不浪费。

名声在外,来求指点、拜师的人日益增多。张人希十分慷慨,不管从哪来,如何来,经谁介绍慕名而来的男女老幼艺术爱好者他都一律热情接待,认真研究其作品,并给予指点。他不收学生,不收费用,还常常赠送给这些求教的客人们字帖与画谱,所以这些"学生"总是很开心,十分感激他,偶尔给他送酒送水果。有一位来自晋江在中华戏院画广告牌的小庄先生特别喜欢画漫画,他将自己的作品拿来求教,内容皆以自己和妻子的生活故事为素材,风趣幽默。张人希的孩子们和林竹青争着看,看了总笑得前仰后翻。他常常送来免费戏票,因此孩子们和林竹青都得了便宜,时常去看免费电影,林竹青更成了标准戏迷。

王益舍也特别喜欢看戏,但她的三寸金莲走起路来很不方便。有一回,离家最近的思明电影院放映了一部老电影,王益舍听说后便萌生了看电影的念头。买张电影票是小事,但要她步行到电影院却是十分困难的大事。张紫平和张玄平害怕路人看热闹取笑,便买了两张电影票给林竹青,让她肩负起陪曾祖母看戏的艰巨任务。

那天早上起来,王益舍便开始梳洗。那长长的盘起来的发髻要费上半天功夫才能梳洗完毕。而后,洗澡、洗足、缠脚,换上崭新的小鞋子又花了好长时间。从惠通巷到思明电影院路途不足一公里,林竹青平时走去只需花个十分钟左右,但挽扶着曾祖母,便要走上一个多小时之久。一路上吸引了许多好奇的人,大家都围着王益舍看她走路,欣赏她的一双小脚,指指点点,甚至跑来向她问东问西。在林竹青的记忆里,她这一生只陪曾祖母上过一次电影院。

李惠若偶尔也会带林竹青去中山路上的中华戏院或者人民剧场看电影。看电影前先到人民剧场斜对面的清真小馆去买一碗牛肉汤,祖孙俩一起分享。因为那年头饿得慌,在林竹青的感觉里,小时候吃到的最好吃的莫过于外婆买的牛肉汤,所以长大后从香港回到厦门总是四处去找那碗牛肉汤的香味。

1973年,张人希的长女夫妻俩终于离开了连城。但由于派性斗争的关系,郊区小教掌权的革联人士依然不肯轻易放过张人希的孩子。张君平于是申请转业,被分配到集美良种场。而林长茂人还在返厦的路途中,工作单位已被三次调动,一次比一次离集美更远一点,最后被派往后溪小学。林长茂非常失望。此时,国家开始允许华侨子弟申请出国,林长茂于是申请移民菲律宾去找父母和两个弟弟。与此同时,吴汉雄也申请前往新加坡找自己的母亲与兄弟姐妹。

张人希的香港朋友常常想方设法给他捎来一些香港杂志,其中有一本是香港的时事评论家李怡创办的《七十年代》。据说因为亲共的关系,这本杂志在台湾被视作"匪刊"。张人希不仅仅自己读,还让还是个小学生的林竹青读。他会在餐桌上和外孙女讨论政治。早在1973年12月底《人民日报》头版头条刊出黄帅的信,全国学校将黄帅标榜为"闯将"要学生向她看齐的时候,张人希就要林竹青判断黄帅是不是个好人?虽然那时林竹青仅仅是个小学二年级的学生,但张人希已开始往她的脑中灌输大是大非的观念。

上海美术电影制片厂导演万籁鸣是中国动画电影的鼻祖,也是张人希的老朋友。1977年,万籁鸣的动画片《大闹天宫》一在厦门上映,张人希立刻带林竹青去看。回家后林竹青每每学着动画片里的孙悟空煞有介事地吊着嗓门叫:"俺老孙,上天入地无所不能,哪有去不到的地方。"张人希乐了,他对林竹青说,你就是那只天不怕地不怕的孙猴子。

张人希喜欢带林竹青去政协看画报。厦门市政协位于思明西路,是一座环境优雅的建筑,庭院里种着许多竹子,十分幽静。政协里的工作人员到了冬季就会将竹笋挖回家炒菜下酒,张人希也不例外。政协订有许多省市的大画报,所以周末的时候林竹青总兴奋地跟外公去政协玩。张人希和同僚们侃大山,林竹青则把新到的色彩缤纷的画报逐一翻阅。

张人希还喜欢带林竹青去串门,拜访他的朋友,以至于许多初交总误会,错把林竹青当做他的小女儿。

1975年春,张人希二女儿的未婚夫吴汉雄和大女婿林长茂移民申请先后获批离开了厦门。

林长茂到了菲律宾后,父母很希望他留下来帮助家里做生意。为了照顾还在中国的儿媳妇与两个孙子孙女,林长茂的父母汇款到厦门责成张君平置业。于是,张君平买下了中山路新华书店斜对面那三套一模一样的房子的中间那一套。因为楼下的店面早已收归国有,张君平买下的实际上是二到四层。二层没人住,一直关着。三层有两个很大的睡房,林竹青睡在沿街的这一间,而林柏青则睡在面向后面其他房子的另一间。王益舍上下楼梯行动不便,为了照顾林竹青姐弟,便住在四层的饭厅里。饭厅外是面向中山路的天台,左边一排小房间为厨房、浴室与厕所。张君平在集美工作,只有周末才会回来。平时买菜或打扫则由在家赋闲的三妹张玄平帮忙。张人希偶尔会到中山路这头吃饭喝酒。

林竹青姐弟于是从集美小学转学进了住家不远处的向东小学。

向东小学的校址原本是厦门的黄氏祠堂,后来充公,改为校舍。说来奇怪,这学校似乎很不安宁,几乎每学期都有人摔断手或者摔断脚。家人没有想到,入读以后不到几个月,林竹青就成了其中一个不幸者,她的左手肘关节脱臼、桡骨摔断。外公带她去看跌打医生拨回骨头,外婆则带她到中山医院看随父母到连城下放时经常在一起的林医生。林医生告诉林竹青说,不打石膏怕手骨歪了,要打石膏,怕才十一岁细长的左臂可能从此不再发育,长大后两只胳膊会一支粗一支细。李惠若不敢替外孙女拿主意,要林竹青自己决定打不打石膏?才十一岁半的林竹青就得决定自己一胳膊的命运。这似乎侧面培养了她的主见与日后特立独行的个性。为了让重外孙女补充钙质赶快痊愈,王益舍从此天天在家里煲着一大锅筒骨汤,不管煮什么都用筒骨汤做汤底。林竹青在王益舍的精心照料下,倒应了厦门人所说的:打断骨头更壮。

林长茂并没有依照父母的意愿留在菲律宾,他坚持和那些年出国的绝大部分闽南华侨子弟一样,选择在有98%华人的英殖民地香港生活。吴汉雄和他的大姐夫也都选择了留在香港,并和长茂住在一起。

1976年是中国近代史上一个关键的转捩点。

1月8日周恩来总理与世长辞。清明节天安门人民英雄纪念碑前聚集了无数人自发性举行悼念活动。悼念诗篇如雪片纷飞,形成了"天安门诗抄",瞬间在全国各地流传,直接引爆了"四五运动"。7月6日朱德总司令逝世。7月28日唐山大地震。9月9日毛泽东主席逝世。

一时间,风云不测。张人希的朋友里不乏军政要人,短短的几个月里就有几位军区的政委来访。看完画、谈完艺术照例要吃完午饭才走。林竹青听到他们在酒桌上交头接耳,谈论各地酝酿中的兵变,内心惶惶不安!

10月6日晚,北京中南海发生一件绝大多数人都预想不到的事情:毛泽东遗孀江青、王洪文、张春桥、姚文元所谓的"四人帮"突然被逮捕了。历经十年的文化大革命戛然落下帷幕。

消息传来，举国欢腾。

张人希像吃了摇头丸一样，全身的细胞都在激动，脸上每一块肌肉都在笑，精神亢奋得难以言喻。他接来了一大堆广告漫画工作，日以继夜地埋头苦干，将他所能搜索到的报章杂志上各种生动活泼的批判四人帮漫画放大几十倍，涂上鲜艳的色彩，作为宣传广告。一时之间，厦门的大街小巷各种漫画铺天盖地，人们欢欣鼓舞，尽情抒发十年的怨气、怒气和压抑着的喘不出的大气。张人希也和全国人民一样，他对国家的未来充满了美丽的憧憬！

从 1977 年春节开始，厦门市政府组织当地的书画艺术家与文人墨客在万石岩山麓的植物公园举行书画花卉展览，供公众参观。张人希、林英仪、张晓寒等是这个盛会的主力，和其他参加者一起为这个活动作画、写书法。头几年，一进大门，玄关处的第一幅画作一定是张人希或者他与其他一或两人合作的国画。张人希带着全家人一起游植物公园，欣赏书画与水仙花，林竹青为自己的外公感到十分骄傲！

张人希也很喜欢水仙。春节时家里会供上许多造型各异的水仙花。他不仅擅长篆刻，还擅长雕刻水仙。他先将水仙花的外皮剥除，选择好位置把部分鳞茎刻掉，把叶缘削去部分，跟着雕花梗、戳花心，泡上一天后，把水仙花头放在不同形状的磁碗磁盆里，在雕刻的部分盖上棉花，等叶子泛绿后才在白天将水仙放在室外晒一会儿太阳。因为了解水仙的习性，知道多少天左右会开花，所以张人希总可以让雕刻过的水仙在农历正月初一开得千姿百态，芬芳满屋。

除了自己欣赏，张人希每年还买一大堆水仙花头到处赠送，寄到北京给叶圣陶老、俞平伯老、黎丁、黄永玉等以及其他地方的故交。

基于对水仙花的喜爱，当他的二女儿张紫平在 1976 年 12 月诞下长女时，他给这个长着水盈盈大眼睛的孩子起名吴凌波。

张人希有个怪僻，对前来求教的人们都很慷慨，有求必应，还送画册、字帖，但对自家的孩子却特别"吝啬"，不但不教他们写字作画，就连本字帖也不肯借，更不用说辅导孩子们学习字画了。即便对他的掌上明珠桂花孙女林竹青也不例外。

林竹青大抵秉承着乃祖的隔代遗传，在许多方面都酷似自己的外祖父，也深得外祖父欢心。张人希很喜欢林竹青的小聪明，经常拿她胡乱涂鸦的"画作"向朋友们炫耀，年少无知的林竹青也因此颇为沾沾自喜。在林竹青九岁左右的某一天，有位外地的人带着两个年纪和她一般大的儿子来家里向张人希请教。这位来客也是一位艺术工作者，他在孩子们三四岁大开始就手把手教他们作画练字，所以到了八九岁时，孩子们的作品已俨然是正儿八经的国画了。张人希看了频频夸奖，但心里或许有如吃了酸葡萄。客人走后他对林竹青说：人家的孩子那才叫做画。从此不再夸她，林竹青心里十分委屈受伤。

林竹青上小学五年级的时候，二姨张紫平向父亲商借一本字帖让她练字，可外公就是不肯答应。张紫平为此和父亲张人希爆发了一番唇枪舌战，责问他说孩子们都不可以，难道你最疼爱的桂花孙女也不可以吗？经不住女儿再三纠缠，张人希才很不情愿地在书架上挑了又挑，最后抽出一本隶书字帖。他将字帖给林竹青后又怕她看不懂，于是在她面前示范了几分钟，口授隶书特点及运笔方法。林竹青记住了，半年后代表学校到市里参加中学生书法比赛时如法炮制，成了那一次全市中学生书法比赛时厦门七中唯一获奖的学生，自由发挥那道题她用隶书写了一首唐诗。

1977 年，张人希外出远游。一个月后，他风尘仆仆地回到厦门，家里顿时宾客盈门。他兴高采烈地对朋友们展示着一本由宣纸做成的约莫三十二开大小的册页，册页里全是字画。朋友们看了十分羡慕，因为这些书画家都赫赫有名。林竹青那时还小，完全不放在心上，只听众人议论说画册是大师们的作品。

1978 年春，张人希种在窗外的仙人掌突然开出了两朵花，叠在一起，通红通红的十分美丽。他说他有一种预感，家里要有喜事了。

不久之后，两个上山下乡的儿子果然都正式获准将户口迁回厦门。紧跟着的 6 月份，长女张君平出国申请也获批准，要带林竹青姐弟俩去香港定居。

张人希最舍不得从小带到十四岁，已经长得亭亭玉立的"桂花孙女"。然而人生无不散的筵席，为了孩子的前程，他唯有忍痛让他们离去。临走前他再三叮咛女儿，说林竹青十分聪明，成绩优秀，很有抱负，将来一定要送她到美国留学。

而更伤心的则是王益舍。林竹青自出娘胎，从医院抱回家就一直是她照顾大的。林竹青先天不足，从小身体特别虚弱，如厦门人说的抱着药罐子长大，进医院就像跑厨房一样频繁。她捧着怕摔、含着怕化，在林竹青六岁半随父母下放前一直和她睡在同一张床上，亲手把她捏大。除了跟随父母下放及返回她父亲老家时王益舍没有跟去之外，十四年来，林竹青人在哪里，王益舍就一定跟到哪里。林竹青九岁到十一岁的时候随母亲去了集美，其间因肾病发作卧床休学了整整一年半。尽管长途汽车抵达集美车站后没有任何交通工具代步，从车站到位于集美小学校园里的博文楼住所正常人步行也需要近半小时才能到达，王益舍仍坚持去照顾林竹青，千辛万苦硬扭着三寸金莲走完那段对她而言万分漫长的路，还得爬三层楼。在中山路的日子里，王益舍从第一天到最后一天坚守在四楼天台那间饭厅，照顾林竹青两姐弟。林竹青摔断左手后，她不停熬筒骨汤，给她补钙。她是如此地疼爱自己的重外孙女啊，一门心思全在林竹青身上，陪伴她、照顾她。全家人都了解王益舍对林竹青的爱，不敢伤她的心，想瞒着一天是一天，没人敢开口告诉她说林竹青要去香港了。可是，事情总要穿帮的。有一天林竹青对迎面而来的曾外祖母说漏了嘴："我要去香港了。"王益舍听了回头就往门外走，林竹青发现自己失言，吓得不知所措，连忙追上前去安慰她说："俺祖我会回来看您的！"王益舍停下脚步回转身，老泪纵横，悲伤地哽咽着说："阿祖再也见不到你了。"

林竹青离开厦门一年后，王益舍病倒了。张人希刚开始一直指望母亲能康复，然而，入冬后母亲的病情迅速恶化。张人希见势不对，连忙给张君平写信，促她赶快带林竹青回厦。

那是 1980 年初，文革后第一艘往来香港与厦门之间的"鼓浪屿号"邮轮即将在春节前通航，船票特别紧张。张君平找到张人希在香港中旅社当经理的朋友薛景章帮忙，才弄到一间特等舱的船票，准备携同林竹青姐弟回厦门见王益舍最后一面。林长茂买了一台黑白小电视机送给王益舍，因为老人家喜欢看戏。然而，就在这班回厦门的"鼓浪屿号"启航的前一个星期，王益舍终于等不及见到自己日夜思念的林竹青最后一面撒手人寰。"阿祖再也见不到你了"一语成谶。

王益舍去世时，张人希快 62 岁了。为了解决二子张思平的就业问题，他申请提前退休，让儿子顶替，自己则全心全意专注于书画篆刻事业。

4. 改革开放后

人的一生都在时代的洪流中载浮载沉，时代对于一个人的影响至关重大！

1980 年，中国开启了新中国成立后第一次重大的改革：经济特区。

如果说晚清的五口通商是被列强的船坚炮利炸开国门，那么，1980年建立的厦门、深圳、汕头与珠海四个经济特区则是共和国为了国家的富强与人民的福祉而主动打开国门。同年美国《时代周刊》曾经发表过专题报道。在分析四个经济特区的各种实力后，厦门被推举为四个经济特区潜力之首。无论从平均教育程度、人均电话拥有率、经济潜能到富裕程度，厦门都远远超过还是大半个农村的深圳与珠海，也超过地理位置逊色的汕头。当然，美国人是看不懂中国的。在计划经济的中国，成败取决于中央。但无论如何，经济特区的成立对厦门无异于一股东风，吹绿了各行各业，惠及文艺。

1981年11月17日，张人希成为了中国美术家协会会员。

1983年9月2日，厦门市政协书画室成立，市政协副主席苏节为主任，高怀、张人希为副主任。

1983年年底，厦门市政府在同安路信义里十六号建了一座五层高共十二个单元的小楼房，宣传称作"知名人士楼"。张人希和高墀岩医生等十二位市知名人士得到政府的照顾，各自分配到一套房子。

信义里是一条很短但十分幽静的小巷，与同安路接壤，老厦门的低矮房子错落有致，房子的外面多有小小的院落，曲径通幽、花香袭人。出门沿着同安路向北走几步就到了中山路的延伸段公园南路。沿公园南路往东走不到一公里，途经厦门宾馆、烈士陵园等就抵达厦门园林植物园。植物园位于万石岩的山麓，依山而建，里面坐落着万石湖，种植着热带和亚热带植物。园内有山有水，有亭台楼榭，有百花厅、新碑林，文化气息浓厚。"百花厅"三个大字是张人希题的，新碑林有他的一行醒目摩崖石刻大字：万壑千岩锁碧烟，取自他的好友香港诗人吴耀堂的七绝：

万壑千岩锁碧烟，苍茫一望鹅黄田。
乡人尽道稻粱好，红杏阴中酒斾悬。

1984年春节前搬进信义里后，张人希常常在清晨六点左右步行到植物园去"爬山"。他沿着公园的斜坡与阶梯拾级而上到万石湖边的亭台里坐坐。在这里，他总能遇到一大群男女晨练者，大多是退休人士。久而久之，在亭台内小坐

张人希与他的万壑千岩锁碧烟

片刻闲聊几句便成了众人的日课。

晨练回来,张人希喜欢来杯乌龙茶,吃块蛋糕或者喝碗燕麦巧克力鸡蛋粥。稍事休息之后,他便开始了一天的正事:吟诗、看书、写字、作画、篆刻。他的书房兼画室位于大门入口第一间房,和客厅隔着一道墙,远离卧室。这样,他可以有个相对安静、不受干扰的私人空间。房间不大,只有约十个平方,但是,有这样一个独立的环境,张人希已经非常心满意足。他在物质上不是个要求很高的人,除了喜欢喝两盅,喜欢漂亮的衣服,其他的几无所求。在他的生命中,唯一高要求的是自己的诗书画印。

书房排列着书架,书架上堆满了文革以后陆续买的,或朋友馈赠的新旧书籍,以及新近收罗的碑帖画谱。房间中央摆着一张最廉价的圆形折叠简便餐桌,充作工作台,绘画写字都在上面进行,而旧书桌则靠窗,只用来堆放颜料、笔、砚、印泥、印石、宣纸等。书房里除了一张旧藤椅就再没有其他座椅,地上散落着他的字画习作。不管谁来向他求字画,他都会弯腰从地上捡一张,题几个字,盖几方印,随手赠送。

张人希也看电视,但通常只看新闻和体育频道。偶尔听听音乐,叫人惊讶的是,他会听西洋交响乐。这和他年轻时作为记者时的交际应酬有关。当然,他更加热爱的是中乐,尤其南音,又称南乐。1995 年 12 月 15 日他曾特地撰写《闲话"东方音乐之花"——南乐》刊登在《厦门日报》上宣扬南乐的美妙独到之处。文章提到"清代安溪李光地,曾带着一批南乐艺人,在金銮殿上奏给康熙皇帝欣赏。当时李是文渊阁大学士,康熙听了非常高兴,赏给乐队一把黄凉伞,称南乐为'御前清客'。"

1985 年 6 月 26 日中共厦门市委组织部文件——厦委组[1985]068 号确定张人希参加革命工作时间从 1949 年 6 月接受党的任务计起,他正式离休。

1985 年 7 月,张人希被聘为中国厦门残疾人福利基金会理事。

12 月 10 日,厦门画院正式成立,院牌是方毅题的字。创立时画师仅 7 人,包括杨夏林、张晓寒、孔继昭、黄敏、张人希、林英仪和王仲谋。杨夏林出任院长、张人希和王仲谋出任副院长。

12 月 27 日中央人民广播电台发表了一篇张人希访问记。同时,波兰作协主席四人访问团到厦门,将张人希的四件画作作为艺术珍品带回波兰收藏。

1986 年 1 月 26 日,中央人民广播电台对台湾的闽南话广播第二套节目"龙的故乡"中播放对张人希的采访节目。

香港中华艺术学院院长卢逸岩参观农历新年举办的"四老书展"后往张家拜访张人希,对他推崇备至。

3 月 10 到 15 日,张人希应泉州华侨大学艺术系之邀作为客座教授为 85 年级学生讲授篆刻课。

1987 年 9 月 27 日,张人希被中国厦门残疾人福利基金会委任为该会残疾人艺术协会艺术顾问。

1988 年 3 月,张人希成为了中国书法家协会会员。

1988 年张人希应世界上大抵是第一位有系统地收集与虎相关的书画收藏家、台湾落鸡工艺美术馆馆长林肇家之请写了一个大大的虎字;作了一幅关于虎的对联"虎啸撼山岳,龙吟动地天";画了一只虎,并题:踊跃如生风,峥嵘百兽中。这些作品于 2010 年 2 月 21 日庚寅虎年在台湾新光三越百货台中店十楼文化走廊展出,并于同年 10 月 辑入《梦觉文集第八辑——纸上老虎文艺博物馆》

出版。

就在张人希的艺术事业如日中天的时候,时年66岁的妻子李惠若因为大半辈子的操劳与几十年的营养不良终于不支倒下。她这次的病非常凶险,医生起初误将肾结石断为隔膜炎,手术时才发现诊断错误。更要命的是手术导致败血症,李惠若几乎灭顶。一波未平一波又起,没过多久李惠若又被诊断患上乳腺癌,且已经扩展到淋巴,前后动了两次手术切除淋巴结。当年为了响应国家号召,李惠若离开圆珠笔厂让出工作。尽管解放前支持与协助丈夫做地下工作,但最终只获得一个写着谢词的热水瓶。她没有退休金,没有公费医疗,大病连连,医疗费用巨大,张人希迫于无奈,唯有将自己收藏的名家作品逐一出让,并将自己的画作一叠叠地贱价卖给画廊。

1989年4月4日,政协厦门市委员会及厦门市老干部局聘张人希为厦门老年大学校务委员会委员。

1989年,香港福建书画研究会分别在2月18日及4月1日给张人希发去邀请函及第一届理事会决议敦请张人希为该会当届顾问的信函。张人希虽已离休,却不能随心所欲地像一般平民百姓一样在当地公安局出入境处办理申请手续,而必须经厦门市人民政府到福建省人民政府办公厅进行申请。

1989年3月13日,厦门市人民政府文件厦府【1989】外055号"关于张人希赴港参加香港福建书画研究会活动的报告"向省人民政府提出了"拟同意张人希同志赴港参加活动,时间十四天"的申请报告。4月7日福建省人民政府办公厅发出了文件闽政办【1989】外85号"关于同意丁仃等八人赴香港参加香港福建书画研究会成立大会的批复"回复:

省文联:

据香港新华分社港复(1989)第1441号函,经研究同意你会丁仃、陈奋武、王小冈、曾贤谋、龚万山,泉州市书画院黄达德,晋江县文联洪伟阗,厦门市书画院张人希等八人赴香港参加福建书画研究会成立大会,时间十天。

(余文略)

4月13日厦门市人民政府赴港澳任务批件厦府境字【1989】256号致厦门市

委统战部"经研究,同意张人希等壹位同志,于五月份前往香港参加会议,在外停留壹拾天……"

虽然颇费周折,但张人希总算顺利办妥访港手续,有了一个愉快的旅程。

1989 年 7 月 9 日,张人希被江苏南通淡远印社聘为艺术顾问。

1990 年 1 月 20 日,厦门市中国画院改名为厦门书画院,画师增加至 17 人,杨夏林依然为院长,张人希与高怀、林英仪和余刚被聘为副院长。

1991 年 6 月 1 至 5 日,张人希在美国三藩市湾区华侨文教中心举办了个人画展,6 月 8 及 9 日移师佛斯特市假日旅馆继续展览。

1992 年 11 月,应新加坡中华总商会会长孙丙炎之邀,张人希以探亲名义到访新加坡。由于持探亲签证者不能公开进行与商业有关的活动,孙丙炎便以欣赏会名义为张人希举办一个个展。12 月 12 至 13 日,由孙丙炎策划,并由晋江会馆、南安会馆、惠安会馆、同安会馆、安溪会馆、金门会馆及永春会馆联合主办的"张人希书画欣赏会"假新加坡晋江会馆礼堂成功举行,展出张人希作品整百幅。开幕时七家会馆的主要负责人,包括孙丙炎、林文鸾、傅新春、陈笃汉、陈新荣和蔡成宗,以及新加坡著名画家刘抗、著名书法家潘受等均到场祝贺。新加坡艺坛一时十分热闹,《联合早报》、《联合晚报》及《新明日报》等均撰文报导。

刘抗 1911 年出生在福建永春,是刘海粟上海美专学生。1928—1933 年留学法国,曾与刘海粟共同观摩美术馆、画廊两年。留学回国后在上海美专任教,九年后定居新加坡。

潘受又名国渠,1911 出生在福建南安,毕业于泉州培元中学,1930 年移民新加坡,是著名的诗人与书法家,1995 年被新加坡政府誉为"国宝"。他和张人希既是同乡,也有很多共同的知交,比如刘海粟与吴耀堂。

除了与好友孙丙炎、周颖南、翁雅才等人雅聚外,张人希还获得许多书画爱好者、福建华侨企业家们的殷勤邀约与盛情款待,其中会计师何业波自告奋勇开车接载张人希,给了他很大的帮助。

1993 年 5 月 30 日,中国人民政治协商会议厦门市委员会委任张人希出任厦门市政协书画室顾问。

1994 年张人希成为美国加州中华艺术学会新会员。

同年 2 月 1 日,张人希获中华逸吟神墨诗书画国际展览会颁发国际文化交流荣誉金奖。22日,在台湾岭南国画学会邀请下,台湾当局发出"台湾地区旅行证",有效期限为至8月21日止自入境之日起两个月内有效。3月1日,菲律宾中华逸吟神墨诗书画国际展览会颁发给张人希"国际文化交流荣誉金奖"。

遗憾的是,申请赴台时,张人希却遇到了诸多莫名其妙的障碍。3月24日,台湾岭南国画学会理事长冯少强依大陆要求发出邀请信:"张人希先生,本会邀请你在四月间来台湾进行画展及学术交流,现因故展延两个月,即请俯允。关于你来台往还交通、膳宿、医疗、保险等费用,均由本会负担,请你放心。"但张人希办妥赴台手续后,台湾官方突然以张人希解放前的历史活动为由要求他出示没有继续为共产党服务的证据方允许入台。张人希只好到北京统战部打证明。5月10日,台湾岭南国画学会连同台湾、日本、澳门等多家民间艺术团体联合主办了"第四届诗、书、画、摄影作品大展",并颁予张人希国画"金岭奖"奖状。可是,张人希接到北京统战部的离休证明时,展览已经结束。

经过多次努力,福建省文化厅终于在7月28日才发出"闽文外(1994)054号"文件,同意张人希于1994年12月1日至1995年2月1日赴台举办画展及文化交流,但在台时间还要由文化部最后审定。1995年5月份,赴台手续终于顺利办好,一切准备就绪。可不巧张人希突然痛风发作,双脚肿得双倍大,疼痛不已。因为平时为他看病的邻居高墀岩医生出国正好不在厦门,张人希误服过量阿司匹林导致胃出血入院。胃出血加上痛风令他卧床不起,再度错过了6月3日至7日在高雄市五福三路一四五号英雄馆举行、由中华文化总会主办的《第五届国际诗、书、画、摄影、作品大展》。连续两年的展览都无法赴台,张人希深以为憾。

1996年12月25日,厦门市风景园林学会聘请张人希为该会名誉理事。

虽然年近八旬,但张人希正值艺术事业巅峰时期,神采飞扬、意气风发,他眼中花鸟多娇、江山美好。他的诗书画印作品及各类文章常常见报。与此同时,因为参与各种活动,他本身也时常见报,时不时有记者们来访,电视台还屡次为他制作专辑。他乐此不疲。

2000年1月29日,《厦门日报》上就有"罗丹张人希书法作品入选《系列书法大展作品集》"报道:

近日,由中国文学艺术联合会与中国书法家协会联合主办的《系列书法大展作品集》与读者见面。这是为庆祝建国 50 华诞在京举办的大型书法展之后而结集成册的。我市著名书法家罗丹和张人希的作品入选其中。

这次收入了(除台湾)32 个省、市、自治区和香港特别行政区、澳门、海外华人所选送的 450 余件作品,涵括建国初期至改革开放新时期绝大部分已故文化、书法界的大家之作,活跃在当代文化、书法领域的著名书法家和活跃在亚、欧、美洲艺术舞台的华侨、华裔书法家的代表之作。

我省计有六件作品入选,厦门入选 2 件,一件是已故的罗丹,另一件是张人希。张人希作品是自作七言律诗。(文讯)

2002 年 4 月 20 日至 5 月 7 日,上海龙华庙会举办"张人希、林英仪、陈秀卿书画展"。《新民晚报》《新闻晚报》《旅游时报》《上海商报》《解放日报》《新闻午报》《劳动报》《江南游报》等争相报道。根据《新闻晚报》于 4 月 20 日的"龙华庙会又有好戏"报道称:"特邀中国著名书画篆刻艺术家张人希、林英仪、陈秀卿等三人联合举办的个人作品展,将作为本届庙会的开幕活动。"那次展览热闹非凡,好友何满子应主办单位之邀前去为张人希剪彩。因为天雨路滑,何满子不慎摔了一跤。可主角张人希却由于妻子李惠若患病而没有去上海。展览是龙华庙会其中一个重头戏,此前一年,举办的是弘一大师的遗墨展,在上海有相当的影响力。

2002 年 11 月 17 日,张人希被厦门市诗词学会聘为顾问。

2005 年 8 月 23 日,被厦门市思明区文体局、旅游局和文化旅游交流中心聘为顾问。

2007 年 1 月 14 日被中国农工民主党厦门市第十一届委员会聘请为顾问。

第二章 一生的交往

第一节 缘起弘一大师

1. 弘一大师

张人希是个无神论者，然而，他似乎与佛教颇有缘。还在襁褓中的时候，母亲王益舍为了保佑他的健康而念佛吃长斋。二十岁的时候，他因为一枚印章而种下了一段佛缘。这段佛缘的关键人物就是近代名闻遐迩的一代南宗律高僧弘一大师。

弘一大师俗家时名李叔同，幼名成蹊，谱名文涛，学名广侯，字息霜，别号漱筒。1880年10月23日生于天津，1942年10月13日圆寂于泉州不二祠温陵养老院"晚晴室"。

李叔同出生在一户富有的盐商之家。父亲李世珍，字筱楼，祖籍山西洪洞，是道光二十四年甲辰恩科举人，同治四年乙丑科进士。父亲有妻妾四个，李叔同为浙江平湖三姨太所生。出生的时候，父亲已年高六十七岁，而母亲王氏只有十八岁。父亲在他五岁时去世，出殡时由李鸿章"点主"，清朝武官马三元"报门"。

李叔同五岁起开始跟从母亲、兄长、常云庄等通读古文，奠定了深厚的国学基础。十三岁开始研究篆书、十五岁作诗、十七岁擅金石，曾刻"南海康君是吾师"印章以表达他对康有为的崇敬。戊戌变法失败后，李叔同奉母携眷南迁到上海，加入"城南文社"。二十二岁入南洋公学，师从蔡元培。

1905年秋，李叔同东渡日本往东京艺术专科学校留学，主修油画，兼攻钢琴。次年，创办音乐期刊《音乐小杂志》，同时醉心话剧，参加"春柳社"，并在1907年2月11日将法国小仲马的名著《茶花女》搬上舞台，自己反串了女主角玛格丽特。

1911 年,李叔同学成归国,先后执教于天津高等工业学堂,继而任教上海城东女学,再转入浙江省立两级师范学校,并到南京高等师范学堂兼课。他从事教育工作期间培育出许多艺术人才,造就了著名漫画家丰子恺、著名音乐家刘质平、吴梦非等。

1918 年 8 月 19 日,李叔同在杭州虎跑定慧寺削发为僧,拜了悟法师为师,皈依三宝,法名演音,号弘一,晚号晚晴老人。

1928 年后,弘一大师多次南下福建,从此和泉州结下了不解缘,弘扬佛法,广结善缘,并收了几位俗家授名弟子,其中包括了张人希和吴紫虹。

1938 年张人希离开战地工作队回到泉州后,进《福建日报》泉州分社工作。他虽未满二十岁,但在泉州当地的艺术界已经崭露头角,许多人向他求篆刻,为人活泼热情的他也乐于赠送,广交了许多不同类别的艺术爱好者,其中一位就是铜佛寺,又名百源庵的住持觉圆法师。

抗战爆发时弘一大师在闽南各地弘法。1938 年 5 月 7 日,大师离开厦门去漳州。10 日,日军从五通港登陆,厦门沦陷。

因为战争关系,泉州地区进出须有特别通行证。据记载 1938 年 7 月 19 日,大师致函泉州铜佛寺觉圆法师书:

······兹有二事,奉托如下:(一)余之"特别通行证"已满期。乞向师部换取新者。(二)前送寄百源庵之······《清凉歌集》寄下为感。······六月廿二日,音启。

信函出自林子青《弘一大师新谱》第 392 页及 398 页注 15。当时当地最高长官为钱东亮师长。六月廿二日为农历,即公历 1938 年 7 月 19 日。

据考,新谱第 392 页所述"六月致函承天寺觉圆法师"应该是铜佛寺之误。铜佛寺即大师信中的百源庵。

为了考证觉圆法师这个人究竟是哪一位,林竹青曾三访泉州铜佛寺、承天寺、开元寺。根据承天寺年迈的老和尚说:他自己年轻时(抗战时期)承天寺确有一个觉圆,只不过是个小和尚。他还强调说那时小和尚不能叫和尚,因为"和尚"本身是个尊称。与此同时,铜佛寺也有一位觉圆,是该寺的住持,他的灵位今天仍供奉在寺里。但由于战后铜佛寺荒废,几十年来只有一群菜姑经常在那里诵经做法事,所以了解内情的人极少,甚至许多泉州人还把铜佛寺的过往误作尼姑庵。新谱第392页所述的承天寺觉圆法师当属张冠李戴。

关于觉圆法师确有其人,浙江平湖李叔同纪念馆王维军馆长曾经提供的一张三四十年代的黑白照片,与弘一大师一起拍摄的其中之一人即觉圆法师。

左起:瑞今法师、泉州日报经理、郑健魂、弘一大师、转尘法师、
袁延年、高文显、传贯法师、广义法师、觉圆法师

1938年农历十月下旬,弘一大师到泉州,居承天寺。有一天,弘一大师到铜佛寺,见到住持觉圆法师在欣赏一方印章,于是拿过去把玩了良久,问觉圆法师这印章是何人所刻,觉圆法师回答说,印章出自一个名叫张人希的年轻人之手。弘一法师于是对觉圆法师说:"有机会请他来结个缘。"

根据张人希三十年后回忆,1938年冬某一天,觉圆法师突然来访,很高兴地对他说:"法师来泉州,现在在铜佛寺里,无意中看到你为我刻的那方印,问起是谁刻的,我向法师介绍你,法师说:'有机会请他来结缘'。今天我特来约你"。张人希久仰弘一大师而一直缘悭一面,听到觉圆法师如此说真是喜从天降,就立刻约定星期日前去拜谒。

张人希和《福建日报》泉州分社营业部主任吴紫虹相交甚笃。吴紫虹出生于

1915年2月5日(甲寅年,属虎,农历12月22日),父亲是位医生。他自小接受私塾教育,喜爱诗词、戏剧、书法和气功,善写颜体与柳体,习八段锦。张人希得到大师的邀约,第一个想到的就是自己的同僚好友吴紫虹。就在他们十分高兴地商量着要去拜访大师时,艺友许霏恰巧到报社找他们,闻讯请求张人希让他一起跟去拜谒大师。张人希同意后,许霏又邀请他的朋友史其敏一道前往。

据张人希形容,说第一次见到弘一大师时他感到一阵清凉之气从自己的脊背向全身扩散。这位长者的松柏精神,鸾鹤风度,真叫人看不出他便是当年腰缠万贯的贵公子,倜傥风流的艺术家。张人希联想起郁达夫的名句"远公说法无多语",以及叶圣陶的那篇散文《两法师》。感觉亲近在大师身边时,人世间一切俗质伪饰,一刹那间全卸净了。

坐了一会儿,张人希请弘一大师合影留念。照完相大师就回禅房休息。不久觉圆法师出来传话,告诉大家说弘一大师今天见到他们四位青年艺术家很高兴,要将《金刚经》首句"如是我闻"给他们各赐一别号。张人希与吴紫虹听了大喜过望,但许霏、史其敏二人却婉言谢绝了。于是,大师便用两小片红纸,一写"胜如"、一写"胜是"依年龄分赐吴紫虹与张人希法号,同时还附赠了他的书法及他手写印刷经书数册给他俩。

自此,吴紫虹与张人希都十分亲近大师。

据吴紫虹的长女吴美玲与儿子吴耕平回忆,弘一大师在吴紫虹年26岁的时候(属虎,以虚龄计时1939年)曾经将自己出家前所作的两幅自画像其中的一幅馈赠给他,吴紫虹特别珍惜,记忆深刻。可惜珍藏了一二十年后却在后来的疯狂时代里不知去向了。而大师赠送给他的十本手写经书,包括《金刚经》,吴紫虹于50年代将之悉数捐献给建于唐至五代之间、历史悠久的文物保护建筑泉州"威远楼",又名"谯楼"。吴耕平说他的父亲每天练八段锦,冬天在冰凉的石椅上练。吴耕平年仅八岁的时候,父亲就教他读《唐宋传奇集》。可叹大师这样一位善良、谨慎、天生聪颖的授名弟子却在十年浩劫中遭遇不白之冤,硬以他工作上接触到国民党军统周马岱为由给他扣上一堆莫须有的罪名。1968年,受尽精神与肉体摧残的吴紫虹终于不堪其辱自尽,含恨离开了人间。

大师馈赠给张人希的墨宝也很多,据说大多是格言。张人希喜欢交朋友,乐得将大师的墨宝到处结缘,转赠他人。

1941 年，弘一大师书唐代诗人韩偓的七绝："斜烟缕缕鹭鸶栖，藕叶枯香着野泥。有个高僧入图画，把经吟立水塘西。"并题款：人希居士澄览，赠予张人希。自 1984 年春节前搬到厦门信义里五楼起，这幅墨宝便一直挂在张人希的客厅墙上。

张人希非常崇拜弘一大师的艺术才华，常常拿自己的书法篆刻习作去向大师请教。1941 年，弘一大师在晋江檀林乡福林寺弘法时，张人希作为《福建日报》外派记者在石狮工作。有一天张人希去看望大师，带了自己画的一帧达摩及几方印章。大师见了十分高兴，当即在画上题了"无相可得"四字，并署下款。临别，大师很郑重地拿出两封信交给他说："这两封信送你作纪念，也请你保存。"这就是著名的弘一大师致漳州马冬涵（海髯）论篆刻书法函

弘一大师书韩偓诗墨宝

（见新谱第 392 页，及第 402 页注 27），以及丰子恺上大师的信。其中，弘一大师写给马冬涵的信论述其对书法篆刻艺术的见解，非常珍贵。张人希把这些信函视为至宝。

马冬涵是张人希的印友，福建漳州人，中国共产党地下党员，以漳州中国银行职员身份作掩护进行地下工作。他喜爱金石。弘一大师住漳州南山寺时，马冬涵因崇拜大师，曾为他刻了数方印章。大师回厦门时，马冬涵写信向大师求索书法，所以大师回信，并提出对书法、绘画、篆刻的一些见解。信寄出时马冬涵正因地下党遭破坏而被国民党逮捕，秘密关押在上饶集中营。邮局以无法投递为由将信函退回。大师对这封信极其珍重，所以将它转送给张人希保存并作纪念。

信的内容如下：

冬涵居士文席：

　　惠书诵悉。承示印稿，至佳。刀尾扁尖而平齐，若椎状者为朽人自意所

创。椎形之刀仅能刻白文,如以铁笔写字也。扁尖形之刀,可刻朱文,终不免雕琢之痕。不若以椎刻白文能得自然之天趣也。此为朽人之创论,未审有当否耶。属写联及横幅,并李、郑二君之单条,附挂号未奉,乞收入。以后属书之件,乞勿寄纸,朽人处存者至多也。仁者暇时,乞为刻长形印数方,因常需用此形之印以调和补救所与之字幅也。朽人于写字时,皆依西洋画图案之原则,竭力配置调和全纸面之形状。于常人所注意之字画、笔法、笔力、结构、神韵乃至某碑某贴之派,皆一致摈除,决不用心揣摩。故朽人所写之字应作一张图案画观之,斯可矣。不惟写字,刻印亦然。仁者若能于图案法研究明了,所刻之印必大有进步。因印文之章法布置能十分合宜也。又无论写字刻印等,皆足以表示作者之性格(此乃自然流露,非是故意表示)。朽人之字所示者,平淡恬静,冲逸之致也。乞刻印文,别纸写奉。谨复不宣。

旧十月二十九日

演音疏

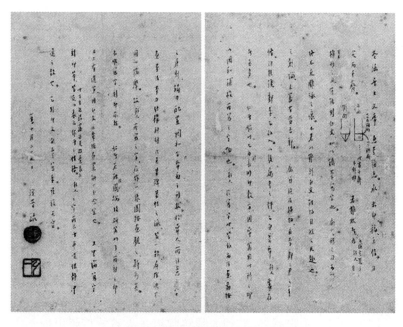

弘一致漳州马冬涵(海髯)论篆刻书法函

丰子恺生于1898年,浙江桐乡人,是李叔同出家前在浙江第一师范学校教学时最得意的门生之一。李叔同出家后,丰子恺受其影响感化,在 1929 年春从弘一大师皈依三宝,成为居士。他是中国近代著名的漫画家,日本汉学家吉川幸次郎誉其为现代的陶渊明和王维式的人物。

丰子恺的信函如下:

弘一法师座下:两示均拜领,嘱绘佛像,二三日内当即多画几幅挂号寄上,勿念。漳州宏法事忙,未能来桂,殊深怅惘,只得他日再觅胜缘。马一浮先生本定同住桂林,现亦放迁居宜州(离此二日旅程),因浙江大学在宜州开学也。恺因桂林师范在离此六十里之乡间,故不日亦将迁乡。以后通信,仍寄开明亦可,或寄"桂林两江泮塘岭 40 号",则可直接收到。前一师同学傅彬然君,在此与恺同事,欲求墨宝,彼之友人洪纠叅君,亦有同愿。彬然前曾得赐,但未赐呼,今次拟乞赐题上款。上二幅(彬然、纠叅)乞于便时书寄,不胜感谢。来示捧读后甚深感慨,豺虎逼人,使吾师友东分西散,不得时亲侍奉,怅何如之。但愿玉体日健,久住此世,长为群生渡苦,则幸甚也。今日函上海夏先生,请其汇款供养,大约即可寄到。有所需要,尚请随时见示。敬请

法安

弟子丰子恺叩上
十月十四日

1948 年 11 月底,丰子恺携幼女丰一吟从台湾渡海到厦门,住在黎丁(即黄恢复)家。此行主要目的是要瞻谒先师弘一大师的故居和圆寂之地,同时在厦门举办画展。丰子恺到厦门后,广洽法师引导他参谒了南普陀寺弘一大师故居以及大师手植的柳树。丰子恺见到弘一大师手植的杨柳,百感交集,在树旁伫立多时,沉吟良久徘徊不忍离去。

黎丁便介绍张人希与丰子恺相识。

丰子恺见到张人希很高兴,见到大师转赠给张人希的信函更加感慨。他作了一幅画赠给张人希。画中景象为厦门南普陀寺的一角,春风扬柳,丰子恺自画像旁傍着一位和尚,双双站立。题曰:"今日我来师已去,摩挲杨柳立多时。"下署

"三十七年冬偈南普陀广洽法师承指示弘一法师手植杨柳作画志感"，其对师父的思念之情尽在不言中。又另赠张人希一幅画，题："古之沧海，今之桑田"。然后又在弘一大师转赠给张人希的自己的信函上题跋：

> 此十一年前避寇广西时上弘一法师书，法师阅后以贻人希，胜利后三年余游闽南，法师已往极乐，人希先生来晤，出示此书，余阅后瞑想前尘，欣慨交心，遂为加题，藉留遗念。

> 戊子长至
> 丰子恺客厦门

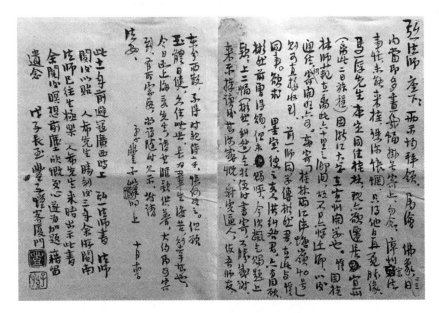

丰子恺致弘一大师信函与其题跋

　　1941年冬天弘一大师由福林寺回泉州，张人希刚好由城内往石狮，与大师邂逅于沙塘路上。那个时候风沙很大，大师步行，后面跟着一个小沙弥为他挑行李经书。张人希问大师为什么不坐轿子？大师回答道："我从来不坐轿。"张人希顿感失言。弘一大师是苦行僧，当然不肯坐轿。大师对张人希说："昨日下午到石狮，本来打算到你处住宿，听说你不在，才到施玉伟居士处过夜。"张人希与大师失之交臂,甚为遗憾。道别后回头,看到大师又在风沙中赶路,很有"行云流水一孤僧"之感。

因为弘一大师的缘故,张人希认识了大师身边许多人,其中一位是黄福海。与黄福海的交往将在后面的章节详述。

张人希将父亲遗留的那些小山水单张裱褙成册。1942 年 10 月初,他带这本画册去泉州温陵养老院请弘一大师品题,大师看后欣然提笔,用朱砂在扉页题上"承平雅颂"岁次鹑火秋仲,温陵晚晴老人。继而在册后题了一小跋:"书画风度,每随时代而变易,是为清季人作,循规蹈矩,犹存先正典型,可宝也。壬午秋,亡言时年六十有三。"这一则收载在林子青的《弘一大师新谱》第 445 及 457 页。

弘一大师题跋

弘一大师圆寂后的第二年初夏,著名画家潘天寿来福建,张人希又带那本家藏画册去拜访他。潘天寿当即为他在画册上题了签:"清季名家遗迹",时为农历癸未年。

潘天寿,原名天授,字太颐,号寿者。1897 年 3 月出生于浙江宁海县。专攻诗书画印,造诣不凡,曾任全国美协副主席,是现代著名的艺术家。

弘一大师为这本册子的题跋与张人希日后撰写的两篇文章分别于 1990 至

1993 年被收入由福建人民出版社先后出版的《弘一大师全集》共十册之中。
1990 年 7 月 8 日,其编辑委员会副主任沈继生给张人希写了一封信:

人希兄:

　　去年我趁赴厦参加吴真人研究会之便,与奕川兄造府拜访,适逢你旅港,未遇! 憾甚!

　　……

　　你的"为张人希家藏清代名家画集题跋"我把它收录于第七册《序跋卷》中。你发表过的两篇文章,收入《附录卷》第三部类:"研究、纪念文字资料选刊",顺告。

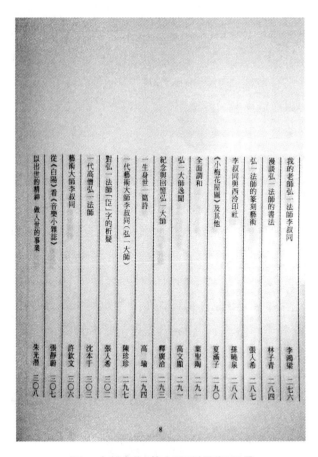

《弘一大师全集》第十册《附录卷》目录

弘一大师给画册题字作跋几天后便圆寂了。张人希的朋友,时任晋江中学语文教师的书画家林英仪应广义法师之邀前往禅房,为大师素描涅槃像。授名弟子胜如吴紫虹与胜是张人希则共同撰一挽联:

瞻玉相,赠金经,一瓣心香长塌地。

为文人,成佛子,万缘念净永生天。

1942年10月13日大师圆寂后,全国各地报刊杂志纷纷发文悼念。许霏让他侄儿来向张人希商借大师致马冬涵的信,然后撰写《我忆法师》发表在泉州《福建日报》的"弘一法师生西纪念特刊"。文中介绍说:"他因为出家以后,自己绝少镌石,每有所需,辄命我刻制,因此他所用的印,很有几个是我刻的。"特刊同时发表了法师和许霏论金石书画信件,偷天换日,将冬涵改为晦庐,即许霏的号。

文章发表以后,上海出版的《弘一大师永怀录》(第212页)林子青及李芳远编的两本《年谱》均有转载(林著《年谱》204页)。连丰子恺写《李叔同先生的文艺观——士先器识而后文艺》也引用许文当为资料,说:法师晚年用印"有许多图章是他所赞喜的金石家许霏(晦庐)刻的"。许霏冒名顶替,借大师的声誉在艺术界大出风头,沽名钓誉。

1980年12月中国佛教图书文物馆要在北京宣武区法源寺举办弘一大师诞生一百周年纪念之"弘一大师(李叔同)书画金石音乐展",林子青负责筹备。叶圣陶知道这封信的故事,告诉他张人希珍藏着大师手迹,要他去看望张人希。林子青为了展览也正准备到厦门向许霏商借大师这封信作为展品。当他到了张人希家,亲眼看到弘一大师写给马冬涵的信时万分震惊,立刻取消拜访许霏的计划,将信函带去北京参展,还将它制版刊于文物出版社出版的《弘一法师》一书中,附言说明此信并非写给许霏,信函原件存于张人希处。至此,这个欺世盗名的故事才水落石出,真相大白。

事情败露后,许霏为了掩过饰非,便在《西泠艺丛》第四期(第27页)发表一篇声明,题为:《关于弘一法师"与晦庐论刻石书法书"》。最后一段原文是:

"……对于弘一法师出家后所用印章是谁所刻的问题,我也要有点声明。丰子恺先生在'李叔同先生的文艺观——士先器识而后文艺'(见林子青编《弘一法师年谱》第 205 页)一文中说:'李先生出家以后,别的文艺都屏除,只有对书法和金石不能忘怀。他常常用精妙的笔法写经文、佛号,盖上精妙的图章。有少数是自己刻的,有许多图章是他所赞喜的金石家许霏(晦庐)刻的'。事实上,我为弘一法师刻的印并不多,刻得最多的还是马海髯先生,而且刻得很好。……由于丰子恺先生没有提到马海髯,特据我所知,加以补正"。

这篇声明文章中,许霏只字不提他早年发表的那篇《我忆法师》文中的自我介绍,而以丰子恺的文章作为解释的因由。古训曰:知耻近乎勇。许霏连承认错误的勇气都没有,只会使坏陷害张人希,可见他是个彻头彻尾的懦夫!

1948 年张人希见到丰子恺父女时,丰一吟还是个亭亭玉立的 19 岁年轻女孩。1975 年丰子恺去世后,两人一直保持书信往来。

70 年代后期,张人希到上海去访丰家时,丰一吟不在家,接待张人希的是丰子恺的遗媚。1983 年,张人希再访丰家时,随行的还有新加坡的黄国华。丰一吟 1988 年 12 月 19 日给张人希发去一封信:

> 拜读《人物》1988 年第 4 期大作(陈慧瑛所写,但与大作差不多),知您藏有我父亲致弘一法师的信一封,不知如今是否还在手头? 我们正在编《丰子恺文集》,其中包括书信集,很想得到父亲致弘一法师的信,如果您能复印一份给我,则感激不尽。
>
> 黄国华先生后来有通信吗? 您同他来沪,转眼已五年多了,时间过得真快。
>
> 今年是父亲诞生(实足)90 周年,故乡举行了纪念会,我们去参加了,那儿的故居参观者甚众。中外人士络绎不绝。您有机会时,欢迎也去看看。地点在离杭州约二小时长途汽车处(桐乡县石门镇)。

1989 年 2 月 14 日,丰一吟给张人希写信时还附了一元这封信的复印费,请他不要客气,因为那是丰子恺研究会的资料费,不是她个人所出的,说明不需要收据。信中还说：

> 《丰子恺偷诗》一文，起初载杭州的《钱江晚报》，我和陈星二人合写一信
> 去澄清此事，该信（可能是写成文章形式）已在《钱江晚报》上登出。《人物》
> 编者所谓已更正，便是指此。

或许是因为从小没有父亲、又或许是被弘一大师的人格魅力与艺术成就所吸
引，张人希对大师的敬慕与爱戴如同对父亲一样。虽然大师已经往生西方极乐，但
张人希在往后人生路上一直努力搜集大师的生平事迹，并积极参与国内外诸多
的纪念活动、展览、作品真伪辨认，为海内外大部分描述弘一大师的书本提供素
材和资料。而张人希的朋友们，尤其报章杂志的编辑们，也都纷纷向他约稿。

《福建日报》福州总部的陈友德 1986 年 12 月 4 日给张人希的信就是一例：

> 前天与《良友》画报编辑古剑兄（泉州人）谈要在该画报刊弘一大师之介
> 绍，他知您与大师很熟，弟又说您的笔名系弘师给您表的。但古剑兄说刊弘
> 师的资料太多了，您写时应与众不同的，文字千多至两千左右已够了。同时
> 说您存的弘师给马海髯的信谈刻印的，最好用上等影印机印来（二帧）比拍
> 照的效果好，拟用原稿刊出，如有其它未刊的亦找寄来，我与绍尊兄也有三
> 二件可刊出的。大悲的印章可否找原稿？速寄来。

1987 年是弘一大师圆寂 45 周年，由泉州市书法协会、香港书谱社、泉州市
佛教协会、弘一法师全集编委会，及泉州晚报社一起组织了"纪念弘一法师圆寂
四十五周年书法篆刻展览"。张人希的行书中堂参与了是次盛会。

同年 12 月 15 日，张人希在《泉州书法》第四期初版的"纪念弘一法师圆寂四
十五周年专刊"发表了一幅纪念先师的画作"梅花"，题上"不是一番寒彻骨，怎得
梅花扑鼻香"；并在《文艺随笔》"纪念弘一法师圆寂 45 周年"上发表了两首纪念
先师的诗。这两首诗于 1992 年 11 月再次刊登在菲律宾《商报》上。1992 年的
第二首诗与 1987 年的第一句最后一个字有所不同，篇变为笺，不知道是张人希
自己更改，还是打稿的人看不懂他的字之误。

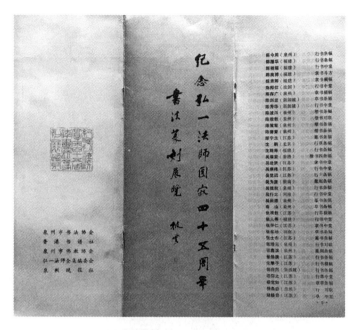

纪念弘一法师圆寂四十五周年书法篆刻展览目录

其一

明月前身冰雪姿,生涯一钵一囊诗,

惭予学佛灵根浅,书画金文受我师。

其二

适来重读旧时篇,陡忆红尘小劫年;

一代名师遗泽志,虔诚合十礼先贤。

1993 年 2 月,张人希在《人物》杂志上发表文章对《宁波日报》一则题为"丰子恺偷诗稿"的文章提出尖锐的批评,并根据他所了解所搜集到的资料,罗列出种种依据驳斥该文作者信口雌黄。他在文章中严肃写道:

1. 李叔同 1918 年夏历 7 月 13 日在杭州虎跑寺出家,皈依了悟上人,法名演音,号弘一。该文误为 1928 年 2 月在灵隐寺,地点不对,时间一错错了整整十年。

纪念弘一法师圆寂四十五周年专刊

2. 法师于 1905 年东渡日本留学，1910 年学成返国，在家乡天津教书。1911 年执教直隶师范学堂。1912 年自津至沪，任教城东女学，并任《太平洋报》编辑。1913 年任浙江两级师范学校教师，直至 1918 年落发为僧。法师一生从未涉足政界，何来"政界失意"？

3. 法师出家后，住杭州玉泉寺将近 3 年，未曾到过"慈溪伏龙寺"。慈溪在宁波。据我所知，佛寺中并无"客师和尚"之职，有的是"知客僧"。这个职务专司庙中的送往迎来。法师是一位苦行僧，到处云游，行踪无定，从来不担任任何寺庙的职务，不必说知客僧，就是主持他也不当。

4. 该文说："弘一法师学生丰子恺、史良、邹韬奋、沙文汉等人屡上伏龙山拜见法师"，其实除丰子恺外，其他人都不是法师的学生。

5. 法师出家前写了一些诗词，写后都公开发表。其中有 5 首是赠妓女的，如《戏赠蔡小香》四绝、《为老妓高翠娥作》一绝、《忆杨翠喜》菩萨蛮一阕。

既然连赠妓女的诗都公开发表,难道别的作品法师还会秘不示人? 如果真的如该文所说的,诗集已由邹韬奋交商务印书馆印发,那为什么至今还没人发现过这本诗集? 经多方努力,现能收集到法师一生所写的诗词,包括出家以后写的,总共才45首,也只能出一本薄薄的诗集。退一步说,即使当时出了这么一本书,也绝不可能拿到多达18700元的稿费,何况当时通用的是银元哩。

6. 法师出家时,把妻妾儿子一概放弃,将身边所存之物分赠朋友学生,孑然一身,遁入空门。他曾声明:一不做寺庙主持;二不收徒弟。加之法师出家后到处云游,经常闭关,怎会收一个8岁的小伶做学生?

7. 该文说:"丰子恺把诗稿偷出后,即由邹韬奋交商务印书馆出版,书名《护师录》。"既然是弘一法师的诗集,书名又叫《护师录》,不合逻辑。

8. 文中说:诗集出版后,丰子恺把书及稿费18700元寄给法师,"法师十分恼火,写信把丰子恺骂得狗血淋头"。这种无中生有无疑是在丑化这位高僧的形象。凡接近过法师的人都知道法师为人极其慈祥,见人一向脸带笑容,从不发怒。名作家曹聚仁在追忆法师的文章中有一段是这样描述的:"在我们的教师中,李叔同先生最不会使我们忘记,他从来没有怒容,总是轻轻地像慈母一般。"法师出家前的为人是这样的慈祥,难道出家后会一反常态,变为"怒目金刚",把他最亲近的学生骂得"狗血淋头"吗?

9. 该文还说丰子恺被骂后,"再不敢上门。直到弘一法师在福建病逝,他才来到灵前痛哭不已。"这是不合事实的。丰子恺不论去日本留学,还是回国以后,与法师的交往从未间断过。开明书店曾出版过四本《护生画集》,由丰子恺作画,弘一法师配诗。对这四本书,师生间是字斟句酌。他俩来往的书简大都散佚。弘一法师年谱的作者林子青最近在三联书店出版了一本《弘一法师书信集》,仅从书中所收的8封信看,他们师生关系是亲密无间的。

法师在世时,曾赠我一封丰子恺给他的信,我把它保存了几十年,现借机公诸于世,以明真相。

1942年10月13日,弘一法师在泉州逝世,我曾亲临吊唁,参加过追悼会。时值抗战,丰子恺在遵义浙大教书,10月18日,接到开元寺电报,惊悉法师归西,即静坐10分钟默哀,并未曾来"灵前痛哭",直到1948年到台湾举办画展后方乘船来厦门,这已是法师逝世6年之后了。丰老对我说,他从未曾来过福建,这次来,主要是寻访法师的遗踪。他还赠我一些字画,第一张画题为:"今日我来师已去,摩挲杨柳立多时"。现附于此,以资佐证。

张人希的刚正不阿,对大师乃至师兄的尊重爱护可见一斑。可是他并不知道蔡小香为李叔同拜把小长兄,非妓。于资讯与互联网在中国还缺位的年代,他的确是理解错了。至于丰子恺"偷诗"一事,丰一吟2004年4月20日写给张人希信函开解他道:

> 信中所提之往事,我也似乎听到过。但从不放在心上。有人在报上以《丰子恺不要脸》为题写文,其实是指我父亲画画不要脸。哗众取宠,一笑置之。还有凭空捏造我父亲盗窃李叔同先生诗稿,被李先生大骂……总之,无奇不有。
> 请你不要放在心上。关于我代父着色之事,将来我再写一本《我和爸爸丰子恺》书时,倒想写进去。你信中倒提供了我较详细的事实,原来是作画展所订的画。我记性坏,不记得是作了什么画了。只知自己当时水平不高,料想着色一定很差,如能访得如今收藏这些画的人,倒该向他道个歉才是。
> 你知道我父亲的往事甚多,欢迎在报刊上发表回忆文章!

2001年龙华庙会举办了《弘一大师遗墨展》。翌年,《弘一大传》作者柯文辉向大会推荐弘一大师弟子张人希,于是主办方邀请他去开画展。张人希获邀后又推荐了好友,在大师圆寂后为其涅槃作素描的林英仪,后来再加上陈秀卿,所以有了2002年的龙华庙会《张人希、林英仪、陈秀卿书画展》。

丰子恺的女儿丰一吟住在上海,主办方自然是要邀请她参与盛会的。

2002年4月18日丰一吟刚给张人希写了一封信,说因为两眼均患白内障,曾于2月20日动手术开了右眼,4月22日又要动手术开左眼,近期内有些信无法答复,敬请原谅。旋即又在4月25日给张人希发了另一封信道:

> 收到龙华由快递公司(?)送来你们三位画展请柬。惜请柬送至长乐路888号4B。那里我每周只去三次,况近日因眼睛开刀(白内障)未去,因此

至今才取到手，已成明日黄花。而且这几天还不能出去活动。只能勉强草就此信致歉！请谅！

2002年8月24日，丰一吟给张人希写信时赠送了一本她为其父亲丰子恺撰的传记。同年12月，又去函告诉张人希2003年元旦或者之前，丰子恺艺林商店将在上海玉屏南路28号玉屏轩开张。介绍这商店专卖丰子恺纪念品、丰子恺著书、复制的丰子恺书画和一些仿丰或者丰派的书画，也附带一些弘一大师风格的书法等等。后来给张人希寄的贺年卡上就印着丰子恺的漫画。2004年4月6日丰一吟写信向张人希打听丰子恺曾经写给大师的一封信，内容表示要为大师整寿作护生画。传说这封信在大师去世后转到某居士手中。1948年底，丰子恺去泉州时，那位居士还出示给他看过。可惜张人希找遍了，发给丰一吟的并非她要寻找的那一封。

2005年1月21日，时年77岁的丰一吟寄给87岁的张人希的信函道：

张人希先生：

你寄来的贺片已收到。本该还送你一张。但我觉得寄来寄去寄了几十年的贺片，没什么意思。因为贺片上只有一二行祝愿的字，从中无法知道对方的情况。所以我改为打印一封信，作为还贺。简单地介绍一下我的近况，想必你会乐意听听。

我到2005年就是77岁了。经常想到"岁月不待人"这句话。我想重编《丰子恺漫画全集》（已出版的不够理想），我还想写一本我父亲的传，以第一人称出面写。这两件事早已开了头，但由于其他的事不断插进来，一年年地过去，一直拖着，无法进展。这使我心头沉重。年岁不饶人啊！但我又不能加班加点。为了生活质量好一些，我要保重自己的身体，希望能健康地多活几年。因此，我还是固守自己原有的工作时间。而且，近来又添了一个项目：几乎每天都要出去走走（顺便做点事）。如果长期伏案，以后就会失去走路的能力。对老年人来说，失去了的能力，再要恢复就难了。可是这样一来，我能工作的时间就更少了。不知究竟该如何安排，才能在明年有所成就。

我的工作方面太广。例如：写文，作画，复信，锻炼，社会活动，亲友往来,助学,整理资料等等,还有我们在上海天山茶城开的一家店"丰子恺艺林"有不少事要联系,每周六下午三至六时去那里,可以看到不少新老朋友,很有意思。每天总是做不完的事。

因此,有些信件,我拖着不复或者迟复,只得请原谅!

祝新年幸福,万事如意!

丰一吟　农历己酉年前

因为与弘一法师的这一层师徒关系,张人希结缘了叶圣陶、俞平伯、《芳草碧连天》作者陈星、《弘一大师书法传论》作者方爱龙,还与《旷世凡夫——弘一大师传》作者暨刘海粟生活秘书柯文辉成了莫逆之交。然而,并非所有的善缘都必定结出善果,张人希一生最大的"污点"也源于这些善缘。他年老力衰时被人蓄意误导,无端卷进弘一大师赝品案,抱憾终身。同样被误导的还有弘一大师的孙女李莉娟居士,内情后文详述。

2. 叶圣陶与俞平伯

在张人希的众多朋友中,最多人乐此不疲地报道的当属叶圣陶。张人希与叶圣陶的缘分源于弘一大师。因为弘一大师,所以串起了张人希与叶圣陶、俞平伯、章元善、王伯祥的儿子王湜华等人的交往。

叶圣陶原名叶绍钧,1894年10月28日出生在江苏苏州。是中国现代著名的作家与教育家。

1976年,张人希的朋友,即弘一大师的忘年交永春童子李芳远知道叶圣陶对大师的书法很感兴趣,便介绍他与张人希认识。两人于是开始了前后长达九年的通信。《叶圣陶遗墨》编辑、北京《人民日报》的夏宗禹于1994年9月26日写给张人希的信函有这样几句话:

……

线装本(四卷:弘一、马一浮、叶老、丰子恺)都要做出修订。叶老写给你的那件条幅(三百篇前早有诗)已计划编入线装本……叶老给你百余封信,出版问题见面再谈

……

林竹青于2007年编撰的《张人希的艺事与生平》的时候（ISBN 978 - 7 - 5426 - 2749 - 0,2008年3月由上海三联书店出版发行），第三部分"交往名流书札手迹"里仅载有叶圣陶的信札54封，其中部分还是影印件，总数量仅夏宗禹1994年9月信中所提及的百余封的一半，可见许多信函都已经散落了。究其原因，可能是张人希作为礼物馈赠给朋友，又或者被人取走，当然，也可能在两次搬家时遗失。根据张人希一再叮嘱林竹青把自己给她的东西放出去流通来看，转赠他人也不是不可能的。

在那54封信函中，叶圣陶下面这封信被何满子断定为第一封。根据内容及其他信函的时间推断应该写于1976年。

人希先生大鉴：

　　接十九日手书，获识尊象，洋洋洒洒六笺，详叙种种因缘，从知神交已久，欣快之至。足下属马，我亦属马，可谓巧合。苏州每二年（今年五月间留一周）我必去一次，亲友并不多，而园林及城西诸山观之不厌。曲园先生所书张继诗，今重刻数石，多所搨印，日本人最爱之。拙作多种，台从知之甚详，谓今已散失。我原亦留有一份，而十数年来孙辈捡出观览，又借与朋友或同学，几经辗转，终乃不知去向，以故存者寥寥矣。来示云保存弘一法师论书画金石一书，如篇幅不太长，可否于暇时抄一份惠我，缘晚晴室书简集我所未观，且亦无从访寻也。我处留弘一之件数种，皆亲家夏丏翁之物。似可选载于书谱，而卷子册子寄港恐不便。足下如有兴，我可寄到尊处，由足下览便带港。海外知弘一者颇多，刊印弘一之手迹，读者当欢迎也。晴野先生昨有书至，且示所刻印。附去上海博物馆铜器搨片三份，聊供清赏。余后叙。即请
大安。

叶圣陶

十月廿四日上午

曲园先生指俞樾，字荫甫，号曲园居士，生于1821年，卒于1907年，清末著名学者，是俞平伯的曾祖父。而晴野指的是许晴野（1933—2005），名有情。福建晋江

人,上世纪 70 年代任香港北角华丰国货公司书画部经理,乃张人希的挚交好友。

叶圣陶年轻的时候也喜欢篆刻。篆刻在以前的中国是文人雅士的兴趣爱好。1977 年初夏,张人希初次为叶圣陶治印。收到印章后,叶圣陶给张人希写了一封信:

人希先生大鉴:

　　十三日手教,昨日敬诵。承赐印章,已自邮局领到,再度申谢,永铭厚意。云寄赠《书谱》,是否即前已拜领之隶书专辑,抑别为一册?此志殊不易得,隶书专辑已有友人借去,欲观者且不仅一二人。刘海粟先生前约四十年曾相见,今读录示之一诗,其于篆刻亦专门家也。近患目疾,视力大损,方事医治,未知能否复原。此际作书,只凭手腕自由运动,故仅能简复致意,幸原之。敝寓为东四牌楼八条胡同,简称东四八条,非东 48 胡同。特此奉告,已省邮局之疑误。即请

　　尊安。

叶圣陶

六月十八日上午

张人希于是寄给叶圣陶《书谱》。叶圣陶收到非常高兴,给张人希写信曰:

人希先生大鉴:

　　前上复一书之后即接到惠赐书谱第十三期,顷又获其第十二期并赐函。以其所好,娱我暮齿,垂爱之深,何可当乎。今提一意,乞审其可行或否。我甚喜观玩此志,欲请足下(在港必有熟友)代为订阅,嘱直寄敝寓,谅无阻碍。其款若干,必容我如数奉还。足下寄来之三册,则仍归尊藏,俟垂许即付邮。敬请下次赐书时明示。命书印存签条,顷书数次,皆不成字。止用右目,目与手不相应,笔触于纸,信手乱挥,宜其然也。缘此只得作罢。左目之病为底部微出血,医令服云南白药,并服西药中药,而左目似尚不见好转。鄙怀亦不着急,幸勿以为念。匆此奉复,敬请

　　大安。

叶圣陶

七月六日

叶圣陶因为眼疾,视力很差。张人希急人所急,到处为他寻找偏方。从叶圣陶二十几日后的信函可以窥见。

人希先生尊鉴:

昨接惠函,中为十四日廿三日两笺,敬悉种种。托贵友代订杂志既牵涉外汇问题,自当作罢论。又承嘱书谱诸册不须返赵,不敢违厚意。惟以后收到新册,务恳观览畅适,万勿如第十六期然,到手即寄,有若邮传。目疾蒙关垂殷切,尤感。日本新药此间亦有人说起,用之者有效有不效。我之病为左目底部微出血,前日往医院,医言出血已止,吸收有进步,而尚未净尽。服用三七、石斛夜光丸、杞菊地黄丸及数种维生素。日本药似可不试矣。敢以奉答,并恳勿念。即候

大安。

叶圣陶上

七月卅日

张人希的确帮叶圣陶向许晴野打听代订《书谱》杂志的事情,但因为涉及到外汇问题,似不可行。许晴野表示愿意馈赠,于是张人希便将许晴野的信函抄送给叶圣陶。叶圣陶收到后给张人希回信:

人希先生惠鉴:

上午接一日手书,并览晴野先生致足下书,欣甚。十余年前尝相遇,今乃获通款曲,诚为有缘。代订不便而欲贶贻,我受之不安,敢请足下婉言却之。至于作书奉上,稍缓必勉为之,仍请足下转致。书谱合订本万勿见寄,务恳俯从。如与海粟通函,乞

代为致意。即请

秋安。

叶圣陶

八月六日

张人希热情为叶圣陶张罗《书谱》,并将前面出版的也给他补齐。其中,第一期至第七期张人希请许晴野代为设法,寄给了叶圣陶,自己则从其他地方找来第十期到第十七期寄给他。叶圣陶大喜过望。为了表示谢意,他向老朋友俞平伯请墨宝馈赠给张人希与许晴野。他在十月的信函中告诉张人希:

人希先生尊鉴:

上月廿五日接到自福州赐寄之《书谱》十册,翌日即复书两通,分寄厦门福州,以为台从暂居福州,复书两份,盖期其早达也。今晚接上月廿八日手教,乃知《书谱》自福州寄来之所以然。我之感激并至盼所愿赐答已叙于前书,兹不重复。今欲陈者,上月接晴野先生寄来《书谱》七册,即作书申谢,贴邮票八分,依其详址寄港,而至今未得晴野先生复音。岂晴野忙不暇复耶,抑寄港函件有失误,疑莫能明。敢恳于致书晴野之时代伸鄙悃,谢其厚意,至深感祷。近托老友俞平伯先生书二小幅赠足下及晴野,其赠晴野之一幅,敢烦便中寄与。承询目疾,深感关垂。左目视物总偏斜,看书写字殆将长赖右目,而一日不耐劳,写字尤无准,亦只得任之。匆复,即请

大安。

叶圣陶上

十月二日灯下

张人希投李报桃,治印馈赠给叶圣陶与俞平伯。叶圣陶收到后虽然很高兴,但却觉得自己的那一方印章不如俞平伯的好。他给张人希去信说:

人希先生:

尊刻印二方已于今日向邮局取得。观玩良久,觉又胜于前此见贶之名章,而今此二方则赠俞者尤出色。未识足下亦如是评品否。屡蒙厚馈,徒然言谢实不近情,奈何奈何。赠俞之一方即当送去,先为代致深感。敬候

兴居。

叶圣陶

十一月七日

　　根据甘丁(陈天助)2001 年 1 月 10 日整理后发表于《厦门网》的"叶圣陶晚
年的精神世界"里有这样的文字：

　　　　1977 年 11 月 10 日,他(叶圣陶)在信中说,"弘一书拟抄录一通,然后
　　与子恺书共同返赵。其所论极精,其晚年之实践确实如此,真堪佩服。丐翁
　　所藏弘一之作不满十件,今皆在我处。……可托足下交与书谱社刊出。"

　　该文于 2002 年再次发表于《新文学史料》季刊 4 号。上面那段文字中的弘
一书是指弘一大师给马冬涵的信。
　　文章又有：

　　　　叶老的来信中谈论诗文的笔墨不多,经常是点到为止,但意味深远。徐
　　迟的《哥德巴赫猜想》当时红极一时,由于陈景润在厦门呆了很长一段时间,
　　我对他有所了解,告诉叶老其中原委,他来信建议,"徐迟之文,誉者甚众。
　　足下知陈君之事详于徐君,何不笔而刊之,必为读者欢迎。"(1978 年 3 月 8 日
　　信)3 月 30 日他又来信说:"承示关于陈景润种种经历,览之感叹。徐迟君作
　　文,我猜皆得自采访,采访而后重在核实,否则往往失其真,俟遇见徐君,当以
　　尊示之大略语之。非期其作文更正,惟励以更好从事报道文学也。"

　　可惜文章所提到的这几封信,到了 2007 年编撰《张人希的艺事与生平》时,
林竹青已经无法找到原件,连复印件都遍寻不果了。
　　从前,人们尊来自苏州的顾颉刚、王伯祥、叶圣陶、章元善和俞平伯为"京华
苏州五老"。张人希听政协里的同僚说五老之一的章元善患有失眠症,痛苦不
堪,便到处打听治疗方法。有一次,他发现一种"磁片疗法",于是托人去日本寻
找这种新的治疗仪。张人希并不认识章元善,故托叶圣陶和章元善联系,说要为

他治一方印。章元善是个很低调的人,虽然一直身处上流社会却两袖清风。所以他对张人希这位素昧平生的人要为自己治印感到十分惊讶,忙问叶圣陶此举是基于什么缘故?叶圣陶也很好奇,自然要问。

人希先生赐鉴:

　　十六日手书昨日接诵。往在上海,与郁达夫为酒友。其诗所见不多,见者皆脱俗。天津百花书店殆已不存,编辑黄某亦不相识。其所辑郁之诗词稿若能访得,出版行世,诚佳事也。又承刻印见贶,图案至有味,感之不尽。章元善系我小学同学,又为我之内表兄,今同居京中,时相过从。赠渠之印,收到时自可转致。特不知足下与章何时相识也。《书谱》主持易人,不知其编辑意图有无变更。我意校对尚须加意,某些文篇则宜先为文辞加工然后付刊。匆匆奉复,即请
大安。

叶圣陶十一月廿二日

　　章元善则是很谨慎的人。无功不受禄是君子的品性,所以,对张人希准备为自己刻章既欢喜,又小心打探原因。于是,叶圣陶在张人希回复前又追了第二封信问同一个问题。

人希先生惠鉴:

　　赐寄书谱第十八期于昨日收到,敬谢厚贶。近告知章元善兄以足下刻印赠与事,渠览之喜不可支,(常有如此笔误,可见其衰已)嘱我代为恳切致意。又谓不知以何因缘,乃承锡以佳刻。我前一书已有此问,想下次手翰颁到时必能解我与章兄之疑问也。匆此,即候。
兴居胜常。

叶圣陶十一月廿九日

　　可惜张人希的回信我们无缘看见,但他的热心与善意却无其他附带条件,这点作为最了解他也最得他宠爱的外孙女林竹青我可以用人格保证!

1978 年 2 月 21 日,叶圣陶有一封挺重要的信给张人希,内容关于弘一大师出家后其中一封信里有几个字无人能解。张人希于是四处请教朋友,认真研究,将结果报给叶圣陶。叶圣陶十分高兴,建议张人希撰文。张人希谦让再三,叶圣陶说:"弘一前期与我交厚而后期与你情深,还是你来写好,写罢让我先睹为快!"张人希于是勉力撰稿,写罢呈交叶圣陶审阅,叶圣陶读后十分赞许,亲自修改并嘱咐他道:"今后勿写草字。"

这便是后面将提到的书法界争议已久最后被张人希破解刊于《书法》1982年第一期对弘一法师几个字的释疑文章。

叶圣陶 1978 年 2 月 21 日致张人希函

三四个月后,张人希将人家帮忙买到的日本磁片寄给叶圣陶,希望对他的眼疾有助。同时也寄了一份给章元善,请叶圣陶代转。这个时候中国还没有这种新的治疗仪,叶圣陶收到后觉着很新奇,给张人希去信道:

人希先生惠鉴:

昨接到惠寄磁片,感不可言。我虽未知此片如何应用,是否与治疗目疾有关，而台从随时关心于我，此一点最使我感激，永不敢忘也。礽疆君之姓是何字，我愧未能明辨。礽疆君所面授者，是否即下文如何贴法之数句？看来用此磁片须知穴位，不知穴位，贴于身体何处乎？足下俾我使用，敢请示知所治何疾，穴位何在，乃可使用焉。分与章元善兄，自当遵命。惟是否治其失眠，须贴于身体何部，亦须先有所了解，而后可请渠试用也。再者，此物不易买到，足下何从得来，敢恳告知。已餍其好奇求知之心可乎？拙书一幅系咏庐山雾之水龙吟，平伯兄则书他人之一绝，同时寄与新加坡颖南先生。付邮（航空）已将一月，尚未得周先生回信。方璞先生书，亦尚未接到。匆匆作此，意在郑重申谢，余俟后叙。即候

大安。

叶圣陶

四月廿五日

章元善收到磁片后于 5 月 13 日也给张人希写信致谢。

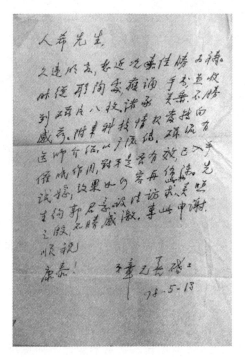

章元善 1978 年 5 月 13 日致张人希函

过几天,叶圣陶再写信给张人希。一则为了磁片,更重要的为了弘一大师论艺的那篇文章。

人希先生大鉴:

　　五月二日手书昨日接读。磁片得来非易,于此见足下笃于友谊,良可感佩。此事既因郭礽疆君与章元善兄叙谈而起,我当于日内往访元善,示以手书磁片及磁穴疗法小册,请彼试用磁片。谨代元善伸谢。

　　大作由我修改,于前数日挂号寄还,想已到。改动如有未妥处,自可再作更改。惟据鄙意,此作所叙足下与弘师之缘甚使读者感兴趣,不妨寄出刊布。引用足下所藏手迹中语,谓观此轴足知弘一盖真能实践其美术观点者,且其所刻五印,亦无一不实践其观点。前月接晴野先生书,云拟编一书专言刻印艺术。此轴与大作如编入此书,似极为相宜。敬希酌之。即请

大安。

叶圣陶
三月廿七日

显然,信函显示日期的月份三月当是五月之误。

1978 年第 4 期,总第 23 期,香港《书谱》双月刊发表了人希的《弘一法师的篆刻艺术》文章。

1978 年 10 月 2 日,叶圣陶的儿子叶至善给张人希写了一封信:

人希先生:

　　第四、五册两期《书谱》都已收到,谢谢。家父病了,七月七日动了手术,取出胆结石一块病情几经反复,近二十天来才趋于稳

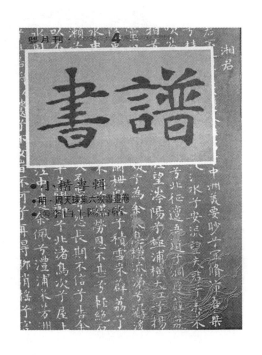

定,但是健康恢复极慢,至今还躺在医院里,看来至早要明春才能亲自处理信件。您的手书和大作,等我父亲精神稍好一些就念给他听。顺颂

近安。

叶至善

10 月 2 日

一个半月后,叶圣陶的信终于来了。但是,他那工整的小楷信函也从此变成了硬笔字。

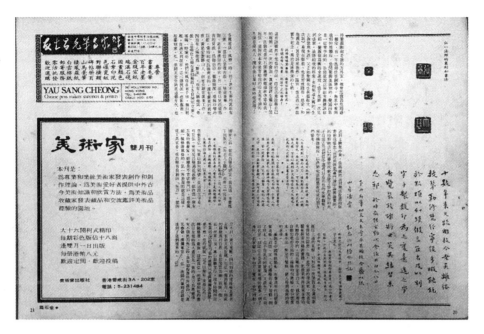

张人希《弘一法师的篆刻艺术》

人希先生惠鉴：

　　本月八日赐书接诵已多日，延迟作答，深感歉疚。病后心思散漫，力气微弱，友朋好音，多数久搁未报，而于心滋自咎矣。承示新刻印八方，布局与刀法皆好，深佩。谨藏之于箧中，便随时展玩。黎丁同志曾来顾我，初不知为台从之老友。颖南先生殷勤甚，寄款来嘱购滋补品，却之不恭，受之深愧。幸恕简复。敬请

大安。

　　　　　　　　　　　　　　　　　　　　叶圣陶十一月廿四日

　　同年《书谱》第五期，总24期，又发表了张人希的《郑板桥书法之我见》与前一期《弘一法师的篆刻艺术》的七个错字勘误。

　　1979年元旦过后，叶圣陶给张人希信曰：

人希先生惠鉴：

　　昨接赐寄书谱总二十四期，大为欣喜。先观足下之投书，此两点言之皆

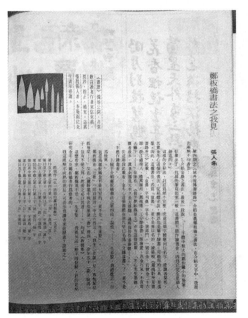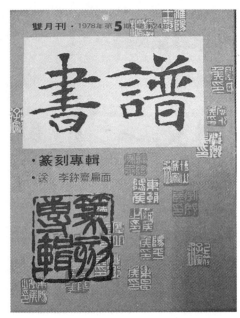

张人希：《郑板桥书法之我见》

确。次则此册注重于印章，可谓洋洋大观。见载十钟山房印章，我旧有此集，抗战避寇，及返苏则已为人攫去，今日重睹，如遇故友也。又承远寄水仙，先此敬谢厚意。待万青力同志来通知，当去取回。颖南先生屡有来信，殷勤可感。又复印新加坡各报之有关其文艺活动之记载相示，藉知其主持坛坫之雅况。我出院返寓已将三个月，虽体温脉搏血压饮食睡眠皆正常，而气力总不见转强，心思亦复钝塞，加以视听益衰退，阅览书写谈叙俱不甚方便，未免感觉无聊。若此期书谱，观玩其朱印印章，实为最适当之消遣，是则足下之厚贶也。幸恕简答，即请

大安。

叶圣陶一月四日

除了《书谱》，前面记述过张人希每年都会给朋友们寄水仙。叶圣陶虽然不是闽南人，但对水仙这种在北京堪称矜贵的稀有花卉也很喜欢。他在许多信里都提到过，比如半个月之后的这封信：

人希先生赐鉴：

　　承贶水仙，尊友转托黎丁，上一周黎丁令其女送来。除足下寄赠者之外，老友吕叔湘游闽南，自漳州携归一本相赠，又有长汀友人亦远致二本。身居京中，而年年得赏闽地水仙，即此已足欣然。颖南先生近寄来其精印之海粟山水小景，想尊处必已有之。此十幅笔墨极精，览之意远。简书致意，即请

春安。

叶圣陶一月廿六日

　　《福建文艺》副主编郭风少年时代订阅叶圣陶主编的《中学生》，解放前出版《木偶戏》一书时曾寄赠叶圣陶，叶圣陶因此给他写了一封回信，可惜这封信在文革被抄家时遗失。他托张人希向叶圣陶恳赐墨宝。后来张人希受郭风委托向叶圣陶约稿。但叶圣陶以健康及视力为由婉拒了。

　　为了安慰年老力衰的叶圣陶，张人希努力将那个年代稀罕的东西寄赠给叶圣陶。有一回，他在信里夹了两张立体明信片，老人家看了觉得很新奇，给他回了这样一封信。

人希先生赐鉴：

　　十二日手示顷已接诵。惠贶立体照片两帧，精美可喜，深谢。昨又得郭风同志佳惠，寿山石印章二方，一为周哲文刻，一为林健刻，皆刻圣陶二字，旁侧并刻拙作《赵丹画与白杨诗》绝句。我无德无能，而朋好谬爱，时有贶贻，感愧无已。梁披云先生本云拟来京，今月初接其令郎之电话，告改变计划，不复北来，稍缓些时，梁将代其父亲来访。惟至今尚未来，或先往他处，然后再来京欤。厦门成立书画社，想见艺事之盛。前蒙寄赠《鲁迅在厦门著作篇名印谱》，似尝未在复书中叙及并致谢，疏忽散漫，良为歉疚。此册极有味，王守帧余钢二位之篆刻皆佳，时一展观，其味隽永。便时请代我向编辑此书之同志及王余二位致意。匆匆奉复，敬请

秋安。

叶圣陶八月十六日

周哲文（1916—2001），福州人，中国当代著名书法篆刻家。

林健1942年出生于福州，是年轻的福州画院书法篆刻家。

王守帧与余刚均为厦门篆刻家。

年纪老迈的人喜欢对人唠家常，但健康不佳、视力不好还勉力写信唠家常只能是对交情好的朋友。现在已经看不到任何张人希写给叶圣陶的信了，但从他所收到的叶圣陶来信中，却可以窥见两人闲聊话题的蛛丝马迹。比如跟着的九月份，叶圣陶写给张人希信这么说：

人希先生尊鉴：

今日接到惠贶《书谱》本年之第四期。每接此刊，辄感厚意，定阅香港刊物不易，而我得长期展观此志，非由足下，何可得乎。平翁之《重圆花烛歌》写作之时，屡经改易，我尝参与斟酌。自初稿迄写定，有数月之久。《书谱》所载系谢刚主先生所书。谢亦老友，长于版本目录之学，广收明清之际史料，各地图书馆与大学皆尊之。其书法亦极可爱。足下所刻印章四方，顷已观赏多时，皆甚生辣有逸趣，殊佩殊佩。今晨平翁以电话相告，梁披云先生已到京，相约于后日到平翁寓所，与梁先生见面。经颖南先生之介，平翁之《古槐书屋词》将由书谱社为之印行。我曾建议，此词稿系手写本，最好用中国纸印珂罗本，未知能办到否。承询鄙况，前月曾患感冒兼旬，本月已如常。下月将较为繁忙，各民主党派须开代表大会，文艺界则有文代大会，我恐未能每日到场，只能视身体如何，酌量参加耳。各地友朋能会面，自是至快，无奈精神与体力不克相应也。匆此奉答，敬请

秋安。

叶圣陶启九月廿五日下午

王湜华在《红学才子俞平伯》一书的第八章"晚来非晚借灯明"6. 重印《古槐书屋词》里有：

俞平伯的诗作，曾编集成八卷，名为《古槐书屋词》，可惜未及刊行就遭浩劫，竟成千古难泯的损失。他的词作因量较小，不分卷，曾由许宝驯的七

弟许宝骙用端楷誊录而付诸梨枣,但所印数量也不多,浩劫之后,俞平伯夫妇手边也只存有初刻时的红印本一册。……

1979年己末,周颖南、梁披云提出愿意将《古槐书屋词》由书谱出版社出版。

俞平伯自然是非常欣喜的。可是,他左等右等没有下文,又不便自己直接去问周颖南与梁披云。1980年,俞平伯便给张人希写了一封信。

人希先生:

大示敬诵。前录联语聊记京尘往事,曾刊在港《大公报》上,自己草草,乃劳致谢,为愧。今更奉妄涂二纸,博一笑耳。

前承赐名章,顷又以法镌姓名小印见赠,嘉惠稠叠,感谢感谢。原石他日当由圣翁转来也。拙词稿,披云先生前书云,今年可出版,近无信息。闻曾与阁下谈及之,于通书时便中为一询是荷。匆复,颂
安

弟俞平伯上
四月十六日

信中附有俞平伯发表的一篇文章:《浮生六记》二题。

所说的印章不仅俞平伯有,叶圣陶也获得一枚。这一回,叶圣陶非常满意自己那一方印章,给张人希写信道:

人希同志惠鉴:

赐寄印章已收到,大札诵悉。

此次新刻五印,我以为均是佳作,而惠我之一方最好,全局即舒服,每笔皆有味,得之不胜欣喜,感激莫名。

赠茅公之两方,今日即送去,并告以如有兴致,请赠与字画。赠平翁者,明后日亦必送去。

上海《书法》所载尊稿介绍梁披云先生者,业已读过,甚好。梁先生去年

来京,曾与晤叙。近日又来,已与平翁相见。平翁来书告我,梁先生承印其《古槐书屋词》,不久即可出版。

潘受先生之《大星坠》四律系颖南先生以复印本寄我,我介绍于《战地》刊载之。潘先生曾赠我其《海外庐诗》二册,诗极好。又承寄我和韵词稿及集句联,皆称许过甚,愧不敢当也!

贱躯尚好。杂事多,请恕我不能多写。即请

大安。

叶圣陶四月十八日

陈慧瑛的《春水伊人寄相思》文章"前尘旧影忆故人——张人希先生'听沨楼'夜话"一文的"拳拳诗友俞平伯"里有:

1980 年五一节前夕,俞老访叶圣陶先生,于叶家花前留影、赋一诗赠主人,五月二日,便将此诗书寄人希:

海棠稍婉晚,

天气渐清和。

并立花间影,

心期怅若何!

同时另作一《菩萨蛮》词见赠人希:

空烟一望无相识

飘流不记间踪迹

料理浴归舟

夕阳明柁楼

云端疑幻墨

知是谁家笔

歌枕看鱼禽

碧波红浅深

遗憾的是这封信如今同样遍寻不获,只能从陈慧瑛 1987 年 12 月写的这篇

文章里看到部分内容。不过,5月2日俞平伯还有一信给人希:

人希兄:

　　前寄信,附一小诗条,想已收到。大示诵悉。寄赠《书谱》一册,谢谢。颖南亦寄我一册,遂有二本。前惠石章亦从圣兄处转到。石质佳品未免割爱,多谢多谢。顷得小诗写奉,即试用新章,乞览。甫写出,尚未及呈正圣翁也。尊撰纪梁披云兄文,颇思一读。如有剪报乞寄我。阅后自当寄还。草草不一,即候
大安

平伯五月二日

　　此时,叶圣陶的眼疾已经越来越严重,健康也常有问题。他在信中常常提到自己的病况。5月7日,他告诉张人希说:

人希先生大鉴:

　　惠赐《书谱》昨日收到。每期见赐,使我得有此志之全份,时一展观,辄念厚意。潘受先生和拙作水龙吟,曾手书一份寄我。其词远胜于我,其意则我决不敢当。今乃刊载于《书谱》,俾众周知,使我汗颜无地矣。
　　披云先生来京,闻系检查身体,我未遇见,惟知其检查结果良好。
　　足下到榕举行个展,殊为盛举。想是书画印章并事展览。如印有说明书或陈列品样本,希惠我一份。
　　我身体尚可,惟开会坐稍久,谈话时稍长,辄感疲惫。偶作文只是短篇,不过千余字。书报几乎不能看,双目虽开,与盲人相差不远矣。
　　即请
撰安。

叶圣陶五月七日上午

　　而另一边厢,俞平伯则很想看看张人希登在1980年第二期《书法》杂志上的"登高望海心犹壮——梁披云的书法和香港《书谱》"。同时,他终于得到消息称

《古槐书屋词》已经付梓。难掩心中的喜悦,他给张人希写了一张便条寄到厦门:

记梁公事文,如有剪报盼得一读,读后奉还。拙词已印出,而钉有误,须改正方可。

人希兄

平伯五月十五日

过了两天,俞平伯又给张人希写了一封简函:

人希兄:

手书欣诵,属写件即附去,恐未佳也。承惠书法第二期,得读尊文为佩,藉知梁公生平,又见其书联,谢谢。

五月十七日

平白

1979年7月,俞平伯收到张人希的信报告自己的一些情况后回复道:

人希兄:

得手书并各件,欣荷。足下出席省文代会,荣膺新职,又开画展,可谓不负当年劬学自修,为佩兼慰。又承惠赵君"词话",谢谢。赵君于词学有深诣,立论甚精,只觉举例少耳。雪芹小像,王冈作或近之。报载跋文未得读,想尊意是也。

属件勉涂奉上,请致意郭何二君。有"九三"同志访问记一篇载港《新晚报》,或尚未见,并附上。匆复

文祺

平伯七月五日

九三指人希朋友王九三,1946年出生于厦门,后来移居香港。

与此同时,叶圣陶也收到张人希同样内容的信函,回信时除了给张人希回复

外,同时告诉他自己的健康状况。

人希先生赐鉴:

惠赠《书谱》总第三十三期,于昨日收到,感谢。画展简介当即分寄沈章二公。此时正在展览中,惜不能到会遍观展览,以饱眼福。

承示《福建日报》,获知福建文联当选人员之全部名单,足下为委员,自为理所当然。

郭风何为二位意至殷勤,深感于心。足下如有通信之便,希代为致意。此一期《书谱》所载陈巨来之印极佳,其篆书亦了不起,览之皆使人生欢喜心。

我近时略患感冒,精神不振,竟日昏沉欲睡。曾就医诊治,医言无他,则亦放心,待其自愈可也。缘是只能简书作答,翼免盼念,幸垂谅焉。敬请
著安。

叶圣陶七月六日上午

何为即何敬业,1922 年出生于浙江定海的著名作家。

时任福建省文联副主席的何为在七月十五日的信函中告诉张人希说:

去秋在北京全国文代会茶话会上,有幸与叶老会晤,特在拙作《临窗集》序言内提了一笔。序文发表于天津百花文艺出版社《散文》月刊第二期,四月间又分两天刊于香港新晚报《星海》周刊,不知叶老是否看到。待该书出版后,当寄呈求教,并拟请叶老正之。

俞平伯的信也提到了叶圣陶的健康。此前,张人希曾替何为向俞平伯求墨宝,俞平伯写错了何为的名字,所以重新写了一幅。对张人希、郭风及何为的仰慕赞赏,还谦虚了一番:

人希兄惠鉴:

两信附件并悉,先寄者后到,后邮者先到。何为君属,误书"丙"字,为

歉，已为另书，今奉上。原误书款者兄已径付之，不知"丙"字能改"为"字否？如寄还俾一看，或涂抹，或另写，尚有一纸未书，聊以补过，如何？祈酌之。宣纸，我处尚有旧藏者，足够用了，承询及，谢谢。圣翁近日精神倦怠，并无他恙，书信稀少盖由于此。《书法》三期将字排错以致混乱，已函告。编辑者允在第五期上更正矣。

我青年中岁，都喜乱写散文，很不纯正（大逊朱叶二友），林非以"左"立言未为甚失。承足下及郭何二公加以赞赏，即悦且愧，岂有蒙庄之遗韵乎！其实好谈名理而不醒豁，又喜效滑稽却不太风趣，皆其失也。诗稿亡佚，难言整理，盛意拳拳，心感之至。披云君在京得数晤，顷已南旋。匆复，颂文安

平启七月十八日

张人希酷爱《红楼梦》，遇到红学大家俞平伯，难免要请教，并乘机交流自己的心得。比如对于王熙凤吞金死一段，张人希就曾经告诉林竹青他对《红楼梦》一书的描述有不同的意见。他说，从前跑壮丁的年代，有的人因为家贫需要钱，便将自己卖了壮丁，将钱给了家人。出发前一晚，卖壮丁的人偷偷吞下个金戒指之类的小金首饰。离开家乡后，如厕时金戒指会因为无法消化而排泄出来。于是，待队伍远离家乡，就找机会将金饰往集市上卖了，换成路费回家。《红楼梦》中并无明述王熙凤吞的金子有多大，大的想必咽不下，小的吞一两件却未必能送掉性命。

给俞平伯的信写了什么无从了解，但俞平伯的回函倒是提了他自己的一些看法：

人希兄：

廿三日书欣诵。足下关怀旧友，自是古道可风，福州何为君已来书，并附误书上款之原件，已为修补寄还，未可留存，聊作纪念而已。其新著出版，当可快睹也。

《读书》第七期未见。承示王延龄一文，云颇致欣赏。我于此道已久荒废，也想看看。如蒙寄示为荷。阅后仍可奉璧。以近日书刊，亦正难得也。

但不必亟亟。窃谓红楼梦之盛传由其佳胜；其所以成为"红学"者，由其残缺，多疑难，当分别观之。若一昧推崇，即难得其真面目。试观其他有名古典小说，并无此等问题，即此可知。

披云先生已返港澳，拙编已在港出售，批发可得六五扣，不知销路如何。周颖南兄将作文介绍之。

匆复即颂

著祺

平伯 7.30

张人希和俞平伯的交流与他和叶圣陶的交流多少有点儿不同。和叶圣陶的交流源于弘一大师，他们的认识乃经过大师的忘年交永春童子李芳远介绍，所以话题常与大师有关，而与俞平伯的交流，则更倾向于文学与红学。

下面三封信是俞平伯于八月十五日与十七日，以及十月二十九日发给张人希的：

其一：

人希兄：

四日手书诵悉。述在苏州游寒山寺颇有趣，诗人姓张亦雅谑也。所云文汇报载题雪芹小像诗，函中未有。所传两像，殆均不可靠。《读书》亦尚未寄到。

《桐桥倚棹录》颉刚旧藏殆是孤本，今得流传，幸事也。但新刊书品并不佳。录拙句有错字一，173页"惠眎"讹"惠视"，惠视不通（眎可作示）。标点错误亦有三处，如176页"水银灌的打金斗的小小子"只是一物，即本书所谓"跟斗童子"，是一物而误分三截，竟不知其为何物也。尤可怪者：179页谢文明说"顾俞叶三公言之綦详"，但此书不载圣翁之诗，是大讹非小失也。询之标点者，则云书店为之。

我近况还好，行步更软，全靠手扶，仍是瞎忙。圣老容易睡着，总是老态。

余不多书，即候

撰安

平伯八月十五日

近香港出《俞平伯选集》,我得到一本,其前言颇佳。亦曾见否?

其二

人希兄:

日前寄书想必收到。

昨十六日得赐件二种,谢谢。

文汇报所载四题咏,我处有照片。双翼之文叙述清楚,但陆厚信所绘是长脸,与王冈所绘不同。他说"也像同一人"恐非。从四诗看,并不见雪芹之名(更不见曹雪芹),反提"进老",是此图亦不可靠。胡氏之言或者不错。且俟他日有材料再说。

又承介绍《读书》七期王君一文,得读为欣。此文不长而三十年来"红学"大概可知。态度平允,没有火气,少提当代人名,不提贱名尤妙。"不以人废言"原是老话,如要"批孔"就不好说了。

哈尔滨会上有简报,兹检奉第三期备览。其中对胡氏有好评,对我亦有肯定处,当是部分的意见。匆布不尽,即候
著祺

平伯八月十七日

其三:

人希兄:

十三日书,又寄《书谱》均收到,谢谢。单复君属书,勉涂附奉希转。此偈平素爱诵之。河南信阳是春秋时申国,申息楚之北境,我有"燕郊南望楚申息"之句。姽婳将军词乃小说中的诗,非一般歌行之比。来书所言亦有道理。玉照上有"随缘"二字,恰符鄙见,承惠感谢,当谨藏之,不殊晤对也。圣翁目力不佳,单君属书事,我当得便询之,看他意如何再定,不宜勉强,与兄

意相同。居星岛之令友所作小词极佳,近亦难得。港新一带,近商业萧条,所谓"不景气",若周颖南之纱厂,亦已停歇矣。于《书谱》四期,见有拙词的广告,未知销路如何? 匆复,颂

近安

平伯十月廿九日

陈慧瑛在她的文章里还有一段文字这样写道:

俞老每来信,必谈"红学",一九八零年九月四日、一九八一年中秋、五月十六日、十月五日先后四信,与人希先生纸上谈"红学"夹叙夹议、或褒或贬,真是妙趣横生、津津有味。

1980 年是弘一大师一百周年诞辰。厦门南普陀的广洽法师此时定居新加坡已久,为龙山寺主持。为了大师的百年华诞,广洽法师到中国时特地去天津游说大师的后人出来为大师做点事。弘一大师的二孙女李莉娟因此皈依广洽法师,开始为自己的祖父弘一大师默默地奉献。

继而,广洽法师又发动新加坡文化、艺术、教育与佛教界热心人士于 11 月 10 日为大师举办"弘一大师诞生百年纪念"活动,展出大师的书法与遗物。与此同时,中国佛教图书文化馆受中国佛教协会的委托也准备在 12 月 7 日在北京法源寺举办"弘一大师诞辰一百周年书画金石音乐展",其中一个负责人为编撰《弘一大师年谱》的林子青。

10 月份,叶圣陶给张人希写了一封信。

人希先生惠鉴:

本年《书谱》第四期于前日收到,多谢多谢。承赐此刊,从不脱期,收到即寄,俾我早获快睹,尤为铭感。

"身健事忙"四字系平翁之言,实则鄙况并不尽然。身体只能谓尚可,而疲劳实为恒有之感觉。忙亦未必,凡有招邀,能不去即不去,故亦并不甚忙也。

《海洋文艺》停刊,潘耀明改任三联书店工作,我已知之。其所编《风貌》

蒙赠我一册，大致尚可。

　　下月佛教将开大会，并举行弘一法师之遗迹展览。地点在新经修葺之法源寺（即供奉鉴真和尚像之所）。据闻收集颇不少。泉州开元寺所藏者，亦调来一部分陈列。我处送去夏丏翁所收藏者十件。展览之后，将编印成集，大约二册或三册。我意足下所藏弘一论刻印与书法之信最好能收入。此件可由我转交主持其事之周绍良君。足下以为可否？便中乞示复。即请大安。

叶圣陶　十月廿九日

11月，叶圣陶得知林子青将往福建征集弘一大师遗迹，于是又给张人希写信，同时叮嘱林子青到了福建，一定要前往厦门拜访张人希，因为张人希手中有大师的重要信函。他的信是这样写的：

人希先生大鉴：

　　本月二日惠书接读，迟复为歉。

　　尊处送出展览之弘一法师遗迹，既有林子青先生在福建各地征集，自以交与林先生为宜。子恺所画像及寄弘一书，似亦可交与。

　　近日闻知，纪念弘一诞生百周年将于下月举行。其时佛教开代表会，佛教中人崇仰弘一者众，必乐于参观遗迹之展览。

　　近接周颖南来信，知新加坡先已开过纪念会，系广洽和尚所发起。当地之《南洋商报》刊布满版之特辑，良为盛举。

　　西泠印社盛君未有来信。

　　茅公能刻印，我以前未之知。匆匆奉答，幸恕简略。即请著安。

叶圣陶十一月十四日下午

叶圣陶年轻时与弘一大师的学生丰子恺相交甚笃，常从丰子恺口中听到大师的事迹。有一次，叶圣陶应弘一大师之邀到上海功德林去见他。一起用过午餐，大师要去拜会印光法师，问谁愿意一起去？叶圣陶等几个人便跟着弘一大师前去拜谒印光法师,并留下了他著名的文章《两法师》。也就是张人希年轻时读过的那篇文章。

虽然中国佛教文化网的"学者叶圣陶的深厚佛缘"一文有"在丰子恺的安排下,叶圣陶终于有机缘见到弘一法师。1927 年秋的一天,弘一法师接到丰子恺的信,约叶圣陶星期日到上海功德林去见弘一法师,叶圣陶便带着渴望的似乎从来不曾有过的清净心去了功德林"。然而,叶圣陶的《两法师》发表于《民铎》9 卷1 号,署名圣陶。根据文章显示,作的日期为 1921 年 10 月 8 日。比佛教文化网的文章里的 1927 年明显早了六年多。叶圣陶和大师的直接交往似乎并不是很多,但他与夏丏尊是好友加亲家,从夏丏尊处,他看到过许多大师的墨宝,并因此写过《弘一法师的书法》。

《弘一法师诞辰一百周年书画金石音乐展》召开后,叶圣陶与几个人一起去看,回来后十分激动,给张人希写信道:

人希先生赐鉴:

又承赐寄水仙,顷已接到邮局通知。年年受尊贻水仙,所惜我家中之人不习漳州之雕颈技法,室内温度又偏高,往往叶高花瘦,不能多享水仙佳趣。然足下之深情厚意,则感之永不敢忘。

弘一大师遗迹展览于本月七日始,我与至善至诚满子夏弘璞(丏翁之孙女)往观。到者极众。展品有五百件之多。将来选印成书,大有可观。初次晤林子青先生。今将是日所得之说明一份呈上。

匆复,即请

冬安。

叶圣陶十二月十五日

大师遗墨展览完毕后,叶圣陶还念念不忘张人希借出的那封大师写给马冬涵的信。第二年 1981 年 3 月,他给张人希写信:

人希先生赐鉴:

托带来之二月廿五日手书及惠赠《书谱》总卅七期已于今日上午收到,

开缄展卷,欣甚感甚。为丁玲刻印二枚,我以为并佳,而尤爱方形白文者。《书谱》复赠邓石如长联极可喜。

今欲奉询者,弘一法师论书法一书已否由周绍良先生寄还?我于送与之时,曾特书一纸,言明展览之后务必郑重封固,挂号寄还尊斋。我处之件送还已久,此时记起曾经手转交,故有此一问。

鄙况如常,乞勿为念。敬请

撰安。

叶圣陶三月一日下午

张人希与叶圣陶、俞平伯交往的消息不胫而走,熟悉的好朋友会找张人希帮忙,请求他向两老要墨宝,同时难免会有一些相识者因交情不深,又极渴望两老的墨宝,知道张人希不大可能帮忙,便自己找上门假张人希之名求字。

1981年,俞平伯的两封短信就是很好的一例。前一封是向张人希核实有没有介绍一位叫郑兰的人?郑兰是张人希的同乡,福建工艺美术学校老师。张人希回复没有这事后,俞平伯第二封便告诉张人希说暂时不写了。

人希兄:

日前有郑兰从厦门来访,云兄绍介,却未有书,遂见之。他属书三字横披,曰"兰华堂",云与同志叙会之所。在原则上我答应了。只是体孱手软,俟他日稍好再写。他留纸而去,本由开会到京也。未知兄知其人否?是否允他介绍?便中示知,为荷。余不多书,即候

文安。

平伯一月二十五日

人希兄:

手书诵悉。良端君属写字,附奉。我腕弱体劣,手不从心,聊酬友人之意,固不须致润笔也。远人盛意,心感。

郑兰,兄未介绍,横额需布置,恐不能书。容后再说。

自今年一月多病,内子亦久病未愈。匆不多书,即候

大安

平伯二月十一日

1981 年 3 月 27 日茅盾辞世。

根据陈慧瑛的描述：

> 茅盾先生辞世之日，俞老驰书人希：
>
> "雁公徂谢，老成又弱一个，同兹悼念，曾拟一联：
>
> 督座文章传四海
>
> 新民德业播千秋。"
>
> ……
>
> 一次，人希先生致函俞老，函中提及郁达夫先生诗中有"苟活人间再十年"句，果然郁达夫又历十年而亡故，遥遥地成了望乡之鬼。俞老回信云：
>
> "神秘之事者正不少耳，此诗签矣！"

陈慧瑛的描述还有 1982 年的：

> 俞平伯的夫人仙逝后，俞老给人希先生一信：
>
> "内子许宝驯于二月七日病故京寓，数十年相依为命，一旦分手，故心绪甚劣……"

陈慧瑛在文章中说：

> 以上诗、词、联，皆为人希先生珍藏于听沤楼中，至今未曾面世。

可惜这些信函内容如今只能从陈慧瑛的文章里读到。俞平伯给张人希许多重要的信函，诸如陈慧瑛文章里提到的信件，除了 1981 年中秋那封外皆已去向不明。早于 1989 年 10 月，孙玉蓉受中国现代文学馆的委托编选《现代作家书信集丛书》之《俞平伯书信集》，写信向张人希借俞平伯的手迹，张人希能提供的仅剩下二十几封信。1992 年河南出版社向张人希商借俞平伯信札时也只剩下二

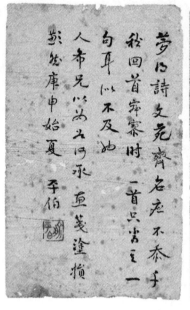

俞平伯致张人希函

十五封。后来笔者还在网上搜索到一封俞平伯1980年初夏写给张人希的信,但内容与陈慧瑛所提到的多封信并不相关。

陈慧瑛说:俞老与人希先生,是诗侣也是心灵相通的知友。

诚然,比起俞平伯与他的挚友朱自清及苏州五老,甚至王湜华等,张人希的友情远不及他们的深厚。但对于同样70年代末期才相识的远方笔友,陈慧瑛的话并没有说错。俞平伯如果收不到张人希的信,是会想念他的。

1981年4月,他给张人希写信这么说:

人希兄:

多日未通书,维近候胜常。近有浙江乍浦许汉字白凤,刻赠一章如下:
(略)

文字出于施蛰存赠我的长歌中。刻得颇好而褒之过当,我不敢用,附钤博粲。近上海《书法》第二期载内子宝驯写的字,乃八年前赠上海陈从周者。厦门市上如有,祈购一二本见赐,至荷。我近体仍疲软,偶作短文小诗而已。

匆颂

文安

平伯四月十日

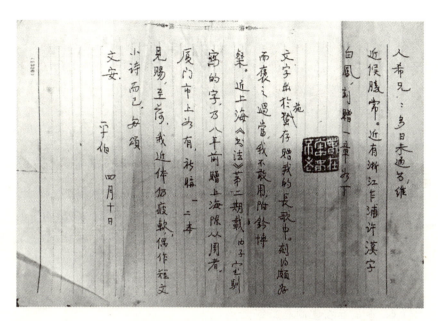

那年代,厦门作为经济特区稍微开放,内陆包括北京、上海等地和海外还是基本隔绝的。与叶圣陶一样,俞平伯也非常喜欢香港《书谱》,尤其是这本杂志上曾经载有他们俩的作品,乃至于俞平伯先祖的作品。前一封信寄出几天后,俞平伯又连续给张人希发了两封信。其中,第一封应该写于十五号,但已不知下落。第二封则如下:

人希先生:

昨寄一函,想已达览。晚间梁披云先生来寓,拙稿付印,并云五月底可出书。因此,您于通信时,可不须特提。书出版后自当寄奉一册。

《书谱》上一期(总 31 期)载有圣翁写"水龙吟",又有先曾祖墨迹,弟亟思一观而手边尚未有。厦地如易觅,能见赠一册否?琐琐奉恳,不胜惶歉,如不易觅购,亦无妨也。

匆此,即颂

第二章 一生的交往 121

大安。

弟　俞平伯
四月十六日

张人希总不负所托,想尽一切办法满足叶圣陶与俞平伯。其中许多《书谱》与后来的《美术家》是托已经定居香港的外孙女林竹青每月寄往厦门的。

俞平伯如愿以偿,自然十分欢喜。他给张人希写信道:

人希兄:

　　手书欣诵。承托贵友代觅《书法》二期,感谢感谢。颖南到上海,迄未来京,想必有事耽阁。

　　尊藏先高祖剑花公诗集且蒙赏鉴,何幸如之。计捐献公家,或引起珍重。以伯曾祖昔年宦闽遂留片帙,是亦缘也。近作一首附奉,其五六两句有注:

　　5. 曲园公曾为兄书"福寿"团扇。

　　6. 奉呈春在堂制墨二锭。

　　章元善之父名钰,字式之,先君至友也。

　　匆颂

著祺不一。

平伯六、二

　　许白凤刻印不敢用,附钤诗页博笑。

1981 年 7 月,章元善给张人希写了一封信,还附上他于 1 月 11 日拍的照片。照片背后写道:

　　"1981 年 1 月 11 日照,距生于 1892 年 10 月 1 日已 32,245 天,即 88.282 岁。"

　　人希先生惠鉴:吾虚度岁月,有忝所生,正日痛悔,辱承遥颁佳作。平伯题"三益友"转下,喜其打破松竹梅陈规,平伯进而申其意曰:"竹之劲节可喻直,石之坚固可喻谅,而月月开花近多闻也",并以二十字重申其意:"直谅谈何易,多闻合占魁,花开红四季,犹胜一枝梅。"弟近将迁居近郊,将以张之斋壁,俾得旦夕仰慕,如亲提命,莫不及二君之殷期也。申谢有稽,至已海宥是幸。书不成字,案上顺祝

冬祺

弟章元善顿启一九八一年七月七日

附有近照一张请赐入

中秋节,俞平伯给张人希一封信:

人希兄:

　　来书及惠寄《书谱》均收到,谢谢。本期《书谱》首载一对联,上句"蠤简久藏科斗字"释作"木简",大误。字迹分明,"木"之左右各有一"虫",如何还是"木"呢? 此当释为"蠹","蠤"即"蠹"也。前闻托沪上贵友,觅寄《书法》第二期却未见来。当是难觅,也就算了;如有之,寄惠尤感。

　　我的"选集",港印本已有,亦是友人相赠。虽是窃印,书编次颇佳。前言亦善,总可以多得流通也。

　　承嘱为新加坡孙、叶三君写字,本当即应,但近来情绪不宁,心手俱劣,容徐图报命,至希谅之为幸。

　　前者尊说凸为私字极善,此间篆刻家均表同意(上海亦然),未知写文字否?

　　匆复,顺祝

秋釐

平伯
九月十二日辛酉中秋

十月下旬,年中大病一场的叶圣陶出院后给张人希去信,信上特别说到这是出院后给朋友写信的第二封:

人希先生惠鉴：

　　本月七日致至善书，出院回寓时获听，（阅览须用目镜与放大镜，尚不清楚，故只能听之）深感厚意。现不需任何药物，惟须休养。在家如在医院，偃卧时多。六月底入院，本月上旬出院（共百有余日），经过手术，各种活动皆赖他人，恢复前状，恐须至来春也。赐寄《书谱》两册，大略翻看，未能细观。尊稿错字特多。似可请梁先生郑重提起校对人员之注意。我久未执笔，作书答复友人，此为第二通。执笔手僵，不能多书，聊作数行，以报惠念之情。即请

秋安。

叶圣陶十月廿七日午后

叶圣陶写信的第二天，俞平伯也给张人希写了一信：

人希兄：

　　手书欣诵，知写件收到为慰。以寄航空只贴了八分邮票，恐寄不到。亦欠资否？设如是尤歉。以寄印刷未附书，其实《书法》二册早已收到，琐渎为歉感，并请代向编者周君道谢。所示《书谱》一联，"落"字殆无疑，以"前"字文不可通，且不调平仄也。谓宜嘱披云兄注意。以对联字大，不比普通文字，很瞩目。黄永玉兄洵佳士，他日得晤为欣。尊文论卍字，其证确，发布之甚善。我的选集承盛意云可购赠，乞寄二册来，先此道谢！匆复，颂安

平伯十月二十八日

　　俞平伯前后两封信里的那个"卍"与叶圣陶信里所指的，是前面所提到的叶圣陶 1978 年 2 月 11 日信函中所提及的大师印文小轴。张人希认真研究佛历，在发表于 1978 年第 4 期总 23 期香港《书谱》中的"弘一法师的篆刻艺术一文"中解开了叶圣陶的"第六行'吷舍佉月白分八日'不知是何月之八日，'白分'二字不解。"但，叶圣陶的"第三行'假立卍名'"却还没有找到答案。

　　张人希遍查字典不果，便四处向朋友们请求帮助，最终找到上海的樊伯炎。

樊伯炎（1912—2001），名燨，上海崇明人，是著名的琴人、画家，吴门画派传人。40 年代与山水画家吴琴木、徐绍青、吴孟欧四人，并称"上海画坛四公子"。樊伯炎是海上名藏家庞莱臣侄婿，为庞莱臣管理书画，阅画无数，见识遂多。后为上海文史馆员。

根据樊伯炎于十二月八日给人希写的一封信（年份不详）有这样的话：

> "前惠弘一法师印记照片，与吾友陆兄兼之观。'假立名'凸之'凸'字，乃即秦汉印中'凸'私印之私字，于文亦合。提供吾兄参考以为然否？"

陆兼之（1916—1986），苏州人，昆剧作家、专家，中国昆剧研究会理事。是个多才多艺的艺术家。

张人希得到提示后，花了大量的精力去检索，从《说文》、《匋斋印存》、《现代篆刻选集》等，最终确认了那个争议良多的字的确是陆兼之所提出的"私"字，便将所撰之文章刊于中国《书法》1982 年第一期。

张人希为弘一法师信函释疑

上海文史馆另一位馆员郑逸梅也给张人希来信提这件事。

郑逸梅原名鞠愿宗,学名际云,笔名冷香,号逸梅,江苏苏州人,著名作家。他给张人希的信函多谈弘一大师与李芳远。其中一封信年份应该是 1980 年或更早一些,日期为 12 月 20 日有:"晚晴室书简收入晦庐之误,容以后谈及更正之。弘一大师写件,均于文革中失之。蒙芳远先生见贶手简一通。又沪友见贶对联一,杂袭藏之,永为纪念。况大师为南社诗人,他日撰南社丛谈续编,或将铸版印入也。"

1981 年 12 月 2 日,郑逸梅给张人希的信说道:"顷接大翰,蒙溢誉,甚慰愧感。芳远居士逝世,闻之甚慰惊悼,不毋令人有伤逝自念之感。彼在初秋,犹托购拙作南社丛谈三册,挂号寄去,杳无音信,不知其已病入医院也。"12 月 20 日又有一函提到:"台从提出印文为一'私'字,具见点识,钦佩钦佩。海内研究弘一法师者,寥寥无几,刘质平李芳远两老人先后下世。台从其鲁殿,灵光矣。新加坡周颖南君作品中,间或提及弘师,大约有所收藏,影响海外。上海新昌路五十六中学语文教师彭长青,常请益于李芳老者,亦深知弘师也。"

有一天,叶圣陶从张人希的信中得悉李芳远去世的消息很伤感。但同时也得到一个令他期待的信息。他给张人希写信道:

人希先生惠鉴:

赐寄《书谱》第四十一期已收到,敬谢。承告芳远逝世,闻之怅然。其来京时偶来敝寓,多谈弘一大师及马一浮。回去之后,来书辄发感慨,多用佛理观世事。来示所云诸端,则为向所未知。

足下将以明春来京,闻之极为欣喜。通问多年,尚未晤面,一朝促膝,其乐可想。

颖南时有书至,皆寄示其所撰文篇,而未言及患病。深盼其早得痊愈。

鄙况如常,幸勿念。敬请

大安。

叶圣陶十月廿九日

1982 年 2 月 7 日,俞平伯夫人许宝驯谢世。伉俪情深,俞平伯悲伤不已。3

月中,叶圣陶给张人希写信道:

人希先生惠鉴:

本月六日手书,昨日下午接读。

俞夫人谢世,平老自极伤怀。来书多次,叙哀思而多涉哲理。今日上午往访,谈叙一小时有余,彼此感慰。

伯祥先生之子湜华,住北京东城小雅宝胡同七十号,台从若与通信,自必乐于结交。唯我之所刻印章系青年时期之习作,绝未入门,足下见之,必将付之一笑而已当时为他人所刻均已不知下落,惟伯祥先生存其全部,此点则略有意义。为自己所刻数枚,今亦无一留存矣。

嘱和海翁《水龙吟》,恐难应命。杂事稍多,视力益差,皆关涉心绪,引不起吟咏之兴趣。

匆此奉复,敬请

撰安。

叶圣陶三月十三日

因叶圣陶的介绍,四月四日,张人希便给王湜华写了一封信。十日王湜华回信有:

欣接本月十日来示,幸得圣丈绍介始获神交而朴实心仪久之矣。时在元善丈平伯丈等处及见法绘并知先生精于篆刻,于弘一大师纪念展览上复得览珍藏自以为快。拙藏圣丈早年篆刻。数年前曾为不少友人,多为圣丈介绍来,钤拓。恨迩本所用印泥已干硬,一时又无力添置。今谨附奉一二俟。他日当精心为先生手揭。所赐印蜕致佳……

后来不知何故两人并没有继续联系,直到 2001 年 5 月 6 日,王湜华经柯文辉介绍,方再度写信给张人希道:

多年失却联系,至为怅失,今承挚友柯公介绍,能得复承教诲,庆幸万分……

一个月后，王湜华接到张人希的信与印蜕即作了《心驰闽南——记张人希先生奖掖后进二三事》短文寄《福州广场》杂志。此为后话。

俞平伯夫人去世后，除了陈慧瑛书里提到的俞平伯给张人希的那封信，一个月后的三月十八日，俞平伯又给了张人希一封信，同样表示了他的哀伤与情绪低落：

人希兄：

　　以内子之丧远承电唁，顷又得手书，不胜感激。转来刘海粟翁诗画红梅拓片收到，乞代道谢。《水龙吟》词洛诵欣佩，以多病心劣未能赓和，前书已陈，并希代致深歉，幸甚。前为李蓝作书，二君见属，亦不便却耳。顷不应人书，以心绪不佳，无心翰墨也。匆复，候
大安

平伯三月十八日

张人希到了北京，去看望了叶圣陶。通信多年，终于见面，叶圣陶固然是高兴的，但高兴之余更添惆怅。陈慧瑛在文章中描述说，叶圣陶握着张人希的手叹曰："海棠刚谢，可惜你不早来？"

谢的岂仅海棠？这一别不知何时再见。张人希走后，叶圣陶给张人希写信道：

人希先生惠鉴：

　　来示敬悉，子恺书永玉画之复印本承赐与，感谢。云将撰文二篇，完稿刊载之后，请以印本见寄。此次大驾来京，蒙枉顾，得促膝倾谈，甚慰鄙怀，所惜未能再叙。想今后当可重晤。前日郭风先生来敝寓，渠来参加文联之会。匆复。即请
著安。

叶圣陶六月廿三日

1982 年 12 月 9 日，何为写信告诉张人希，说：

　　"叶老赐赠《日记三抄》并手示一件，亦皆收妥，且已函复，因旅居上海时日较久，未能及时去函，深感歉仄也。兄如致函叶老，亦望代为说明。"

　　叶圣陶的视力不停下降，白内障日益严重，早已要靠晚辈念信给他听了。而张人希还坚持每一期《书谱》都给他寄，他十分高兴，但难免伤感。1983 年，他给张人希的信中可见一二：

人希先生惠鉴：

　　赐赠《书谱》总第四十八期昨日接到，特此奉告，并致感谢之意。四十八期历时八年，主持者坚持八年，保存其一贯精彩，精神可佩。而足下亦坚持八年，期期远道寄赠，其情弥挚，我受之能无深感乎。鄙况尚可，惟白内障益甚，如《书谱》所载文章已无法阅看，碑帖及印章亦仅能观其大概，无力细辩。不知者视我双目睁开，以为清明不异他人也。匆覆，敬请

著安。

　　　　　　　　　　　　　　　　　　　　叶圣陶一月廿八日上午

　　叶圣陶每两个月必定接到张人希赠送的《书谱》，睹物思人，希望张人希能够再去北京。张人希又再出行，却只到了上海。叶圣陶得知后给他写信道：

人希先生赐鉴：

　　本月二十二日手书顷已收到，敬悉一切。另寄之新出《书谱》，想明后日可到先此敬谢。奉告《书谱》编辑部改组，有马国权先生主持，想今后将胜于前。大驾到沪，与诸位老先生晤谈，且获墨宝多品，闻之生羡。以亟须返厦开会未能来京。想今后来京之机会必有，甚望迎候大驾，视前一次谈叙较久，以倾积愫也。写字益感其不易，只能简答至恳谅之。敬请

著安。

　　　　　　　　　　　　　　　　　　　　叶圣陶五月廿七日上午

曾经到过厦门一次,叶圣陶听说北京厦门已经通航,不禁浮想联翩。可是,身体日衰,他也只能在信函中对张人希倾诉。10月份的信函可以看出他的想望与无奈:

人希先生大鉴:

　　本月十一日手书敬诵已一周,贶我《书谱》二册及《福建书画家》到亦三日,以日来参加中共中央邀请党外人士关于整党之座谈会,至今日始能作书伸谢,深感歉然。于《福建书画家》见台从兴到挥毫之神态,不胜邀慕之情。承告《书谱》编辑情形,此事诚不易求其尽善。有识者多提意见,主持者虚心采纳,庶可臻于完善。如台从之随时注意,有见必告,真此刊之益友也。近来视力更衰,排印之字已无法看清,大型写件及碑帖复印本尚可勉力一看,然亦感其朦胧。衰年自宜如是,故亦不以为忧。纪念陈嘉庚先生盛会,报端刊载甚详,我令孙辈择要诵之。厦门曾于前些十年到过一次,陈墓曾往瞻仰,集美厦大亦曾参观。一切景物,至今犹能约略想象。最近空航已通,往返极便,未知能否再游一回也。书不尽意,字不成字,幸足下谅之。敬请

著安。

叶圣陶十月廿七日下午

1984年春节前,张人希获政府照顾,搬进了信义里十六号之一。当时,搬进去的都是厦门各界知名人士。

1984年2月,俞平伯给张人希去信道贺,并寄赠为张人希"听沨楼"楼号题的墨宝。彼时,俞平伯已经八十四高龄。

人希兄:

　　得手书,知新岁乔迁,一家团聚,闻之欣慰。示以新镌唐诗流传海国,诚为胜事,惜弟于篆刻确是外行,恐瞎说贻笑,乞谅之。前属写听沨楼额在我心上,以体羸手劣未敢遽应,顷居然写了,大小不甚匀,似尚不很坏,兹即寄上博笑,恐未堪当真悬挂。以尊意甚盛,故勉为之耳。我近体仍弱,偃卧时

多,偶占小诗外几乎不写作,幸眠食无恙耳。如有人嘱我书写,最好据实况代为婉辞。承惠赠《书谱》新刊本,谢谢!印章原件并附上。匆此,即颂

撰安。

平伯二月廿八日

1984年4月,叶圣陶住院动手术,俞平伯写信告诉张人希:

人希兄:

　　承赠闽南奉告如卧游奇境;又《书谱》谅不日可到,并此致谢。所谈寒山寺碑颇有趣。我三十年不回南,对此茫然。如兄所说亦有可疑。不论新张继、吴湖帆笔迹均不似曲园老人,而今流传之拓本(闻一真一伪)皆曲园笔迹,非张溥泉也。其有二碑则诚然,一在寺内,二在南京。舍妹锡璇曾在南京一室内看到,我颇觉奇,此外无可谈者。可与苏地主管文物者一谈或通信。

　　我近体还好,只软弱,精神恍惚善忘,绝不写作,看书消遣。极少出门,圣翁以疾住院动手术,虽经过良好,高年亦可虑,欲往看,尚未实行。匆复,即颂

近安

平伯四月二十二日

同年6月,张人希接到叶至善的信。

人希同志:

　　《书谱》和画册早已收到。当时我父亲刚动了手术,接着我弟弟也动手术,割除了左肾。我赶到南京去看他,回京就忙政协开会的工作,因而抽不出时间回信,很是失礼。父亲手术经过良好,已于上月十日出院,究竟年纪大了,恢复比较缓慢,而视力听力越发衰退,未免影响情绪。他说请您原谅,待有了精神就给您去信。即颂

安吉

至善六月九日

　　叶圣陶的健康每况愈下。风烛残年,百病缠身。半年后他用日本那种墨汁存在笔杆里,有点像后来的签名笔一样的毛笔给张人希写了一封信。

　　人希先生大鉴:
　　　　赐寄书谱总五十四期拜领已数日。观五十四之数,为期九年,承一一赐与,绝无间断短缺,足下之赠贻厚矣。回顾开始赐寄之时,每册皆逐页细观,不遗一语一印。近二年则视力大衰,文章即不能看,印章亦难辨认,惟如第五十四期中何绍基之墨迹尚可观赏。念此不免怅然。曾寄呈新印就之散文甲集一册,想承收纳。匆匆作书,并贺
　　新禧。

叶圣陶一九八四年
十二月八日上午

　　张人希收到信后,整天惦记着叶圣陶说的那种日本墨汁毛笔,便要林竹青帮他买。可这种笔香港并没有售。多年后林竹青去东京,才买回第一支。可惜为时已晚,因为叶圣陶已经再也用不上它了。
　　迄今能看见的叶圣陶给张人希的信函,1984年12月8日这封为最后一封。那时,他已经年逾九十岁。而俞平伯的最后一封则为1984年4月22日那封,时年逾八十四岁。
　　一个月后,叶圣陶开始住院。此后,还有没有其他来信不得而知。或许遗失了,或许根本没有。一年多后,张人希接到叶至善的信。

　　人希同志:
　　　　水仙头收到后没立即复信,抱歉之至。父亲还在医院里,水仙供在他床前,这两天开得正盛,清香四溢。他问我道了谢没有,我只好实说,回家来就赶忙写信。
　　　　父亲自去年一月十一日进院,到现在已一年多了。患的是肝炎,曾一度

陷入肝昏迷,经中西医精心治疗,才逐渐恢复清醒。近一个来月健康情况稍有好转,体重略增,待春暖花开,或有出院之希望。目前身体还弱,思路清楚,只是听觉视觉都极度衰退,尤其是眼睛,左眼已经失明,右眼只能辨别明暗,读书写字都只好作罢,未免寂寞。《书谱》请勿再赆,他没法欣赏了。所以特地教我写上这一句,并代他致深切的谢意。顺颂

春祺。

至善

元宵节

张人希与叶圣陶来鸿去雁了多年,叶圣陶致张人希信札多达百余封,头两三年每封信都用工整的小楷写成,直到 1978 年末才开始改用硬笔字。

叶圣陶于 1988 年 2 月 16 日逝世,享年 94 岁。

俞平伯于 1990 年 10 月 15 日逝世,享年 90 岁。

3. 黄福海

黄福海(1911—1995),江苏扬州人,弘体书法家。张人希与黄福海的相知相识源于弘一大师。

黄福海与张人希的忘年交扬州书画家程蔚华刊登于《扬州文学》1998 年第 4 期的文章"弘一大师与黄福海先生"中有:

> 黄老三十年代在福建泉州从事党的地下工作,业余学习书法。……
>
> 一九三九年冬季的一天,黄老先生偶然听人说弘一法师将在承天寺讲经,正适而立之年的黄先生,虽不信佛,但因慕名而决心到承天寺。那天承天寺前聆听法师讲经的人摩肩接踵、络绎不绝。弘一法师含笑登坛,坛下顿时鸦雀无声。也许是黄老过于聚精会神引起法师的注意,讲经结束后,法师来到他面前,亲切的问他的姓名和来历,并把它请到法师的禅房小坐。禅房矮小,光线幽暗,但房内布置整齐妥帖。大多数东西是清洁的淡灰色,没有一点灰尘,也无一点声音。法师面部清癯、双目若开若闭,面带慈笑,正襟危坐,像一个道地的活菩萨,把个素来行动浪漫不羁的黄福海,噤得规规矩矩不敢乱动。法师见状遂笑嘻嘻地用爽快轻松的语气对黄老打话说:"我会写

字,你要我写字么?"本来就极喜书法的他,深知法师墨宝珍贵,见法师主动问他,真大喜过望。便按照法师要求将姓名留下,并说:"不打搅您了,明天一定来拜望大师"。便告辞了。次日清晨黄老选购了四只一般大小的橙子,低着头,蹑着脚,悄悄地将橙子捧近法师禅房。法师随即离座,黄老一声不响地将橙子放在旁边小桌上,并堆成一个金字塔形,法师见状,不像世俗人那样说"谢",或谦推不纳,而以长者的口吻说了声:"你还买橙子请我啊?"

临走,法师送了他一卷字。因过于激动和吃惊,黄老竟忘了说谢了。以后法师又送黄老手抄的《妙法莲花经》;珂罗版《金刚经》的首页由弘一法师亲笔署名题赠(黄老于1993年夏捐赠给杭州弘一法师纪念馆)。正是那时黄老开始学习弘体书法,不到半年,进步很快。法师生前说:"我看过你写的字,与我的很相近。"法师的要诀:"书法功夫在字外","方者参之以圆,圆者参之以方,斯为妙矣";"能用拙,乃得巧;能用柔,乃得刚";"书必先生而后熟,既熟而后生";"依西洋画布局之原则,竭力配置调和全纸面之形态"等等,使他受益匪浅。记得在福建石狮时,听说恩师到了檀林乡福林寺,便去看望恩师。传贯法师说弘一法师正在闭关,谢绝见客,不知寺中规矩的黄老便与传贯纠缠,惊动恩师,恩师就在里面朗声道:"今天就开关吧!"黄老高高兴兴地进去,与恩师说些别后的情况。嗣后,恩师便手持经卷,领他去看松、观云、登高以悟书性。黄老不多时便耐不住寂静,就告辞了。过了两天又托人带幅中堂与他,上书自撰诗二首"炊烟缕缕鹭鸶楼,藉叶枯香插野泥,有个高僧入图画,把经吟走水塘西。""江海偏舟客,三山以衲僧,相逢公无话,若个是难能。"前面一首似乎是法师写照,后一首似写他与恩师相逢的情景。

据林子青的《弘一大师年谱》第311页及《弘一大师新谱》第434页,都录了1941年黄福海关于《弘一法师与我》的一段往事:

> 我在石狮,有一天张人希君来说:"法师已由永春来了。"我一听到这话很为欢喜。随即问他住在什么地方?"住在本区檀林乡福林寺。刚才我就是皈依法师来的。"……

黄福海的描述显然有误。张人希虽是弘一大师的授名弟子,但据外孙女林竹青所知并未皈依三宝。因此,比较可靠的说法应该是"刚才我就是看望法师来的……"

　　弘一大师于1941年5月15日移居福林寺弘法。除了格言,对唐代诗人韩偓情有独钟的大师多次书其诗赠送给弟子与友人。林子青的《弘一大师》新谱第429页有:

　　　　时友人黄福海往访于福林寺,越数日师写唐韩偓诗二绝赠之。

　　前文所及,弘一大师也馈赠给张人希其中一首韩偓诗,与程蔚华文中赠黄福海的第一首相同。

　　程蔚华在《扬州文学》1998年2月刊有另一篇文章"厦门张人希与扬州黄福海"。文章说:

　　　　张人希先生现为厦门书画院著名书画家,黄福海先生(1910—1995)为扬州名书家。他俩在青年时代从事党的地下工作时,得以亲近弘一法师,同为弘一法师(李叔同)的门人。因为共同艺术的追求和人生追求而相识。

　　程蔚华这段描述不够准确。1939年冬黄福海邂逅弘一大师时张人希已经是大师的授名弟子。当时,黄福海是地下工作者,而张人希还是《福建日报》记者,爱国青年艺术家,和地下工作尚未沾边。但两个人因为大师的关系而交往密切是不争的事实。

　　1979年11月10日,身在扬州的黄福海给位于厦门的张人希写信就曾评价张人希的篆刻。

　　　　连奉两函,附下印林一币照收。印林悬于壁上,艺友都来欣赏。大家认为你的印章篆刻,比他们高过一筹。
　　　　我认为你的篆刻优点在于:

1. 篆法——篆体统一,而不混淆,有人误把大篆与小篆、钟鼎与史籀混杂应用,殊为不合。

2. 章法——布局安排,平衡匀称,疏密倚靠,构图美妙。

3. 刀法——线条饱满,圆润有力,边线仿古,既与内线相属,残缺又很自然,颇有意趣。

总而言之,你的篆刻,正如弘一法师的字体,线条美 + 组织美(即构图美),因而耐人寻味,久看不厌。无怪扬州很多艺友,欣赏大作,称赞不已!

……

1994 年清明节,黄福海给张人希写信道:

人希大艺师尊鉴:

退上之款敬承转为退去。并承赐函责难责以"作画难道不要吃饭?"这个钉子使我碰得不小,叫我如何答对?

因为我不是提倡作书画不要收费,而是自己一直仿效弘一法师不收润资,至于他曾收刘质平之生活赡养费,这是刘质平留学日本时,弘一师曾给予长期接济。刘毕业回国后,刘质平乃自动给予接济,以报师恩。这与润资不同,念之无论是报答,是收润资,皆属善行,我所不收润资是我的字尚不够格,有时写几张字送请大艺师过目以求指教,何敢妄领润资使心不安,故请谅解!

恕我不再答复有关钱的话了,请准我说说我自己要讲的话。请问您大艺师,我的字有何缺点? 在您看还有什么可以改进之处? 请您从美学方面评一评我的字:

1. 在单象美这一方面看(即是一个字的点划线条),我的字的单象方面有何缺点,和有何改进之处?

2. 在个体美这方面看(即每个字的间架结构),我的字的个体方面有何缺点和有何改进之处?

3. 在综合美这一方面看(即每幅字件的布局行款题字盖章等),我的字的综合方面有何缺点和有何改进之处?

敬以人希大名嵌成联语送上，即请以联上的字评其中有缺点有待改进之处，赐我具体指示为荷！此致敬礼

八十五岁半盲老人（黄福海印）启

一九九四年清明

据黄福海的忘年交扬州程蔚华1995年5月15日刊登于《现代书画家》报的文章"弘体传人艺苑一葩"中说：

> ……他受老友人，现福建省名书画家张人希先生之托为南洋华侨翁雅才先生题字。黄老因眼疾，故尔只写了四个大字"翁乃雅才"。翁先生托张先生转寄五百元润金，被黄老退了回去。

程蔚华因为亲近黄福海，自然也认识了张人希，并与张人希保持了多年的通信往来。

上述《扬州文学》1998年2月刊文章还有一段轶事。

> 1994年秋的一天，应笔者（程蔚华）的请求，年届85岁高龄的黄老在一幅宣纸的右上角题"莫羞老圃秋容淡、且看黄花晚节香"诗句，并落款为"厦门张人希画，扬州黄福海题（印）"，由我寄往厦门的张老寓所。张老不久即回鸿，一幅清新隽永、意趣高远的秋菊图跃然纸上，令行家赞不绝口，成为二老多年友谊的证明。黄老的书法颇具大师遗风，张老的画则承岭南派遗貌且有新意。如今黄老已去，张老仍活跃画坛，抚画思昔，物是人非，令人不胜感慨。

1994年夏，张人希分身乏术，遂命三子张叔平前去扬州看望黄福海。

2012年夏，林竹青应程蔚华之邀去了一趟扬州。程蔚华与其书画界的朋友们给予林竹青热情接待，程蔚华还带林竹青去访黄福海的朋友，也是张人希的旧相识刘育才。在刘育才家，林竹青看见了多幅黄福海的墨宝。俨如程蔚华所言：物是人非，令人不胜感慨！

黄福海题请张人希画作品

第二节　书画艺术

1. 难兄难弟黄永玉

在张人希众多的朋友之中,天各一方交情深厚的难兄难弟首推鬼才黄永玉。

黄永玉是湖南湘西凤凰古城的土家族人,1924 年 7 月 9 日出生在湖南常德。曾祖父是一名贡生。祖父弃官从商后在凤凰创办第一所邮局、第一家照相馆。父母在师范里攻读的都是音乐美术,毕业后都当了教师。黄永玉是老大,所以也得到父母最多的教育,无论是文学、音乐,还是他乐此不疲的美术。

1937 年,还不满十三岁的黄永玉因为家贫,远走他乡到厦门投靠族叔,就读于陈嘉庚先生创办的集美中学。抗战爆发后,学校迁往安溪,他便跟着到了安溪继续求学。在学期间,因为出色的木刻获得了"中国三神童"之一的美誉。

厦门沦陷后,黄永玉辗转仙游、德化、泉州等地流浪,并在泉州认识了比他年长五岁半的张人希。张人希十分欣赏黄永玉的才华,曾经无数次对他的外孙女林竹青说,他最佩服的是黄永玉,因为他有过目不忘的本事。张人希和黄永玉彼此惺惺相惜,成了大半个世纪的莫逆之交。

1941 年,黄永玉加入战地服务团做美工,负责布景、海报绘制,并在《闽中日报》刊出他的《三八那天》木刻作品。有一阵子战地服务团到了石狮,黄永玉在马路上巧遇人希,十分高兴。那天正值中秋,月亮又大又圆,黄永玉应邀到张家吃"薄饼"。

根据黄永玉 1987 年一篇没有发表的文章《算是"序"》里有这样的描述:

1939 年,我离开集美后到了泉州,认识了当时已是泉州的年青文化名流张人希。

他在报馆工作,又会画画、刻的一手好图章,兼写美术评论⋯⋯

但别人背后把他介绍给我的却是:

"他是个孝子"。

他一两岁时就没有了爸爸。

他是在一种非常纯粹的爱心中成长的。一个年青的二十来岁的妈妈带着唯一的孩子从恶毒的几十年旧社会中走过来,真难以想象。

所以,他也把伟大的母亲给他的真诚,如实地给予他的朋友。我就是他的受惠者之一。他把我介绍给他所有的朋友,陪我观赏泉州名胜,吃有味道的好东西。我们一起谈画、谈木刻,当然也"粪土当年万户侯"。

后来我在一个剧团里搞美工,难得的在一个梦也似的海滨小镇又遇见了他,恰好那天中秋,月亮好大。晚餐是"春饼",用一种香极了的绿色的海草"虎蒂"做馅。晚餐后,一伙年青人卧在高高的红瓦屋顶上对着海。微波拍案。我轻轻拨着"吉他",有人唱吴祖光"凤凰城"中的:"黑龙江上,长白山头,江山如锦绣⋯⋯"。

后来,四八年在香港见了一面,一直到文化大革命的最"隆重"的时期,他又偷偷地从福建到北京看了我一次。(这二件事后来还给人揭发过)

"四人帮"溃灭后,我们在福建厦门又重新认真地、"狠狠地",见了一面。漫长的苦难生活总算告结束，我们共同地舒了一口几十年没舒过的长气。

文中的春饼即福建人的薄饼。相传是明朝朝廷命官蔡复的妻子所创，原本的做法是将鱼、肉、虾、菜、笋、豆等用微火炖熟，用面皮包卷而食。虎蒂应为海苔。

抗战期间，黄永玉一直在闽南流浪。黄永玉对闽南及闽南的朋友们有非常深厚的感情。

2016 年，已经九十三高龄的黄永玉先后推出他的长篇小说《无愁河的浪荡汉子·八年》的上卷与中卷，将那八年里发生的故事写进他的自传体小说中。这本书中有许多真人真事。当然，因为是小说，内容不乏夸张、虚构和臆想。在中卷里，抗战正酣。在福建腹地，主人翁"张序子"一路流浪，过程中烘托出上世纪 40 年代一群闽南青年的肖像。其中一人就是张人希。

黄永玉描写张人希刻印时是这样的：

> 人希治印跟有些人不太一样，他只是拿平刀后刃在石面上轻轻做些或有或无的笔势，心里头存个字影子就动手了。有的人用毛笔在石面上写了又画，画了又写，没完没了地修补。他不，他一气呵成。来一刀，去一刀，回头稍微拨弄拨弄，像理发师最后在人额头颈脖耳根后头轻轻拂过，似有似无，余音袅袅那温存的三两刀。

另一则写张人希替张序子出头的故事。

话说张序子帮泉州城万昌隆布店曾老板画了南海观音与福禄寿四幅画，找张人希帮忙刻名章与压角章，张人希又给了他一枚清末的"清闲自得"闲章，不想却因此捅了国民兵团团长周景颐的娄子。当张人希得知张序子白忙一场，画剩的颜料笔墨纸砚没有，连润笔也没有后很替张序子抱不平。心生一计"'打草惊蛇'战术，孙子兵法里头没有用过的办法"，用"海燕文艺社"众人的名义向万昌隆追讨张序子的润笔费十六大洋。曾老板不敢不从，只好付了。

最生动的莫过于写王益舍养的猫，竟然是喝酒的，叫人捧腹。

黄永玉笔下的张人希不仅是国画家、金石家、报馆编辑，还是重情重义好打不平侠客一样的人。小说中的故事虚虚实实，不知道他笔下的年轻张人希有几成是真实的？故事诙谐，读了忍俊不禁。

1946年，黄永玉经广州中山大学的老木刻家刘仑的介绍去香港谋职，住在九龙荔枝角。1949年9月张人希躲避毛森的追杀逃亡香港，逗留了近半年，直到第二年初才回厦门。那段时间，张人希常去黄永玉位于九龙荔枝角的"人间画会"，与当时流落香港的文化艺术人士一起消磨时日。他乡遇故知，自然倍感亲切，多月的相处更加深了彼此的交情。有趣的是，黄永玉在1987年那篇《算是"序"》里却貌似有意避谈了这段往事，或许是由于"这二件事后来还给人揭发过"，不想节外生枝吧?!

1953年2月，黄永玉应表叔沈从文的邀请与妻子张梅溪和长子黑蛮一起从香港回到北京，在中央美术学院执教。

1966年，伟大领袖的"炮打司令部——我的一张大字报"一石激起千层浪，年轻人都如中了邪一样地疯狂失控。红卫兵闯将们振臂高呼"革命无罪，造反有理"。学校被迫停课，年轻人开始大串联，将寺庙里的菩萨都砸了，任何和所谓的"四旧"有关的文物古迹都惨遭破坏。继而，他们开始抄家、掠夺，矛头直指所有的知识分子。黄永玉和全国所有学校里的教师教授们一样，被大字报围攻，被冠上许多莫须有的罪名强行批斗。

1967年，张人希因为不相信文化大革命的正义性，不服气上访到北京。他去探访黄永玉，兄弟重逢分外欢喜。黄永玉一见到张人希就抓住他的手一阵乱晃，激动地说："地球毕竟是小小的，我们又见面了！"

遇到挨批的日子，黄永玉出去"接受"红卫兵的批斗，张人希在家里等他回来。不用被批斗的日子，两人便一起跑到北海公园打乒乓球消遣。有一个黄昏，两人路过天安门广场，黄永玉一阵感慨，脱口沉吟曰："乍见翻疑梦，相悲各问年！"

张人希的上访只得到一张来访登记收条，便再无下文。他看到黄永玉的处境，明白一时半载不可能有什么结果，只好万分无奈地离开北京。此时，诡秘的乌云正悄悄地密集在神州大地的上空。很快地，红卫兵、工宣队等自称代表无产阶级的人都睁着血红的眼睛对手无缚鸡之力的知识分子残酷地施以种种暴行。

文革的烈焰越烧越旺。

根据成都作家龚裴伽1980年8月29日给张人希的信中所夹着的他的剪报文章《画如其人——读画断想》中可见死硬的黄永玉在文革时被摧残之冰山一角：

　　……

　　人们说："文如其人"、"画如其人"。永玉总常称自己是"山里人"，的确，在他身上，从他的画上，都表现出湘西山乡土家族人那种质朴、爽朗和倔强的性格。他早年就用过"黄牛"这个名字，现在作画还常用这个印章，他确实还有不少"牛脾气"——不怕任何艰难困苦，只有诚实地生活，辛勤地劳动。解放前，他在极其艰苦、不安定的生活条件下，勤奋地读书、作画，追求着光明的未来；解放后，他放弃了哈佛大学的聘约，离开生活了六年的香港，满怀激情回到祖国的心脏——北京。他投入崭新的生活，感到多少年月的梦幻变成了现实，曾一心扑在版画的创作和教育工作上。但在十年浩劫中，他不仅被剥夺了为祖国人民献身的权利，还遭到了无端的凌辱和野蛮的鞭笞。他身体不算强壮，却被皮带连抽过242下，可他动也不动，哼也不哼。执鞭者怀疑他穿有钢背心，脱下衣服来检查，竟是一片血肉模糊！即使如此，他仍以少见的深沉而浓郁的感情，恋念这仅只度过十二个春秋的湘西偏僻的故乡和遭难的祖国，在极端恶劣的环境中，他默默地、更加倔强而勤奋地作画。

　　……

1976年1月8日，周恩来总理逝世，举国哀恸。以江青为首的"四人帮"十分张狂。全国笼罩着愁云惨雾，许多问号与哀伤漫布在有良知的知识分子心中，大家窃窃私语，对国家的前途忧心忡忡。

清明节期间，北京及邻近城市里的许多平民百姓自发到天安门广场人民英雄纪念碑献花和花圈，悼念已故总理周恩来。一时间天安门广场花圈似海、诗词满天。许多人跑到天安门手抄下来，短短几天内竟在全国各地流传起来，成了闻名海内外的"天安门诗抄"。张人希身在厦门，心系北京。和其他热爱周总理的人一样,他抄了许多诗,也创作了好几首格律诗歌颂周总理,寄托心中的哀痛。人民用鲜花、花圈和诗歌怀念他们已故的总理,此举俨然是对臭名昭著的江青、王洪文、张春桥、姚文元的无声谴责,令这群"四人帮"成员寝食难安,最后终于出动武装警察驱逐和镇压手无寸铁在天安门广场上悼念周总理的人民群众。噩耗传来,张人希既震惊又愤怒,悲恸不已。这个事件震惊中外,成了中国现代史上著名的"四·五天安门事件"。

1976年7月6日,朱德总司令逝世;7月28日唐山大地震;9月9日,毛泽东主席逝世。国家三大领导人的相继陨落与突如其来的天灾使神州大地愈发乌云压顶。山雨欲来风满楼,张人希的许多远方来客,包括某些军区的高层要人在家里和他用饭时总低声讲起正在酝酿中的兵变传闻。

10月中旬,张人希接到一封黄永玉的信:

人希兄:

信收到,心里一直记挂你,想给你写信,只是事情一件接一件,天大的事层出不穷,几乎应接不暇,再加上我的五弟从家乡到京治病,一住三个多月,前天刚走,接着又出现了须要认真学习的大事,估计此信收到前后不久,你就会也该知道了。今年这年头,可的确不简单。地震的反覆,倒成为无关轻重的事了。没有写信而耽误下来,这是个原因。

我们的屋子,托福没有损害,得了房架小巧的好处,学校领导和同志们都认真地来抢修房子,令我非常感激。因此,我的屋子至今还为朋友们所夸奖,认为颇得神韵之妙。

一位朋友从香港来,叫陈云厂,他知道你并感谢你,说曾得你赠画。生肖图章,他也是参加者,我对他谈了我的意见,生肖图章总得自己会弄点传统纹样才行,否则搅不好。他是同意的。他是我们这边的工作人员,最近回港了。

久荃兄,我去找过他起码五次之多,居然一回也碰不着,而且我不愿意给他增加我不知道的麻烦,也不敢向人打听,你如有信给他,务必带我致意。

我刻了一幅我极愿刻的木刻,准备过一些时候送你一幅,但现在还不想送,原因你以后就明白,并且你要答应不再为朋友要这幅木刻,我不想送其他的任何人。你替朋友向我要,我也不会给,话先说定,什么时候寄,要看我觉得可以寄的时候,估计,这时候不会太久的。这是个闷葫芦,但是一个你一定欣赏的闷葫芦。

你谈过贵友要寄书谱合订本来,未见,听说北京又不让寄了,那么,倒转一下如何?请贵友交你转如何?

你说的那位中学老师没有来,想必是忙,或北京人地生疏,找人不易,还有别的零碎扯搁,都是可以理解的,他来,我是非常欢迎的。

前回可染先生找孩子来邀我去玩,他住香山,我去了,他向我要画,顺便带了去,也带回他一张水牛和一幅字,和他谈到你,给他的画上盖的是你刻的图章,他颇为注意地赞美,他说要寄石头给你,我说不必,看样子,你得给他弄几方精心点的了,他喜欢粗犷有致,且白文居多,这人是农民型的人,但有农民的聪明,而那双眼睛是颇为犀利的。我试着准备为你弄一张画看看,图章来了就动手,何况人要画如猫口取食,是要费一些心力的。把握只能是五比五,何况他作画慢,费力,又有一位看守得很严的,成天在家的老婆管着。

我们都好!冬天你能来玩玩多好!有这个打算吗?一切都要好起来的,党和人民是伟大的,党中央是坚强的,中国是极有希望的。我们都要奋发起来为人民作出一点贡献。我们都很快乐而充满希望。

祝你和大嫂及孩子们好!

玉

10.11

张正宇病重住院

又及

正当张人希为黄永玉的闷葫芦苦思冥想时,在10月6日这样一个夜黑风高的除奸夜里,由叶剑英指挥的粉碎"四人帮"行动以迅雷不及掩耳之势一举成功。消息传开,举世欢腾。

11月21日黄永玉来信道:

人希兄：

　　此信收到，想必四个混蛋的事你早知道了。前信所敲之边鼓即如此也。今天为激情所催，到天安门一整天，红旗、锣鼓、欢笑，为弟一生仅见，恨兄未能同观此大快人心盛景也。此四人，狗矢耳，然为害人类为历史中不多见者，得此下场亦在意料之中，革命前辈运筹得法，虽胜利在手，亦不能不捏一把汗也。此信先发，明日即寄出裹于一杂志中之木刻一幅，开阅时小心，以免撕破，先打招呼。木刻为周总理像，系弟于八月份时所刻，彼时，热爱总理已转入地下，刻此木刻系于身家性命摆悬中而不顾，时过境迁，赠兄一幅，亦性命相托之意，之纪念。书谱收到，谢谢，弟极懒，人已夸弟"为张人希写信不懒"，实际亦懒，兄可知也。于杂志中同时寄出近作水墨一张，再吊胃口，一看便知，不赘。正宇老身体看来已不济，肝硬化，肾炎进入末期，尚能聊天，得知四人帮事，足堪慰矣。

　　兄来信所云介绍朋友（信已烧，名背不出）甚善，但不知有何贵干？通信乎？弟是天下书信来往第一大懒人，依弟意见，一切可由老兄裁决，如何便如何，好吗？弟消息近况，转告即可，那位朋友有何委托，亦由兄示下，弟见熟人，信口开河，与生人则状如呆人，言不成句，出语生硬，无甚道行也。

　　日来大高兴，想兄亦如此也。弟仍居家，闲则与一、二老友来往喝茶，聊天尚能有自知之明，颇多的节制之妙，然否？祝全家好

玉弟

十一、廿一日

　　此信以为早发出，却于桌上纸堆中发现，大吓，现发出，请谅

十月卅日又及

　　不久，果然有封北京的挂号信送到。张人希拆开一看，周恩来总理正开怀笑着。

　　张人希一阵心潮澎湃，想起过去十年的风风雨雨、想起周总理鞠躬尽瘁为国为民死而后已、想起远方的挚友冒着危险创作了这样的木刻像，热泪盈眶。激动之至，他提笔即兴画了三幅画作。

黄永玉木刻：总理周恩来

其一：白色九华菊和绛红胭脂菊繁枝密蕊、玉润珠圆萌遍于幽谷深壑中、巉岩峭壁之下，远衬山岚蒸腾。一柱嶙峋岩石上有一只促织鼓翼振鸣，体现出生命的欢跃。题曰："秋声秋色"。

其二：浊江一隅，烟波浩渺，风雪迷蒙。一垒岩石突兀于水面；一只巨鹰居高雄视江波雾空，目炬如电，神情睿智锋锐。题曰："江风浩浩，江水荡荡，一鹰独立，四顾苍茫。"

其三：风波雪浪排空激荡。银妆素裹，一株玉蝶梅凌空雄踞；躯干苍古盘曲，铜枝铁骨，密缀繁英，其陡立傲雪之态，仿欲扫雪探天一般，又似绝尘滤思的圣者。

在萧森浑凝的气象中，仿佛隐伏着万钧雷霆……

张人希常常拿出周总理的木刻像来欣赏，也展示给来到自己家中的同好中人。后来他干脆将周总理的木刻画用镜框镶起来，郑重地挂在两窗户的中间墙上，让每个走进这个小斗室的人第一眼就看到周总理。

1981年8月下旬，张人希接到黄永玉的妻子张梅溪8月18日的信函道：

> 去年曾经来信邀请我们到福建玩，因杂务太多未能成行，但我们一直都很想有朝一日得偿所愿……最近谈起这事，拟于下月十日左右启程赴厦，未知近来兄嫂在厦门否？请即回信……

9月1日，张梅溪又给张人希一信，有：

> ……
>
> 七号到广州，我送黑蛮赴港，大约十六、七号永玉和我可起程来厦门。
>
> ……

黄永玉夫妻的行程一再改变,不变的是张人希的期待。9 月 26 日,黄永玉一行三人终于抵达厦门。他到厦门是为了做学术报告。他有一句话叫张人希十分欣赏,并写信告诉远方的外孙女林竹青。黄永玉说:"在得意时,不要以为自己是神仙,要记住,是人;在失意时,不要自以为是狗,要记住,是人。"

其他地方的朋友们也关心他俩的重逢、关心黄永玉这位年轻时众人共同的朋友。

1984 年是黄永玉的六十甲子,他送了一幅花鸟画给张人希,却因为是托人携带的而虚惊一场。为了这幅画,黄永玉给张人希发来一封信:

人希兄:

水仙花和图章收到,十分谢谢。在收到你寄来的水仙包裹前一个月左右,有一位名叫黄国梁的同志带着以前去集友银行工作的,我的"小叔叔"黄洪焘的介绍信来北京三里河我的寓所来看我,问起你,他也说认识,问地址,他说会走不确知门牌号数,这也是常事。于是我用一个大牛皮纸信封包了一张六尺×三尺的画请他转交给你,画上是大泼墨荷叶,叶背有红荷,前头是两三只鹤(忘了只数),写了一寸有余的无数的字在画中,是作为一封很大的书信来写的,算是比较有趣而奇怪的东西。信封用胶纸封妥,并再三地关照务必马上交到你手中,他也慎重地答应了。为什么要交给他呢? 因我找不到你的新地址,而他说知道。

你水仙包裹中之附信未见提起收到我的画,等至今天仍未收到你的来信,不免使我不放心起来,请你按照他留下给我的地址去查一查,把画要回来,如这个地址靠不住,那么就去找黄洪焘,问他写介绍信来见我的那人是谁,也可把画取回来。

是不是真出了问题,不敢说,一拖两个月,总不免使人狐疑就是。

我大后天去山东开个展(一月十五启程,十八日开幕,我住十天左右),二月十五去湘西,(地址是:略)知道行期,以便联系。祝安好,

黄永玉

一月十三日

黄永玉致张人希画函

这封"画函"写道:"人希兄久未问好,弟昨夜得一梦,仍四十余年于石狮吾兄赏饭唉虎蒂春饼,旧景计来,当时昔年之中秋,老友众伙尚余多少,不得而知矣,醒后余影回环,作此画赠远人,顺问安好!"

同时,为张人希题了楼号"听沨楼"。

1989 年 5 月、1991 年 5 月、与 1992 年 12 月,张人希分别应施子清之邀前往香港参加"香港福建书画研究会"成立活动、赴美开画展以及在新加坡开完画展取道香港返厦门,都前往黄永玉旭龢道的寓所与老友欢聚。

1992 年 12 月,张人希在厦门的《秋园雅集》发表了三首为黄永玉而作的《题黄山图》

一

绝妙黄山飞瀑图,越奇幻处越模糊。
苍茫不尽诗中意,磊落风人胆气粗。

二

银河如练破空来,万木峰峦势欲摧。
一洗前人传统法,墨花战雨写风雷。

三

斑斑泼墨自何时?老友丹青远见贻。
忽似重逢黄子久,萧萧风雨对谈时。

1993 年年底,张人希因痛风腿疼,误服过量阿斯匹林导致胃出血,在医院躺

张人希与黄永玉

了三四个月错过了自己在台湾的画展。翌年,黄永玉从香港来探望他,促膝谈心四日,并将一张宣纸一裁为二,画了两幅画赠送给他,力劝张人希戒酒。

第一幅正中央画了一个大胖子乡下老汉,头发已秃得剩下头顶与两侧共三辍,红彤彤的脸,上唇与鼻子之间一撇胡子,美髯飘飘。老汉的肚脐与脖子裸露着。左手拎着一壶酒,右腋下夹着好几本书,赤着脚,正兴冲冲地迎面走来。画

黄永玉赠张人希画

上从右到左提了几个大字:"除却借书沽酒外,更无一事扰公卿。"同时又在画面左边的空白处写上:"画上人可沽酒但人希今后不可沽酒。永玉弟甲戌岁暮于听沤楼。"

第二幅正中用墨汁淡描两株水仙花,上题:"清芳如许。"

1995年12月初,黄永玉去上海,住在卢湾区陕南邨王丹凤家闭门作画。1989年王丹凤随丈夫柳河清移居香港一起开办"功德林上海素食馆"时黄永玉与林风眠等时常在那里聚会,交情不错。黄永玉为何满子及他的朋友各绘了一幅画。在何满子家作客吃饭时要何满子劝张人希戒酒。何满子也好杯中物,1951年在苏州时还是张人希的酒伴,自己尚且戒不掉呢,于是并没有叫张人希戒酒,而是写信建议他改喝黄酒。信中说:"黄酒度数虽仅18—20°,但烫热饮用,亦颇有劲,无妨一试。"

黄永玉自己是滴酒不沾的,曾经请张人希为他刻了一枚闲章:"生来怕酒"。

张家流传着一个故事,真假只有黄永玉知道。

据说有一年在石狮,黄永玉又到家里做客,正巧张人希与一群朋友兴致勃勃地在喝酒。朋友中有人劝酒功夫了得,终于让传闻中滴酒不沾的湖南汉子喝了一口。那年头闽南人喝的都是高粱酒、地瓜酒或者米酒,度数有高有低。那天喝的什么酒已经不重要,重点是黄永玉仅喝了一口就说要离席。众人并不在意。不期他刚刚掀起门帘走出去,立刻传来一声巨响。大家不知发生什么事一起跑出去看个究竟,只见黄永玉已经趴在楼道上睡着了。

1996年,黄永玉又到厦门来为他的母校集美中学展览活动忙碌。有一天,他邀请张人希一同到鼓浪屿去游玩,半路上突然说他构思了一张腹稿,问张人希有没有地方可以画。张人希一时找不到地方,建议过海回到厦门再画。到了酒店,黄永玉立刻动笔画了一幅"山茶图",人物构思工稳自然,画完便在空白处写上题字,情辞并茂,寄意遥深。

张人希十分珍惜这份友情,除刻了多方印章送给黄永玉,更作赠永玉七律诗:

湘西景物擅清奇,孕育先生笔一枝。
闽海烟波初脱颖,燕京风雨写离披。

醍醐出处谁能识？甘苦论心我备知。

今日扶摇看健翮，几人寰宇任驱驰。

一九九九年，张人希发表了一篇文章：

映日荷花别样红
——记画家黄永玉

"这个地球毕竟是小小的，我们又见面了"。

一九六七年，正当黑云压城的年代，我到北京，永玉欣愉而惊讶地握着我的手这样说。

黄昏，我们漫步在天安门前，他口里不断哼着："乍见翻疑梦，相悲各问年。"此情此景，久久萦廻在我的脑海中。

他对朋友非常信任，每有佳作，必将寄赠。记得在那风雨如晦的时日，有一天，我突然收到他从北京来信，说他最近有一件得意之作要寄来，但要先和我订个"君子协定"，此画暂不得外传；不久，挂号信到了，我急忙打开一看，啊！是敬爱的周总理木刻像。我领会了他的深沉的用心，于是把画珍重收藏起来。直到粉碎"四人帮"后，我才虔诚地把它悬挂在我的斗室里，记得他来信还说："这件作品，我当时是冒着生命危险，在深夜里刻成的，第一幅送你，是表示着性命相托。"

最近我到北京，永玉在我的纪念画册封面题上《老搭档集》。他写完搁笔，很风趣地和我相视而笑。

确实，我们也够称得上"老搭档"了。从青年时代始，至今四十余年，不管是在国内或在海外，不管是春风得意的清明之时，或是腥风血雨的黑夜里，我们都没有失去联系，相互温暖、相互关怀、相互鼓舞，休戚相关。

永玉一九二五年生于湖南凤凰县，抗战前，曾在华侨领袖陈嘉庚创办的集美中学念书，因战火阻隔，他在闽南浪迹过颇长时间，和福建结下了深挚的感情。他来信曾提到："闽土虽非故乡，情深处与故乡同，偶与友朋言及闽中旧事，几涓涓不得终了。"

永玉年轻时就显露了特异的艺术才华。据我所知，他未曾进过美术院校,也没有拜过名师,就凭着勤奋自学,刻苦磨砺,加以资质聪颖,所以成长很快。十多岁时,他的木刻已蜚声画坛,一时被誉为中国三神童之一。

他在艺术范畴中是多方面的,不论绘画、诗文以及电影创作,件件都能。

解放后,他从香港到北京,入中央美术学院从事版画教学,学院为他建立"工作室",培养研究生,造就不少新秀。

永玉是一个韧性极强的画家,不论是在"文革"的"牛棚"里,或在批"黑画"的风声鹤唳的日子里,他仍是坚持乐观态度,坚强地执着画笔,往往在更深人静、万籁俱寂时分,精神百倍地埋头"地下创作"。他坚信自己的路是正确的,他舐着身上和心上的创伤,猛勇精进。历史是无情的,文化专制主义者刹那间灰飞烟灭,他是笑得最后的人。

近年来,他在北京,广州等地,开过几次个人画展,影响甚大。历年来,他创作了不少优秀之作,其中有木刻《阿诗玛》、《春潮》等。还有寓言插图《诺亚方舟》,水墨画《猫头鹰》,虽不能算为代表作,但为了这些画,险些送了命,因而轰动艺坛,驰名中外。

他的木刻受中国传统技法和民间艺术的影响,多数以线以阳刻为主,装饰味极浓,并重视形式美和内蕴的趣味,富有独特个性。

近年,他大量创作水墨,尽管他的水墨画还处在摸索前进阶段,但他始终保持着自己的风貌,绝不因袭重复别人走过的路。从他的这些作品中,我们可以欣赏到新鲜的结构、新鲜的造型、新鲜的色彩。他特别爱画出污泥而不染的荷花。我以为这几乎可以代表他高尚的人品和画格。他的荷花表现着不同的季节,不同的形态、风姿、色泽,借以表达画家不同的感情。他画荷花时,喜欢盖上"荷花八千"的押角章,说明他喜爱荷花几乎入了迷。纵观他的作品,是具有一种异常新鲜而和谐的艺术魅力,而引起人们心灵深处的共鸣。

前几年,他和漫画家华君武等,访问过美国、日本、菲律宾和澳大利亚,足迹所到,极受国际友人的欢迎和赞赏。"读万卷书,行万里路",更加扩大了他的艺术视野,加深了他的艺术造诣。我相信,在这振奋人心的伟大时代,永玉一定会挥洒他的凌云健华,为人民创作出更新更美的图画。

张人希撰文、题笺

1999 年 2 月 28 日

当张人希在厦门忙着撰写《映日荷花别样红》的时候，黄永玉在北京通州徐辛庄建他的"万荷堂"。万荷堂顾名思义有很多荷花。网上有这么一段简介：

万荷堂占地面积 8 亩，坐北朝南，分成两个跨院。正门外"侃亭"，专为过往游客休闲聊天所用。西侧的院子是黄永玉平常起居和进行创作的地方。东侧院子的中心是一个面积将近两亩的荷塘，四周回廊环绕，点缀着一些楼阁，可以供客人们居住。整套建筑完全采取传统的建筑结构。由于黄永玉的坚持，这里都保留着本身的不规则形态，既显示出传统结构的精湛工艺，又呈现着木质纹理的天然美感。据说荷花池中的荷花近者出自颐和园、圆明园，远者来自洞庭湖、大明湖，甚至荔湾。

据说万荷堂落成后成了达官政要们出入的地方。今时王谢堂前燕，自然不会飞入寻常百姓家。黄永玉半个世纪以前的一众朋友们颇有微词，便与之渐行渐远了，这里面也包括张人希。

2007 年，当林竹青为了给自己亲爱的外公准备出版一本书作为翌年张人希九十大寿的贺礼时，曾征求她的义外公何满子的意见。何满子说书名自然要黄永玉题，因为他是张人希的最好朋友，并提议以《张人希文存》为书名。林竹青 2002 年在北大念 EMBA 总裁班时虽然揣着外公张人希的介绍信，却碍于万荷堂高不可攀的门槛望尘却步。为了顺从何满子的要求，林竹青通过黄永玉的二弟黄永厚求得黄永玉为书名题字。岂料在书本进入最后审稿时，何满子突然觉得《张人希文存》的书名不妥，因为整本集子依次有张人希的影集、常用印谱、交往名流手札、张人希诗文存、张人希作品评介选辑，和由林竹青撰述的《张人希小传》，便坚持把《张人希文存》放在诗文存的前面作为该章节的首页，并将整本书的书名改为《张人希的艺事与生平》。林竹青告诉黄永厚后，黄永厚大吃一惊，建议不要让黄永玉知道，免生枝节。林竹青像做错事的小孩子，唯有将原打算送给黄永玉的书留在黄永厚处由他处理。

人与人之间的交往都属缘分，缘尽了，友情也就到头了。

柯文辉曾经对林竹青说，张人希太热情，感受到的温度不是黄永玉的体温。然而何满子则完全不同意这种说法，他非常肯定张人希和黄永玉是非常要好的兄弟。他俩都是何满子的挚交,何满子确认他们二人彼此都非常关心对方! 事实上,何满子的判断是比较可靠的,因为黄永玉不仅仅与张人希称兄道弟,对张人希的三子张叔平也很好。90 年代初期他到厦门,张人希每逢有事无暇陪伴他时便让张叔平陪他,因此,黄永玉特地作了"春""夏""秋""冬"四幅整张宣纸的画作馈赠张叔平。万荷堂建成后,张叔平在父亲在世时及往生后每次去北京旅行,都住在黄永玉的万荷堂里。

张人希和黄永玉曾经是好朋友尽人皆知,但他们最终疏远可能另有别情,不足以对外人道。曾经美好,已经足够!

2. 患难之交刘海粟

刘海粟(1896—1994),名槃,字季芳,号海翁,江苏常州人。现代杰出画家、美术教育家。1912 年与乌始光、张聿光等创办上海图画美术院,后改为上海美术专科学校,任校长。

刘海粟是张人希年少时的偶像。张人希一直梦想进上海美术专科学校读书。奈何命运不济,事与愿违,张人希与刘海粟缘悭一面。

然而,心诚则灵,皇天从来不负有心人。

四十几年后的 1976 年,张人希终于与自己景仰已久的刘海粟结缘。那年秋天,西安女画家区丽庄到厦门,做客张家。张人希和区丽庄一见如故,聊得十分投契。从各自文革时期的遭遇,说到画友石鲁、蔡鹤汀等的苦难经历,最后谈及刘海粟。那时文革虽然已到了尾声,但余风未灭。刘海粟每星期都必须到派出所汇报思想,同时仍然被禁止与海外亲戚朋友通信。张人希听到区丽庄如此说义愤填膺,很替刘海粟打抱不平。区丽庄见状,告诉张人希说她回西安前准备冒险去探望刘海粟。张人希十分动容,立刻写了封长信,托区丽庄带去面呈。信中叙述自己对刘海粟的仰慕,并自告奋勇要帮刘海粟转递其与海外亲友们的通讯。

区丽庄见到刘海粟后,将张人希的为人,以及愿意仗义冒险相助的提议告诉了他。刘海粟大受感动,便提笔给张人希回信。他的信都用一开四大小的宣纸写,龙飞凤舞,洋洋洒洒。

人希同志:

十月六日惠书语重心长,非寻常尺牍可比。区同志带来书谱,谢谢!

《书谱》内容丰富，有水平，你能设法为我长期订阅吗？十二月要介绍拙作《散氏盘铭》，请令友李先生多寄几册。一九七七年日历渴望即惠寄，先睹为快。香港《新晚报》、《明报》、《七十年代》、《抖擞》经常发表关于我的书画及有关文章。恳尊友代为注意搜集。付纸素索及拙画，兴到写奉。草草具答，余唯
珍重不宣

刘海粟一九七六年十月十日

张人希接到刘海粟的信高兴之至，赶紧通过自己在香港的朋友们帮忙张罗。刘海粟在十二月的信函中如此说：

感寒偃卧，手教未答，歉悚歉悚。日历一本，书谱二册均妥收，谢谢！书谱内容极好，要长期定阅，寄尊处转交也可。尊友许有情先生雅好文艺，为人老实，愿与通信。阁下以鸿才为座，潘国渠伉俪诗词，古谊极佩。弟与潘公虽无一面之识，而心乎神契，如为白首之交者久矣。拙作山水小景由潘公筹影在东南亚风行一时，号称三绝，不久寄呈拙作作石刻梅花乞鉴之！近世刻石高手亦不可得，此刻石均为传之方求，愈觉可贵。索及拙作俟体力稍健绘就奉纳。手僵笔冻，不尽拳拳，敬祈起居，惟鉴之。
人希贤兄

刘海粟力疾书
一九七六年十二月十四日

刘海粟非常信任张人希，开始请他代转信函及作品到香港给他的女儿刘英伦。第一幅转寄的作品应该是随一九七七年元旦的信函来的。

人希贤兄慧览：
惠书及书谱十一册妥收，快慰。节临张颠狂草浮云追王晋迹，寄给你看看，请转寄九龙山林道4号A刘英伦女士收。您如果也喜爱这种草书的话，当再写一通寄给您。昨函新加坡侨友周颖南，寄你五册《海粟大师山水

小景》，收到后你留存一册，其余四册寄沪。费神费神。琐琐奉渎乞恕，敬颂
大安。潭眷均告！

刘海粟谨启

七七年元旦

除了帮刘海粟转寄作品到海外，张人希也帮他接收海外寄来的书函，然后再
转寄到上海。详情见诸刘海粟尚有照片的信函中，比如下面一例。

人希贤兄如晤：

　　书谱石章妥收，谢谢！最近陈清宜同志来沪，携来泥塑一件，造型致
（至）佳，少年艺人林王细有一定的艺术水平，前途未可量也。上月廿六日挂
号寄上草书一帧，请正！又为星洲侨友黄国华君书横幅及对联，烦即挂号邮
寄新加坡十一邮区亚淡路 125 号 125，Adam Road，Singapore 11 黄国华先
生收。又遵嘱为陈清华同志作行草一帧，乞即登门转交。昨得新加坡周颖
南先生来函云《海粟大师山水小景》五册早已寄厦，想不日可到，到后足下留
一册，余寄沪。百忙拉杂，即颂

幸福无量

刘海粟启

一九七七年四月三日

刘海粟忙碌的时候，夫人夏伊乔会写信和张人希联系。比如 1977 年 5 月
22 日，夏伊乔给张人希写信道：

　　……

　　老人家近来较忙，并经常有接待各处来访客人，致未能写信向您问好！
本月十日寄上挂号信未知可曾收到？有便望请来信，以免悬念。

　　……

1977 年 6 月份，张人希将自己为叶圣陶治章的印蜕寄给刘海粟，刘海粟看

后给予非常大的肯定。信函这样写道：

人希吾兄如晤：

　　两翰书谱扇箑均收，私事萦扰，迟迟复书，歉悚，歉悚！尊刻圣陶印甚佳，逸趣已胜㧑叔（赵之谦）。佩甚，佩甚！港友为您出版印谱，闻之欣慰，书谱能先发表更好。港友编 1978 年日历，嘱画花鸟二幅，尺寸是 70×60，是横幅或直幅，请明示，即动笔。印谱签条草草书就，未识能用否？黄国华已有来信，翁雅才尚无消息，费神费神，复请
道安
箑稍闲即挥就博正。

弟　海粟顿首
六月十二日

　　刘海粟盛赞张人希的篆刻，为他题了"人希印存"四个字。后来刘海粟甚至请张人希代他的朋友治印，比如马来西亚的李家耀所求的两枚闲章。

人希先生慧览：

　　近日海上蒸溽，气郁不畅，日挥汗不能抒气。经厦门海濒，尚有榕风蕉月凉爽之时。散原老人书庐山诗扇甚佳，嘱补山水，容当报命。张先生泥人已带来，谢谢。兹有马来西亚侨友李家耀先生来函要刻两个石章，一、"自强不息"，二、"世界名山胜景写生"。请您代购二石，为镌二印，一朱文，一白文，刻好恳直接寄马来西亚吉隆坡李家耀收。（Mr. Lee Kak Yeow, 14 Bukit Ceylon Kuala Lumpur, Malaysia）。书谱第十一期两画一文就是给家耀的，您的香港朋友，寄印一九七八年日历，嘱画花鸟二帧，因天气溽热，未得动笔，兹捡出存矢同自珍，花卉二，先行寄上。阁下正法眼藏，当能代为审定也。来翰谓不拘幅式大小，故试寄二直幅，用后务恳赐还原件。二画颇敝帚自珍，大暑唯道体善摄，繁冗中不尽意，即颂
大安

刘海粟顿首

以前书谱均收妥,昨日又寄到一册,谢谢! 今后星马香港友人或者有字帖画册寄尊处,烦转关于我的画册有几本者可留一册。又及
画挂号寄

一九七七年七月廿二日

1977 年 8 月,刘海粟介绍弟子洪世清给张人希认识。

人希贤兄如晤:

手教稠叠,恍如晤谈,雅画花卉已妥收,甚慰! 两画印在日历上是合适的。牡丹印在四月份,荷花印在七月份,可寄出。万一不能寄回,印好后可将原画交安英伦藏之。篆刻二方即寄李家耀先生,谢谢! 绘画弟子洪世清一函烦转。世清忠诚好学,余知之深而信之笃,介绍和您通信。翁雅才尚未来信,黄国华有信,并言前后三次共寄《海粟山水小景》32 册,迄未收到。烦函告再寄十册由尊处代收较稳妥。溽暑唯尊体善摄。
主席词想已寄出。

海粟
一九七七年八月十二日

1977 年 8 月,刘海粟创作了一幅丈二匹的硃砂巨幅《五松图》。8 月 21 日,又填了一首《水龙吟》题该画:

擎天五岳峰高,九州生气风雷换。云冈千仞,涛声万里,紫烟生暖。

夭矫拿空,峥嵘立节,乾坤新转。看千宵磅礴,葱葱郁郁,虬枝直,同舒腕。

最喜膻腥尽洗,去荆榛、征途夷坦。百花齐放,层林竞爽,五松长健。

琥珀脂凝,笙簧韵协,光晖光灿。正旌旗红遍,江山锦秀,遂苍生愿。

他兴奋地给张人希写信道:

人希贤兄如晤：

惠书拜读，因太忙，迟迟复书，歉悚歉悚！庆祝党十一大召开，怀着无比舒畅的性情，接受了创作的任务。八月廿一日在举国奔放，激动地用真珠砂画了一幅丈二匹的《五松图》巨幅，题上《水龙吟》词。廿二日晨上海市美术创作办公室，文汇报主办的赛画赛诗展览会来迎接，震天的锣鼓，不绝的鞭炮声中，陈列在大厅里。同时我即席挥毫画成《鲲鹏展翅》巨幅，歌颂伟大领袖毛主席，歌颂以华主席为首的党中央。在大会上我献画，朗诵了《水龙吟》词，还有许多老中青工农兵美术工作者都献了画，大家洋溢着饱满的政治热情为党的第十一次路线斗争取得伟大胜利而纵情挥毫，为以华主席为首的新的中央委员会的诞生而欢欣鼓舞。昨天我兴奋地去西郊公园写了四大幅荷花，现场题了一绝："一枝画笔舞东风，点染荷花澈底红。更有新诗记今日，神州都在彩霞中。"《红牡丹》《红莲》想已寄出。香港画展盛况，周颖南兄当有报导，画集收到否，希复示。

康否，唯

珍重不宣

弟　刘海粟上

七七年八月卅日

（毛主席词寄念奴娇一首）

第二个月，刘海粟给张人希写信，又提到有几个人登门拜访，说是张人希介绍的。因为没有张人希的介绍信，刘海粟一概不予接待。信函盛赞张人希治学态度谨严。信文如下：

感冒偃卧，手教未答，歉悚，歉悚！适接九月十九日惠书《七十年代》及简报，又山水小景二册，欣慰之至。紫源《人艺俱老刘海粟》专文，写得极佳，最后数行不知所云，真是蛇足。香港所寄《海粟老人书画》日内想可得收，收到后您留一册纪念，余挂号寄沪。十七期书谱妥收，发表大作篆刻五印之妙与牧甫相埒。程十发赴蒙古尚未回沪，见面时当一提。拙作《牡丹》《荷花》能拍摄五彩照更好，拍好后望即掷还！来书索及墨荷，适有创作任务，未暇写，伺稍闲乃可奉命，画就即寄。前函提及草书大手卷，在第十五期（书谱）发表过，文字写错了好些，好几个字排错，也有是认错的。在第一首中，"耕凿终身"下面三个字，《书谱》释为是"知古谣"或"在古谣"，您认为是"太古谣"是正确的。"凿井而饮"、"耕田而食"的那句太古时的歌谣。您治学态度谨严，是值得大家效法的。尊友林英仪先生七律尚未寄来。最近的确有好几个书画之客，说是您介绍的，因无信，未接待。今日接得东南亚各地关于画展剪报甚多。香港《七十年代》能再觅几本尤盼。（各报刊记载剪寄，愈多愈好！）

　　肃复，敬请

著安

人希贤兄台席

刘海粟顿首

一九七七年九月廿二日

1977 年 10 月，刘海粟给张人希信：

人希贤兄执事：

　　手教稠叠，并惠拙作图片，感谢，感谢！图片印得极佳，不知是什么杂志的附图。关于画展的文章到今天仍然有寄来，星、马各报均有以整版特载。今日英伦寄来香港《新观察》第三期，方丹写的长文《一代宗师》，有高度水平。作者对油画国画、美学均有深湛研究，是一篇重要的论文，以您的学力和衡鉴，必须能重视这篇文章。有晴是否即是许晴野，有剪报寄来，他很热诚。兄少孤，艰苦力学，使我感动！洪世清弟最近来沪看画展，谈过二次，他极用功，富有生命力，前途未易量也。拙作《牡丹》《荷》摄影后即寄沪。附致周颖南兄一函，乞加封发出。《书谱》社长李秉仁先生倾逝，为之慨叹！画册已妥收，今后续寄亦乞照转，昨日参加批揭"四人帮"。说明余毒未清！再谈

海顿首

十月卅日

刘海粟有一首七绝赠人希：

> 文何圆结气雍容，
> 傅粉搔头误俗功。
> 继起西泠成峭折，
> 一时风靡露刀锋。
> 丁巳人希镌印二方见示，均吾之所喜也，因书绝句一首。
> 即正

刘海粟

重获自由后，刘海粟便忙得晕头转向。讲学、作画、展览，马不停蹄。

1979 年，张人希请求刘海粟为厦门书画社题字，刘海粟答应了，并在 1 月 30 日的信函中说："今全国各地纷纷成立书画社，这是艺术复兴的好现象！但更重要的是要努力提高水平！望你在厦门，也能为此作出贡献！"

1981 年 1 月，刘海粟及夫人夏伊乔等一行 4 人应香港美术社邀请在香港举办《刘海粟书画展》，引起香港社会各界轰动。这个展览所展出的多个作品就是张人希过去几年里帮刘海粟陆续经厦门寄给他女儿刘英伦的。这个画展销售所得百万港币刘海粟捐给了国家。

1982 年春节前后，刘海粟携夫人夏伊乔应福建人民出版社的邀请，前往福州、厦门等地讲学和创作。在厦门的除夕夜，刘海粟写了一首诗寄一水之隔的台湾张大千等故友亲朋。诗曰：

> 岁月堂堂又及春，
> 每逢佳节倍思亲。
> 长桥若可连双峡，
> 我辈甘为担石人。

授命作为接待任务的其中一位负责人，张人希激动万分。他视刘海粟如师，战战兢兢，力图将工作做到尽善尽美。然而，这个工作确实有非同寻常的困难：

刘海粟人还没有抵达厦门,张家的门槛就已经快被闻风而至的各路访客给踩烂了。无论白天还是晚上,总有许多人来敲门,不是带着字画托张人希请刘海粟题签,就是要托他求字画或者介绍引见。来的客人并不仅仅局限于厦门本土,还有消息灵通的老远地从其他地方跑来。张人希万分为难,再三解释力不从心的原因,理解的人失望地走了,不理解的只当张人希借故推诿,埋怨起来口不择言,十分难听。更有一位同业中人,三番五次地来敲门,胡搅蛮缠,搞得张人希焦头烂额无处躲避。

张人希与刘海粟

刘海粟对张人希过往的帮助十分感激,三次座谈会上均当众宣称,说张人希是自己的"患难之交"。而张人希则一直陪伴左右,无论是各种座谈会、还是拜谒陈嘉庚陵园"鳌园"。去鳌园那天海风特别大,张人希目睹刘海粟在陈嘉庚墓前肃穆站立悼念,献上花圈。

在厦门宾馆,刘海粟题句曰:"明珠岛上过新年,天风海浪尽腾欢。"在会见厦门美术界知名人士时,他即兴画了幅红梅图,上题曰:"一枝画笔舞东风,点染梅花彻底红,更有新诗记今日,神州都在彩云中。"

招待刘海粟的重头戏是主办单位为刘海粟设宴饯别。张人希一早就对从香港回厦门过春节的林竹青提出要求,要她陪同自己出席。林竹青知道外公很想带自己去拜见他的偶像刘海粟。可是,连日来纠缠不断的访客那种千方百计高攀名人的做法已经给林竹青留下极其恶劣的印象。刘海粟是蜚声国际的大师,林竹青不愿意结交名人。宴会举行那天,林竹青也如同当年外公拒绝去私塾一样任张人希好说歹说就是不肯陪他去出席晚宴。为此,张人希有生以来第一次,也是唯一一次对自己最宠爱的外孙女生气,批了她一句:"小孩子不知天高地厚!"跟着的几天,张人希气得不肯和林竹青说话。那时,林竹青十七岁半。她与生俱来的心高气傲既成就了她,也注定要叫她吃尽苦头。

1984 年,刘海粟为张人希未来的画册做了题签,该画册 1998 年 8 月由厦门大学出版社出版。

张人希花鸟画

3. 洪世清

洪世清(1929—2008),福建晋江人。曾就读上海美专,1954 年毕业于中央美术学院华东分院,是中国著名的版画与指画家。

1977 年 8 月 12 日刘海粟给张人希的信中有一句话:"绘画弟子洪世清一函烦转。世清忠诚好学,余知之深而信之笃,介绍和您通信。"

张人希接到信一个多月后给杭州的洪世清写了一封信。洪世清收到后非常高兴,立刻给张人希回了一封长信。信中除了描述刘海粟一个鲜为人知的小故事外,还和张人希分享了他与罗马尼亚画家博巴的友谊。

人希先生：

收到您和付来海翁的信十分高兴。

我早知道先生对书画金石有修养，因不熟悉，回乡时也不能来拜访。这次经海翁的介绍，我们认识了，很高兴。这里应谢谢海翁的介绍。海翁解放前是我校长，我从小至今在艺术上、生活上他老人家对我是关照培养。回忆解放前，我是一位苦学生，由气候温暖的家乡来到寒冷的上海求学。初到上海我还没有寒衣，严寒冬天一次海翁见我袖手取暖，他老人家的手拍拍我肩问"您哪里人，冷吗？明天到我家里。"第二天我去拜访他，他老人家送我一件呢大衣。我相信他不只对我一位苦学生关怀，所有苦学生他都一样对待。解放后我又与海翁见面，他对我艺术上帮助很大，但感到自己天资差，没有学好吾师的教导，十分对不起海翁老师。来信转告海翁近况十分兴奋。十月份去沪会去拜访他。

罗马尼亚十九、廿世纪绘画展在北京展出，带领此画展来我国展出团长是博巴。他于61年由文化部聘请来我院办一个培训班。他水平很高，等于我国潘天寿地位。61年我与博巴很要好，在艺术上有共同语言，曾互相研究绘画和互送作品。他62年回国曾来信联系。因"四人帮"在也不便给他回信。高兴的是他今天特地由京来我院访问，我们又一起回忆15年前情况。他因时间关系，下午飞回北京。

得知您友周颖南先生在新加坡为海翁出版一本山水小景，想必周先生是您和海翁先生好友，有机会与周先生联系，请代问候，并请寄赠一本海翁山水小景。谢谢。

代问候英仪先生。年底回家再去拜访您们。有机会欢迎您来杭州玩。

祝

秋安

世清

77.9.25

张人希与洪世清两人既是同乡，又都是刘海粟的"学生"，分外亲切，便成了好朋友，时常通信。

1978 年初,洪世清在回乡的途中见到张人希。3 月 26 日,他给张人希写了一封三页纸的长信,告诉张人希说,"上次回家家父不幸病故,弟弟手术后一直未能恢复,心情万分沉重。在精神上经济上给我增加不少压力。"他感谢张人希将他的情况告诉了新加坡的周颖南。周颖南是个热心人,接到张人希的信后立刻去函安慰洪世清。洪世清告诉张人希说,接到周颖南的信"眼泪像暴雨般的往下流"。信中还谈到许多事情,包括潘天寿的画册浙江、上海、北京都印,为了怕重复,洪世清跑去向上海文化局副局长沈柔坚反映,希望他向北京出版局反映意见,三单位所印画册不要重复。也提到刘海粟携夫人夏伊乔被广州市委宣传部请去作画尚未返沪,张人希朋友的儿子考进洪世清任教的中央美院华东分院等,还盛意拳拳地道:"春已到来,在法国画展展出之前,盼望先生先来我处住一段时间,然后等待振群来杭再同去沪。"

同年 7 月 31 日,洪世清从泉州给张人希写信告诉他说,原本回家想先到厦门拜访诸位好友,不期弟弟病重,所以从福州直接经泉州赶回安海,给张人希发来安海家的通信地址。

1979 年 1 月 9 日,洪世清给张人希写信道:

......

时间过得很快,春节又将到来,我怕火车拥挤就不回家了。我很希望您来杭州玩。

听说刘老被任命中央美术学院院长是否事实,最近也没有收到他的来信。

学校的印友看到您的文章,经常谈起您。我为他们详细介绍您的情况,在艺术上的多面手和为人,如果您有机会,来校还可与他们见见面,但他们在篆刻方面与您的修养之比,那是新手呢!

......

洪世清的版画、指画众所周知,但他擅长篆刻则鲜为人知。事实上,洪世清学过篆刻,而且有一定的水平。在上面那封信及紧随着的 4 月 21 日信中都提到张人希要为他介绍篆刻的事。洪世清为此特地请人撰写他学篆刻的经过,并附上印稿以及大家为他印谱所作的题跋请张人希选用。信中还提到洪世清的朋友在为他整理国画作品,请张人希帮他在香港《美术家》杂志上撰文介绍。

在中国现代画坛上,徐悲鸿与刘海粟之间水火不相容,成了两个派性,彼此相争,纠缠了半个世纪。1979年8月6日,洪世清从山西太原给张人希写信,告诉他过去这些日子跑了许多地方,从杭州到上海、苏州、常州、南京、合肥、阜阳、高邮、曲阜、济南、北京、沈阳、天津、大同、太原等地,还要继续前往石家庄、洛阳、西安等各个地方时,就提到徐、刘之争。他告诉张人希:"在北京只见振勤和海粟师,永玉和青力同志都未能见……在京参观海粟师个展,影响极大,但海粟师的展出是有斗争的,因为北京悲鸿派势力还不小,但能展出,就是成功,就是胜利。"

1979年10月8日,洪世清又给张人希写了一封长信,信中写道:

> 您印稿收到了,我很喜欢您的单刀,仿古玺长方印,章法也很好,印泥稍为红些,带朱色印泥可能福建买不到吧!
>
> 知您原计划今年五月要到京、沪、杭,因我外出考察,影响您的旅行,十分抱歉。今日决定来杭,但又接黄、韩二先生将由新加坡来福建消息,这样计划又不能实现。我建议您等黄、韩先生到厦后,您可同他们一起来杭州,或直接到上海,再由上海乘船去大连找刘老,或直接到北京,然后乘火车去大连,再由大连乘船来上海、杭州,天气至少已转凉,先到北京比较方便。其实北京冬天虽然冷,但是室内比杭州暖和,因我长江以北房间冬天都有取暖设备。我建议您立即来北京,因为等明年可能您我又有变化。夏天出门不便呀!我近日才搬好房子,有二间一小厨房,您住在我这里太方便了,又是在四楼,光线空气很好。
>
> ……
>
> 刘老在北京的个展是成功的,布展时我就去参观,还同他和师母在北京饭店吃饭。这画展展出先后是有斗争的,这是客观存在,不要说刘老画展展出有斗争,我去年小小画展也有斗争。这是文人相轻,我也当面安慰了刘老。
>
> ……

1980 年 1 月，洪世清写信给即将到福建开画展和讲学的大师朱屺瞻，介绍张人希与之认识。同年 9 月他与同属于中央美术学院华东分院的画家朱金楼到厦门，巧遇张人希画展。张人希给两人予热情接待，陪他们到处游玩，感情愈发亲密。

张人希种花的花盆里种着一种草，一年只长一季。他曾经帮许多人治愈了牛皮癣。1987 年初洪世清到厦门，张人希聊天时大概无意间谈起了这件事，洪世清却记在心里。回到杭州后的 3 月 19 日他给张人希写了一封信，请教如何治疗，因为他的脚上长着干癣，寻医不果。他画了一只脚，在脚踝上方画了块干癣，告诉张人希说，癣在右脚，请教他能否为他配方？但这是生草药，无法配方。张人希数年后曾经要求投资在中国生产抗癫痫药的林竹青将这个偏方做成成药，林竹青想和大学合作开发，却被天价的研究费用吓跑。那时，她的能力还非常有限，何况，她的专业是搞化学合成，不是汉方。

1990 年 2 月，洪世清到厦门只逗留了一天，行色匆匆，给张人希打了一通电话。彼时，林竹青正要去杭州参加小交会。张人希获悉很高兴，吩咐她到了杭州一定要去美院拜访洪世清。林竹青天生最怕巴结权贵与名人，嘴里虽唯唯诺诺不敢违拗，但到了杭州却只管开她的会、逛西湖、吃东坡肉、喝龙井茶，就是没有去拜访洪世清。她怕外公责骂，往后虽跑遍神州大地，却再也不预先告诉自己的外公要去哪儿，怕他又要自己去拜会名家。

1993 年 3 月下旬，林竹青邀请外公外婆去杭州、苏州、无锡、上海旅行，并请父母作陪。到了杭州时，张人希要求林竹青带他去西泠印社，林竹青以为他要去买印泥，不期他的目的却是去造访洪世清，想给对方一个惊喜。当然，也有可能担心外孙女又不肯陪他去，想出其不意。可惜没有预约，洪世清当时人根本不在杭州，而是到外地写生去了，张人希甚为遗憾！

1994 年 10 月 8 日洪世清写给张人希的信中有："来信和赴台表格收到，谢谢。我刚从新疆考察返杭。您是否已去过台湾？情况如何，希告。我争取月底去闽，王朝闻先生有重要出版任务而暂时不去崇武，还明年初春。得叔潘信，那二幅画在他处，见面时还我。很早前他由港来信说，'本来取回，（其实已取回）如果中山路不还我，他即付款给我……'。"

张人希为人热心，四处帮朋友们张罗卖画。陈淑潘是旅菲闽南华侨，曾请张人希带他到北京等地四处拜访书画界好友。这类的问题陈淑潘并非个案。当然，陈淑潘的确是个藏家，多年后，他还在香港对林竹青展示他所收藏的邓小平女儿邓林那张著名的"倒梅"画作。他将该画藏于他香港家中。

4. 赖少其

赖少其（1915—2000），多才多艺的著名书画家，广东人。1930年考入广州美术专科学校后就开始写小说、新诗，与鲁迅通信。鲁迅称他为"我国最有战斗力的青年木刻家"。1953年随黄宾虹研究国画，成为"新黄山画派"的执旗人，被誉为当代中国最杰出的版画家。

20世纪80年代中期，赖少其认识了张人希，十分敬重他的艺术。张人希赠送了赖少其一枚印章，赖少其去日本开画展，收到日本朋友送给他的一种很厚的宣纸，于是带回上海，用这种宣纸画了一幅山水寄赠张人希，题诗一首：

山高觉日短，瀑泻水声喧，
松根绕绝壁，鸟啼白云端，
造化皆如此，笔底生紫烟。
游击十万士，往还山之巅，
青峦凝碧血，皓首归故园。
预知河山美，卧游可开颜。

赖少其帮著名岭南画派画家广州美术学院、广东画院院长关山月向张人希求印章，收到后觉得关山月的比自己的好，便又要张人希帮他再刻一枚闲章以及一枚名章。这枚名章张人希自己很喜欢，曾多次在书报上发表。

赖少其给张人希好些信，留下的也不只这几封。可惜因为人为原因，装着他几封信的袋子被倒进了一杯水，发现时抢救无效，所有的信都黏在一起了，万分可惜，只能聊聊几笔作为介绍。

在他人的报道中有这么一则故事。

话说有一天，福州军区副政委曹普南到张人希家做客，见他收藏的赖少其作品颇感惊讶，告诉张人希说赖少其谦虚谨慎，轻易不将作品送人。赖少其应邀在福州举行画展时酬答省里盛情也只不过送中共省委、福州军区各一幅梅花小品。

人希同志

你给刻的两□印，
都极佳。有汉印规模，又
有篆意。你可以真写可给
他一夜即夜更有重览也，
□寄给家之再送他。

你给家你的几个印，百而
没有閒公的好道理简，
草也讲不清，即之致

赖少其
八月九日

（东方宾馆 TUNG FANG 信笺）

人希同志：

承志寄来参到泰国开画展後，
经希港回国，视尚在广州，
即将回安徽。
你著家刻省三印，朝谢家。
又捡别二方印花，都很好。十
东游西荡好像老友一般，
□咸之云。

（东方宾馆 TUNG FANG 信笺）

前年游武夷，至今印象极
深，故你在武夷之一幅奉上，
诸希阁下再为家刻三方，
拟请阁下

朱文 黄山室 印章 （不要太大）
赖少其印

为了便于携带，不
宜道重，谢。
赖少其青曰

他问赖少其何故对张人希这般另眼相看？张人希颇为得意，笑着答道："因缘！"

5. 沈鹏

张人希和中国书法家协会主席沈鹏何时开始认识的尚未来得及考证。沈鹏写给张人希的信函多流出去了，现在笔者林竹青尚能看见正本、副本的仅四封。从内容上看，最早的应该追溯到上世纪70年代中，而最迟的按邮戳显示乃1985年1月。

比较可靠的推断,因为张人希是书协成员,当是在书协的各种活动及招待会上相识的。

另外,张人希给《中国书画》发篆刻及绘画作品,沈鹏时任主编,信函中对张人希支持人民美术出版社的作品表示感谢!

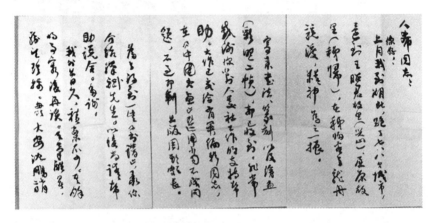

沈鹏致张人希函之一

和 70 年代中后期的许多北京文艺界人士一样,沈鹏也钟情香港的《书谱》杂志,但在中国当时可谓一册难求。因此,张人希便介绍香港的好友陈汉斌给沈鹏认识,并让陈汉斌将《书谱》寄给沈鹏。

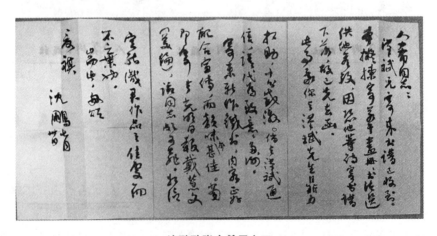

沈鹏致张人希函之二

后来,在张人希的请求下,沈鹏还为"厦门书画院"营业部"名家画廊"题字。

6. 李硕卿

李硕卿(1908—1993)，泉州人，著名大师级画家。

李硕卿1927年在上海新华艺术大学追随潘天寿和王个簃学绘画的时候，张人希还是个拒绝上私塾在家里自己涂鸦的儿童。大学毕业后李硕卿回到泉州一带任中学美术教师。张人希大概是在那个时候认识他的。根据黄永玉的自传体小说中写刚到泉州时(1939年)"认识了安海刻木刻的史习敏，泉州的国画家、金石家张人希，国画家李硕卿"。他们都是当时泉州艺术界的圈中人，尽管年轻。此为一证。李硕卿在1982年6月给张人希的信函提到"四十多年的知心老友"，倒推回来，也正是1939年或者之前。此为另一证。

1978年6月1日，李硕卿从泉州给张人希写的信函中有：

在北京，本来希望能见到一些老画家和老朋友，可是来非其时，有的工作很忙，有的下乡深入生活，因此都没有机缘见面，尽管我住在中央美术学院八天。

有一件很不巧的事情是：有一个星期日，苗子和郁风同志约定永玉夫妇和我在他们家吃中饭，可是将近十一点时，永玉的爱人匆匆到郁风家里说："永玉和我都有另一个推不开的宴会要赴，不能来了。"说完就走。

苗子同志现在退休，目前的工作是为香港出版的《美术家》双月刊编写一部分国内的资料，所以国外各种各样的画册和刊物倒有不少。对我来说，堪称是一次大饱眼福。中国美术家协会还没有恢复，目前仍是准备批复。美协的地址就设在美术馆，但华君武同志并不天天到会办公，我找他两次都不在。郁风同志仍任美术馆原职，现在正在忙于审查"四人帮"掌权时所收藏的一大批画，看来工作还是够忙。

郁风同志说，在"四人帮"夺权的时间内，她被关了近七年，苗子也是同样。他俩同被关在长城附近的一个什么学习班，可是彼此都互不知道。由此可见他俩是吃过"四人帮"很大苦头。

(略)

到上海时得到沈柔坚同志的亲切接待。他目前除了是美协上海会的负责人外，仍兼上海文化局副局长职。由于法国画展在上海展出，东南亚各国、港澳同胞和日本朋友,很多来沪参观。由于都是美术同行,接待任务就全落在他身上。他对我说:已经四十年没有回乡了(绍安人),今年七月间要到我省主持七省市人物肖像画展,拟乘机回乡一行,泉州和厦门都是他想到的地方。那时候我们都应发动美术同志热烈接待。

许有情同志近又由杨淑珠同志携来《书谱》四册。如通信时,烦为致谢。我也打算写信向他致谢,以便进一步联系。

......

信中的苗子即黄苗子(1913—2012),漫画家、书法家、作家、美术史与美术评论家。郁风(1916—2007),画家、散文家、美术评论家。两人是夫妻。

许有情即许晴野,从信中看来并不熟悉,当是张人希介绍认识,并请许晴野寄《书谱》给李硕卿。

1982年6月14日,李硕卿给张人希写了另一封长信,内容很值得和读者分享:

......

王康岳老画家拟来闽展览事,我已向秦蓁同志谈过:如果想展的像样一些,必须由上海美协来信向我省美做好联系。否则,将会是困难重重。听秦同的话意,康乐同志来闽举办画展的目的是企图名利双收。如果误认特区是块肥肉,肯定会大失所望而返。能否把画卖得出去?这我相信您了解得比我更深。

我和聪权到港举办联展的时间,正如您所说的:"当前世界经济不佳,书画去路,呈萧条状态。"合计只卖出约近九万港币。(和我们同时举行画展还有两场,关良的画展只卖出两幅,恐怕要大亏其本)据说华丰汇给省展览公司的钱是四万八千多。数目虽小,但属净得。我们带港的展品共三百幅,展出一百多幅。(展场设在华丰公司二楼原书画部)售出的作品以小者居多,因为价较低廉。其中一小部分的作品是赠送,另一小部分打了特别折扣。此中人大概是捧场者。余下的作品约有二百三十多幅。如何处理?我们不知道。初步了解到的是:省主办单位拟打折扣售给华丰公司。我们各费了近八个月的紧张工作,用去不少的纸张笔墨(自费),至今未得一文钱。我们给省展览公司的是画,而他给我们画的是饼。以画易画,大概就算是一笔公平的对等交易吧?前年我省曾组织一批全省产生的书画作品赴港展出,浩浩荡荡地去了五个干部,所有的画全部卖光,堪称为成绩特佳。可是作者至今仍未见一文钱。既有先例,只好哑口,得以节省些做茶水之资。

话得再说回来,我们这次售出的展品虽然不多,但社会影响却很不错。例如许多左、中、右报纸都派出记者前来访问和著文刊登。一家著名的电视台,在每秒钟以万多元的"黄金时间"即十至十一点内,用了约三分钟时间无代价为拍全部展出场面。而且任其事的还是一位最佳演员。陈明德经理,对此也感到意外。有三个书画组织如赵世光先生为首的"岭风楼"(现成立为岭风书画院)、以任真汉为首的"?"、以王子?为首的闽南画人组织等,都举办过规模较大的"雅集"以合作的形式进行技艺交流,并设宴款待。香港美术学校,除部分教师前来座谈外,并分批组织学生到场参观。福建商会、福建中学董事会、泉州一中的在港部分学生,何瑶焜个人等都设有盛宴款待。每席据说都在五七千港币左右。此外还有以拍少林拳名扬全球的新联(?)电影公司总经理廖一元先生,著名星象家兼作家林真等也都设宴亲切接待。共谈甚欢。还有一件使我为难的事是:我有一个较早期学生现约五十五岁左右,任新华社香港分社第二把手,曾约我在一家豪华的酒店便餐,酒菜不算丰盛,但执弟子礼甚恭。据说:新华社是我国驻港的幕后总管,论地位他比我高得多。因此在座的一些人,都称他堪作一位尊师模范。

我在到港举行画展之前,省方有关领导曾对我这样说:"过去对你的宣传太不够了,今后应加紧补足。"自我由港归来后,门庭热闹非常,如省广播电台,前线台和中央人民广播电台,都为作多次播出。晋江和惠有线广播站都为连续播出。泉州站则为播三篇共十五次。本省各报、刊,上海文汇报,北京体育部等廿多个单位共刊登三十多篇文章,其中大部分记者前来访问,有的交代记者代写报导,甚至最近还陆续有记者来访。

目前,我已有二十七个的社会职务。开会、看文件、答复来信、还画债和会客等,天天忙得不了。如果不是有一定健壮的身体,恐怕不久就要升天去了!

今年八月二日到十六日，省文联将在鼓浪屿省干休所举办"文艺之家谈书会"。对象是：省文联及所属各协分会的部分委员和正副主席。共分两期各十五天。我决定参加第一期。（据说这是半疗养的好差使）看来，您应会被邀参加，果然的话，盼您也选在第一期。因我四十多年的知心老友得以共聚一堂畅谈一切，比之"他乡遇故知是人生一乐"的说法，看来将会有过之而无不及吧！

信中的王康乐（1907—2006），是著名的海派书画家。

"我和聪权到港举办展览"指 1981 年 12 月，香港华丰国货有限公司举办的"李硕卿、林聪权书画展览"。林聪权出生于 1949 年，是福建省画院专业画家、高级美术师。正是这个展览，为李硕卿奠定了书画大师的位置。然而，从信函中所见，1981 年底的香港展览，除了博得名声，个人并无经济上的实质收获。在那个闭门锁国三十余载后的改革开放试水初期，文革刚刚结束，被打压了十几年的艺术工作者怯生生地抬起头，心有余悸，腰板还来不及挺直，能收获到名声已足以令其他艺术家们艳羡了。当然，李硕卿信函中的诸多描述，有点言过其实。而这夸大，未必是他个人的主观意愿，更大程度上是被人误导。请客的人为了表示热情，加上中国人天性好吹，便以一当十。李硕卿不知情，自然以讹传讹。其中最显而易见的是宴请每席五七千元港币一说。在 1981 年底的香港，经济还没走出70 年代后期的大萧条，一个普通中学毕业生薪水仅几百元，太古集团属下录音带厂的质检部工作人员每月 1300 元薪水已属高薪，正常婚宴平均一桌了不起上千元，加上酒水饮料也不会超出两千港币。艺术家在文革中受尽苦难，一朝离苦，到了花花世界，难免眼花缭乱，飘飘然不知所以了。数十年后回头看，如果李硕卿还在的话，想必会对自己当年这封信哑然失笑！

李硕卿和张人希是知心老友，除了信函中推心置腹的话外，张人希和李硕卿、李克朗父子俩相交甚笃。李克朗也是一位著名画家。十年后的 1992 年，他因为感情遇到问题还跑来向张人希求助，李硕卿也为儿子背书，要张人希鼎力帮忙。

7. 张英

张英（1920—1984），字千子，号长缨，福建仙游人。七岁随父学画，十三岁开始跟着父亲为寺院庙宇作重彩墨画，十六岁时拜国画大师李耕为师，与黄义、陈熏三人被誉为"李门三杰"。1949年元旦,张英与李耕在福州举办师生联合画展,深得好评,声名鹊起。1959年,张英为人民大会堂福建厅绘制山水画"武夷之春"、"闽江风光"和漆画"四季花卉"及"松鹤"等大屏风,声名远播海内外。这样一个十三岁就可以在寺庙里作画的画家,1957年就被划为右派,文革中又被审查。

张人希和张英交谊甚笃,帮助他通过自己在海外的朋友卖过许多画到香港、新加坡等地。从张人希的遗物中还能找到四封张英的信函,两封写于1978年,一封写于1982年,最后一封根据内容推断,应该写于1977或1978年。

第一封日期确切的信根据信封邮戳日期显示为1978年1月8日。信是这样写的:

人希兄长:

来示收到,颂悉。其华同志等要的拙作,今已写就寄去,请查收笑纳。因在"四人帮"的陷害下,近十年来几未作画,在英明领袖华主席领导下,打倒了"四人帮",我和同道者同样地感到欢欣鼓舞,重提画笔。但因笔砚久荒,愧不成画。这次我聊写几幅,寄一幅与兄补壁,蒙得过誉,殊为自愧,从此而给我继续作画的信心与鞭策,谢谢兄的鼓励,关怀。你友拟在79年出日历和巡回展览的作品,如能用得上,当得应征。什么时候要,尺寸多少大,内容什么?形式(横或直,工笔或写意),望能示知,以便准备。至于前说的画刊事,能找的到也好,找不到亦莫为怀,顺此覆颂
文安

弟张英上

信中的国华同志指的是新加坡华校生黄国华。因为他酷爱书画,还一度学会了裱褙,并以此为业一段时间。他也曾跟随张人希到丰一吟家拜访。

1964年4月,张英被调到福州第一脱胎厂任设计员。此时还在工厂里。1978年2月2日(根据邮戳),张英又给人希发了一封信,用的就是"国营福州第一脱胎厂便用笺"。

人希道兄：

你好，来示收到诵悉。你太客气了，并其过誉，殊感为愧！承嘱之画，当予应奉。不过我拟在二月三日回仙探亲，大概要廿天左右，等我回榕时，即抽空画一画，马上奉上不介。至于赴厦参观美展一事，未能如愿，因工厂是生产单位，出门很不方便。虽然画展和行业业务有关，但这里的领导还未有足够的重视，我虽然近来很想作画，时间很有限，曾每时感苦闷，所以，很想如果能退休的话，我还想退休，将这有限的晚年专心致志画几年画，以慰素愿。（后面是两个私人地址，略）有什么示知按此示之即是。谨致
道安

弟张英

1982年，张英的健康发现了问题，但应组织的要求，还要筹备翌年在香港和新加坡举办的《张英人物画展》。为此他给人希写了一封信：

人希兄长：你好！

三月廿四同兄挥别，廿五日返榕。一回来，琐事繁多，忙得不亦乐乎，所以搁至今日，才给兄奉候道安，歉甚，乞谅。想知己者，祈勿见怪至感。

您拜托杨明达同志向陈虹副部长说要办之事，于四月二日我陪同他同往已向彼说了。杨嘱弟奉告，但迟了，亦祈恕谅。

于三月卅日，得省对外文委的函知，据称是他们于今年内要为我在港举一个展，已报请中央国务院港澳工委批准了，要我积极抓紧时间筹划创作，称等画作完，时间待我作完准备就绪后确定。这次在内是对外文委抓，外是全由港澳工委安排确定。为此，眼下我身体虽然欠佳，仍要忙于创作。这个任务，说起来很光荣，能得组织上的信任，要为我在外开个展，作对外文化交流，很荣幸，但又十分担心，自愧水平不够，很怕作品达不到客观要求，有损全闽艺坛声誉，会被同行者咒骂不休。也有可能个别同行者怀持妒心而有意造谣伤誉者，所以颇为担心。但不管如何，既然组织上信任了我，要我办，当然我硬着头皮、应承作之。尽自己之努力，并多方听取意见，不断改正，力求提高，争取有所成效。为此，今亦特告我兄，望能不弃，时赐教益，铭感不

胜。你何时如有来榕之便,邀临寒舍审阅指教是感。这次在厦一个月,结识了许多同道长辈名家贤者,殊感荣幸。如有会面,烦兄代为问候道安。有许多他们的通讯处我都不详,且目下也无事忙,未能一一专函请安,祈代解释,赐谅。专此即致

艺安

弟张英敬上
五.五

　　信中提到的陈虹副部长指的是1939年出生的吉林四平市人,原国家民政部常务副部长。上世纪80年代初时任中国福建省委统战部副部长,是一位书法家。

　　70年代后期,张人希帮助国内许多同行好友们将其作品推广到海外。海外这些经手人有的是艺术爱好者,有的则帮助张人希将之推介给其他藏家。此举固然帮助了许多人,然而,有时也会遇到麻烦,比如前文洪世清遇到的,还有这里张英遇到的,更有后面万青力遇到的,皆尽不同。

　　那些帮忙推广的海外朋友并不是每一张作品都能顺利脱手,个别人士作品到手后由于种种缘由没有支付润笔。在这种情况下,国内的书画家有的收不到钱后基于信任或者了解内情就作罢,有的则难免有怨言。张人希多次因为朋友的怨言而自掏腰包去支付润笔。万青力后来曾替张人希抱打不平还专门撰稿反驳那些以这一类事件攻击张人希的人。

　　那一封看不清邮戳年份的信函根据内容来看应该写于1977年的8月4日。因为信函中有"厦门书画社情况如何"一问。厦门书画社成立于1976年的9月份,因此,这封信可能是在厦门书画社成立之后写的。当然,也不排除在成立之前写的可能性,因为张人希或许提前告知张英厦门书画社行将成立的消息。

　　这封信不便公开,因为信中牵涉到一桩纠纷,是张人希一位移民香港的厦门朋友到福州向张英购画后发生了不愉快的事情。张英用了整张信纸向张人希解释故事的始末,在这里就不引用原文了。信中感谢张人希,并请求张人希帮助他的朋友之事倒是值得摘录。

　　颖南兄为我操心,帮我很多忙,这也是我兄有心栽培的结果,铭感不胜。

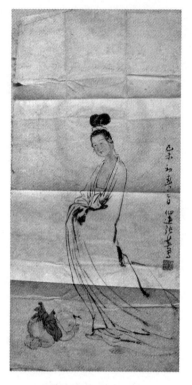

张英画童子拜观音

我友樊义弟在厦执教。他的为人诚实勤劳,治学精神颇严,在文字方面近年来颇有深进,但毕竟是后生,尚有许多方面不是之处,望兄就近平常接触中多多给予帮助为盼。

张人希赠送给长女张君平一幅张英1979年的画作:童子拜观音,非常精美。

1984年9月,张英因胃癌不治英年早逝,去世时年仅64岁。

8. 高马德

在张人希的画友里,高马德是他帮忙相对比较多的一位。

高马德(1917—2007),南京人,金陵画院院长,是戏曲人物画著名画家。

从尚能看见、始于1983年高马德给张人希的信函看,张人希应该帮他卖了不少画作。同时,也给他提供了不少意见,并替他筹措画展。

1984年,高马德在1月15日的函里有:

从厦门大学卢同志那里,了解一些厦门风光。吸引我去游玩一番的兴趣。我争取今年去。带着作品开个展览。有老兄帮场子,我当有恃无恐也。书画社寄来稿酬(30元)。这画原是送给他们陈列之用的,也付酬,真是客气,请代我致谢。

书画社指的是厦门书画社。

2月27日有:

加拿大汇票40元收到,谢谢。承允协助联系,极为感谢。所列价格40—50也很合适。今理出拙画10幅(另邮),请费神处理为盼。

10 月 30 日说：

> 150 元收到。……过些时日,当寄点剪报、戏画,请您安排。感谢的话,不多说了。

另外还有诸如日期为 1 月 29 日,邮戳不清,年份不详者：

> 汇款两次都收到,谢谢了。……我正在准备今秋画展,恐单调,请帮我出出点子,内容能丰富些才好!

1986 年 4 月 5 日高马德的信中说：

> 在商务书馆开画展的事,很感兴趣。画件是否可以不裱? 我不了解该地的习惯,这里是不裱,装在玻璃框中展览,由买主买回去按照自己喜欢的款式装裱。200 幅太多,我想 100 幅便可以了,先试销一下,我作画很慢,耗时很多。寄出要有出售单位的发票,凭空要让他们白赚钱,似乎有些冤枉,我还没有找到这种单位,也没个数,请你就近先了解一下,大致要多少手续费? 时间要放长些,100 幅,要一年才能完成呢,当然,我争取快些。展出以多大合适? 我想大部分是四尺六开的画片,小部分是四尺三开的竖的画幅(可裱成立轴者)。今年秋季,我打算到贵地去看地方戏,这样可增加些内容,也可能引人乡思。届时如能在厦门开次展览(不卖),则更好,不知好安排否? 商务书馆展出事,等大体上有个谱(这需要你出主意)以后再请介绍许先生与我直接通信。

信中的商务书馆,指的应该是香港的商务印书馆。而许先生则是许晴野先生。显然,张人希借助许晴野的帮助,想帮高马德在香港商务印书馆举行展销会。

1987 年 7 月 13 日,高马德写给张人希的信里写到"明年拟去贵处开画展,届时要烦老兄帮忙了。"

张人希是很热心的人,努力为朋友张罗,不期高马德不慎扭伤了腰。1988

年5月10日晚他给张人希写信道：

> 大札收到。画展事能这样安排,很高兴,但我现在遇到件倒霉事:把腰扭伤了,不能站立,经针灸服药,情况好转,医生说年纪老了,恢复正常还需一些时日。如此,画展、去珠海都成泡影了。本来我设想本月下旬开画展勿忙一些,拟在月底把画件亲自带到厦门,具体商洽一下,即赴珠海,半月后再到厦门展览。目前,只能等腰伤痊愈,再来考虑这些了。此事烦您操心,甚觉过意不去,请原谅了。

六日后,5月16日又给张人希写信道:

> 刚发一信,就收到10日的来信,为拙画展事奔走操劳,真是过意不去。能在工人文化宫展出最好。金秋我已约定去贵阳、重庆展览,明年春季前往厦门,尊意以为如何? 我很想去贵地多停留些时间,我们多聚聚,听听您对拙画的意见。泉州能展出更好,我也想看看地方戏。讲学的事,后来想想,有些不敢当了。但能与美术界诸公座谈,听听意见倒是求之不得的事。

1988年12月2日,高马德给张人希的信上说:

> 月前听说要来南京举办画展,很高兴。后又问十竹斋,知尊夫人健康不佳,不能成行。现在想已康复,阁下仍有意来宁否? 念念。……在港展览,订价3000港币至15000元。以最低价三千计算,1/6便是500元港币一张(斗方),我兄可酌情折扣出售;过低,便与港市场悬殊,不合行规矣。

之后,高马德如愿以偿到了厦门。1990年1月24日,高马德信中说:

> 久未通信了,近况如何,念念。我处情况如旧,乏善可告。总的说,是进入养老状态,已无进取之心了。拙画售价,1500元一尺,但朋友介绍,理应优惠,多多少没有关系,广结画缘也。上次去厦门一游,印象很深,有机会当

再去一游……前寄来稿酬,早收到,迟复为歉,乞谅!又及

1990 年 12 月 22 日,高马德信里说:

　　这次厦门之游很愉快,感谢你给我这个好机会。两千金索画,已画好,随函附上,乞笑纳。日前,我寄书画院经理部 4 张画,自订 500 元一平方尺(指我实得数),如觉高的话,可以打 8 折。另外我有白蛇传册页一套 12 张(四尺 6 开),如觉册页形式好卖,当寄上一试,请阁下代我斟酌,价钱好商量,请按贵地行情定价,如此生意才能做得活。

1990 年海湾战争,世界动荡。
1992 年 3 月 8 日,高马德在写给张人希的信中说道:

　　现在市面上书画生意萧条,画店愿意收购行画,仿制品,因价低加上一切开支,还可赚钱。另外再弄些玉器、化妆品,便可维持下去,不愿意收购画家的画,因底价高。翁经理以 400 元(四尺 6 开)一张,收购拙作,拾张,也抱怨底价高,摆了一年,只卖掉了八张(我意,能如此便很不错了)。

信中的翁经理即指张人希新加坡朋友翁雅才先生。
1993 年 10 月 17 日,高马德告诉张人希说:

　　日前,我画了几张画,寄给你,想请你试销。我在这类作品中,毫无经验,请多指点,至于价格,请老兄酬定,全权处理。

　　为谋生存与发展,画家不得不大胆地尝试各种变化,企图跳出自己已经广为大众认可的绘画风格。老来变法是相当冒险的。可惜那些寄给张人希的画作没有照片留下,成败与否不得而知。
　　1994 年 1 月 24 日,高马德给张人希写信:

人希兄：

　　信收到很久了，迟复为歉。我在医院里已住了廿多天，因糖尿病没有控制好，只好住院调整，大约春节后可以出院。

　　拙画近年来进展不大，只是添了个品种：手卷。此类画很难发挥笔墨，但繁杂人众，热闹，商品画而已。颇想在笔墨上多用功，但已七老八十，有心无力。走到哪里算哪里吧。希望老兄多多指点，切盼切盼！

　　近年常写杂文配画，已出了单行本《画戏话戏》，寄上请正（另邮）。

　　拙画订价为 500 元一平方尺，挡一挡应酬画，尊友喜欢，请我兄酌情优惠便可。匆此，顺颂

年祺！

弟
马德
94.1.24

　　高马德的信函不少，但内容都差不多，上面是部分信函内容。除了帮助高马德推介作品到加拿大、荷兰、新加坡、香港、台湾等地，张人希也自己买他的画作。早期曾经花了八百元买了高马德的"贵妃醉酒"，赠送给往返于美国与台湾之间的蔡实鼎夫妇。

9. 万籁鸣

　　万籁鸣(1900—1997)，南京人，中国动画电影鼻祖、剪纸艺术大师及著名导演，他的动画片《大闹天宫》与连环画《神笔马良》家喻户晓。

　　张人希和万籁鸣何时相识已经无从考证，估计是上世纪 70 年代中经画家陈大羽介绍相识的。还留存的信函共有 16 封，从 1976 年 11 月 12 日文革刚刚结束，到 1982 年 6 月 19 日。最后那封信是写给张人希和李硕卿的，因为手抖，字体已经歪歪斜斜。万籁鸣的信函颇为频繁，从内容可以看出他们俩惺惺相惜，交情不错。

　　万籁鸣在 1976 年 11 月 12 日的信中写道：

　　　　陈大羽画师送来阁下大作精品两幅，虽与阁下未见过面，但尊作已悬之

舍下壁端,早久观摩。阁下诗、书、画、金石俱佳,尤其是华墨在纸上透出金石气,平时对金石下过一番工夫,难能可贵,自愧弗如……我很喜欢阁下篆体宝书,寄奉宣纸两幅,拜求篆体墨宝一幅毛主席诗词"三打白骨精",一幅郭老诗词"三打白骨精"。

两周后的 29 日,万籁鸣收到张人希信与墨宝后道:

日前接大札,内篆书两幅均收到。大作既是字又是画,有装饰美,艺术性极高,余甚爱之,深表感谢! 画友王康乐、胡倬云两君,年都过七十,喜画山水,常来我家,见大作非常欣赏,托我代求墨宝。王君求画和字各一幅,胡君求画一幅,内容随便。兹将两位作品,寄呈教正。征求尊论,想能俯允。

1977 年 1 月 9 日,万籁鸣给张人希写信道:

人翁大作挂在舍下,引起画友的赞赏,都想要求我,代求书画,一概婉词谢绝。但有一位多年老同事,一定托我,使我无法推辞。他想求书古篆对联共十四字,外加上下款,时间不计,能否恳求于便中,代为一挥,以慰渴望。如能俯允,请赐片言,当即将宣纸寄上。

同月 24 日,万籁鸣在信中道:"尊作对联已收到,敝友拿到,如获至宝,非常赞叹,嘱我代向您谢谢。"

2 月 8 日,万籁鸣给张人希写信说:"日前书法编辑部周志高同志来舍,您托他带来名种水仙两棵,收到,谢谢。迟复,尚祈鉴宥。弟因今年猴年,赶制猴画一幅,赠送希教正。借此祝贺猴年阖府永远康乐愉快。"信中还告诉张人希说刘海粟在上海举办个展。

3 月 19 日,万籁鸣收到张人希的水仙花绘画,寓意不老,表示非常赞赏。

4 月 6 日,万籁鸣收到张人希托人家捎去给他的印章一枚,大喜过望,说:"因人翁忙,素不敢启齿请求,人翁知我心意,真使我喜出望外,衷心感谢。"

在那个年代,交通不便,经济也不允许,所以画家之间彼此互动,多靠信函,彼此还会互相索求作品,张人希和万籁鸣也不例外。当然,索求的往往不只对方的,还有对方的朋友的。万籁鸣在4月18日的信函中就有:

> 四月十一日大札及李硕卿画师大作一幅,均已收到。人翁所凿印章,我已用上,使拙作增光不少。……愚有不情之请,便中托兄征求林岑和李硕卿两位画师作品一两幅,供我观摩,尺寸不计,时间不计。

林岑即林秉坤,1937年出生于厦门,是张人希好友,70年代末刚刚开始崭露头角的年轻书画家。

9月28日,万籁鸣告诉张人希一个好消息:

> 拙作彩色动画片"大闹天宫"将于国庆节后在沪上演。并于十月二日午后,在电视台,向全市广播电视"大闹天宫"全剧约两小时。此片压制十四年,一旦能与观众见面,真幸事也。

随后,张人希求得罗丹墨宝,寄赠万籁鸣及其朋友,大家都很喜欢,其他人便纷纷向万籁鸣索求张人希书画,万籁鸣怕张人希招架不住,只好在信中告诉张人希说他已经代为谢绝了。

1979年1月13日,万籁鸣给张人希的信函中说收到印章八幅(估计指印蜕),另外再要张人希另拓八幅,将印章、篆文、边注楷书,要托上海文艺编辑欧冠云联系上海文汇报登载。同时告诉张人希说自己的妻子已经七十八岁,患严重心痛症,时常发作,寻常送医院急救,使他意兴索然,精神受到影响。

1979年3月,张人希写信给万籁鸣帮周颖南求绘"孙悟空"。

1982年6月19日,万籁鸣到福建旅行后回到上海给张人希和李硕卿写信致谢,并请帮忙为上海王康乐到福建开画展:

> 两兄台鉴。别后已平南抵沪。在闽时多承招待,十分感谢。惟人希兄来沪未能招待至歉。
>
> 兹有画友王康乐兄,已荷您们支持,至贵地开画展,为此美协上海分会

出具公函,手续关系,拟烦贵协会先来函通告上海分会。接到尊函当即奉复,以便您安排展出日期。

从信函的时间与内容看,和同年 6 月 14 日李硕卿写给张人希谈及王康乐的画展事宜是同一件事。大概是李硕卿告诉万籁鸣要办就要上海美协和福建美协交涉,所以有美协上海分会出具公函一说。

彼时万籁鸣已经八十二岁,因为手抖,字已走样。自此以后两人还有没有通讯联系就不得而知了。

10. 万青力

万青力(1945—2017),安徽宣城人。1968 年毕业于中央美术学院美术史系,1979 年考取中央美术学院中国画系研究生(指导教授李可染、梁树年),1981年毕业。他和张人希的通信可以追溯到 1978 年。从尚存的信件中可以看到最早的一封为 1978 年 5 月 29 日。

人希艺长几前:近安!

你托郑兰同志带来的图章早已收到,因我们去四川、河南等地深入生活才回来,思聪、卢沉画才拿至,请谅迟复。十分感谢您的图章。听永玉师说,是您十四岁相交之契友,十分钦佩!您治印格调很高,我们极喜爱。请容时间稍缓,再寄近作请您指教。

此颂

艺祺!

附思聪,卢沉近作各一幅。

晚

青力

五月廿九日

信中的思聪指周思聪。

在万青力的信里夹着一张他请张人希治的九枚印画稿,不知道是何时的?从落款的"戊午"看乃 1978 年。但无法确定是否夹在上面那封信的。

1979 年 4 月 15 日，万青力给张人希的信函里：

人希先生：

惠书收到，因您信中谈及吴振勤同志要带来图章，就一直等，结果至今没有见到他，不知何故。您为我治的几枚图章非常喜欢，谢谢您。苦老两印我也觉得古朴浑厚，大有汉印古砖风韵，只是印未到，不能及时送交苦禅先生。吴振勤同志是否未来？您所说印泥的事，的确如此，实在欠讲究，因为我们是画院公用的，也不懂，大家都不注意，因而很不像样。我已从荣宝斋买了较好一些的印泥，上海的目前北京无货。这方面请您多指教。

永玉师个展在北京正在展出，前在广州曾展出，颇为成功。目前北京的在世画家个展中，这是最好的一个。永玉师创作精力过人，丈二巨幅白描，十分精彩，其中也有您的图章，我可以认出来的，亦为画增色不少。您的印章风格朴厚，形式亦多样，如邓散木之取意封泥、古砖，赵之谦取意于古币等。见到的人都很喜欢，您可否将来到京来走一走，北京的朋友们和艺术界会很欢迎您的。

张人希的海外朋友知道他交游很广，纷纷通过他向中央美院的大师们洽购画作。张人希于是和万青力联系。1979 年 5 月 9 日，万青力给张人希回信：

人希同志：

因为去黄山廿天昨晚才归，您的信回晚了。因为您是永玉先生的老朋友，永玉先生是我们的老师一辈，因而一直以前辈相称，您既不喜欢这种称呼，只好斗胆称您"同志"了，但我仍有些惶惶之感。您的印格调很高，是一种人格的流露，真率大度，不媚俗取巧，我十分喜欢。您若来京，我们一定热情欢迎您。时间我感到还是十月最好，这是北京最好的天气，另又可看全国美展。

振勤同志仍未见到，可能快了吧。

您所说的出口字画一事，北京情况是这样：对外书画出口，基本是通过中国工艺品进出口公司经手（福建也有分公司，可与之联系），集古斋就是这个公司在港的经销店。国内画店，主要对来中国的外宾出售。收购价格是一元到十五元一方尺,吴作人,李可染是最高标准(十五元一方尺),青中年最高在(一般不超过)十元,思聪、石齐、范曾及我一辈都是十元一级。一般五、六元者多些。现在数量有控制(主要求质量),一个月交五、六张(大都是四尺三裁)。国内画店也有按百分之二十,百分之十五付酬的,如长沙画店,卖一千元即付二百元给作者,不按分尺。以前画院要扣百分之四十手续费,现在取消,但材料自理。厦门办书画社,是件好事,既可为国家换些外汇,又可促进书画事业发展,最好在厦门市内同时办一画店,又与进出口公司联系对外业务,双管齐下。

俞致贞先生为人十分好,我虽不熟,但见面机会是有的,画一定代催。

《书谱》可贵在这种刊物海内极少,而认真蒐集了不少资料,我很想能有机会得购一套合订本,请您设法试试看。

你国外朋友征求国画的一事,没什么问题。我一定代劳,名单可寄来,画院、美院及在京的画友很多,可择高手以应。

刘汉画十分好,画院一直想调他,只是因为他原来无职业,牵涉到国家增加干部份额问题,尚未办成。

《美术家》我每期都收到的,黄茅(草予、蒙田)先生定期给我寄,约我写点东西,一直没有写过。

"郑板桥用印"发现,颇有学术价值,大多画家(吴昌硕、赵之谦等少数除外)一般自己不治印的,万方之内,天地很大,是很需要用时间的。祝您的文章早日刊出。

顺颂

近祺

青力顿首

五月九日

5月15日,万青力收到张人希送他《书谱》合订本,高兴极了,说他自己爱书如命。说"酬谢画及上次所列十位先生的画一个星期内寄出,同时寄上浙江、陕西两位青年画家的作品"。信中告诉张人希中央美院招考(导师李可染)山水研究生五名,限三十五岁以下,自己想检查一下自己的水平,结果误打误撞以第一名的成绩胜出。同时，他发现自己的篆刻方面成绩较弱，希望张人希能够指导。信中介绍西泠印社的韩天衡，说他写了一篇短文介绍吴熙载一方六面竹印，北京拖了数月没有出版，请张人希帮忙看能否在《书谱》出版。他说"天衡是我好友，卅九岁，从小致力印学，上海画家用印，不少出于他手，学问上也很用功，希望您指导。"信末又加了一句"前天见邵武同志，在一起主要话题是对您印学的赞赏"。邵武指的是中央美院著名雕塑家钱绍武。

1979 年 7 月 24 日，万青力信又详细说明各人的润格。

人希同志：您好！

今寄上其余九位北京知名青年画家 90 幅（每人十幅），请收。自七月一日起，大致按中国进出口公司议价标准，荣宝斋、北京画店、文物商店统一提价，吴作人、李可人、李苦禅等一流老画家提到每方尺三十元。相应个别青年中年画家的稍有增加。这是件很讨厌的事。我不惯于办这种事，因此，还是附上各人润格，以备参考。

除我、李蔚、石齐收购价提为 12 元一尺外（即四尺三裁每幅 36 元），其余：

程振国每方尺 8 元（北京青年山水供人一流的）

崔瑞禄每方尺 10 元

崔如琢每方尺 10 元（"李门二崔"，皆苦老得意门生）

吴悦石每方尺 8 元（北京画店负责人）

龙瑞每方尺 8 元（李可染先生学生）

生存义每方尺 6 元（青年金石家）

张清晨（如意）每方尺 6 元（吴镜汀高足）

以上均为香港展览中列名者。其余一般化国画者已停止收购矣。这些人都是我的好友，一说便应了。一般他们是不付现款不画的。这一点请您转达。因为卖画已成为一种能继续画画的保证了。（5 元以下画家甚多，但质量一般较差，就不扩大了。）

另：苦老因正筹备拍电影事，整天忙于准备，身体又欠佳，先寄上李蔚兄酬谢您国画二幅。所刻印章已转奉。苦老十分欣赏，尤其是阳文一方，代致谢意！（振勤终于在上星期日见到）收到盼复。

　　顺颂

艺祺

青力

7.24

　　另：一应邮寄费用，请在我的稿酬中扣除，切勿由您破费。第一批十位已全部寄上，您看可否就此告一段落。苦老画至迟您到京时一定可以直接拿到。

张人希自己在香港发表自己的文章与书画篆刻作品，也帮助其他艺术家将作品推介到香港发表。

1979 年 8 月 4 日，万青力的信中说：

　　您在港的朋友如需稿件，是不成问题的，因北京书画方面作学问的人，老一代及同辈，我大多熟悉。国内刊物小而限制多，是有文章而无处发，不是无暇为之的。《艺林毓秀》是书法刊物吧？如需文章，请你随时信示。

同一封信中说道：

　　《书谱》两次看到您的文章，都是字字实在，可见您治学之谨严。我是很盼望您能来京住些时间的。

信函也提到刘海粟当时的处境：

　　海粟老个展，我看过两次，气势很大，黄部长很重视的，也有为海粟老恢复名誉之意。但北京对海粟老非议之辞亦甚多。

那个年代，全球经济低迷，文化大革命又刚刚结束，艺术家们方从挨整的苦难岁月里走出来，面对的是另一种尴尬，那就是薪酬低，作品不值钱。虽然大家都想卖一点画作帮补生活,可经过官方渠道卖画价格奇低,想走民间、私人渠道又不畅。8月12日,万青力给张人希信就可以充分看到这样的一种窘况。

人希同志:

来信收到。您热情为朋友忙碌,令人感动。这是很麻烦的事。现在正值书画淡季。青年人能卖些画,对继续研究此道,已是一种补充了。我们一辈工资均低微,只能勉力糊口而已。前些年,我一直只送不卖的,时间长了,支应不了,是"清高"不起的。北京除个别人外,(年青人只有四五个人)也是有一定限量的,因此,您能为我们这种朋友谋另一个出路,我也替他们谢谢您。

海粟大师画只售两幅,但我听说是一万元一件。也未必可信,因美术版的同志也不知此事。目前北京到处展销,以售价三分之一或二分之一给作者,好像外国人一下飞机就到处是卖画的,搞得过分了。实际上香港价格只相当国内三分之一,一幅黄宾虹的小画,也只合人民币三百元左右。真识画者几何?

世清同志致力印学有年,您是他的老友,一定更有了解,但北京匆匆一过,未及见到。

您自己的艺术,也应不拒宣传才是,让人了解是需要的。您到京时,还有请您在画院或美院讲座之想,未知肯赏允否。

中山国出土文物在京展出以来,颇为轰动,是建国以来规模重大之一次发现,寄上说明书一份请阅。赠汉斌先生三幅:崔子范一幅(画院院长),尚未拿到。王为政(擅长小写意动物)三幅。请转为谢意。以后我也将陆续给您收集一些画。

维宝是我的画友,来京时肯定来我这里的。徐希在人美工作,他们的画很有新意。徐希因传统功力小些,北京画店不肯收购,其实画是很好的。

另有一事求您为我院尹瘦石(现任副院长)治一两方印,他的字画格调较高,是我的忘年交。45年与柳亚子一起到重庆办展览,毛主席为他题过字,"沁园春·雪"一词手稿一直在他手中私藏,后献出,自斋号"仰雪词馆",曾任内蒙美协主席,调北京后任画院党委书记,57年被打成右派,现已平反,恢复党籍行政十级。不知您见过他的画没有,他的书法是比画好的,长晋人小楷,行书,也是书学研究会负责人之一。我想您要是到京,这是一位可以谈得来的朋友,与永玉师也是颇熟悉的。印不急,您来京时再治不迟。(我这里有石头)他乐于书画回赠。

前寄画者都是我的同年朋友,您不必急于谋回复之音。百忙之中,望保重。

顺颂

艺安

青力顿首

8.12

(信请仍寄画院,家中收不到)

张人希虽然一直热心为艺术家们搭桥铺路,但毕竟一介书生,泥菩萨过江尚且自身难保,更何况普度众生?所以,帮朋友卖画并不能事事如愿。张人希帮助万青力也发生过一些尴尬的事,体现在下面这封信及后面的几封信里。

1979 年 9 月 7 日,万青力给张人希写信道:

来信收到。因为要找这些画画的朋友征询他们的意见,所以迟了几日才复信,请您原谅。他们一致的意见是画还是放在您处,随您处理。海外来人有些人是可能带走的,请您千万不要为此不安。本来此事是出于您对朋友的热诚,这些朋友大多与我关系甚好,根本没有任何问题,请您不必把它当回事。

万青力是很活跃的人,也是非常热心的人。除了李苦禅和尹瘦石外,万青力还为吴作人、吴衍休等向张人希求印。比如 9 月 15 日的信函有:

您有余暇时,可否为吴作人院长作一引首印《师造化寺去工》。他请许多人刻过,都不十分满意。石不一定好,能用就行。

10 月 2 日的则是：

> 吴、尹院长印不急，您有暇时为之。只有画院艺术室主任吴衍休先生（山水画家）很喜欢您的印，求您两方印，一为名章，一为押角"兴到临池"，请您酌情安排。他们将以书画回赠。先寄上吴衍休一幅。

万青力在信中和张人希有不少的私人交流，他会把自己的近况告诉张人希，诸如考研究生、当了班长、潘结兹希望他接手当《中国画》主编、加入全国美协、集古斋和雅博想捧北京十个五十岁以下的画家包括他和范曾等三人等，话题甚至还包括好朋友的婚外恋。张人希要去北京，万青力热心给他建议，比如何时到北京、住什么地方、应宣传自己等。

1980 年 5 月 25 日的信函第一段：

> ……在桂林见到《书谱》杂志，读了您的文章，另有一方您为我刻的"学海无涯"，非常高兴。您以后如能多写些文章，尤其是回忆艺坛轶事（如弘一法师等）及印学探讨等，将是青年学艺者们所盼望的事。

同一封信里还提到：

> 昨日尹瘦石（现在画院院长）先生说他见到了您为他治的印，非常赞赏，并向您致谢！欢迎您到北京来！您何时来京，事前可来信告知。尹老是我的忘年交，很有修养，您一定会和他谈得来的。

关于前面提到的卖画遇到问题一事，从万青力同一封信函内容看，应该是张人希遇到麻烦，画寄不出去。

> 关于去年那一批画，使您不安，我也有责任，因为太多了。有的朋友建议您寄回，因为北京去香港免检（如出口代表团或留学生）的人较多，可托他们带去，您告知海外地址由他们妥交或由港寄出即可，您看是否可以？不然

总是一件遗憾的事。

1980 年 12 月 5 日的信里还有这样的话：

> 这件事我感到也有内疚，您本来出于热心帮助朋友。原本我也是打算有些稿酬先自己付出，因为这两年上学，很少卖画，文章稿酬很低，所以没能如愿，有些知道的朋友总好说，有些关系一般的朋友不免总打听，甚至说出不好听之话，我是下决心了结这件事的，您先破费自己的钱，是不合适的，如果这件事没有结果，应由我和您共同负担才对。款我近期即分别先付那些一般朋友，向您致以谢意，这是帮了我的忙。您的为人，我是很敬佩的。

1980 年 12 月 26 日，尹瘦石给张人希的信函中说：

> 前小万送来足下赐刊石章三方，早已收到，甚为感谢。所嘱为尊友翁雅才先生之画，因年终事繁，不克奉上，请缓容，一俟绘新，当即寄上。

遗憾的是尹瘦石终于分身乏术，到底没有为翁雅才作画。

万青力和张人希交往越久，越发推心置腹，所以，他不仅仅会赞赏张人希，发现问题的时候也会直接提出自己的批评，比如 1982 年 6 月 5 日的信中有：

> 印样收到。"中华之美"，"精神文明"两印似乎未显示您的水平，因而我又附上"不务虚名""学海无涯"等，连同文章给《光明日报》，他们说肯定可以发，但要等文艺版稍空时插进去。此事料无问题。

"学海无涯"和"不务虚名"都是张人希此前应万青力的请求为他治的闲章。这一封信的下一段尚有：

> 我正在中南海画接见厅大画，计廿几日完成。这期人物班水平不甚理

想,因又调来十几个人再画一些画,展览要求尽可能好些。计两个月,因此,院领导拟请您八月份以后来京作画,那时季节最好,往来路费我们负责,已谈妥。那时,我可陪您匆看些地方,请些朋友,时间紧密些。

资料显示,张人希在 1982 年间终于去了北京。但是,行程非常紧密,以至于许多朋友都没有去访。张人希最终有没有接受中央美术学院的邀请去作画和开讲座因为信函不齐看不到下文,但可以肯定的是,张人希在中央美院许多人心中有一定的知名度,并获得他们的认可,尤其在篆刻方面。

1984 年,万青力赴美留学。1989 年 10 月任香港大学艺术系博士研究生导师。

1991 年 5 月,张人希赴美前在香港见到黄永玉,黄永玉告诉他万青力也在香港,张人希于是给他挂了一通电话。10 月 10 日万青力寄自港大的信有"十数年后再聚香江,快慰何似"之语。

1996 年,万青力患白血病,但从未向病魔屈服,坚持创作,直至 2017 年 1 月 11 日因心脏病在美国弗罗里达家中去世。

11. 郭兰英

张人希曾经交往的人中,演艺界人士几无,郭兰英是个例外。

郭兰英将"南泥湾"唱得家喻户晓,但郭兰英会绘画大概很少有人知道。

1929 年 12 月,郭兰英出生在山西平遥县一个贫苦家庭。八岁开始学唱山西中路梆子,不久就在山西太原开化寺戏园登台。十一岁随戏班演出,先后主演《秦香莲》《李三娘挑水》《二度梅》等百多部传统戏,唱做俱佳,在戏曲界初露头角,大红大紫。

1986 年,郭兰英与丈夫万兆元过访厦门。

万兆元(1932—1998),山东莱州人,李苦禅的关门弟子,主攻花鸟画。当时是北京中国画研究院画家,中国美协会员。

万兆元携郭兰英到张人希家拜访。张人希对郭兰英印象很好,感觉她性格豪爽,说起话来无拘无束。郭兰英告诉张人希说,因为名叫兰英,有一次周恩来总理接见她时建议她学画兰花,她听了很受鼓舞,真的学书法与绘画。她说自己功力尚浅,画得不好。张人希发现郭兰英虽然自谦,但其兰花应该画得不错,因为她已经参加过北京的画展。张人希请郭兰英即兴画幅兰花,她一口应承,提笔便画了一幅送给张人希。张人希为此十分高兴。

1993年3月,十二集的音乐电视剧《郭兰英》推出后,张人希想起往事,十分兴奋,便在《厦门日报》发表了"郭兰英轶事"。这篇文章里除了介绍1986年郭兰英来访的故事,还记载了一段关于郭兰英入党申请的轶闻。文章如此说:

> 过去我曾听说过,郭兰英很早就提出了入党申请,但由于一些人有意见不能通过,但她并不灰心。在一次新党员评议会上,一贯以仗义执言著称的中国歌剧舞剧院院长、著名词作家乔羽提出了他的观点,他说:"郭兰英是有一百条缺点的好人。"这句开场白,真是语惊四座。他接下去说:"因为郭兰英大节好:那年胡宗南包围延安,我们队伍在外撤,革命呈现低潮,郭兰英那时唱山西梆子刚出名,人家不去排名角大戏,却跟着我们的队伍走,才十六岁呀! 就这么参加了革命,你们说这是不是大节? 文化大革命中,有的人想叫江青注意到自己,可郭兰英怎样拉也拉不去,偏偏不跟你四人帮合作,这样的大节,让不让人敬佩?"这时,不少人听得很感动,有的红了眼圈,老院长继续说:"作为一名普通的党员,我希望我们的党宁可收有缺点的好人,也不能接纳仅仅表面上有些优点的坏人!"老院长的话一说完,全场顿时轰起了热烈的掌声,赞成郭兰英入党。

第三节　新知旧雨话当初

1. 文化界新知

1.1　丁玲

丁玲是张人希那代人的偶像,自然也是他景仰已久的作家。

1904年出生于湖南临澧的丁玲原名蒋伟,字冰之,毕业于上海大学中国文学系。1936年,她作为第一个投奔延安的文人,在中国现代文学史上奠定了无可取代的地位。她的名著《太阳照在桑干河上》对现代文学影响很大。

1979 年 8 月 7 日,叶圣陶给张人希的信函有这么一句:"我作词赠丁玲,出于一时激动。就词而言,实甚平常,决不能与顾之《金缕曲》并论。"

1980 年 3 月 1 日,叶圣陶给张人希的信函中有:"为丁玲刻印二枚,我以为并佳,而尤爱方形白文者。"张人希当时已经为丁玲治了两枚印章,但是不是通过叶圣陶转交的,信函没有明说。

不过,介绍张人希去拜访丁玲的则是黎丁。1981 年 1 月 2 日,黎丁给张人希的信写道:

> 丁玲夫妇去鼓浪屿休养。有时间可去看看他们(她丈夫陈明)。说是我介绍的。

张人希 1 月 9 日回信给黎丁道:

> 丁玲来厦,深居简出,怕人打扰他,所以我没有去看她。来信嘱托,我想,如有机会,又方便我会去看她,并代您向她问好。这位作家是我很佩服,20 多年来遭遇至惨,我无限同情。

2 月 1 日,黎丁又给张人希写信道:

> 丁玲原说过春节后返。有空可看看她和陈明。她怕人打搅,尤其是编刊人员索稿,你无此关系,纯去看看她,无妨。

张人希于是去拜访丁玲。

丁玲听说张人希是个篆刻家,便告诉她说瞿秋白赠送自己两方印,原件留在上海,答应以后有机会将拓印一份送给他。

张人希问丁玲有没有新作? 丁玲回答说:"身体不好,现在由陈明整理一些过去的旧作,去年(即 1980 年)由人民文学出版社出版的《丁玲散文集》都是陈明整理的。"说着顺手拿了一本,签名送给他作纪念。

4 月 10 日,张人希给黎丁写信道:

最近厦大 60 周年纪念,颇为热闹,丁玲曾到会参加庆祝,并发表讲演。那天,我正有其他会,没有去听,实在是失之交臂。会后她离厦去北京,听说要参加茅盾追悼会,听说过一些时间会再来。在厦时,承您好意交代,我曾去看她三次,每次她都是在伏案写作。我怕费她的宝贵时间,不敢拖延,本来我是准备写点东西,但看到这种情况,也就作罢。每次去都用很短时间,就告辞。她回北京,您如见到她,请把我这个心情向她转达。本来,我想请她,但她身体有病,这不敢吃,那不敢吃,而且路又远,因此也就作罢。她如果再来厦门,我也应该完成这个宿愿。……我给丁玲拍了三张像,是五彩的,已寄香港冲洗,以后由您转好了。

1986 年,丁玲离开了人间,张人希闻讯十分难过,也为尚未见到那两枚瞿秋白的印章而耿耿于怀。

许晴野平时搜集了许多名家的印存。在通讯中,许晴野听张人希说了这件憾事,便委托上海的朋友帮忙,终于给张人希弄来印稿复印件,印文为"宿心"和"梦可"。张人希大喜过望。丁玲的处女作是《梦珂》,张人希推测印文为丁玲早期的笔名,于是撰稿先后刊登于《厦门日报》与《书法报》,内容大致相同。其中刊登于《书法报》的内容如下:

瞿秋白遗印

前年名作家丁玲来厦门休养,在交谈中,她知道我爱好篆刻,因而谈起瞿秋白来,她说瞿秋白曾为她刻过两颗印章,原件留在上海,以后有机会要盖一份送我。丁玲第二次来厦门她没有提起这件事,而我也忘记问她。

香港艺友许晴野,也是一位金石家,他喜爱搜集名家印存,我曾向他谈及这件事,引起他很大的兴味。后来他碰到一位上海朋友,也是我道中人,就将此事拜托他,上天不负有心人,果然把这未曾发表过的遗印拓到。

最近,晴野兄即把印稿拓二份送我。印文为"宿心"、"梦可"。我推测这两印文,是否丁玲别的笔名?现将它公诸于世,供研究瞿秋白篆刻艺术的同好参考。

1991 年 12 月 25 日

人和人的缘分有长有短，丁玲于张人希犹如昙花一现，但是美丽永恒。张人希常常想起这位他很景仰的文艺前辈与勇敢女人！

1.2　何满子

何满子(1919—2009)，原名孙承勋，浙江富阳人，比张人希小两个多月。

他的口述自传《跋涉者》上篇一："身世简述"中有：

> 我是"五四"运动的同龄人。我在"五四"前三个月出生在浙江富春江南岸的富阳县龙门村。
>
> 在我出生前，母亲已接连生了三个女儿，最小的一个生下来不久就夭折。母亲虽不是特别重男轻女的人，但在宗法封建气浓厚的家乡，不生"传宗接代"的男孩子，总是桩憾事。特别是我们孙氏家族，自以为是吴大帝孙权的嫡派子孙，宗法意识就更为浓重。我的家就是一个典型的封建世家。我出生以后，祖父就为我取了一个封建味十足的名字——孙承勋。

名门大家造就了孙承勋这一辈爱国志士，堂兄弟姐妹们中出了多位烈士，其中最为人熟悉的是他的大姐：惨死于日本侵略者屠刀下的新四军共产党员孙晓梅。

何满子解放前曾任记者、报章编辑与总编辑，解放后历任书店总编辑、震旦大学中文系教授、出版社编辑等。

张人希与何满子结缘于华东人民革命大学政治研究院。

何满子比张人希晚一天抵达，分在同一个小组，同住在一排统舱般的大房间里。这房间除了他俩，还有张维华及胡继瑗等。据何满子1996年公开发表的文章《苏州旧游印象钩沉》说，当时张维华和胡继瑗已经是学院院长。文章有：

> 与我同来而交往有素的有震旦大学中文系主任贾植芳教授和书法家、诗人，当时隶名于上海音乐学院的潘伯鹰教授。我之所以要提到上述各位，是因为在这几个月里，我们几乎每天在一起逛街，一起泡茶馆，一起喝两盅；礼拜六中午，则一起乘火车回上海，礼拜天又一同乘夜车回苏州。幸亏当时还相当宽松，不然是有被视作"小集团"的危险的。

在《张人希的艺事与生平》序言里何满子这样描述：

> 我与张人希兄初识于 1951 年。时光荏苒，至今相识已快六十年。那时我们是苏州华东人民革命大学政治研究院的学友。"政治研究院"名字很好听，其实是知识分子思想改造的处所。学员中绝大多数是华东地区大专校院的教师，校院长和知名教授成堆。只有不及十分之一的少数华东各地的民主党派领导人参训。张人希兄是以福建农工民主党的头头身份来的。说实话，这些"统战人士"在我们眼中是另类人物，我记不起除了张人希以外还曾和别的一位"统战人士"交谈过。从张人希的谈吐和生活作风中，看不出一点以党派政治为业的"另类"派头。因此，我们一道逛街、喝酒、游苏州园林，相处得相当融洽。虽然在交谈中我体认到他艺术素养不凡，但他是一个敛藏很深，不喜欢自我表露的人，虽然经过了四五个月的相处，我始终不知道他是精娴诣艺的专家，只觉得此人很可爱而已。
>
> 在苏州那段，我至今还记得一件事是与人希有关的。那是将要结业的一个周日，一伙人同游天平山。记得其中有上海美院的书法家潘伯鹰，齐鲁大学文学院长张维华，人希兄也在内，都是同住一室的学友。薄暮回城时，我口占了一首七绝：
>
> 天平木落秋方瘦，
>
> 古道车回日已昏。
>
> 忽忆吴王诛直士，
>
> 河灯明处入胥门。
>
> 我念给同伙听时，张维华就戏斥道："你吹牛，我们根本是从盘门进的，胥门的遗址至今还没有找到。"人希兄代我解围说："做诗嘛，总难免有夸饰，否则，上句'吴王诛直士'（指吴王夫差杀害忠臣伍子胥）就没有着落了。"——五六十年前的这桩小事，不知人希兄还记得否？

1955 年 5 月 17 日，何满子一起床就被带上手铐，卷进"反对胡风反革命集团"运动送进牢房，冤枉的是他从来没有见过胡风。四个半月后，何满子重获自由。可 1957 年的"反右运动"中，何满子再被打成右派，全家被发放宁夏贺兰山下,期间再度坐牢并差点死在狱中。1964年何满子一家返回上海,可没多久文化大革命爆发,全家再次离开上海,被遣送回富阳老家种田,直到1978年方又回到上海。何满子在《跋涉者》自序里说:"从成年到投老的人生跋涉,曲曲折折地历尽了流亡、牢狱、播迁、劳役种种屈辱和艰辛,虽不惊天动地,确也死去活来。"

经过这些政治运动,张人希和何满子失去了联系。

1980年11月13日,张人希写信给北京光明日报的黎丁:

> 黎丁兄:久违了。很想给您写信,但一天天拖着。虽然没有信,但我经常读到您在港文汇报的补白(我有这份报)。前次看到一条消息,提到贾植芳,我非常高兴。自从胡风问题出事后,我们就没有通信了。他现在是不是还在复旦大学?您如有消息,请告诉我,我要和他通信。他和我是熟朋友,还有何满子,我们过去都很熟。……

何满子和黎丁很熟悉,据何满子自己说,80年代去北京,一定要见黎丁。还夸黎丁"此人是大好人,老天真。他和老耿也极熟,从小一起。"(何满子1996年4月6日函)

11月17日黎丁回张人希函道:

> ……植芳在复旦大学。何满子在沪古籍。你怎认得的?那么,郑炳中(耿庸)可能您也认得?……

12月8日,张人希回信给黎丁,说:

> ……谢谢您告诉我植芳与满子的地址。这两个地址过去我都知道,但20多年了,我怕他们工作转移。这两位先生是1951年在华东革大的同学。当时,我们三人合得最好,在苏州时几乎常上小馆子,三人都是酒中人。满子很有才华,几乎过眼强记,植芳的为人极爽快。20多年来,他们遭遇甚惨。耿庸我未曾见面,不过他们经常提起。耿庸的父亲郑墨西是我的师友,

善写旧诗,文革中去世。耿庸的母亲还在台湾,能诗词。他的情况我颇详就是,如去沪我会去看他。……

获悉贾植芳与何满子回到原单位后,张人希非常高兴,很快便与他们取得联系,通讯不断。

1982年12月10日及1983年6月4日,何满子给张人希的信函说"何时能去厦门或你来沪一晤","厦门神往已久,但只有待来年了"。

1985年夏天,两人终于等来了见面的机会。何满子与耿庸一起主编《青年文学手册》,两人到厦门大学集合撰述人定稿,并小住了两个月。

有个周末,何满子到信义里拜访张人希。一进屋,看到满墙的字画时大为意外。他后来告诉林竹青说,在苏州一起学习了那么长的时间,自己竟然不知道她外公是位书画家。

历经了坎坷人生,天各一方的两人久别重逢,兴奋之情自无法形容。张人希邀请何满子夫妇到饭店里小酌,品尝厦门的特产土笋冻、章鱼等,三十年故事从头细说。

席间,张人希给何满子讲了个"庆兰饼右派"的故事叫他尤其难忘。

话说庆兰饼是厦门众多馅饼品牌之一。鲁迅在厦门大学任教期间曾写信给许广平盛赞庆兰饼。鲁迅是何满子的偶像,他每年都要重读一次《鲁迅全集》。

1957年反右运动开始后,上头提出百分之五的右派指标,各单位于是都设定了名额,深怕完成不了任务。厦门归国华侨也不能幸免,同样有名额指标。可这些归侨绝大多数是从南洋回来的,与陈嘉庚或多或少有点关系,也没有什么特别出格的言行,任务很难完成。有天,经"揭发",终于挖出了一个与陈嘉庚没有什么关系的倒霉家伙。这人在闲谈时曾说过如今的庆兰饼没有从前的好吃,于是这句话便被解读为"今不如昔"的右派言论。这位归侨就这样莫名其妙地被打成右派。张人希这个故事给曾经被打成右派的何满子很大触动,印象深刻,二十年后还讲给林竹青听。

何满子到厦门后,十分喜欢这个地方,很想到厦门住一段日子。但碍于厦门的高消费而一直无法成行。

1986年11月15日,何满子给张人希的信中说:"本欲到厦门在兄指点下作文,但本年一以事忙,一以去厦门居住不易,旅费外伙食一月非千元莫能,只得俟来年再会游矣。"

1989年2月12日,何满子告诉张人希说:"弟自去冬在北京羁无妄之灾,骸骨折裂以来,卧床三月余,近方告痊,了却一场业债:蛰居既久,跃跃欲动。初夏以前当无空,入夏后颇想重游一番。厦门佳地,能不相望? 只是目前物价,想去住一月,二三千元恐不能办,岂是我辈穷酸所克任?"

何满子幼读《二十四史》,满腹经纶,张人希和他的话题自然离不开文化。1990年初,张人希写信给何满子时赠他俞平伯的《重圆花烛歌》,何满子4月27日致张人希函遂有:

> 赐赠俞平老花烛重圆诗资附件共二种,早已收到,谢谢! 许宝老文甚有味。施蛰存诗尤不恶,为前所未知。长识见不少。

信函还有:

> 闻黄永玉近已出洋,人都一个个溜掉了。
> 近作和邵燕祥七律一首,抄来一粲:"江山北望见辰楼,钩不可偷国可偷。某氏祠堂香火旺,林家铺子鬼神愁。十年魔剑双睛赤,三鸟盘空一石投。各路英雄齐夺寨,磨拳擦掌办中流。"

1992年2月13日,何满子收到张人希的信函回复道:"新岁得示甚喜。知兄曾西渡展画,去彼岸观光,好极好极。厦门常在向往中,人事倥偬,不知何时方获重游之机也。"

何满子的信函发出一个多月后,意外地获悉张人希到了杭州、苏州、无锡、上海旅游。3月25日在上海,张人希命长女张君平到天钥桥路去接何满子夫妇来自己下榻的扬子江大酒店叙旧用餐,可惜彼时何满子的夫人吴仲华却因癌症刚动过手术,不能出门。何满子于是只身赴约。在扬子江大酒店二楼中餐厅里,两个人顾不上吃饭喝酒,从见面第一秒钟开始便兴高采烈地聊个不停,直到离飞机起飞不足两小时,林竹青再三催促,方才依依不舍地道别。

对于众人怂恿张人希出画册的事情，何满子很认真对待。他为此特地接洽了上海人民美术出版社。出版社对张人希的画册出版表示欢迎，但鉴于当时书籍市场行情，估计画册势必赔本，提出作者包销及补贴两种做法。如此看来，形同自费。可见中国的自费出书并非今天的新鲜事物。

张人希与何满子之间的信函往来想必也如他们聊天时一样热闹有趣。虽然没有张人希的信函做依据，但从何满子的信中可以窥见一点蛛丝马迹。比如下面这封信：

人希兄：

信早收。以连日杂事多，人来人往，遂未即复，深以为疚。

黄永玉于月初来沪，曾至寓餐叙。示以兄函，大笑一场。现仍寓沪，作画甚忙，年前恐走不了也。

黄兄谓，阁下身体不甚佳，而嗜酒无节，深为忧念。弟因前个月体检，眼底血管硬化，医嘱少饮烈性酒，现已改饮黄酒，每日半斤。兄是否亦可照改？黄酒度数虽仅 18—20°，但烫热饮用，亦颇有劲，无妨一试。

近出一《虫草文辑》，亦收旧文。不日当寄来。上海已渐入冬寒，厦门当仍湿沃，不胜企羡。匆复，盼
大安

弟何满子书 951214

1996 年 4 月 6 日那封则有：

信收到。要写字何以要寄纸呢？我虽不能写字，但有嗜痂癖的人不少，偏要我写，因此，颇有人送纸笔。存着很多。我大致个把月集中应酬一次。先遵嘱写成两条，见笑了。

永玉兄居上海约廿日，二月中旬回港。在上海确有送一司机画册事。但我也是听说的。我们只会面了两次。一次是有人请他，我作陪，一次是他光临敝寓，请他吃饭。他送给我一幅画。我代他找了一个刻印的人为他刻了两颗章。就么点来往。他说回港要寄些书给我，但打的白条，口惠而实

不至,至今尚未接到他的书。

90 年代中,何满子除了任古籍出版社编辑,还兼复旦大学中文系博士生导师。不过,他并不需要到学校,而是博士生们直接上他家听课。因为大家都是朋友,何满子写给张人希的信中常提起贾植芳、耿庸以及黄永玉。比如 1997 年 5 月 25 日信中有:"上年永玉兄来沪。带来书见弟时已分光。矢天指日,谓返港后必寄来。至今食言而肥,闻近有返凤凰,不日由港去意云。为弟作画一幅,亦殊草草不经意。但其人实可爱,可怒矣。"8 月 11 日又有"黄永玉兄闻已去意大利,不知与兄通信否? 7.1 香港回归前,闻他从国内赶去,为送罗承勋赴加拿大,但此后即无音信。此皆自他人处得知,兄或尽知其详。"

罗承勋即罗孚(1921—2014),著名香港报人,香港回归前在《大公报》属下《新晚报》任总编辑。

1997 年春节后,黄永玉看中北京通州徐辛庄,大兴土木建"万荷堂"。消息传开,毁誉参半。张人希的一群故交对这个园林都颇有微词,其中自然少不了个性耿直的何满子。他同一年 8 月 24 日给张人希的信函中有这样的批评:

在弟赴连云港度夏时,黄永玉恰来沪,未晤,为憾。黄极风光。香港提为"杰出华人"。在港、凤凰、上海、北京通县等普筑庄园。闻其夫人、女儿、及他自己的画展,九十月间均将去港开幕。十月间欲来沪画展。在沪曾集昆曲名角大会。在京(因通州别墅落成,占地三亩)集会,名流赴筵达数百人。如此招摇,弟实不慊。黄永玉佳人,不知何致热衷于此,可叹。

1998 年 8 月 9 日,何满子在信中说:

黄永玉这位仁兄神通广大,据熟人说,京郊兴建的宅园俨然是个大观园。但人寿有限,临老来费精力经营这些,实属浪费,也如北人谚曰:吃饱了撑的。

一个月后,即 9 月 19 日,何满子更在信中说:

友人曾去北京参加黄永玉新居迁入及其七十五岁寿庆。闻甚豪华云。此君腰包既鼓,撑得慌,就排场起来了。

何满子是杂文大家,词锋犀利。信函也如杂文,也是另一类针砭时弊文章。而他针对的非止黄永玉,还有更犀利的,比如沈柔坚。上述8月9日函中的下半部就有:

> 沈柔坚在上海口碑不佳。如画坛地头。前年一友人嘱写一外地画家展览会介绍文,据说此画家为沈不喜,连宣传也横加(竖加)干涉云。故弟文被送到南京见报,其把持山头的情况可想。闽人中的狠人,如林家铺子的老板黙涵大人,也属此类。作品都不怎么的,林某文理尚欠通,沈某的画,非中非西,不驴不马,以弟之顽钝,实看不出好处何在?

张人希的诗书画印造诣,诗排在末尾几乎没有异议,但什么排在首位却颇有争议。许多人首推他的书法,也有人首推他的篆刻,但不管书法好还是篆刻强,张人希最广为人知的却是绘画。何满子在2001年3月6日的信函中说:"兄写字实胜于作画,昔所未料也。"他曾为张人希1998年8月出版的《张人希花鸟画》做"序张人希画集"。

2001年,张人希知道了林竹青在上海的办公室搬去天钥桥路上,便要她去拜访何满子。可林竹青工作太忙,迟迟没有去,因此,张人希在她从新加坡到厦门看望自己,继续前往上海时托她捎水仙花给何满子,还嘱咐她记得带瓶好酒。2002年1月9日,何满子很高兴地写信给张人希道:

> 令孙来,携来水仙及佳酿,拜饮之余,愧报万分。故人盛意,何以克当!令孙云近将过厦,托其携去影集一册,博一粲。

那是林竹青自1993年见到何满子之后第一次登门拜访。影集指的是何满子托林竹青带《何满子——文化人影记丛书》。当时张人希和何满子都没有预料到,两人彼此的友情会衍生出另一段因缘,那就是何满子、吴仲华夫妇与林竹青的祖孙情。

林竹青最初几次去拜访何满子,都是应外公张人希的要求去的,比如 2002 年 4 月 20 日,张人希、林英仪及陈秀卿画展开幕那天,何满子一心想见张人希,应主办单位之邀冒着倾盆大雨赶到龙华庙会剪彩。由于天雨路滑,下的士时没站稳重重摔了一跤,满身污水淤泥。何满子忍痛撑到现场,才发现张人希没来。张人希闻讯焦急万分,要林竹青前去探望。

2004 年底李惠若去世后,张人希内心寂寞,更加想念远方的好友。每次见到林竹青从上海来便一定要问何满子近况,所以林竹青偶尔会去看望何满子、吴仲华夫妇,并宴请他们。2006 年 12 月 17 日,何满子给张人希的信中有:

> 上月令孙林小姐来寓,蒙贶佳礼,藉知兄近况,甚慰。当时弟将中华书局新出版之拙作《皓首学术随笔——何满子卷》一册,托其带呈。不料昨接伊自新加坡来信,方知其辗转港新间,迄今未返厦门。拙书当然未蒙及兄,为憾。
>
> 外孙女谈及近况,谓孤居寂寞。窃以为倘有意趣,不妨铺新作画,即可自家怡悦,亦锻炼之一法也。

其实,张人希直到最后几个月长住医院外,每天都要在他的书房里涂涂画画,只是何满子并不知情。

2007 年元月,林竹青决定撰写《张人希小传》以作为外公年底即将到来的虚岁九十大寿礼物。由于她不懂得出版手续,思前想后,有一天鼓起勇气带着刚刚起了个头仅一万五千字的稿件前去拜访何满子。那时,何满子的健康已经江河日下,每天下午都必须躺着吸氧两个小时。林竹青拜访他的时候,只想打听一下中国的出版程序,不期何满子叫她坐在身边,接过文稿翻阅了约莫十分钟,抬头对林竹青说:"稿件留下,你两星期后来。"林竹青不敢问,只好告辞。

两周后林竹青如期而至,向来不苟言笑的何满子心情看似不错,脸上有了笑容,将留下的那叠书稿给林竹青看。林竹青看了吓一跳,那是教授在批改学生的作业啊。红色的原子笔在稿件上画了好些圈圈,有的地方还有批示。何满子告诉她说:"下次把写完的部分拿来。"他见林竹青一口一个"何老先生",又对她说:

"我和你外公是好朋友，以后你就叫我'何外公'吧。（指指吴仲华说）就叫她'吴阿婆'。我们就像你的外公外婆一样！"

于是，林竹青每两个星期就到何满子家一次，把新写的，连同已经作出修改的一起带去，同时也把叶圣陶、俞平伯、刘海粟、黄永玉的信函复印件，以及自己整理的外公文章与格律诗等带去给何满子看。何满子很高兴地对林竹青说："我想好了，书名就叫《张人希文存》。你去找黄永玉写书名！"林竹青不敢告诉何满子自己曾屡次拒绝陪外公去看望黄永玉，只好硬着头皮请教柯文辉。柯文辉建议林竹青找黄永厚。黄永厚见到林竹青后很高兴，一口应承。第二次去拜访时果然帮她要来了黄永玉的题字。但同时也带给她两条信息。其一：黄永玉说"张人希的孩子们太不争气。"这点林竹青没有辩驳余地。其二：黄永玉的妻子张梅溪对黄永厚说："张人希的外孙女是个打扮入时的时髦女子。"黄永厚问林竹青见过自己的嫂子吗？答见过。帮助外公送三枚印章到黄永玉香港的家，当时黄永玉回了湘西老家，所以只见到张梅溪。黄永厚上下左右打量了林竹青半天说："可我怎么看你都很朴素，不像个打扮入时的时髦女子啊？"林竹青哭笑不得，唯有说想必是令嫂子记错人了吧？！

林竹青常听外公夸柯文辉才高八斗，比何满子还厉害，于是开车将书稿及刘海粟信函照片带到威海请教柯文辉，希望他帮忙译文。可是，忙了两个半天，柯文辉只译出中间尽是空格的零碎文字。林竹青没有办法，只好硬着头皮带着那些谜一样的信去见何满子。何满子见林竹青满脸愁容，说："我看看！"于是拿起红色圆珠笔一个字一个字地往空格里填。一边填一边对林竹青解释说这个字是什么，那个字出自何经何典，老柯这里错了，这是有典故的……

对何满子满腹经纶、学贯中西，林竹青佩服得五体投地。何满子、吴仲华夫妇俩只有两个女儿，长女没有生育，二女儿嫁到长春，养了一个儿子。因为很少在一起，老人家和自己的外孙感情不深。因为那本书，林竹青每两星期就到何满子家聆听教诲，同时帮助吴仲华解决电脑问题。两个老人家不知不觉中开始喜欢林竹青，每次都留她在家里用晚餐，让长女何烈丽煮林竹青喜欢吃的菜肴，请她喝酒，由何烈丽及其丈夫作陪。有一次，何满子还坚持和林竹青喝五粮液。殊不知从 2002 年底开始，医生已经勒令何满子戒酒。何满子给张人希的信函中曾经无奈地表示"为了活命哲学，只好与杯中物拜拜了"。

2008 年 3 月,何满子庆祝八十九岁生日时办了几席酒宴,何满子、吴仲华不仅邀请了林竹青等人,还要她坐在主家席直接坐在吴仲华身边,并对宾客们介绍林竹青为自己的"义外孙女"。

1.3 苏晨

苏晨,1930 年 12 月出生于辽宁本溪。1945 年参加革命,历任东北民主联军及中国人民解放军连指导员、营教导员、第四野战军兼中南军区《战士生活》杂志编辑组长、海南军区《海南战线》报副总编辑。1954 年转业到广州当某国营企业厂长、1962 年 9 月调往北京《光明日报》任驻广东记者,1976 年 10 月任广东人民出版社副社长兼副总编辑、花城出版社副社长兼副总编辑、《沿海大文化报》总编辑。创办了《花城》《随笔》《旅伴》及《风采》等多种杂志,著作等身。

苏晨和张人希的缘分始于 1980 年。那年 3 月,身为广东人民出版社副社长的苏晨到福州出差,走访《福建文艺》出版社。同年 5 月,香港正要举行一个画展,负责人林真是苏晨和《福建文艺》编辑郭风的朋友。为了祝贺画展召开,郭风向张人希求一幅画作赠送给林真。当张人希的画寄到福州时,苏晨正好在郭风社里,于是郭风便请苏晨将张人希的画带回广东,转交林真。

张人希的好朋友傅子玖(1934—2010),是集美师范教授,厦门本土作家,1984 年加入中国作家协会。苏晨与他相识,并与张人希通信。苏晨喜欢印章,于是张人希便为他治了一方长方形的印章,可惜被他副总编辑欣赏时掉到地上崩了,而福州周哲文赠他的白寿山双螭钮"不厉堂小说"印章寄到广州时两只螭虎头都断了,苏晨深以为憾。张人希后来应苏晨之请,为他刻了"失马小翁"。苏晨说,这是"取'塞翁失马,焉知非福'之意。"

1984 年 6 月 22 日,苏晨有一篇描述陈嘉庚的文章"死而不已"在《厦门日报》刊出。那天适逢郭风与傅子玖在张人希的"听沨楼"聚会,大家聊起苏晨的文章。张人希回想起往事,情不自禁地给苏晨写了一封长信,分享陈嘉庚鲜为人知的几件轶事。苏晨 7 月 6 日收到张人希的信时正收拾行李准备第二天动身前往湖南参加"武陵笔会",但读了信函中的陈嘉庚"七件小事"及嘱他据之再撰一文的请求后灵机一动信笔作了"听沨楼来信",于当月 27 日刊于《厦门日报》。文章见报后,张人希香港朋友陈文旃的女儿,出生于新加坡的归侨厦门女作家陈慧瑛写信告诉苏晨说张人希很喜欢,还为此请她吃饭谈论该文章。

上世纪的 80 年代是中国文化事业过去半世纪最为欣欣向荣的黄金年代。被禁锢了一二十年的文艺作家们仿佛从冬眠中苏醒，一时百花齐放，春满人间。

1984 年 9 月 8 日，苏晨告诉张人希说"文革受罪十年，我苦读十年"。说自己十六日要去杭州参加《中篇小说选刊》顾问会议，二十二日到泉州，二十六日到厦门。还告诉张人希弘一大师纪念馆落成会议，纪念吴昌硕诞辰一百四十周年，希望到厦门后与张人希一起游弘一大师踪迹，想从那个角度写一篇关于张人希的文章。

1990 年初，苏晨应南韩中国学会会长，汉城大学中文系教授李炳汉之邀准备去访。李教授曾经六度到中国拜访苏晨，并与他一起编辑《中国当代散文丛书》。苏晨向张人希求两幅画作为赠送给韩方的礼物。可惜当时中韩两国尚未建交，加上前一年，中国刚刚发生了一件大事，苏晨递上去的申请得不到批准，半年多以后才被告知原因。上过抗美援朝战场负过重伤，从东北一直征战南下到海南岛，经历过人世间的沧海桑田，到了耳顺之年，苏晨早已参透人生。7 月 10 日，他给张人希的信函中说准备"离休后把自己的居室改名为"两忘居"，为的是荣辱两忘；将书斋名改为"也风流斋"，为的是禅曰"风流之道时"，"不风流处也风流"。

90 年代的国家经济越发繁荣了，但人心变得浮躁，文化事业与经济发展背道而驰。虽然时已离休，苏晨还踌躇满志，希望做点正事、大事。

1995 年 6 月 17 日，苏晨写信告诉张人希说：

> 弟在筹办一如上海王元化主编《学术集林》那类刊物，初定名《学土》，一方繁荣国学之土壤也。兄处有什么清末民初知名学者之未刊稿否？如有，请提出并加简介供《学土》发表。如李叔同或稍逊一等者。
>
> 创刊号将发罗振玉的一些篆刻。记得兄处有些李叔同的篆刻，不知发表过没？

1996 年 6 月 22 日，苏晨告诉张人希说：

> 《学土》创刊号已出，带给你的在福州给别人先要去了，我已请出版社另

给你寄 4 本去。

此刊可能是目前国内最漂亮的学术刊物,在港台也不会逊色,23 元一本还要赔钱。

随着年纪的增长,苏晨老的右手出现了状况,到了 1998 年,已经几乎完全不能写稿,而用左手勉力为之,因此买了电脑。9 月 11 日,他给张人希写信道:

收到兄之画集。非常高兴。不意兄也八十高龄了,艺术上却仍在不断长进,这是很难的事。

弟正在筹出一刊物名《书简》。兄画册上的永玉兄画上信,可彩印发表。此刊大 16 开,半画册性质。兄处多名人墨笔信,大都可各附兄之短文发表。请兄寄复印件来即可(永玉画上信需彩照)。

苏晨摩拳擦掌想办一份好刊物,然而,事与愿违。2000 年 1 月 10 日,他告诉张人希:"《书简》早已排好,并制出胶片。新闻出版署不许'以书代刊',致使胎死腹中。"

2000 年 10 月,张人希为苏晨撰写嵌名联"苏息片时共待我,晨余残梦尚思君",苏晨在 10 月 31 日的信函中说:"对联和信收到。读对联,很感动。当今之世,这种深深而有淡的交情已是稀少之物。放眼纵观,一片发乎欲去之物重又弥漫,悲哉!"2001 年 7 月 15 日,苏晨将对联刊登在《羊城晚报》上。

2002 年 10 月 3 日,苏晨很高兴地告诉张人希说自己接到朝鲜新义州特区文化专员关山电话,邀请他去新义州访问。关山是苏晨任《财富》杂志社长时的总编辑,2002 年时乃被朝鲜委任为第一个"资本主义"特区新义州行政长官杨斌的智囊团成员。杨斌自称是个入荷兰籍的华人,2001 年前被《福布斯》评为中国大陆富豪排行榜第二。苏晨很高兴,又一次向张人希要画作做礼物。不期八字还未有一撇,同一个月,杨斌突然被沈阳警方逮捕,苏晨去朝鲜的计划又落空了。

两人鱼雁往返频密,交谊日深。信函中彼此汇报近况,笔耕不辍,不管是关于张人希的写字作画,还是苏晨新写的文章。苏晨一直希望张人希撰稿介绍名家信札,然而,张人希却一直以忙碌为由没有动笔。2005 年,苏晨陪同《收藏·拍卖》杂志编辑到厦门拜访张人希,并代笔先后为张人希撰写了三篇文章介绍叶圣陶、俞平伯和弘一大师的信函发表在该杂志上。

1.4 包立民

包立民,江苏武进人,1941 年出生,九三学社的成员,毕业于复旦大学中文系古典专业。他是中国作家协会会员,著名的张大千研究学者,原《文艺报》编辑、编审、副主任,著有《张大千的艺术》等多部关于张大千的著作、《云海楼随笔》等。杂文"闲话唐玄宗""浮士德的悲剧"等辑入《中国新文艺大系杂文卷》。

包立民某年"五月卅一日"给张人希的信函这样写:

（书法:厦门市书画院副院长张人希）

人希先生:

久违久违。记得十多年前,我随叶浅予来厦门举办画展,曾在展厅一晤。日月匆匆,一晃就是十三年。

拜读大函及您寄来的画册,拜读您的印书画诗集柯文辉的序,不胜欣慕,可惜晚了,不然已出版的拙著中应该有您的一席之地。为弥补初版的遗珠之憾,我决定再增补一册。厦门我首先想到的是您。不知先生愿不愿意入围?倘蒙允诺,可否在四尺六开的宣纸上将尊容以您最擅长的笔法画下来,漫像最好,一颗速写,然后在像上题一首打油诗,酸甜苦辣,自述人生甘苦。再寄一些有关写您的文章,供我配文参考。

……

信函的年份不详。从叶浅予 1987 年 11 月与其弟子楼家本在厦门与福州举行联合画展分析,头尾十三年的话,信函可能写于 1999 年。

张人希与包立民交往可谓推心置腹。1999 年 8 月 10 日,张人希在给包立民的信里用很长篇幅描述王益舍:

　　您问起我的母亲,不谦虚的说,我的母亲是一位坚强、明理、善良的女人。我父亲去世,她才 20 岁,我十个月。我的家是穷到上无片瓦,下无立锥。她为什么不去改嫁? 有一次,她对我说:"我怕你被人看不起,说你是'拖油瓶'的。"(改嫁带去的孩子,闽南称为'拖油瓶')我很早熟,听了这话,万分难过,认为母亲一生为我牺牲,我也要牺牲我的一切,来陪伴母亲,所以在旧社会至新社会,我"不敢妄为些子事,只因家有老母在"。小时,我和母亲三餐不顾,经常饿着肚子过日,从来未曾哀吁,小时没有钱念书,读了初小二年,小小年纪,为了生活,我就离家出门谋生。

　　抗战期间,生活很苦,厦门沦陷时,我在福州,抗战后援会招收青年,组织战地工作队,我出于爱国热情,毅然应考,被录取,派往漳州,厦门沦陷,漳州是前线,路过泉州,我去看我母亲,把我所想的向她说明,她说:"这件事做得对,你去吧,我会照顾自己"。当时,我有说不出的难过。

　　到漳州后,进行抗日宣传,演剧,画漫画,街头宣传等等,想不到有一天突然上级来命把我们全队调回福州,原因是有人对两位队员,说他们是共产党员,抗敌后援会是国民党省党部领导的,当时公开是说"国共合作",事实上是阳奉阴违,而这两位地下党员又和我很好,他们约我往延安,后来通知我说:"潼关有战事,路通不过,再等一些时间。"不幸发生了突然事变,到福州后,对我审问过好几次,我守口如瓶,对我就不了了之,但那两位朋友就失踪了。我回泉州后,就在泉州新创办的《福建日报》任校对工作,校对工作很苦,我即写了一篇散文"校对生涯"诉说苦衷,在副刊发表。这篇文章发表后惊动了报社一些领导,他们认为我有写作才能,即调我为外勤记者。

　　我说这些,是说明我母亲虽然是一位文盲,一位家庭妇女,但碰到这样的大事,他会放心让我去做危险工作。此是一。

　　第二,1948 年,我和一些地下组织经常往来,他们把我的家作为联络站,我母亲不但没有反对我,而且很热情招待他们,招呼他们在我家用膳,开会时为他们望风。地下党同志都称她为革命老妈妈。

在地下我参加了两个革命组织。一是"闽中"地下党，一是"华南局"地下党，华南局还在厦门组织一个小组进行活动，但两方面都不知我的内情，后来反动派探知我的情况，要抓我，组织上命我转移，我即于1949年逃亡香港，向华南局报到，厦门解放，我即刻回厦，为地下党一些未了事办清，如华南局的一位同志被国民党杀害，我为他开烈士追悼会，帮助他的妻子在龙海总工会任职，他的儿子安排到省烈士子弟学校读书，帮助建厦门烈士纪念碑等等。我的任务完成后，组织上要我去登记报到，我婉言谢绝，当时我认为国民党彻底倒台，我高兴，以后我可以和我母亲过安居乐业的生活，可以画画，写作，我不懂得做官，不懂管人，也怕党的严格纪律，因为我的思想比较放纵。我得离休待遇，就是当时参加地下党的关系。

我还要介绍我母亲的善良，他是在贫苦中过来的，她又很同情贫苦的人，举一个例：我的大孩子因肾病11岁死亡，母亲很痛苦，这个孩子留下一个一钱重的金戒指，母亲长期带在指上。解放后生活很苦，有时没有米下锅，我都不敢动这个戒指，怕伤了母亲的心。但有一天我外出回家，母亲很高兴的告诉我，"有一个姓张的来家，说他母亲死了，没有钱买棺木，要你帮忙，一直等你不回，我想人死在家里，怎能等，我又没有零钱，只好把那个金戒指给他"。母亲对我说，认为我一定会高兴，他知道我的为人，我对她说："你上当了，那个人是骗子"。母亲听了很难过，事实上那个人是骗子，因为临解放曾找过我，说：有一位堂寡妇很穷，要入菜堂，姓张的同宗，都送她点钱，也要我出一些，我就慷慨送他四个光银，事实上是骗。

我说以上三点，第一二点是说母亲深明大义，应该做的她没有反对，也不怕危险。第三点，是说明她善良。（受骗是另一问题）

1999年6月30日，包立民信中有：

大函及画像题诗剪报均悉。因日前才从上海归来，迟复为歉。您如此对待此事，十分感谢。也许是我没有说清楚，我所收的画像是自画像，而不是别人为您画的像。您可以参照别人的画像或漫像，用自己的笔墨重新画一幅，但不能越俎代庖，不能代笔，这是《百美图》收藏的一条原则。

虽然张人希年轻时曾经在福州《抗战画报》发表过漫画，但漫画究竟不是他的所长。为了《百美图》这张自画像，他反复在纸上与废纸上打稿，发给包立民。包立民深受感动，最后选择了张人希画在废纸上的稿件，请他画在宣纸上，刊于2007年第二版的《百美图》。

张人希的自画像

除了《百美图》的自画像，张人希四度为包立民画"北雁南飞"。

1999年8月24日，包立民寄给张人希他的再版《张大千艺术图》，同一封信中对张人希第一次提出请求：

　　想再求先生一件事，求一幅小画（四尺三开即可）或7×5cm画一幅北雁南飞。类似塞北秋情的构图，可画横披。我还在写一本《云海楼随笔》，才用我的收藏配文。一图一文的形式,已写得六十余篇了,还想为先生的画写点东西。由于我是江苏常州人,出生在上海,1965 年分配到北京。在京定居三十五年了,每逢佳节倍思亲。一到秋季,北雁南飞,我就想起了上海的母亲和弟妹。画北雁南飞的寓意,就在思亲。这是一幅命题画,我求画多有命题。请先生原谅。

张人希收到包立民的信后,给他绘了两幅秋雁图。9 月 4 日,包立民在信中告诉张人希:"两幅秋燕南飞我都喜欢。一幅调子欢快,另一幅调子忧伤,也反映了我见雁南飞的两种心情。谢谢。"

张人希收到信后,又一次给包立民绘秋雁图。包立民看了有点疑惑,在 10 月 11 日信函中说:

十月六日函中有惠赠小品秋雁南飞。从此画雁的飞行队列来看,错落有致,匠心独具。但按常理推断,雁飞队形则为一字形,南雁北飞,恐怕在飞行的过程中,不会永远是一字形,也会变换队形。由此可见,一字形为常格,错落形为变革,张公教我。

张人希在 10 月 19 日回函解释道:

雁一般在天空飞翔时,或为一字,或为人字。我画的那些小品是芦苇、沙滩起飞的雁,和在天空的雁不同,故参差错落,兄以为然否?

2000 年 12 月,包立民写信告诉张人希说:"近接在英国教科文环保组中国首席代表夏堃堡同学来信,求我请一位名画家作一幅画,以光耀其壁。"2001 年 1 月 8 日信中道:"大雪纷飞之夕收到大作及惠笺,喜极。古人有风雨最难故人来之说。我易数字曰:风雪最难雁书来。这幅秋雁南归图,雁的造型又有所变化。如果在芦苇塘中倒有月影,似乎更有诗意。"

包立民搞艺术评论,对于张人希的画作总毫不掩饰地诚恳批评。2001 年 9 月 26 日,他针对张人希的三幅"双莲图"就有这样的内容:

今年是我的本命年，一个甲子的本命年。为了避灾，我一而再，再而三地向您索画，说是应酬送人，可是，到手后又舍不得送人了（选用另画应酬）。故而春、夏、秋连续三季我积得了三幅"戏莲图"。常言道，应酬无好画。一般来说，这句话并不错，一个画家，尤其是名画家，应酬太多，不胜其烦，试问在这种心境下画的应酬画怎能有好画？有的画家（包括徐悲鸿）在内，应酬画稿是一个，反来复去画一个，人称一个"拷贝"。但也有例外，张大千送友人（特别是交情深厚的友人）的应酬画，时有精彩之作，甚至精品伟构。例如他送张群的"长江万里"、"四天下"等，送张寒月、谢玉岑的应酬画，都是难得一见的佳作。写了以上一段话，请您千万不要多心，不是以此来比喻先生的应酬画。因为我有言在先，说是转送友人的，并加了一句，随便画画。由于转送友人舍不得出手，今天把三幅画并放在一起，观看三幅同一画题的应酬画，看来看去看出了金鱼造型色彩的变化，春夏两幅相隔较近、变化不大，而秋日之鱼尾由淡墨变成了浓墨，秋日之荷旁垂下了一枝石绿色的柳叶条。由此看来这个画题是近年来您常画之题，也是尚未定型，常画常变的题材。总体上来说，这三幅画都有一个缺点，这就是鱼与莲之间缺少呼应。鱼是鱼，莲是莲（两条鱼之间尚有呼应）。戏莲图，可以理解为两条鱼在莲间嬉戏，莲的陪衬物。我认为，陪衬物也要让它活起来，与鱼应有一种呼应。如何呼应，这个疑题就交给您办了。这是由三幅戏莲图引出的一个话题，实话实说。请勿见怪。

同样，对于张人希的画作优点，包立民非常慷慨地给予惊叹。比如四天后，即9月30日，他在信中说："刚从上饶广丰三清山归来，在一堆来信中发现吾兄来件，沉甸甸的，打开一看，是一幅新作。变法后的新作。老年变法，由细笔到粗笔，由清丽而狂放，这是齐白石、黄宾虹、张大千走过来的路，吾兄也逐渐走上了这条路。假以三、五年，必有一番新气象，谓予不信，拭目以待。"11月16日长函中又有："关于变法，诚如来信所言，是渐变而不是突变，是水到渠成而不是刻意求之。凡刻意求之者总会留下刀斧凿痕。"

除了书画，包立民也向张人希求印。2000年3月25日信中曰："不知先生近来视力如何？尚能刻否？若视力许可，想请您为我治一方闲章。印文是'云海楼上可听涮',取君之听涮楼与我之云海楼合而为一之意,永以为好也。不知可否?"

张人希和广东作家成坚的相识是包立民介绍的。早在1999年4月30日的信中就有"成坚之书,可择其散文看看。小说是写知青生活的,是写给青年人看的,可给孙女看。"

2000年4月上旬,包立民向张人希索画赠送给成坚。他很欣赏成坚,给张人希的信函中多用"才女"称之。4月12日,张人希去信通知包立民给"才女"的画已寄出。4月19日包立民回信道:

> 得悉先生已为才女寄画。最早是成坚来电,她收到画后马上来电(噢,忘记了问尊府的电话)报喜说,展视大作十分欣喜。正巧客厅有一面墙可悬挂,顿使蓬荜生辉。她还问我该怎么感谢?寄钱还是寄物?我说暂且先寄书,让老画师对你有所了解,以画会友,以文会友。韶关离厦门也不远,有机会让她来厦门面谢。她的文笔甚好,您读了她的散文定会喜欢的。

成坚收到张人希的画喜出望外,从2000年4月19日到7月31日三个多月里给张人希先后写了九封长函。2000年7月,包立民带着成坚一起到厦门拜访张人希。

2003年广州出版社出版的成坚自选散文集《不再相逢》里有一篇"感受人希"长文写得真情流露,非常感人。该文写于2000年,原题"人希印象"。成坚将文章寄给苏晨,苏晨读后建议将题目改为"感受人希老人"。

2002年,张人希已经84高龄,虽然笔耕不辍,但渐渐地力不从心。2002年4月4日,包立民写给张人希的信中给了他的忠告:

> 来信提及秀卿建议您在上海办展,您推辞了。我看推得好。办展开展对当今画家而言,无非有两大目的,一是推高著名度,二是创收。至于交流画艺,说穿了是一个幌子而已。先说著名度,我同意您的看法。著名度是一个客观存在,而不是靠人炒作。一哄而起,炒作出来的著名度来得快去得也快。对当事人来说只是一种心理上的快感,精神上的胜利。而炒作是要画

商花大把大把的钱来支撑宣传。画商的钱从何而来,羊毛出在羊身上,还不是用您的画来支付?再说创收,创收也就是卖画。上海这个码头比厦门当然要大,是全国第二大码头。但是大码头欺生,对外地画家有排他性。排他性还不小,没有相当的背景,很难进入市场。上海如此,北京亦然。如果真要进行学术层面的艺术交流,那北京比上海要好。但这种交流意义也不大。您在厦门、闽南已有一定的名望、市场了,年事也高了,一动不如一静。当然,秀卿也是好意。如若以厦门书画家名义去上海举办联展,倒不妨可以出几幅书画作品参展。这是我的一点想法,供参考。

同样擅长艺术评论,且都生活在北京,包立民与柯文辉相当熟悉,信函中有多处聊到柯文辉。比如2002年3月24日信中有:

> 文辉兄的电话终于打通了,他正患美尼尔氏症,天昏地转了数日。据他说,以往发病半日即愈,这次却过不去了。第五日后,他终于应约去国际艺苑参观我请他看的《忆江南》刻纸展。在展厅见到了他,苍老了不少,银鬓过尺,尚留潇洒。他告诉我说,新伴有癔症,自己又患有美尼尔氏症,两个孩子又不在身边,苦不堪言。艺术院要给他调整住房,从68平米调140平米,因手中无钱,只得放弃。看来过去误会他了,朋友间传闻只是笑话!而未见他的苦状。他背上了一个大包袱,恐怕还要一直背下去,可叹!

2002念4月4日信中说:

> 柯文辉的境遇令人同情,但又爱莫能助。家家有本难念的经,他又是个聪明人,聪明反被聪明误!

2002年11月18日信中又有:

> 柯文辉依然杳无音信。在上海遇到了他二十年前的一位知交美术工艺大师兼山水画家萧长海,也向我探问他的近况。他对柯兄的观感是,人是位

奇才大才,但自命清高,怀才不遇,牢骚太盛。此公对自命清高、怀才不遇有奇解。他说"清高"一词,历来是褒词,错了,当是贬词;怀才不遇,历来是责人,现在看来,也需责己。有才不求人识,还要别人来求你不成。特此录上,供兄一辩。

对于柯文辉,包立民对他的才情是非常肯定与欣赏的,但是,对于柯文辉在弘一大师赝品公案中给张人希的误导,包立民确有看法。

1.5　柯文辉

柯文辉,1935 年出生,安徽安庆人,书画评论家,曾任刘海粟生活秘书十年,出版有《旷世凡夫——弘一大师传》前后三版、《孤独中的狂热——卫天霖传》《刘海粟传》《司马迁》等。

根据现存逾五十封信函可查证的柯文辉致张人希通信始于 1994 年 1 月 15 日。基于弘一大师与刘海粟的因缘,张人希将柯文辉放在了无比崇敬的高度。他曾经无数次对林竹青说:柯文辉非常有才! 当林竹青好奇,并将之与何满子作比较请教张人希时,张人希非常肯定地回答道:柯文辉比何满子更有才!

柯文辉固然有才,且乐于表现。他有许多充满智慧和感情的话句句说到张人希的心坎上,难怪张人希对他另眼相看。摘录信函中一些句子如下:

人生本寂寞,智慧又生于大寂寞,得有心有情人远方来信,也是一乐。——3 月 10 日(年份不详)

先生处一隅,天风海涛,感对语。智者多寂寞,此亦圣火,可燃之以铸炼清醒麻木,事不入怀,方寸和平,即佛即仙也。——1994 年 7 月 13 日

先生书法有明末人风致,得董香光灵乳,大抵少年司帖多于碑,复因中正谦和,春风内敛,气弱于倪、黄、徐、祝诸子,书卷气正于王文治,渐显自家面目,他年形散神凝,由萧远老拙而回嫩,润泽如金,东南一家可成。——1994 年 12 月 22 日

永玉先生与您是挚交,在他一生能交到先生深度的当不会太多。你们都应当自豪。——1996 年 2 月 14 日

满子兄是大才,诗作恣肆深邃,熟后返生。是当代少有高手。十六年前,他有诗《送穷》,弟曾步韵奉和:清泉一掬聊当酒,惆怅送穷更念穷。岂惧艰危甘婢

仆,不因富贵拜鸡虫。冷看老谱翻新谱,笑听南宗咒北宗。落拓一身肝胆在,和须片语怨天宫?——1996 年 3 月 21 日

兄画饶有清趣,无闽粤画师甜媚之态,殊为难得。他年由清而积健为雄,格局拓宽,在对手很弱的年代将大有可观。历史多情,兄必毋负时代及亲友厚望也。——1996 年 4 月 16 日

诸如此类,不胜枚举。柯文辉写给张人希的信总是情意绵绵,对张人希推崇备至,把张人希的心熨得服服帖帖。

柯文辉的信函中讲得最多的当属弘一大师生平以及艺术界的轶闻与正在发生的事情。鉴于张人希的经济困难,柯文辉多次介绍一些有报酬的书画业务,同时一再敦促他出版散文集、与大师们的通信集以及回忆录等,尤其是有关弘一大师的交往事迹部分。比如 2001 年 3 月 15 日,柯文辉给张人希的信中有:

请找出旧作加工或补上编者删削部分,口述意犹未尽者,够一半时先请人电脑打字,改过后再定下来。先易后难,大手术或凭空写起者,放在最后。

后面搞两个附录:

甲:承教篇,师友来信,手书诗词,连俞平伯叶圣老等人书简收进去,少量影印,大多数排铅字。

乙:朋友写您文字,开一名单,缺者可以请补写。这样书的史料便丰富得多。有两个月,朋友文章就齐了。

序:黄永玉、苏晨、何满子够了。

书名:飒字,不通俗,新华书店店员不识,填征订单时不利,想个别的,"听飒楼随笔"可做副题或不用。鼓浪悠悠,海韵小集,悲欣交集(弘公字作书面)请多想一想。

信中的旧作指的是"弘一法师的篆刻艺术",刊于香港《书谱》双月刊 1978 年第四期(总第二十三期)。

2001 年 7 月 7 日,柯文辉给张人希的信中又道:

当年弘一大师身边的缁素两类人物,有可述者,请找点史料加以回忆。

这是月边正在黯淡下去的小星星,您不出面对历史加以负责加以追述,以后风流云散,未免可惜。厦门还有一批书画家学者,名僧,亦盼如此办理,史料足珍,从太虚至蔡吉老都不该被后人忘记。

无独有偶,广州的苏晨及北京的包立民等也一直怂恿张人希写回忆录,将自己的作品和与大师们的交往编撰出来。可惜张人希精力究竟有限,性格又淡泊名利,只将自己保存的资料提供给他人,自己动手撰稿的为数不多。

柯文辉每一两年就去厦门看望张人希一次。他对许多无可改变的文化倒退现象深感痛心。写给张人希的信时常倾诉心中郁闷。

2003 年 7 月 13 日,他的信中说道:

二十世纪后六十年,传世小说、美术论文为数寥寥。蚂蚁有多大力气,慢慢明白。幻想死而肉体生。唯有先生知我深,长夜远怀,总思一晤。先生是超出得失的静心者,此即弘一大师真传,不在经书与艺术,而在艺外经外的智慧,不随流俗,又和光同尘,保持独立人格,淡泊中有正义感,此为我敬先生之处,人或未之见,非谄辞也。

其恭维与殷勤让张人希十分受落。在张人希心中,柯文辉和弘一大师及刘海粟都沾边。

柯文辉是张人希付出感情最多最深的朋友,张人希一直将他视为知己,不幸的是,也被他伤得最深。(详见最后一章)

2. 泉州故交

所谓物以类聚,人以群分。朋友是人生的一面镜子,折射出一个人的原型。而一个人青少年时代所交的朋友,往往影响他的一生。

泉州是张人希的故乡。他生于斯长于斯,直到 1945 年 27 岁前才移居厦门。1949 年以前能追溯到的信息非常有限,因为张人希和他的朋友们大多为地下工作者,他们是不会留下任何通信记录将朋友置于险地的。本书人物信息均来自张人希及其友人始于 70 年代后期的往来信函,以及他自己文化大革命时被迫反复写下的"历史材料"。1976 年前的不多,因为文革期间被抄家,烧的烧、毁的毁。而他的朋友们皆为历届政治运动的受害者,许多人曾失去自由与联系。

2.1 方近汶

方近汶,1910 年生,卒年不详。字思父,福州人。父亲是方声湖,擅长书画、金石与七弦琴。方近汶就读福州三民中学、福建学院、福建省训团,绘画与篆刻造诣精深,二十出头便在广州《青春艺刊》、福建《民报副刊》、上海《时代报副刊》等发表、连载李后主词篆刻作品,一致好评。后来他曾任福建晋江建国商业学校教员、晋江县督学、宁洋及惠阳两县的财政科长。

1938 年前后,张人希邂逅方近汶。对于大名鼎鼎的前辈张人希十分向往,于是递上自己的篆刻请教。方近汶不愧是高手,一看张人希的印章立刻发现问题,于是要求看看张人希所使用的刀。他对张人希说:"这就是了! 你的毛病就在用错工具。金石家治印所用的应该是平口刀,不用尖刀。"他十分慷慨地赠送了一把平口刀给张人希,并予指点,张人希的篆刻水平顿时突飞猛进,两人也成为好友。

时光无情地冲刷掉张人希与方近汶之间的交往记录,仅剩下方近汶于 1978 年 4 月 15 日写给张人希的一封信,信中仅寥寥数语:

> 亡所有,求一得。不见人兄后人,为此昨过菊园得尊址。三十年前拙劣遭劫数欤?

那时十年浩劫刚结束不久,得悉故人还活着,方近汶百感交集、心有戚戚焉。

菊园指黄菊园,是张人希的好朋友,和陈子奋、郑乃珖等人也都是好友。1977 年 7 月 17 日,黄菊园写了一封长达四页写得密密麻麻的信给张人希,要将陈子奋的学生梁桂元赠送给他的陈子奋白描竹简转赠给张人希,说是"宝剑送壮士"。信中还提到抗战期间,黄菊园的妻子张柏青(别号白玲)在巡回队时与黄永玉在同一个团体里。

张人希与方近汶联系上后显然很高兴,告诉了远在成都的龚裴伽。1980 年 11 月 6 日,龚裴伽给张人希的信中有:

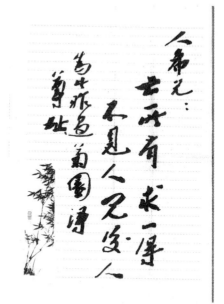

　　你提到的方近汶，我的印象是很清楚的。虽是税官，却不觉有多少官气；个头很大，举止却文质彬彬。我也知他善于篆刻，但以当时思想幼稚狭隘，竟以他是"官"，便不曾要他刻，而是请你刻了两颗，至今珍藏。但说实在的，我也觉得他的印是刻得很好的，对他的印象也是不错的，想不到他竟然遭遇如此不幸，真气人，感慨万端！你对人的态度，令人钦佩。只是如今有多少人能做到这一点呢？"文化大革命"让许多人的嘴脸不是暴露无遗了么？当人得意时，可能是宾朋满座；而一当失意时，就门可罗雀了。所谓人情冷暖，令人寒心！如你今后在福州见到他，或写信时，可代附笔致意。想他可能还记得卅多年前左右经常相见的这么一位老熟人的。

　　方近汶在泉州生活的时候，热心给予指点的当然不只张人希一个。许晴野也是其一。1978 年 9 月 9 日，许晴野给张人希的信中有这么一段文字：

　　　　我俩的见面是 63 年前，与汶翁见面可能是 68 年初的事，同您俩的分别均十年以上。吾辈相交均属道义上与同道上的友谊,特别提起的是我的艺术生涯受您俩熏陶最深、影响亦最大。

汶翁指的即是方近汶。

方近汶点拨了张人希的篆刻,而张人希日后则肯定了方近汶高足的艺术成就。他在龙岩后晋邹泉生 2006 年 2 月 16 日来函的信封背后写下了一篇短文,估计是应吴振德 2005 年 10 月 28 日信函请求为他将要出版的印谱作的序言草稿:

在中国绘画艺术中,篆刻是一门重要的项目。

友人吴振德是好友方近汶的高徒,年轻时即喜爱书画篆刻。念高中时即有篆刻 25 方编入 1947 年中国美术年鉴,数十年来刻了无数作品,运刀自如,甚有神采,把篆刻特有技法发挥到极致,成为篆刻中熠熠生辉的瑰宝。

中国篆刻,是艺术家长期综合训练的手段。艺术家在大量创作中提高艺术修养,在创作中练手、练心、练胆,反复锤炼。

篆刻富有情趣,它点缀生活,使人怡情养性,满足了不同层次人们的艺术口味,得到人们的广泛喜爱。

吴振德,生于 1928 年,当过教师,后在工厂工作当为工程师,但对于篆刻仍然继续学习,才能得到今日的成就。

方近汶的资料虽然奇缺,但他作为著名的福建印人在近代篆刻史上曾经是一道彩虹。

2.2　黄菲君

黄菲君,生卒年不详。1933 年前后在泉州立成小学任教。1940 年秋与王爱群等进步青年戏剧家组成"泉州剧联社",用闽南话演出改编自俄国讽刺作家果戈理代表作《钦差大臣》的话剧《巡抚》。后来任泉州《福建日报》记者,厦门《青年报》主编,并参与地下工作。

1948 年,黄菲君在香港,为了掩护身份潜回大陆,他被安排认识 13 岁就参加新加坡抗日同盟会的李敏。工作需要他们假扮夫妻,却因李敏一句"要做就是真夫妻,假的我不做"而弄假成真,缔结连理,并一起返回泉州继续在《福建日报》工作。1949 年 4 月 20 日渡江战役打响,泉州《福建日报》刊登号外,暴露了黄菲君夫妻的身份。于是两人被安排到惠安参加游击队。

1940 年,当黄菲君活跃在泉州的舞台上时,张人希就在泉州《福建日报》当记者。1948 年黄菲君与李敏结婚回到泉州时张人希已经在厦门。从他分别于 1980 年及 1986 年给张人希的两封信看来,他们应该认识得相当早,且彼此非常熟悉。

人希同志:

　　别来无恙否? 兹寄上倖存旧的照片一张,请查收。此物虽微细而颇有纪念价值。你照的如何呢?

　　十年浩劫,泉城旧友凋零殆尽,感慨之余,也触发了一些联想。我以为,几十年前,我和爱群同志等合演过的"巡抚"一剧,今天如再搬上舞台,也仍有很大的针对性。剧中的封建官绅人物,以及吹牛拍马、弄虚作假、贪污贿赂等歪风,在现实生活中不是比比皆是吗? 当然,像我们那样把社会主义社会设想得太天真烂漫了的一群,也应该从中接受深刻的教训。但可惜这类彻底批判封建特权的作品,至今尚不多见。

　　李敏寄来了我们的照片,并附笔向你问候。她说你的国画作品,此次也在香港展出,她想请你画一张给她"港中大厦"用的画。并说只要用宣纸画好,不用裱褙,因为这样才可出关(到了外面再裱褙)。她说如有大作供应,她可以积极找门路(以日本人为主要对象)。她现在已与人合营一个"鸣中公司",搞代销,代购等业务,很需要货源供应,未知你对此有兴趣否? 希见告。

　　今年天气特热,热风灼人肌肤,希多保重。如有来榕之便,务必光临赐教为幸。匆此顺祝

合家安好!

嫂夫人统此致意!

弟菲君 80.8.25

人希吾兄：您好！

　　庐山之行，计日当已胜利归来，此行有收获否？兴之所至，飞来峰上想必佳作累累也。

　　月前曾上一函，谅荷收鉴。现时该稿邮奉一阅。之乎者也，乱写一通。此稿未曾外传，惟知己如兄，当不至笑我，我亦不拟多加解释，这里仅提几点奢望。

　　一、盼能看到你对它的意见，即便是点滴，也是宝贵的。

　　二、在你的支持推荐下，倘能在家乡与读者见面，届时请您给它写一篇"后记"或"序言"，幸勿见却。犹记在四十多年前，我在厦门时就读过你的一首长诗"褎姒"，可见你对诗歌，早有涉猎，这话不假吧？

　　三、担心的倒是我稿件的质量问题，但限于才力，似亦无可奈何。要是出版有困难，则不可勉强。只是搜集不易，抄写尤费功夫，故请在十二月之前，把原稿由邮寄还。此意尚请向审稿同志转达，这是我的一点要求吧。我的住址是"福州鼓楼区水玉巷（略）"。期盼多来信。如有来榕之便，尚希过我一叙。"何当共剪西窗烛，却话巴山夜雨时"，亦人生乐事也。

　　匆此，顺祝

全家康乐！

嫂夫人请代致意

弟菲君上

9.21

信封邮戳显示为 1986 年。

2.3　黎丁

张人希泉州朋友里，解放后服务于《光明日报》、被誉为"首都报界最著名的副刊编辑"的黎丁是其中最活跃的人物之一。

黎丁原名黄恢复（1918—2014），出生于泉州，曾就读法江小学与平民中学。12 岁时随父亲学习漆艺，并到上海、台湾等地当学徒。抗战爆发后，黎丁辗转于闽南、重庆、香港等地的报刊杂志社工作。1939 年晋江侨乡创办《民声报》时，年仅 21 岁的黎丁当了主编。

因为黎丁喜欢交友,所以成了泉州当时进步青年"朋友圈"的轴心人物。张人希和他的朋友们都围绕着这个主轴转。比如前面提到的龚裴伽,还有笔名单复的林景煌、李秋叶等。他和抗战时流落在闽南的黄永玉也很熟悉。

黎丁和张人希是同乡、同志、同庚。1947年到1949年,黎丁在厦门。他调去北京后,其家眷依然在厦门生活,直到1953年才迁往北京。在张人希泉州一众老乡里,黎丁和他通信最多,推心置腹。他们之间的话题,多涉及新知旧雨。

1976年7月28日唐山地震。8月底,山雨欲来风满楼。彼时,知识分子们都绷紧了神经。张人希给黎丁写了一封信。

恢复老兄,

　　很久没有信,北方地震,兄阖家安然否?念念!

　　顺便告诉您一件事。去年您有一封信给我,有提到国庆要发表两首主席新词,我认为这并非秘密。在同年我有提起,其实这两首词,在文革中厦门印了很多,只是个别学者介入而已。想不到这件事,也有人做起文章。情况是这样,几个月前,在追查伪的《总理遗言》时,有人怀疑我有这份文件,(但事实我没有)他们就旁敲侧击,说我是"消息灵通人士","主席的词未发表,你就先知道",他们怀疑我是不是由您那里搞到什么秘密材料?这真是笑话,现在这件事已过去,他们也知道这是误会。现在事已过去,我顺便告诉您,给您笑笑。

　　您过去有问起纪得志,听说解放后去劳改,他大概是中统关系,现在厦门做泥水工,我没有碰到过他,如碰到也认不出,顺告。圣才问题已解决,现回厦门。

　　有空,请来信,以酬盼望。不宣

弟希 8.31

圣才即张圣才(1903—2002),福建协和大学毕业,著名报人和教育家。他的一生非常传奇,厦门作家泓莹有《张圣才口述实录》,由广西师范大学出版社出版。

1980年12月24日,黎丁写信给张人希道:

人希兄：

二信同时收到，我未去叶老处取水仙花，改日再说。不知您托谁带的，是不是已经到了，倘到，他会打电话通知我的。这里，我已有一株，尚未开花，是漳州产，耿庸亲自带来的。

景煌由上海来信，说十八日由沪去厦，那么，此时，你们大概携手言欢，畅谈"三天三夜也说不完"的话了。

告诉景煌，信收到，难得回一次福建，多走走，返来告诉我那里朋友的情况。

我不大出门，也不愿出门。因为一早就要下水，一出差，就没有规律了。所以，即没有好地方我也不出去，只有朋友们进京来才聊聊。

永玉已返京，他说要给你写信，记不起几号了，我回来后看您的信已告诉他，大概不日可收到他的信。

你要出门就得下决心，否则像我这样是走不出门的。

从你信上看，你倒真是退休后更忙了。官衔多，自然忙。其实一些会没有什么意思，可以不去开。巴金选人大常委会都往往不出席，你这个美协理事，文联委员，如果长期没有作品，岂不杀风景。但愿您多画点。

满子、耿庸都给了新房，正搬家中。胡风也给了房子，即将搬进新房，新房和我比邻。

可记得陈文基夫妇？也给他平了反。

匆匆，致

敬礼

黎丁

十二月廿四日

我现在已笨兔二窟，除龙潭外，还可寄："地址（略）"，就在新烤鸭店旁边。

黎丁用毛笔写完了信，又用圆珠笔在空白处写了两则：

弘一大师的展我去看了，还在一版上给他们发了一篇消息。友人周绍良在主持这个展览。林子青来过几次电话,但我去时他不在。

裴伽夫人给我买了两盒"南曲"乡音,可她带到四川,要有妥人才带来。

1981 年 1 月 9 日,张人希在回信里说:

> 景煌未来之前,有来信希望能来闽,我即去信福建文艺苗风浦请其指名邀请,才顺利。他和郭风到我家聊天一次,隔日我去找他们玩了一夜,真是"相见如梦寐"。1949 年在香港,经常见面,他当时住在九龙,有一天要坐船北上,他和方成、端木蕻良便到我住的旅社来,我送他们下船。(当时我住六国饭店)转眼间三十余年,这 30 年来,人海沧桑,恍如一梦。如见到端木,问他尚记得否? 最近才知道端木善画,此君真是才子,我想求他一件小品,或者我刻一方印送他,由您转达,如何? 方便否? 单复也有信提起这事,不过,您在京较方便。

信中还提到另一位前辈"黄松"。是这样写的:

> 黎烈文在台湾去世,他的母亲黄松,尚在泉州。她是黄探花(贻辑)的女孙,现已 93 岁,能击剑,操琴,作画。去年画一件紫藤送我。她是上海文史馆馆员。单复来,把这件画拍照带到上海予巴金,很可能巴金会写文章。我记得过去文化生活出版社那套文学丛刊,(每辑十本)在第一辑第一本就是黎烈文散文《母亲》,这篇文章就是在写黄松,您如果能借到此书,由这篇文引起,可以写一篇短文,有画有文,应该能拿得出手,是您写或我们来合作,您以为如何?

黎烈文(1904—1972),中国现代著名作家、翻译家、教育家,湖南湘潭人。1946 年赴台先后担任《民生报》副社长及台湾大学文学院教授。

由于信函不齐,看不到黎丁的回复。1984 年张人希曾在《厦门日报》发表了《怀念黄松老人》。文中有:

近日读老作家巴金的《探索集》，其中有《怀念烈文》的短文，一开头就是："好久，好久，我就想写一篇文章替一位在清贫中默默死去的朋友揩掉溅在他身上的污泥……"

是的，多少年来，本是鲁迅好友的黎烈文，在鲁迅著作的注释中却被写作"后来堕落成反动文人"。感谢巴金在他的文章中，以若干身历的动人实例，说明了抗日战争一胜利就去了台湾，先在报馆当二、三把手，后在大学当教授的黎烈文，并不是什么"反动文人"。

……

黄松老人号渔仙，一八八六年（清光绪十二年）诞生于泉州望族黄家。她是泉州进士黄宗汉的后裔。黄宗汉在咸丰年间做过四川和两广总督，咸丰皇帝奕詝死后，对该由谁来继当皇帝的问题，他的意见和慈禧太后相左，因而下狱身死。可是他的儿子黄贻楫，同治年间又考中了一科的探花，这位探花郎，便是黄松的父亲了。

因为生长在书香世家，黄松自幼能琴、棋、书、画和击剑，诗、画犹佳。长成远嫁到湖南望族黎家，不幸丈夫早逝，留下两女一男，这根独苗男丁便是黎烈文。

……

黄松老人较长的时间在上海，她是上海文史馆的馆员，后来回到故乡泉州，和她的女儿一起安渡晚年，直到一九八三年去世。

……

1981 年 8 月 5 日，黎丁给张人希的信中夹了一篇何满子的文章，黎丁在信中写道："满子兄一文，很妙，寄你一读。"

1981 年 10 月 20 日黎丁给张人希信：

人希兄：

永玉到厦泉等地，你们当可见面。

裴伽已于十月十日晨三十逝世，你当得到消息。追悼会于十八日举行。我不能去，只去一电报致唁。

你还是那样忙吗？

既然退休了,就应该能多有点时间写文作画,不要陷进酬应上去。

我今日微有不适,血压突然偏低转到偏高,有点头疼。但估计不碍。匆匆,致

敬礼

黎丁
十月廿日

张人希回信道：

黎丁兄：

来信收到,谢谢您的关怀!

上月 26 日,永玉携梅溪、黑蛮来厦,我陪他到泉州、福州。12 日回京,我陪他半个月。本来他要我和他去北京,但我有别的事,还因气候问题未成行,可能我明春出门,到北京时一定去看您。

裴伽兄去世,有来电,我给去电吊唁,老友又去一人矣,伤哉。

单复来信,说他已脱离编辑工作,要搞转业,拟南来体验生活。

郭风下月去菲访问,何为不久才从日本回来,他们都带我的画去做礼品。

前两个月,曾卓、田野来,他们都劝我多写些文章,也谈了不少旧友的情况。满子、植芳、炳中都是他们的好友,也是难友。满子最近大写文章,此君甚有才华,过去和我关系颇好。

您记得江声报一位郑梦周吗?最近由新加坡来,可惜患了癌症,看来也不久于人世矣。在厦一星期,又回新加坡,此别可能千古矣。

童晴岚去年逝世。

我为丁玲照几张五彩像都照得不好,(是晚上照的)待她回国时寄给她。

据说是茱萸(成末)掺白米醋(成糊状)贴于两足心,可降血压,(下降正常时去之)不妨一试。

我退休后,事更多,安不下心来,做不出什么,很苦恼。

我希望您好好注意保重身体，现在还有冬泳吗？永玉也有提起。

您经常在香港文汇报写"补白"，我都拜读过。您对书法家不写简体字，提出异议，我有不同的看法，我认为作为实用者可简体，作为艺术者可不必勉强，好比，甲骨，篆书，识者无几，但可作为艺术欣赏，既然如此，何必强调书法要书写简体字，老兄以为如何？

郑逸梅老住址你知道否？我要告诉他的朋友李芳远已作古矣。匆复

即颂

文祺，嫂夫人并此问好

弟人希 10.27

1982 年 2 月 23 日，已经六十五虚岁的黎丁开始办理退休。他告诉张人希说：

也许今后可有点时间涂抹。但也难说，你是前车，不是退休后更忙了吗？……退休后也许可到处走走，厦门也想去，但得到真到了才算数，否则都是空头支票。

28 日张人希回信道：

黎丁兄：

23 日信收到。

旧历新年在忙中过去。海粟老除夕来厦，因为厦门只有我和他熟当然我要陪陪他，到 2 月 14 日才离开，由汕头到广州。

我的大女儿一行四人由港来，也是除夕到，家务也不能放。

至于社会上的会，不去也要去，下月份，要开市文代会，（四天）接下去是市人大、政协，省已在开，前后 13 天，厦门不知要开几天。

还有一些展览，去年底六人联展在福州开一个月，接下去要在泉州，其中有一位同志不同意，怕把画弄坏，所以不在泉州展，现在是到桂林展。去年结婚者特别多，亲戚朋友都来讨画，起码应酬了 20 多件。

今年第一期"书法"发表我一篇短文,(对"卍"字的析疑)发表后引起一些人注意,叶、俞二老也来信,赞同我的意见。

何满子来信,说拟来厦门走走。我复信欢迎他,但具体时间未订,我希望他同贾植芳来,这些老友已30年不见面了。

俞老来信,说他的老伴最近去世,字里行间很伤心,我随即发唁电慰问,请您就近去看看他,同时代我安慰他好吗?

丁玲已回国,她过去打算今年再来厦门,未知确否? 如见到她,请代问好,并告诉她我为她照的像,不理想,所以没有寄送她。(是晚上照的)

单复和他老伴来厦,老伴已回去,他还留下来,大半时间在集美,打算写陈嘉庚。

如见到永玉,问问他何时去西德,他本来约五月间来厦作画是否决定?

厦门有一位名碧沛者,去年去香港,写了不少文章,不幸近日在港脑溢血去世。

舒婷年内结婚,我和朋友合送她几本书。

退休后就回到厦门玩玩,很欢迎您,把夫人及孩子都带来吧!

千秋已退休,但另有兼职。

我现在陷在包围中,外地来的朋友不少,总要陪陪。画、字、印,还要应付一些推不了的文债,所以连写信的时间都占去了,很对不起朋友。

春节打铁街一个青年写一对联:

工资四十五,储蓄十五,年计百八。

就业二十五,结婚卅七,节育有余。

横披是:"一见哈哈笑"。警方干涉他,他不肯揭下。随便写给您笑笑。

匆复　即颂

文安　并向阖家问好

人希 2.28.

1982 年 5 月 21 日。黎丁给张人希带来了好消息:

耿庸可能过厦,过厦时也许会去看您。请转告我六月八日来厦参加一

个会。能留下和我一道返沪更好（会开一周）

老友重逢，兴奋开心自不在话下。从 7 月 27 日黎丁的信函里可以窥见未了的余温。

我返京后即去一信，未见复。我去北戴河休养，今天返。特再修书。……你是不是到上海了？为我们拍的照片，不知冲洗出来未？兄冲洗出来，得寄我一分留念。到厦门，了却一桩心事。总算回家了。

张人希接到信后，8 月 4 日给黎丁回信：

叠信收到。

日来颇无事忙。本来应省文联在鼓浪屿休养所休养，郭风等好友来，至前日突然接省美协通知，在泉州开理事会，会期一星期，所以今日下午赶去泉州。（5 日开会）

胶卷只照一半，打算到泉州时照完它，印好即寄，勿挂。

去京时间尚未能定下来，景煌是由集美上车的，故不能送，据说还要来。

万青力来信，说他写一篇短文介绍我，送给张振声同志处，如有机会，请您代催。关于人家造我的谣言，如有机会请代解释。我们朋友这么久了，您可能是信得过的。这个造谣者，因来厦门开个展，要我为他写一篇介绍，我没有答应，就到处说我的坏话。在北京说我骗西安的画，在西安，说我骗万青力的画，青力很生气，所以他写这篇短文，也是为我辩白的意思。那就看老兄方便否？

福州军区要印一本《八闽画家近况》画册，要我画五张画，这一任务已完成，大概年底可印出，印好我会送您一本，这本书是要去投金台，以及赠送华侨用的。

《福建画报》要全版介绍我的画，任务也已完成。同时，他们派人到京找永玉，要介绍他的画。永玉要他们来我家拍摄他过去送我的画，同时要我写一篇简介。这个任务也完成了。永玉送我的画起码数十张，（木刻不算）我如果有心要卖朋友的画,永玉的画在香港很好出手,价又高,但做人绝不能这样,毕竟这个地球是小小的,总有见面的日子。

前天雷石榆来,他现在河北大学,我们已卅多年不见面了。前日植芳来信,说没有想到能在厦门相会,他认为"大家已相忘于江湖矣"。

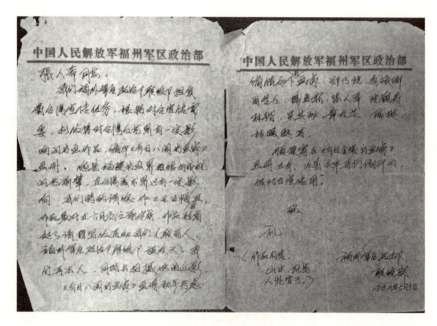

《八闽画家近况》出版信函

对于他人毁谤自己的事情,张人希耿耿于怀。11月30日,他给黎丁的信里再次提到这件事。

……省美协理事会在泉州召开,很久没有回乡,这次逗了半月,看到很多旧友,乡音未改,人事已非,无限怅怅。

前天接到泉州朋友曾良奎(黎明学园教师)谓他接到戴慧文给他的信(戴是曾的学生),有谈到曾看到一篇万青力介绍我的文章,他已编好交给张振声同志,可能最近会发表。

关于此事,原因您可能知道,有人造我的谣,说我代万青力卖画,画卖了不给钱,事实没有此事。你在厦时,我曾向你谈及。所以青力写此短文,等于为我辟谣。因此,我才急于发表。如方便的话,请你向戴、张处一询,他们如有提及此事,请代为解释,我们交情约四十年,彼此深知。关于谣言来说,后来才知道,是出于黄易扬之口。易扬过去在福建日报做过美编,后来错划右派,去年来厦开画展,要我为他在厦门日报写一篇介绍文章,当时我正忙,婉言谢之,他非常不高兴,造了谣言,到处骂我,后来我在泉州碰到福建日报丁仃,也谈到他也被此君造了不少谣,写信来福建,就骂他和我,原因也是他要丁仃在福建日报为他写文章吹捧,目的不达,就这样乱咬,不过事实总是事实,谎言最后也会被人识破。此君听说现在《文艺研究》工作。

可惜,万青力那篇文章没有见报,如今,当事人皆尽去世,不得而知了。信的最后加了一句:"一本地址小册被扒手光顾,你的新址忘了。"

黎丁于 12 月 7 日给张人希一封回函,告诉他自己那一阵非常忙,还病了一场,高烧到 40.2 度连夜送医院打退烧针,第二天还要去给朋友送殡往八宝山,下午又烧,第三天继续去开会。退烧后依然在咳嗽。他说,"辟谣事如果能刊固好,也不必太管它。我遇到张振声时当问一下。他们已离开文艺部,成立一个新的部叫摄影艺术部,负责人是王锦。"又问:"为什么小偷老照顾你,又把地址本偷走了,应是第二回了。"他还告诉人希说:"我这里有不少画家住在同一大楼,庞熏琹、刘力上(他认得你)、俞政贞、白雪石等等。"

1984 年 3 月 8 日,黎丁给张人希信:

很久没有收到信,今日可好?你还是那么忙?几处个展都举行了罢。

景煌信,说你为他买到机票,才能节前起飞。只是没有经过北京(原来他走前曾来信说回程要经过京的),不能相叙为憾。我已于八三年退休,但退而未休,仍然忙七忙八。每早必泳,不中断。去年十二月廿四日我写了篇《毛主席和东风》,你当看到。里面就宣告我已离开新闻岗位。但是要全离还得半载一年。

据郭风(以前了,两年前)来信说,叶老曾有信给你提到我的冬泳。请把那几句抄给我。我写过一篇《冬泳好》(人民日报《战地》杂志第一期),有人怂恿写续篇,故而想了解一下。

我在《新闻研究资料》第 20 辑上有篇《今日文艺及其他》，如读到，请提意见。

我几个孩子均有工作。而且四分之三都成家。老来无后顾之忧。

北方仍冷，但一直没下雪。

张人希接到信后连发两函给黎丁。

黎丁兄：

在想念中收到来信，得悉一切，甚喜。

我同您一样，退而不休，每天都是会。在这里久了，一些人事关系，有会不去，也不好意思。老实说，现在开会，几乎是做了人情。开会我不反对，但如果有作用，有成果，多开一些也没有关系。经常是白花时间，实在是无可奈何。这么大年纪了，还有多少时间这样浪费？

今年，市盖一座较像样的宿舍，照顾一些所谓"头面人物"，我也叨光，分到一套，搬来过春节，忙了一阵，至今尚未布置好。其次，我在香港二个女儿，带着孩子来过春节，一行九人，热闹、高兴，但忙得不亦悦乎，每餐都是 20 多人，入夜就要搭临时床，幸好香港人对挤已经习惯了。他们来了半个月，直到她们去后，生活才渐次安静下来。

就是这样，所以一些信，应该写的，复的都没有办法做，对不起很多朋友。

本来六月和几位朋友要到杭州开花鸟联展，一切都准备好了，最近收到杭州来信，说大家忙于准备全国美展，考虑把展览拖到 10 月。

香港年内两个人来，约我们六人去开画展，一切都谈了，现在等待他们在港的准备工作，不过我不大赞成。这个时候，香港人心浮动，那管得了画展，看看他们准备得如何。

《福建画报》去年来拍了一些画片，要为我出一特刊，文章由单复写，题签是刘海粟，一切都准备好了，可能是在第一季度。

年内接到沈鹏来信，《中国书画》第 14 期要发表我的篆刻，是肯定了，（14 期是第一季度）。

子玖去年写一篇长文,约二万字,介绍我的生平,其中还有画和篆刻,是深圳《特区文学》约的。文章交出后,韦丘出国,及至春节前后,韦丘来信,决定取用,但没有说时间,我的艺术火候不到,过于突出不好,而且会有人眼红,有时是得不偿失,但子玖兴头很大,我也不好泼冷水。

　　因为退休,不在机关,所以对外报看得不多,大作均未拜读,如有剪报请寄来一阅。(阅后奉还)如不方便,我再找旧报。

　　关于叶老提到您冬泳的事,事隔多年,一时想不起,待查阅,不过叶老给我的信,起码有百封以上,查要花一些时间,待查到时随即奉上。

　　记得丁玲曾对我提起,她还存瞿秋白的二个印章,你如有见到她时,请代问好,并要求她把瞿印拓两份送我,不知方便否? 我前年去北京,叶老有写丁的地址给我,要我去看她,但因时间匆忙,没有去,地址也遗失了。

　　您的孩子都好,大多成家了,我就是孩子问题,弄得很狼狈。我有三个女孩,都很好,对父母都好,但三个男孩,坏极了,文盲加流氓,而且自私,弄得我有时是啼笑皆非,有时是愤怒至极。迷信的人说是"风水",有的说是"命运"。如果说是教育问题,为什么三个女的,既善读书,又懂做人,三个男的又是这样? 我说是本性的问题。奈何?? 我们是熟朋友了,所以才谈到这些事来。

　　去年永玉去西德,在港时有寄几本他的书来,还有日历等等,年内他已回京了,有没有见到他?

　　去年我去上海,有见到满子、耿庸,但没有时间看植芳。耿庸寄日历来,植芳寄贺年片来,至今还未给他们信。

　　现在飞机很方便了,有机会来玩。匆复　即颂

文安

嫂夫人并此问好

弟人希 3.14

来信写新址

　　距离这封信三十四年过去了,如果张人希还活着,今年已经一百岁。不知道,他对自己六个孩子还会这样评价吗? 他的一生堪称成功,但六个孩子却成了他一生或许唯一的遗憾。

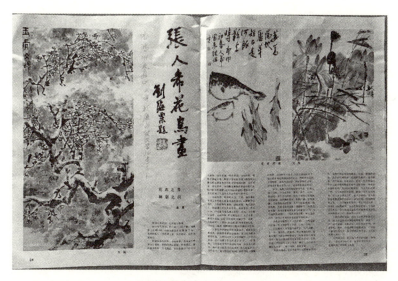

两天后,张人希又给黎丁发了一封信,说:

　　花了一段时间,终于把叶老提到您的事,找出来了。叶老信中提到您两次,第一次是我托您转水仙花送他,来信说:"才知道黎丁是您的好友",没有谈到别的。

　　1979 年 11 月 24 日来信中有提起您,我把这些摘录如下:

　　"黎丁为台从少年时友朋,我则识之于抗战期间。渠与丰子恺甚相亲,因而时来顾我。近来为了体育锻炼,虽在冬令亦入冻水池游泳"。

　　我录的只是这一小段,信很长,是谈其他事,恕不赘。老人寄给我的信甚多,可能是最多的了,从他和我通信起,一直到现在为止,有一百来封,开始是用毛笔,后来入院开刀,出院后,就开始用钢笔。过去写信很工整,现在较崎斜,近年来都提到他的记忆衰退和目力几乎近于瞑,我每捧读他的来信,无不感叹岁月催人,自然规律,实无可奈何也。他前年出院后给我一封信,特别注明"出院后亲友的信,这是第二封",说明老人对我的关注,非常心感。

　　……

新纪元来临后,张人希偶读一篇和黎丁的诗的文章,于是剪下来寄给他。黎丁回信告诉张人希,这位写诗的人是自己冬泳的泳伴。发表的作品他还没见报,还是从张人希的剪报上先读到的。同一天,还接到李岳南和王士菁的和诗和电话,高兴朋友们没有忘记他。至于张人希邀请他南游的事,黎丁表示心领,但自己白内障应该开刀的硬是不开,早泳不断,慨叹自己心有余而力不足。信中说:

> 你的书我早收到了,记得也去信道谢了,而且还寄了两本非卖品的诗书给您(一本请你转王莹),您也收到了,大概之后也转到了。去年王莹佬来京,我们已畅叙。前两天收到广东朋友寄来剪报,转您一哂,看溢美之词满纸,迹近吹捧。……厦门知我的熟人,如问及,可转告,我还能天天游泳,而且各种姿势都游。我的举重踩水过河,还得到名次哩。(见"中国老年"八五年里某期的彩色照片。)又,张圣才老还活着吗?我两年前有篇小文谈到离开厦门时还提到他。上海出版的《赵家璧先生纪念文集》,您可能看到过了。

黎丁附上的文章,是广东湛江作家艾彤撰写的《一位老编辑的风范》,记述83岁高龄的《光明日报》《东风》副刊的编辑黎丁的为人,以及他与郭沫若、臧克家、唐弢、茅盾、巴金等人的交往旧事。尤其是政治运动中他不怕引火烧身主动去关心这些前辈,非常令人动容。

从张人希留下的信函中能看见的黎丁最后的通信是 2003 年 1 月 7 日寄给他的贺年片。

2010 年,林竹青在新浪博客上接到一个陌生人 Monica 的留言,说自己是黎丁的小女儿,生活在伦敦。林竹青看见非常激动,立刻和她联系,延续两家的交往。2011 年 4 月初,Monica 和丈夫子女一起回北京看望父母,正好林竹青也从新加坡去中国,获悉后立刻飞北京看望黎丁夫妇,并在黄家用午餐。

2.4 林景煌

林景煌(1917—2011),福建晋江人,1936 年开始发表作品,1937 年任法江小学教师。曾任厦门《江声报》副刊编辑。

解放前,时在香港的林景煌曾介绍香港华南地下党庄少萍到厦门找张人希帮忙组织"五四小组"。张人希逃亡香港时,林景煌与方成和端木蕻良到他下榻的香港"六国大饭店"乔装打扮,张人希送他们三人上船潜回大陆。1957 年,林景煌被打为右派,之后曾一度与张人希失去联系。

端木蕻良(1912—1996),辽宁昌图县人。著名作家,曾娶萧红。关于离开香港那晚的事,1988 年 1 月 23 日,端木蕻良在写给人希的信中说:

> 话说起来,真是一文难尽。你提到我和单复、方成离港的情况,我想起来了。是的,是的。将来,写回忆录时,一定要写这一段的。但愿天假以年。

往事尤新而朋友失散,念旧且重感情的张人希自然想念。1978 年 8 月 3 日,他在《光明日报》上读到一篇著名单复的文章后致函黎丁说他想不会有第二个单复,那么林景煌还活着。从黎丁处获悉林景煌尚在人间时,张人希的喜悦可以想见。他立刻联系林景煌,再续前缘。林景煌给张人希的信如今还有十封,最后一封日期为 2005 年 3 月 9 日。

那年头,人们都没有自由出行的权利。买车票还需要单位介绍信及户口证明。张人希的朋友们散落各地,想见一面煞费心思。

1981 年,文联于厦门鼓浪屿开会前,张人希去信给《福建文艺》苗风浦,请其指名邀请沈阳文联的林景煌到厦门来参加会议。这件事见于张人希给黎丁1981 年 1 月 9 日的信。

林景煌给张人希的信内容相对琐碎,因为交情老,所以聊的都是自己的生活情况与老朋友们。比如 1978 年 10 月 22 日的信函中就请教张人希意见,说"中央 55 号文件传达后,我想提出申请改正,待与马加等同志谈一谈后,即写一份申请。你说好吗? 还是再看一看,慢慢来?"。

他向张人希要画补壁;说要帮张人希向端木蕻良索画;请张人希向叶圣陶求墨宝;向张人希要水仙花;向张人希要荷花画作为赠送给泰国橡胶大王李引桐的见面礼;撰稿"花卉之秀、林壑之风"写张人希并收载于他的《文坛师友情》上卷;甚至八卦议论黄永玉的琐事。他的信中提到很多人,包括张人希挚交画家朱鸣冈、福建文联的郭风以及漫画家兼杂文家方成等人。

3 厦门情谊

3.1 张晓寒

张晓寒(1923—1988),字云松,江苏靖江人,毕业于重庆艺术专科学校国画系。1953 年到厦门在鹭潮美术学校(即鼓浪屿工艺美术学校)任教,后任厦门画院画师,福建省工艺美术学会理事。

张晓寒大抵是厦门书画界与张人希交谊最深的一位。文革时,张晓寒的家被红卫兵冠以"鸡山黑店"时,张人希被冠以"黑店掌柜",与张晓寒同时遭难。不过,张晓寒比张人希更惨,银铛入狱,过了多年铁窗生涯。当张晓寒出狱时,张人希兴奋地刻了一枚"次第春风到草庐"送给他,取宋人诗句"炎霜烈日皆经过,次第春风到草庐",借以祝愿张晓寒灾难过后,从此一帆风顺。

70 年代末期,张晓寒时常到张人希位于惠通巷的家喝酒,一起作画,释放压抑已久的潜能,同场展览。

正当国内形势一片大好,文化大革命中受到冲击的知识分子与艺术家们获得释放与平反,厦门特区日益欣欣向荣时,不幸的事接踵而来。曾经在十年浩劫中被折磨得很惨的文弱艺术工作者有不少人百病缠身,不支倒下,其中包括张晓寒。

1988 年 5 月,张晓寒因病不治与世长辞。噩耗传来,张人希非常悲痛。想文革的时候他们俩共同被整。张晓寒比自己更不幸,被强加上莫须有的"伪团长"罪名送进监牢。往事历历而好友已去,张人希沉痛地写下悼张晓寒诗:

噩耗传来事可伤,哲人报道竟夭亡。
抛残心血培桃李,历尽艰辛斗雪霜。
恶竹未除应有撼,剩膏难继已无光。
古稀画展终履愿,空洒灵前泪数行。

诗文颈联指张晓寒曾以杜诗"恶竹应须斩万竿"题画,文革时受到残酷斗争。尾联指张晓寒曾言:"如能争取多活五年,七十岁时再举行画展,吾愿足矣,癌症何妨?"

3.2 林文衍

张人希在厦门本土的朋友非常多,交谊最深最久的林文衍是其一。

林文衍(1926—2014),出生在福建晋江。在泉州培元中学读初中时与蔡实鼎是同学。1946 年去台湾,后回到泉州开始参与地下工作。

1949 年 10 月 17 日,厦门解放。林文衍担任《厦门日报》副刊编辑,与其他报社工作人员避开国民党的飞机,带着大致排好版的《厦门日报》创刊号从同安星夜兼程直奔集美。19日晚从集美乘帆船渡海。22日,《厦门日报》借了唯一运行中的厦门《江声报》平版印刷机印刷了创刊号,继而接收了《星光日报》滚动印刷机发行报纸。

张人希与林文衍感情很好,喜欢一起对酌,一起切磋文章,然而,两人常常为了一个汉字的意思而争得脸红脖子粗。《厦门日报》的工作人员不时看到张人希去找林文衍,然后便发生激烈的争辩。刚开始时大家很是担心,但日子久了竟然发现两个人越吵越友好,很是疑惑。

文革期间《厦门日报》停刊,林文衍被送到集美和灌口劳动。集美侨校里有一套当时堪称先进的自来水安装工具,林文衍被派去为自来水安装师傅打下手、搬工具。他闷得发慌,于是乘机拜师学艺,竟然学会独立安装自来水管,俨然是一个准技工。随后他被派去开闸、做海堤护坡,春秋两季在南普陀及集美的海滩上耕种。集美那片由臭老九开垦的滩涂地后来成了"五七农场",而后又改名"集美良种场",几年后,张人希的长女张君平下放回来,就转业去那里当出纳。臭老九耕种不用牛,而用几个人的肩膀轮流拉犁。体力劳动无异于刚性锻炼,文质彬彬的林文衍获得意想不到的收获,身体竟然因此日渐强健起来。

1976年夏天来临时,厦门大学组织编撰闽南方言字典,林文衍和林英仪同时被调回厦门参加编撰工作。于是,张人希又开始时常跑去镇邦路林文衍的家喝酒辩论字义。三年后在文革时期停刊的《厦门日报》复刊,林文衍回到报社参加复刊第一期的工作,依然负责编辑副刊。

80年代末,林文衍和张人希的菲律宾好友蔡敏洛常常回厦门,每次回来三人定要聚首畅饮,把酒言欢。90年代,蔡实鼎也开始跑中国,于是,与林文衍和张人希便时常聚会喝到半夜三更。

在张人希的家中,林文衍是少数能说上话的人。张人希的几个孩子对他都分外敬重,每逢三子张叔平有麻烦时,林文衍便时常帮忙出面调停。

3.3 李度青、苏明娥

李杜青和苏明娥是张人希在厦门的朋友中交谊最深最久的另外两位。

李度青(1912—2016),福建南安人,少年时在厦门求学。1933年在厦门东村小学任教,后来弃笔从戎参加水警。1938年厦门沦陷时,福建水上警察第二大队退守海澄(今龙海)至漳平一线。1945年,时任水警第二大队副队长的李度青获委任成为福建省政府指派的厦门受降团的官员之一,接受日军厦门区总指挥原田清一的请降书。

李度青的友人李辉生医生早年留学日本,在思明北路开了个"辉生诊所"。日本投降后,厦门百姓扬眉吐气,将对日本军队的不满情绪发泄在与日本有关系的人身上,"辉生诊所"的牌匾常常被人泼粪泄恨,李辉生非常苦恼,于是去找李度青帮忙。李度青去拜会时任厦门侦缉队队长的蔡实鼎,适逢他正和张人希喝酒。李度青爱好文学,性格开朗,风趣幽默,与张人希一见如故,自此往来不断。

1947年,李度青调任石码警察局局长,每次到厦门,必定要和张人希及一大群朋友聚会。这群朋友中的某一位是厦门天仙旅馆老板的儿子,于是旅馆五楼的其中一个房间便成了他们经常聚会的场所。李度青受到张人希影响很深,每次回石码便要借去许多《文萃》和《群众》之类的进步书籍,思想开始慢慢地向共产党发生倾斜。

解放前夕,身为石码警察局长的李度青下令将所有枪支弹药集中起来,不许属下放一枪一炮。解放军一到,石码警察局便缴械投诚,悉数移交。

李度青和张人希相知一甲子,过从甚密。他隔三差五一定会出现在张人希的家,直到2008年夏。他的儿子李正心、女儿李晓华等人与张人希的六个子女及外孙女林竹青都很熟稔。李正心在北京工作的时候,多次帮助张人希将水仙花带去北京赠送给叶圣陶和黎丁等人。

2008年7月底张人希去世后,李度青在《厦门日报》8月13日的"城市副刊"撰诗纪念张人希,诗曰:

> 忆惜订交绿鬓时,羡君才艺又耽诗。
> 寻常言语披肝胆,风雨危疑见护持。
> 今日人天成永诀,他生缘会事难期。
> 悠悠终古如斯憾,稽首灵前无尽思。

李度青有位朋友叫苏明娥,与张人希同龄。因为相命先生说明娥名字不好,于是改为元珍。苏明娥出生富裕家庭,早年留学日本学医,婚姻由父母包办,婚后与丈夫感情欠佳。解放前夕,丈夫要跟随国民政府迁往台湾,苏明娥不愿意同往,便将陪嫁的婢女作妾,让她陪同丈夫前去台湾,自己则与一对儿女留在厦门。解放初,苏明娥失业,去找李度青帮忙介绍工作,李度青于是向张人希求助。张人希将苏明娥介绍到市交通医院工作,后转往工人医疗所工作,直到退休。

由于曾经留学日本,丈夫又在台湾,在历次政治运动中,苏明娥必定受冲击。尽管解放前她的家也是地下党经常聚会的地方,但仍无法使她幸免于难。文革期间,苏明娥被挂牌当街批斗,有一次游街的时候遇到张人希也戴着高帽敲着破锣游街示众,两人在这样的场合下碰面异常怪异,百感交集,却万分无奈。比张人希更糟糕的是苏明娥一介女流却遭关押,最长时间曾连续被关押了一年多。

苏明娥和张人希交谊很深,两家人自然也是世交。除了常常到张人希家,并为其家人看病,她的女婿印尼华侨施医生也常常帮张人希的家人看病。施医生的针灸医术高强,当张人希的长女张君平生育第二个孩子患了乳腺炎痛楚不堪时,施医生仅用一根银针就解决了。苏明娥是妇科医生,曾帮李惠若接生四子张楚平,也帮黎丁的夫人接生过孩子。

王益舍十分感激苏明娥,一直将她当女儿一般看待。1980年,王益舍去世时,苏明娥行义女之礼,送义母最后一程。

1992年底,张人希在新加坡开画展时,施医生还特地去新加坡捧场观礼。后来苏明娥要去台湾探亲,途经香港时,林竹青为她订了房间。不过,苏明娥并没有住,只将行李放在里面,人却住在她亲戚家。

李惠若癌症手术后,人生观大变,成天搓麻将。苏明娥常常作陪,更加频密地出现在张家。后来,苏明娥不幸中风半边瘫痪,就再也无法造访张家了。

4 天涯比邻

4.1 香港梁披云

在众多香港杂志中,张人希最喜欢的《书谱》双月刊是格调颇高的书法专业期刊,曾发行20多个国家与地区,在书法界具有深远的影响。香港书谱出版社由梁披云与朋友李秉仁、吴羊璧于1974年创办。

梁披云(1907—2010)是福建永春人,学名梁龙光,留学日本,曾任泉州黎明高级中学校长。

张人希1980年11月13日写给黎丁的信中有:

在补白中您还介绍龙光,那件字的上款是我,您一定有看见。龙光到厦门,我们都有会面,他办的《书谱》您看过否?

1980 年,张人希在中国《书法》第二期里发表过一篇文章"登高望海心犹壮——梁披云的书法与香港《书谱》"。

一九七八年,我和梁披云先生会面过二次。第二次是他和陈复礼先生率领香港文化代表团来厦门观光,我和几位画友和他们雅集,作画、写字,宾主尽欢。

梁老已七十开一,鬓已星霜,但身体硕健。他早年是以教育家而面世;中晚年则以书、诗驰誉海外。在我的印象中,他多才多艺,是教育家、诗人、书法家兼而有之。现在他在香港创办《书谱》杂志,风行于东南亚及欧美各国。

我最近阅读了巴金写的创作回忆录,第一篇是谈谈《春天里的秋天》,其中有一段:

"……一九三零年我第一次到晋江时候。那一次我是在黎明高中作客,就住在武庙里面。我是在那里过暑假的。学校的校长是我的朋友,还有两三个熟人在那里教书……"

文中提到的"校长"就是梁披云先生,至于"两三个熟人在那里教书",据我所知,当时有名散文作家郭安人(丽尼)、名教授杨人楩、名生物学家朱冼、名小说家鲁彦,还有陈范予等人都在这个学校任教,就是巴金也在这里教过书。三十年代,泉州这个号称"海滨邹鲁"的古城,封建色彩是极其浓厚的,而梁先生敢于以开明的教育家姿态出现,创办了黎明高中,所聘请的教师大都是全国一流的名人。司马文森在他的长篇小说《风雨桐江》一书中,就描写了当时地下党以这个学校为据点进行革命斗争。这个学校还组织了话剧团,公演了不少世界名剧,我记得曾演过易卜生的《娜拉》,给这个南方古城带来了一股新鲜空气,对社会风气颇有巨大的影响,因此也就引起了反动派的恐惧和惊讶,立即下令封闭学校。在暴力的压制下,学校是停办了,但它培养了不少优秀人材,播下了苗壮的种子。

听说后来梁先生在国内难于立足,就南渡到印度尼西亚,在那里继续办他的教育事业,还联系了不少同道,吟诗、写字,进行各种宣扬祖国文化的活动。在印尼时,他结识了我的好友李秉仁(善行文,也喜爱金石书画)。印尼排华,他们就分手了,后来又在香港邂逅,由于共同爱好,即着手筹办《书谱》杂志。这个杂志一经问世,对一些书法爱好者,颇具影响。一九七七年李秉仁不幸去世,年仅五十三岁。梁老失去了这位得力的助手,他的难过是可以想象的,曾在《书谱》发表了悼诗:"艺文应不朽,年岁太堪伤。忍泪更何语,魂兮归有乡!"从这首诔诗中,可以知道他当时的情绪是多么的怆痛!

一九七八年秋,梁先生回国观光,一路上写了不少诗篇,在雅集的那天晚上,他很高兴的挥毫,写了他的新作《登岱鼎》送我留念:"一杖千崖上九霄,平生不负是今朝。登高望海心犹壮,日阙天门路岂遥!"诗书俱佳,似有"烈士暮年,壮心不已"之慨!

听说梁先生对书法的爱好,始于童年,一生从不间断,就是在风尘仆仆的旅途中,他仍然是手不离笔,临池作书,难怪他的书法成就会那样娴熟纷披。他在少年时期,对颜鲁公及褚遂良曾下过功夫,朝夕临摹,从不间断,所以他的字笔划劲利,法度谨严,充分表现了颜书的浑厚雄健、气势磅礴,又有褚书疏朗开阔、险峻挺拔的风骨与华采。中晚年对怀素的狂草又下过很深的功夫。现在他已开始采花成蜜似的,形成了自己凝重古朴、生动活泼的体势,真是到了"通会之际,人书俱老"的妙境。

梁先生在书法园圃中辛勤了数十年,现在已有了可喜的丰收。尽管他在早年的教育生涯中,以及在抗日战争中一度随爱国老人陈嘉庚先生回国劳军,但他的主要精力,仍在用功于书法以及诗词。现在他以专力从事《书谱》杂志的出版工作,对宣扬祖国的书法篆刻艺术,以及在海外培养新一代艺术力量负起艰巨的任务。

这里我录一首新加坡诗人潘受先生赠梁老的诗,作为这篇短文的结语:

乡国黎明马帐传,识君炎峤酒炉边。

君时侃侃多高论,我亦翩翩一少年!

容易浮云分碧落,侵寻今日各华颠。

品评碑帖赓书谱,拊掌真成博弈贤!

4.2　香港吴耀堂

吴耀堂,名河,号夙川散人,泉州人。五岁入私塾,十二岁往厦门当学徒谋生,1948 年到香港经商,后赴日本任职神户华东有限公司 31 年,家眷则留在香港。退休后,吴耀堂回到香港与家人一起生活。他是诗人、书法家、香港东南亚研究所负责人,晚年为河南神墨碑林、杭州西湖碑林等四个园、林写字题诗勒碑。

吴耀堂与张人希同属同乡好友,有许多共同的朋友,俩人十分投缘。

从 1984 年到 1991 年间,迄今尚能找到的吴耀堂致张人希信函四十余封,而且几乎全是长函,其中大部分的信函用非常工整的小楷撰写。

1984 年 3 月 27 日,吴耀堂从日本神户给张人希写信,一开头便是:

人希老友:承经由周颖南兄惠赐《福建书画家》琳琅满目,一再捧读,谨先嘱谢! 何以为报? 耿耿于怀! 已三十七载不见,而图中芳采犹似当年,殊几前尘如昨,叹孟谋已先作古,而弟亦垂垂老矣……公真所向无空阔,我愧结交皆老苍。残墨行随坏壁坠,论诗敢望碧沙龙。因明佛学三友秘,更挠家声五绝芳。自昔乡邪说硕彦,秋宵霁月晴光云。

从信中可见,吴耀堂和张人希分别自 1947/48 年间,此前,他们也是诗友。自这封信始,吴耀堂和张人希通信频繁,吴耀堂几乎每封信必有自己的诗作。除了谈诗,吴耀堂还十分喜爱议论政治,好打抱不平。

1988 年 2 月 19 日农历正月初三,吴耀堂给张人希的信函,谈他前一天读了人民出版社出版的总第五十期《人物》内陈慧瑛撰写的《前尘旧影忆故人——记张人希先生"听沨楼"夜话》。从张人希谈到日本投降、何应钦、黄永玉,到他与朋友一边喝酒一边作诗的趣事。他说他们的打油诗,黄永玉与程十发画不出,叶圣陶与俞平伯作不了,很感得意。还告诉张人希说酒酣耳熟之后,朋友倒头呼呼大睡,自己在研究滕王阁序。

吴耀堂的信很活泼,字里行间有许多生动的俏皮话。他描写朋友喝多了睡觉呼噜打得响,就说他们"关门大咏清平乐、琵琶行"。

1988 年 12 月 30 日,吴耀堂写了一封信,头两页的内容很有意思,摘录如下:

周颖南兄,我知其与蒋抱一丈关系,故亦拜俞平伯氏为师,至其获识叶圣陶氏,彼无告弟,乃弟想当然耳。周虽是生理人,其宣扬祖国文化,固亦难得。椰城尚有一己故交凌则刚兄,宣扬中国书法亦不遗余力。十余年前弟去椰城,与此二人从无业务上往来,而每承其盛待,酒酣,周乃以于右任氏所书之民治学校诗,前后二十首之墨迹示弟。此卷为当年于将去台湾,蒋将去印尼,在香港分手之际,于写赠蒋者。其后,蒋托周保管。经周征得蒋同意交新加坡文物馆收藏。周后来移居新加坡得蒋介绍潘国渠兄,时周往上海晤及刘海粟许为之印部分山水画册,而托潘为之题诗题字,时刘尚戴右派帽子,正在存天戏海,而潘亦以不是大学毕业,林语堂不许其任南秘书长,郁郁居家,咏其“但博头街一字人”,又因共产党嫌疑,被新加坡政府扣留护照,不得出国。刘海粟得其为画册题诗,誉其字“渺锋过何道州”。后刘海粟“落帽”了,又为座上客,潘亦声价十倍,不但新加坡各公共场所有潘字,即李光耀往日本,亦以潘所写之中堂为礼品,新加坡驻外使馆,有的亦以潘字为装饰品,于是潘之书名大噪。在星马,即使是不识何谓书法好不好之人,亦重其字,如扬州盐商之于郑板桥,实则潘之旧诗委实好,其造诣在林骚、曾振仲、汪照德、苏大山、洪禹川……骎社诸社员之上,弟介绍其与京大名誉教授吉川本四郎,吉川先生誉其集杜五律五十首,不让文信国专美于前;至于书法,彼是学何绍基而渗以兰亭之回锋拖。潘尝告弟,当年跟曾振仲没有把楷字根基扎好。照弟个人见解,写字是要收束心神的,给人的观感,像泉州人所说的“活”,文一点。如拿十三行中的句子“若将飞而未翔”来形容,也很恰当。至若渺锋,窃以为不是作字的技法。潘是名家字,写得好,固然很飘逸,写不好,如懒蛇出洞。新加坡人不向其求诗,而问其求字,是买椟还珠也。

生理人是闽南话,意思是生意人,多少带点贬义。骎社指的是“温陵骎社”,乃清末民初泉州的诗社之一,成员多为清末泉州科举出身的才子。

张人希代自己的朋友向吴耀堂请作对联,写上面那封信的时候适逢吴家在装修,吴耀堂忙得团团转。1989年1月18日,他给张人希写信道:

　　这两天尘埃落地。重读尊函,您友人的友人,要为龙瑞官做门联,也不知那位戆番客奉的是什么傻王爷,照您说他要人家做的对子是十五对;做对子又不是切豆腐那有这么便当,而且由一人做十五对将来刻在门上,也太单调,这里替他做三对:

地下戏台的:

下南登场再登上路,西游演了又演封神。

大门对海的:

如此风波回头是岸,洞斯世态守身为真。

龙瑞官藏头的:

龙光掩旧戏,瑞雪兆丰年。

其余的十二对,就由他去托别人,吾人无必要为之费心思。

戆者,傻也。吴耀堂的直率与幽默在信中尽显。

两天后,吴耀堂又给张人希去了一函。提起两件事:

弟为"东南亚研究所"做申公豹,颇有成绩,收到稿件甚多,兹复印附上一份。

又河南宋陵神墨碑林嘱弟为之征求稿件。彼自弟入选后,续为之征求四件,亦俱入选。泉州市属入选者,已有七八件。兹附上征求信二份,乞为之转托泉州籍之书家用整幅宣纸写一首七绝或七律,当为照转,如能入选,则可勒石立碑,流芳千古。

第二天,吴耀堂又给张人希写了封信,发表他对书法的看法:

本下午贵友送来乙包,内有去年十二月卅一日尊函,及兄之书画,又《人物》《艺术世界》《李拓之作品选》各一册,谢谢!玉照亦照收。尊画拟送东南亚研究所发表,请补惠下二寸半身照片乙张,并填略历,以便一并登载,共留芳名。

兹先浏览李拓遗作第二辑,觉泉州时下无此作手,福州兄终究胜泉州兄,诚不是个个猛也。

学书，弟不主张"天然天趣"，古来名书家能自成一家的，都是读了许多书，写了许多字，乃悟出结体和使转提按的方法，若吾人放着现存的不去学习，而却要别出心裁，不枉是走弯路，即如王锋，他是反传统的，但亦间日临王，终生不辍，吾人自度无古名家之才力，绝对学不到自成一家，但求学到垂能直，横能平，写出的字，使人入眼，一目了然，便于实用即可。

翌日，1 月 22 日，吴耀堂难掩内心激动，又再追信一封道：

今日再浏览李拓之遗作选，深觉李不但文佳，诗佳，字亦佳。宜其一中学毕业生，而为大学列教授，王秀南先生拔之于稠人广众之中，亦人中伯乐也。王为东南亚研究所所写之教学六十年经验，出版后得台湾国家文艺奖，足见王能用人。李为黄花草堂集题诗，该堂在印尼万隆，为黄松鹤先生之书斋名。廿余年前弟往万隆，谢德翁兄曾教导往访之，亦承黄先生赠以黄花草堂集。黄学李商隐，诗中每言情之作，黄后归隐鼓浪屿，想兄亦识之。李之诗比潘伯鹰者流畅而对仗又工整，不逊于南社名作，又善为文，承赐此书，堪下酒，特致谢意！

吴耀堂是个性情中人，治学严谨，而且事事较真。识英雄，更重英雄。六天后的 1989 年 1 月 28 日，他又给张人希写信：

读李拓之遗作"历史小说"，如读鲁迅"故事新编"。此辑八篇，始于一九四五年九月，终于一九四七年十二月。解放后，作者方当盛年，正作者发挥才力之际，而竟无一语，大概是"天下有道，则庶人不言"。若普天之下只有一个中国，则可以。"不知有汉，无论魏晋"。不幸的是世界上有百余国，先进的都绝尘而奔，而我人仍在原地踏步，将来怕不比南洋的土番更惨（五七十前，福建的乡下佬就是去骗南洋的土番的。可是现在他们之中，也有博士、硕士、学士了，已不好骗了）。

吴耀堂的信隔三岔五发得很密，张人希也频频回信，并就自己的诗句向他请教，比如题画面的诗："玩暝终缺补天才，流落人间大可哀。莽草从中销声迹，将军何故镝飞来"甚得吴耀堂的赞许。

1989 年 4 月 1 日与 21 日两封信，他很高兴地告诉张人希关于施子清要成立"香港福建书画研究会"的事。后一封信他说：

> 据闻施子清先生为会长，经费由其承担，任顾问者有潘国渠、梁披云……及兄等人，弟虽忝在其列，原拟不去参加，兹兄既来，望能同席，之后再请兄及子清……来舍下一叙。

跟着，他连给张人希两封信研究赠送给大会的贺诗以志庆。

1989 年 5 月 3 日，"香港福建书画研究会"成立典礼在北角敦煌酒楼隆重举行。林竹青陪同张人希赴宴时在众书画家即席挥毫的现场帮众人拍照。

照片左一施子清，左三张人希，左四吴耀堂

吴耀堂看在眼里，喜在心里。庆典过后，他在家里大摆宴席宴请张人希以及六位相识几十年一直流落在香港的朋友。林竹青听说吴府设宴，立刻推说工作繁忙，由母亲陪外公前去赴宴。张人希了解林竹青的怪癖，没有勉强她。岂料到了吴府后,吴耀堂不见林竹青踪影竟然固执地叫张君平打电话告诉林竹青,说她不去就不开席,把林竹青吓坏了,搪塞了一堆理由吴耀堂都不买账,无可奈何,唯有请求长辈们先入席,自己叫了辆的士直奔吴府。到了吴府,林竹青惊讶地发现吴家内眷全躲在厨房里用餐,她十分感动,不禁联想起小时候外公宴客的场景,似曾相识,一点都不陌生。

虽然看不到张人希写给吴耀堂的信函,但从吴耀堂动辄几张纸的信函及其热烈的讨论中可以窥见两人有说不尽的话题。谈诗、谈画、谈朋友轶事、谈时事等。其中有一封信,还谈到林竹青。那是 1990 年 4 月 5 日的信,一开始有:"昨令外孙女送下手教及《厦门园林植物园》三十周年纪念刊四册。令外孙女聪明伶俐,堪为兄庆有后。"

吴耀堂虽然疼爱晚辈,扶持同好,但自己却很淡泊名利。对于那些虚荣的事,他总用戏谑的语气开涮。1990 年 11 月 15 日,他给张人希的长信第一段可见一斑:

> 日间得到实挺来书,他说时常和您通讯,又说您很敬重我,答以那是人希兄想不到一个卖咸鲢鱼脯出身的,居然会乱嗳近体诗,有的诗刊,居然也拿去发去发表,乱涂几行字,居然有几个地方拿去勒碑,此外没有什么。又叫我多写几幅字送他,要替我举行书、诗展。这我可不想。在美国吗? 如我坐十多小时飞机去出席开幕典礼,会半途升天,去修文赴台。如在台湾举行,那里有的是诗人、书家,我不去班门弄斧;如在香港举行,我不会英文,香港中文不时兴;如在国内举行,岂不廖化做先锋;如在日本举行,人家会说这个卅年载酒,病不死的,有什么可展? 如在菲律宾举行,那些五店市,石狮番客,对此毫无兴趣;如在非洲举行,最多是几个中国留学生来参观,写的条幅会比看的人多;在泉州举行,则春节时将举行四人展(另三位是书协主席丁明镜、政协常委特级导演吴捷秋、老书画家蔡展雄),要我去参加开幕礼,我怕不胜寒不敢去,复以人家如问起吴耀堂是何方神圣,可告以那是清朝的末科状元。如有人驳云:末科状元是刘春霖,不是吴耀堂,可告以刘春霖是前清的,吴耀堂是后清的。若人们说历史上有后唐、后晋、后汉、后周,哪有后清,可答以其所"称五代,皆有由"也。又说:再过一两年,要时常来香港和

我在一起,那我倒很欢迎,许诺至时做一首诗送给他。那日才付诺言,今日就实践之,盖恐一朝不可为讳,立此为证也:

从知四海皆兄弟,岂有半生如路人。

但见肥轻忘豆荚,漫劳车马驻江滨。

依然满口泉州调,却对新腔美国宾。

How do 浮生两载约,衰年恕我早斋成。

您近来想亦很忙,白天开会,晚上又要作书、作画、写诗,诸维自珍。两年后我如未死,请实挺和我去厦门和您吃地瓜酒。

信中提到的实挺,就是蔡实鼎。他们是二战后在厦门时的朋友,曾经共事于《时代晚报》。对于蔡实鼎发迹之后的表现,吴耀堂很不以为然。生性耿直的他,直抒胸臆,丝毫不掩饰自己的想法。

两天后,即 17 日,他又给张人希一函。信不长,附件批评报章瞎掰的倒很长。他在给张人希的信里写:

我虽玩世,却不会不恭。凡与我交往的,即引车卖浆者,亦觉得我是同行。陈奕仁、林昌如是刺桐吟社的正副秘书长、张毓昆是武荣诗社社长、李伯瑜(即花桥的施药者)张君竹(有字在花桥宫刻石)都能诗,How do 不与之同乐?逢与实挺通讯,祈转告之。

可见吴耀堂为人清高,目下无尘。对于蔡实鼎,他是有看法的。12 月 30 日,他给张人希的信中还有:

实挺现在腰缠万贯,头戴博士帽,既富且通,但我佩服的是开辟集美学校村的陈嘉庚,开辟吉隆坡云顶山的林梧桐,创办宝塚歌舞团的小林一三,他们都能为社会创造就业机会,使地区繁荣,堪称"不废江湖万古流",不然,像香港有的人拥资至两竖后面还加九个圆圈港币的富人,死了还不是身与名俱灭的……

信函很长,吴耀堂在最前面添加了一句"想不到写来如缠脚布——长且臭"。他的真性情与为人在信函中体现无遗。

吴耀堂虽然喜欢讽刺挖苦,但他是个极正直善良的人。有时候他也会反省自己。1990年11月21日,他给人希的信函又是四大张A3纸。然后,其中三张用硬笔字录弘一大师所录的格言。他说:

> 观弘公所录之言,有朝闻夕可死之感!兄早年亲炙弘公,必早能见道明心,本有教我。如逢与实挺通讯,亦须转达。

1991年1月1日,吴耀堂给张人希的信显出他忧国忧民的另一面。他说:

> 我们的同胞的文化水平已降到了很低了,国民无智无识,固然好统治,很安定,但如番仔要来干涉内政,怎办?

感叹是由他寄给一位新辉女士的信和墨宝引发的。大抵这位女士向他求墨宝并请教文学,所以他信中讨论文学,狠批了侵占科威特的伊拉克侯赛因,最后恭喜她移民澳洲的申请。

1992年12月,张人希在《秋园雅集》发表了两首诗:《香港访吴耀堂兄》。创作的具体日期不详,但可能在1989年到1991年间,因为吴耀堂收到后给人希发来和诗,可惜查不到这首诗夹在那一封现存的信里?抑或诗在,而与它一起来的信却失落了。

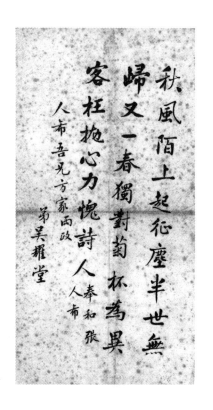

其一:

> 当年浪迹走风尘,消受樱花四十春。
> 今日重逢霜在鬓,羡君有福作诗人。

其二：

　　四十年前几见君，东瀛别后感离群。
　　重逢今喜人犹健，话旧何辞酒共醺。

吴耀堂和第一首：

　　秋风陌上起征尘，半世无归又一春。
　　独对菊杯为异客，枉抛心力愧诗人。

4.3　香港陈炳元

张人希香港的另一位好友是诗人兼画家陈炳元。

陈炳元 1919 年出生于厦门鼓浪屿，年轻时在厦门接受学院里的美术教育，抗战时开始写诗，出任过《海燕诗刊》的编辑。抗战胜利后去了香港，任银行高级经理人。50 年代开始在《文艺新潮》发表许多诗作，退休前被香港工商银行总行委任为"副业"画家（兼职为银行作画）。他著名的诗集《树》于 1978 年出版后在香港广受欢迎，新加坡的周颖南也给予很大的肯定。

根据香港岭南大学哲学博士郑蕾 2012 年的报告显示：1958 年 12 月 12 日，香港现代文学美术协会成立，旨在推动香港现代文学艺术运动及联络香港业余画家和文学工作者。该协会在 1959 年 5 月创办《新思潮》双月刊，1963 年 3 月又创办半月刊《好望角》，并积极策动"香港国际绘画沙龙"。后来现代文学美术协会解体，其美术部主要成员陈炳元与张义、文楼等十人在 1964 年成立香港画史上颇具影响力的"中元画会"，该会大部分的创会成员来自台湾师大。

陈炳元的绘画以西洋抽象画为主。尚存的信函里有五封陈炳元的信，由 1978 年 12 月到 1996 年 7 月。信里谈的多为名噪一时的诗人学者如叶圣陶、俞平伯、卞之琳、邹荻帆、艾青、王辛笛；画家如张人希的朋友黄永玉与熊海，陈炳元的老师谢投八，以及林风眠、刘海粟、赵望云、程十发、周昌谷、周思聪、吴忠翰、任真汉等。

1981 年秋，陈炳元回厦门，与张人希重逢非常高兴，他返港后于 10 月 22 日

写信给张人希,说:

> 看到祖国的新情况,虽然样样只是初步,但样样都有朝气,尤其是青年好学情形更为可嘉。我退休后如有地方住我就会想回去厦门小住,画一下画集交些朋友(厦门话,意思是画点画,交点朋友)。

1984年2月陈炳元写信给张人希说自己一直希望退休后到中国创作水墨画及油画。然而天不从人愿,当年7月,陈炳元退休却不是为了回厦门画画交友,而是患了脚疾,从此再也站不起来。

1989年5月张人希到香港参加香港福建书画研究会的成立活动时曾经去看望陈炳元。那一天,当张人希与林竹青爷孙俩乘的士前往陈府,车子刚驶出和富道,突然下起倾盆大雨。林竹青没带伞,会很狼狈,正进退维谷,听说陈炳元不良于行,便坚持前往。陈炳元家楼下无遮无拦,当他推着轮椅来开门时,见到的是两个从头到脚在滴水的落汤鸡。

陈炳元看到张人希爷孙俩的尴尬样子非常感动。年轻时的好友忽然出现在自己面前,千言万语一时竟不知从何说起。张人希关切陈炳元的病情,陈炳元则关心张人希的遭遇,聊了几个小时后,张人希和林竹青身上的衣服不知不觉中都已干了。

临离开前,陈炳元赠送了林竹青他那本诗集《树》。虽然林竹青当时并不晓得他是个什么样的人,但从他坐在轮椅上的言谈很受触动,一直珍藏着这本几近四方形的小诗册。

《树》这诗集里有首诗,题目叫做"美丽",诗人这样写道:

> 你说空虚是一种静寂的忧伤
> 我说它是一首美丽的诗
> 世人叹喟空虚的现实
> 是覆盖着冰霜
> 痉挛抽搐而冻白了的一片冬叶
> 终被埋葬于

脉络霉化斑腐的墓堆

我常说

我爱自然

我爱生命的真

爱那存在的意义

爱单纯的白茶

尤胜于有刺的玫瑰

如果幸福的花朵

无需强调色彩的选择

那么，这纯粹的冷白

该是澹泊人生的一种美丽

张人希喜欢淡泊人生这一种纯粹冷白的美丽。他喜欢艺术，不喜欢沽名钓誉。所以他孜孜不倦地研习了几十年，却从来不将它视作赚钱的工具。他喜欢被认可，但是不好张扬。所以他不喜欢替人家写招牌作门匾，也不出售作品。然而，命运弄人，上苍喜欢戏弄孤傲的艺术家。人世间的挫折无法折张人希的腰，但人世间的爱却让他面对了残酷的挑战。为了爱妻李惠若的医药费，张人希的书画作品最后成了画廊里的商品。

1995 年 12 月，陈炳元给张人希写了一封信，表达了他的思念。张人希收到信之后给他回了一封信，并附上自己的新作。陈炳元收到后很高兴。1996 年 2 月又给张人希写信，告诉他动白内障手术的情形。因为患有糖尿病，开始时医生不敢给他全身麻醉，导致他因为痛楚而全身颤栗不停，临时由四个工作人员一手一脚将他按住。因此，手术效果不佳，以至于视力受到很大影响。糖尿病也令他气喘不息，出门得带着氧气袋。同年 7 月，他又给张人希写信：

钦鹏现是否在香港。这些人中，还是你较成功。很久未见面，每次想起了厦门的友辈第一个总是想起了你。这几年你也老了许多。庄乃宜常常提起你，也很钦佩你的成功。现在你的办公处是否仍在司令部华侨服务社那里。我时常在思念中想起你，希望你如有来港看看我，希望还有机会。我近来很瘦,只有九十余磅。

钦鹏是香港导演张钦鹏,而庄乃宜是厦门的教师,陈炳元与张人希的同龄漳浦人。陈炳元在几封信里都诉说了无尽的思念,遗憾的是自1989年那一次见面后,他们俩虽然通信,却再也没有见过面。

4.4 新加坡郑梦周

在张人希写给黎丁的信函里,三次提起原厦门《江声报》副刊编辑郑梦周,也就是为新加坡人很熟悉的作家与报人姚紫。

郑梦周,(1920—1982),出生于福建安海,祖籍南安石井,据说是郑成功的后人。父亲郑时雨、母亲黄叫淑皆创办安海平民医院的名医。郑时雨早年追随孙中山加入同盟会,是闽南靖国军主要骨干。

郑梦周毕业于养正小学、养正中学、集美高中、海疆学院。1943年任莆田福建新报副刊"新生代"编辑;1946年任厦门《江声报》副刊"人间"编辑。因为抨击社会弊端、贪官污吏及民间疾苦深得民心,却得罪了国民政府,1947年避难新加坡。

1945年抗战胜利后,张人希应《青年日报》之邀到厦门出任采访主任。两个人估计在厦门认识。彼时,张人希用迦叶的笔名在《江声报》上发表针砭时弊的文章。根据姚紫自己的信函显示,两人交情殊深。他离开厦门前一晚,张人希在家设宴给他践行,李惠若亲自下厨为他做菜。

1973年底,郑梦周,也就是姚紫,用《新明日报》的信纸给张人希写了一封长信:

人希兄,

十多年来我一直在打听你的住址,都沉沉如泥牛入海。今晚从报馆归,顺路开开我在邮政总局特备的私人信箱,发现你的信,真是喜从外太空的星球降来一般!急急先读你的信,热泪盈眶,又展开你的画!嘿!真是大手笔,蔚然与我所读到的现在国画家如齐白石、吴昌硕等不分轩轾!这一刹那的感动,是你所不明白的。一颗彗星突然投入我的胸怀!熠烁到令我眩昏。呵,老兄,二十六年前我已知你的国画素养很好,没想到你竟是这么一个天才！也许这二十年来,你的潜修秘练,非当年我看到的你,但,你还是你！故人无恙已是一喜,更何况是淬磨成大法家！

写到这,深吐一口气。我们鹭江一别,二十六年,故国河山入梦,醒来烟雨愁。回忆往昔,有时也怀疑是似真非真如隔世！但你当年待我的情意,温厚高雅的风怀,永铭心中,且一年比一年感到惆怅。我临出国前一日,你在家里由嫂夫人亲自动手煮炒的那顿饭,那一壶酒,永是那么温馨地,像秋天里的夕阳那么暖着我的记忆。年纪大了,更觉得你有大哥的胸襟与对我的友爱,纵使那动机出自赏识我的稚华,但也够使我永生不忘了。

我曾猜度你千百种出路,(由于得不到你的消息)一项是我耽心那些独善其身的人怕沾染到你,这是使我最感悲哀的,也无奈何以追究的。现在,虽然你没谈起这廿年经过,但看你的画,炉火纯青而近于升华,即可知你淡泊的素志,仍如潜龙在渊,自乐乐,"确乎其不可拔也"！你真是好男儿,我崇拜的好大哥！纵目宇内,能有几人如兄者？

我很高兴呵！现在,我一刹那间涌出好多好多心意,天道酬勤,必耀而见龙在田。盼兄好自珍重,更自珍惜！我现在担任这家报馆的副刊编辑已五年。我自创好几个事业都从三十三天一个跟斗翻到地,现仍保持一家出版公司。我写过的小说在销路上破过纪录,拍过电影,翻译过英文,可以奉慰者,仍"目无余子",但做了好多年的"千金散尽还复来",也"十年披发风尘走,诗与剑,伴狂久。白眼朱门人笑丑。头颅一颗,三杯浊酒,热血洒几斗。啼鹃血染斜阳透,羌笛秋风捲秋柳。短梦惊回僧在否？僧犹在此,英雄何处？潮打空城吼。"(1956年,我感时局而作的"青玉案"。)当然,又做了几年的穷光蛋！跌了起,起了跌,于今又好像站稳了。另外,我被聘主编一部"晋江特刊",已三年多了,拟于最近两个月内出版。兄来得正好！我就此主编名义,请你多画几幅画来,最得意的两幅,可署"祝晋江特刊出版"为题(或:为新加坡晋江会馆五十五周年而作),水墨彩色均可,可用柯式印刷,作16开的三折张或对折张,插入为专页。(此外,你自己寄个生平略历来,我可撰一篇"介绍",才有资料！若兄以客观笔调写,我即付排,可免使我有一"劳"也;我实在忙透了。)其余的,不必署款,我可代兄以善价售之,(有题,有你作者名的！必！必！我说的不署款,是不必写会馆或写我的名。)因可予弟商场好友悬宝之。兄如尚有兴趣,盼惠一文,写有关晋江(泉州)的古今艺术家画家的概述。(不要政治气味!)纯学术的可刊,有一星半点政治味的,反致不能刊了,可惜!

也许从这一开端,兄扬名海外,还可得一大笔外汇,那是少补生活,而弟二十余年之怀念,作为实际的一助,才不会辜负我们年青时代的抱负与友谊!

我目前是忙极又忙极,盼代转禀清泉伯,他的信,我均收到,要我代找人,实在难!难!我一天要赶两个办公室,每日握管要写到指痛,另有一个我自己的公司却抛在一边乘凉。每日下午四时出门,先到特刊办公室,(驾车去,半小时至;如坐公共汽车,一小时。)工作到八时半九时;于是匆匆跳上车,一口气冲到报馆,(半小时至)工作到午夜一时;回家的路上,要费45分钟,吃一点午夜的小点,总要二时多才至家。自己料理事务,复信,写些特约稿(人情稿,非写不可的!)有时要阅读国外(指新加坡外)报纸三十多份,再又读点自己喜欢的(像补充营养的)书籍,常到天亮八时才入睡,翌日,(已是当日了。)下午二三时起身,又是赶呵冲呵,一辆"老爷车"(又老又旧式)像发疯地冲。连吃一顿晚饭都辛苦,幸运的是排在编辑桌上,一边吃,一边看稿改稿或写稿,饭里有甲由(闽南话,蟑螂)也照吃不误。冷饭冷汤是不必说了。不幸的是什么也没得吃,(晚到报馆,工友以为我不来了,他们贪多吃一份去;我当然不好计较;报馆开饭是晚六时至七时;我拖到九时到,还有得吃,十时到,也就不怪他们吃掉了。)碰上作者来,朋友来,会馆中人来,或一些应酬周旋,我的时间就挤成一团了。

资本社会里的苦恼,能也苦,不能也苦,生活的紧张真可怕!有时宁愿少赚点钱吧,但就像耕牛被穿了鼻子,拉入磨房,不打圈圈也不行了。唉!回想起往昔在厦门时,多快乐!连那风也是可爱万倍的!到南洋二十年后,才发觉"入错行",真惨。这不是一个文化人能发达的地方。文化要面对英文、巫文,左、右以及阶级思想的斗争,一文钱的来处都有意义区分,何如做生意,或做工的,钱就是钱,工作的目的只求赚钱,没有香臭之分,没有要与不要的考虑!因此,二十六年前一同来的人,有的固沦落荒山土一坏,但有的自工自商,迄今变成几十万几百万的人了!冷静想想,我很羡慕那不必动思想的生活方式。

我想我是不会回去的了！"将军百战身名裂，向河梁回首，万里故人长绝！"心里有凄凉，但我目前最大的目标，就是再自创报刊，能尽我心思而言而行，为大众，不是为自己！但为大众的思想深度，还会针对今日的中共！这是出自我的所学所得所良心的一切。这不涉丝毫私人的恩怨，而是我要追问：真理所开花的形式是这样的吗？这是真正的民主吗？如不是，今日的中国已经鸦雀无声，海外的知识分子就该肩起责任！我如经济能力能负担，老早又创刊了。所以，目前，我的努力是赚钱！钱！钱！

不多说了，北望故国，故人无恙，已令我大喜。盼多来信。向清泉伯问候。明天我如能起得早，我回到中行汇给你与清泉各三十元人民币，聊表寸心。如不能，只好大后天汇了。祝福！

梦周凌晨

1973.11.30.星期五

（来信仍寄信箱。报馆复杂，我又常不照时间上办公的）

又：我有好友二位，一"颜期巢"，一"丁马成"，我可代他们订你两幅，可落他们款。但"会馆"的盼先寄来，以配合出版时间。

12.1.凌晨四时

又：1. 吴静吟兄近况如何？亦甚念。

2. 你画上的印章字，我多不识，兄教我，以便转释给朋友们知。

信函附了一张新加坡中国银行人民币侨汇证明书，日期是 1973 年 12 月 3 日，金额：30 元人民币，收款人：张人希，汇款人：郑梦周。

1973 年底文革还如火如荼。张人希接到这样的信函，有一肚子的话却无法表达。那时，检查很严，张人希这样的人更是被检查监督的对象，稍有不慎，顿成新的罪名，不能不小心谨慎。

1974 年 4 月 8 日，郑梦周收不到回信给张人希又寄了一信，信里附有他编的"新风"小样一张，随后又再寄了他的《夜窗吟草》初稿。他翘首巴望张人希的回信，半年后盼来的却只有张人希寄给他的"晃岩诗画"和厦门书法家罗丹的墨宝。

郑梦周意识到张人希的处境，明白有很多的想念只能意会而不可言传。他很激动，接到后第二天立刻给张人希再写了另一封长信。

人希兄：

　　昨晚接到晃岩诗画和罗丹先生的字幅，虽不见附言，怅惘犹绕，然而展卷读诗，吟及："写出凤凰花似海，乡思万里倩征鸿"，胸中热血如沸，至"数月不见故人书……小窗月落费踌躇"。兄之情意，耀然纸上，弟弟两眶潮矣。几度推枕复起，蹀于室中，欲写信，而天已近曙。天涯浪子，负君良多。

　　兄念我，不知我尤念兄。忆四五月间，弟出医院后，曾奉上一函，附弟编之副刊"新风"小样一张，另又寄诗集初稿版样一卷，均未获回音，未知兄收到否？ 因念及弟弟前信，对国内时局，颇多啰嗦，恐因受邮局检查而累兄麻烦，故虽惦挂不已，却自抑制，拟待兄有信来，再作详诉。其后，复接兄画稿（平邮）四卷，音讯终杳，每于中宵览兄之画，思兄之情，怔忡思念，不能自己。

　　六月起，弟复间歇而病，（腹疼，疼即呕吐或泻，不能忍。）出入于政府医院之急诊室数度，因兼职事务缠扰，终无时间根治，而医院之轮值医生不一，本诊断为盲肠炎，欲开刀，弟求延缓手术，其间逢一年轻医生，为避免责任，于弟病况记录卡上，注为"饮食不慎，误服不洁食物"，遂将盲肠症之实况掩盖，故复出入急诊室数度，均受此糊涂之按言所误导，几乎丧命！挨至八月下旬，工作忙，体力大减，而腹部如黄梅时节骤雨，间而午夜撵入急救，翌日出院；再数日复入，隔夜复出，至九月中旬，三日以牛奶液体疗饥，十四日晨复入医院，求症于较高级医生，断为盲肠炎，立刻开刀；遂于下午五时许开刀，全身麻醉，普通割盲肠只费半小时至一小时，弟费两小时半，复于手术室作急救，实鬼门关上去了一回！一言难尽。

　　住院半个月，出后复因刀口有脓，天天走医院洗涤，至十月底始能自己驾车上报馆；休养不足，而病后事务累积，处于资本社会，熟知资本家及职工关系，"廉颇尚能饭"也！故先周旋于必务者一二，而体力未复，独身汉之饮食又麻烦，午夜归家，既不能如从前随意在小馆子或路旁作小点，所雇佣妇又因不欲其同住一屋，仅使其中午作餐，故午夜一餐，得自己动手煮食，虽电炉十分钟可食,但间或自作菜,自洗碗涤器,费时多多,其间有乐,乐在自得,然而事一稍繁,易倦,故这两个月来,一切信件懒写懒复,此亦致使无信达兄之故也,心有愧,望鉴恕,盖无奈何也!

见前所尽八幅,已裱妥,因病延搁,继而世界不景气之霾云密布,下半年恶化情况,非兄所能想象,亦出此间人士之意外,弟诸友均蒙受大打击;(其实,所有生活于西方者,莫不受大打击!)其惨况非数言能详,故弟原计划欲使兄画善价得估,不得不且按兵不动,因此时机,大家都没有赏画购画之心情,股市一落千丈,木材每吨60元美金,暴跌至30元无顾客;二十万元之地产,暴跌至八万尚见踌躇;银行股每千价五十元,跌至三元七角,尚后市看软。事业家之烦恼,呈于表面,故弟斟酌后,决代兄暂保留,珍惜之心,不该贱售,挨时另图为佳。

昔计划代兄作"画展",场地租金贵,时间仅能三天或一周,顾客受市况惨淡影响,难有把握,最好延至明年春,再作决定。唯近有散友复兴趣于出版事业,怂恿弟之"天马图书出版公司"出为统率;然弟鉴此时机,单是出版文艺书籍,市场狭,生意淡,必难维持长久,故拟把一半门面,扩充为"天马画廊"(商业性之展览"沙龙"。)兼售字画,即花开两支,同一盆地,或能相得扶持;此动机半出自此间几个书画朋友;半出自兄于年来寄下之丰富作品,可作我强有力之基础。假如兄能同意,并将此意扩展于国内书画界诸友好,则此"画廊"之意义及价值并未来之远景,将难测述矣!兄如先联络一些朋友如罗丹先生等,则可使基础无忧。此亦面对现实之穷变则通之想也,兄意如何,盼赐指示。

兄之"日光岩画",烟波万顷数归舟,生动而老练,较旧作尤有新意境,足见兄大进步。弟每展阅,心弦颤摇,既感动,感慨,复为兄喜,钦敬之情,油然而生,此所以终宵数度推枕,诗与画,共昭彰。感激之语不必说,唯望兄长此奋发,姜老而辣,生命之义无穷矣!人生不满百,独见匠心流万世,愿与兄共勉之。病后感想良多,鬼门关之滋味,似玄非玄,真实唯实,非数纸能尽,但望未来国际局势松弛,兄与我有复聚首之日,则剪烛联床,当为兄剖述,再试尝我半夜煮粥之功夫,谅兄必能喜极而为弟拭泪。

"万里星霜孤雁唳,廿年冰炭几人知",(篡"花月痕"句)兄处故国,我立

海隅,风厉涛高,兄不闻雁唤之声咽耳。先此匆匆奉复,恐兄多悬,即请

　健安,矜泰!

弟

梦周

1974.11.29 黄昏

　请代向罗丹先生道谢。下周一,弟当由中国银行先汇奉人民币五拾元,内二十元盼转致罗先生,区区之心,望兄勿笑。余奉伯母为寿!

　今日在理发店,边读其中之美国生活杂志,内有影印唐张九龄诗,喜而窃啃之,诗曰:"海上生明月,天涯共此时;情人怨遥夜,竟夕起相思。灭烛怜光满,披衣觉露滋;不堪盈手赠,还寝梦佳期。"真如昨夜弟思兄之写照。如罗丹先生有暇,盼为我写此一幅,不胜感祷!

　兄之诗,弟容后奉和。当先刊于"新风",勿笑弟拙也!

　　姚紫的信情意绵绵,乡愁与遥念溢满信纸。虽然他盼到了"国际局势松弛,兄与我有复聚首之日,则剪烛联床,当为兄剖述",但恐已无"再试尝我半夜煮粥之功夫",因为,1981年下半年姚紫回乡时已病入膏肓。

　　1982年5月12日,新加坡王梅窗通过她在厦门的弟弟王守成给张人希寄去一封信及几张剪报。信中说:

　　令同仁郑梦周君前些时打听不到他的地址,后来听说已返闽治病,想当晤及黄院长。后来在新加坡报纸上陆续看到不少吊唁文章,方知郑君已回新加坡,且病逝于此间之中央医院。梅窗竟未得一晤,有负黄院长之托,十分抱歉。前后奉寄剪报数段,聊以补过,必登阅。

　　剪报有1982年2月27日《星洲日报》"世纪风"的"姚紫纪念专辑",1982年3月2日《南洋商报》"人文"版的姚紫遗稿专辑等。

　　去世前两天,姚紫自撰挽联:

　　五十始知非,原思有所奋发,修积寸功,补偿谬误。

风雨偏来恶,无奈落花狂飞,凄凉明月,空照蒿蓬。

据新加坡六七十年代红极一时的歌手秦淮对林竹青说,他与姚紫是邻居,他住在姚紫楼上。他尊姚紫为老师,两人关系甚笃。姚紫去中国寻医无门后回到新加坡,因为医院没有床位,半夜拄着拐杖勉强爬到楼上敲秦淮的门,请求他的帮助。秦淮于是找政府官员何家良写信给国会议员吴俊刚,恳请他帮助姚紫安排一个亚历山大医院的床位。姚紫入院第二天,何家良的秘书烈浦奉上司之命捧着鲜花到病房探病。可惜回天无术,姚紫还是过早地走了。出殡那天,因为没有子嗣,秦淮为姚紫捧骨灰盒,先放在光明山,后永久安置在佛牙寺。众人并依照姚紫遗愿,将他的房子卖了十万新币,设立"姚紫文艺基金"。此举惠及许多新加坡文艺爱好者,其中包括1987年新加坡文化奖的得主陈瑞献。

诚如张人希对黎丁说的:"他的死,我非常哀悼。"

1992年12月厦门《秋园雅集》及2003年《中华诗词总汇》"当代卷"里有张人希的两首诗:寄新加坡郑梦周:

其一:

五月江南梅雨纷,怀人感旧叹离群。

重洋远隔云缥缈,夜夜因风一梦君。

其二:

野鹤临风意欲仙,斯人磊落出天然。

每因孤愤文章健,漂泊天南廿八年。

从发表的时间看,1992年11—12月适逢张人希到新加坡,在七大会馆及孙丙炎的帮助下举办了个人画展。他终于踏足狮城,而他的好兄弟郑梦周却已经撒手人寰。张人希触景伤情,可想而知。

而从第二首诗的时间看,漂泊天南廿八年,还不是写于1992年的,而是写于1975年。那时候,姚紫逃到新加坡正好二十八年,也就是张人希收到上面第二封长信以后,想必是有感而发吧?!

4.5　新加坡周颖南

周颖南(1929—2014),福建仙游人。父亲周子溪早年侨居印尼,后来回乡办教育,周颖南在中国出生,受教育,并当过两年小学教师。

1950年,周颖南去印尼,1956年,时年二十七岁时开始创业,与朋友合作经商。1970年,周颖南移居新加坡,创立"同乐饮食业集团",渐渐成了新加坡饮食业的龙头老大。

周颖南热爱中国文化,勤勉笔耕,以促进中国文教为己任。他与文艺界许多名人交情颇深,最广为人知的有刘海粟、俞平伯、叶圣陶。

张人希是由刘海粟介绍认识周颖南的。1977年1月1日,刘海粟给张人希的信函有:"昨函新加坡侨友周颖南,寄你五册《海粟大师山水小景》,收到后你留存一册,其余四册寄沪。费神费神。"5月4日信函又有:"周颖南雅好文艺,富收藏,藏余书画更多,可与直接通信。"

1978年,张人希知道周颖南喜欢中国文化后,便将叶圣陶介绍给他。当年3月2日,周颖南给叶圣陶的第一封信中有:

圣翁左右:

　　您是我所敬爱的文化界前辈。通过人希兄的介绍,幸得与您直接通信,感到非常荣幸。

张人希和周颖南交往大多凭藉来鸿去雁。因为周颖南是仙游人,便向张英求了一幅画送给周颖南。周颖南收到非常高兴,原来他在家乡时早已认识张英,可是移民海外后两人却失去联系。张人希无心插柳,使他与张英重新联系上,自然喜出望外。

有一回,周颖南带着忐忑的心情冒昧请俞平伯的学生蒋抱一向俞平伯转达自己的崇拜之情,并请求俞平伯收他为徒。俞平伯欣然同意,这一段师生情缘成了文坛一时佳话,周颖南亦喜之不禁。1979年2月22日,他在写给张人希的信中说:"最近,我与俞平伯老师鱼雁频繁,且已拜他的门下了,堪以告慰!"张人希则在4月3日的信函中回复道:"您拜俞老为师,极好。此老实在是一个大学问家。"

1977年9月16日俞平伯与夫人许宝驯结婚60周年那天,俞平伯作了一首长诗《重圆花烛歌》。王湜华在《红学大家俞平伯》里有:

> 周颖南在俞平伯的晚年生活中作用不小,影印《重圆花烛歌》为最重要的大事之一。他介绍梁披云来北京拜会俞平伯,最后落实《古槐书屋词》的增订本在香港书谱出版社印行,实可谓更慰俞平伯心的善举。……这1980年,周颖南的收获真是不小。他通过多方面的努力,亲自南北奔波,有的还要辗转托人介绍,才一一求到已提到的俞平伯的老友、挚友、朋辈、生辈等各界学子名流,为他得到的《重圆花烛歌》长卷题咏。这些友朋都十分敬仰俞平伯,也就十分愿意题写,并且非常认真,所述所记多为真切的肺腑之言。叶圣陶当时已基本封笔,因目力的衰退,写毛笔字时,笔尖是否已碰到纸,一点也看不清楚。……就在这样的情况下,周颖南提出要求,叶圣陶总还是答应,周颖南认识俞平伯还是他亲自介绍的,为题《重圆花烛歌》,岂容推辞!

1980年8月20日,周颖南寄给张人希题有"人希兄指正"的文章《题俞平老重圆花烛歌卷子》。

周颖南与叶圣陶和俞平伯通信多年。后来两老先后去世,为了纪念他们,周颖南将两老的主要信件结集成册,先后出版了《叶圣陶周颖南通信集》及《俞平伯周颖南通信集》。

周颖南听说张人希是弘一大师的授名弟子,便向他倾诉自己对大师的倾慕之情。1982年12月1日的信函中更请求张人希说:"弘一法师用印,请设法赠一拓本"。

这不是一件容易的事。周颖南告诉林竹青,说他虽然请张人希帮助,但心里并不敢抱很大希望。没想到张人希真的跑去泉州,凭借其私交为大师用印传播海外而奔波努力。精诚所至,金石为开,张人希终于拓印了泉州地区弘一大师散落的诸多用印,于1983年1月19日寄给周颖南。

周颖南形容自己收到这些印蜕后异常激动。叫他更意外的是张人希所寄的信函。他觉得应该给林竹青一份看看。其实,信函的内容对林竹青而言并不新

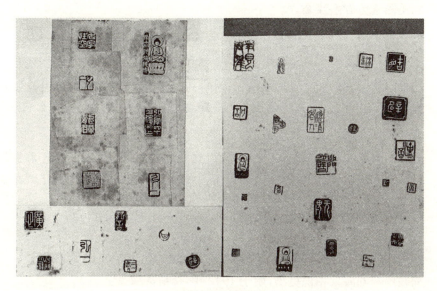

弘一大师用印印蜕

鲜。许霏冒名顶替马冬涵,佯装弘一大师与之论印的事在艺术圈里早已是众所
周知的事情。

这封信比较长,节录如下:

> 懋义兄近年为许霏吹捧得过分,影响甚不好。好几位朋友劝他,他不接
> 受,反过来对他自己也受损失。

> 许霏与我是 40 多年的朋友,但他的作伪是一贯的,我甚不赞成。例如:

> 1. 弘一法师有一封信给马冬涵,马因被捕信收不到,法师即将此信转
> 赠与我。法师生西,他向我借此信,说是要作写文参考,结果竟把冬涵名字
> 去掉,添上自己名字,在报上发表,致使国内外凡写有关弘一文章,均引此
> 信,但因朋友关系,我从来不提起,就是我在《书谱》发表那篇文章,一提该
> 信,也只字不提到他。

> 2. 他和弘一相熟,是通过我的关系介绍的。当时我和吴紫虹,还有史
> 其敏、许霏一共四人拜见法师,法师很高兴,要赐我们各一别号,许霏和其敏
> 当面婉辞。本来法师是准备以"如是我闻"为我们四人起号,结果紫虹名"胜
> 如",我名"胜是","我、闻"以后为谁我就不知了。过去许霏看不起和尚,现

在是尽量为自己漆金。

……

凡事中庸一些好,吹得太离奇就成为笑话,好比许霏自吹 21 岁,法师就评他的印"可与当代名家抗衡"。实在说,以许霏现在的水平,都比不上名家,何况 40 年前,北有齐白石、寿石工,南有邓粪翁、来楚生,要如何抗衡?我相信法师绝不是这样的为人乱吹捧的。

如有机会,不妨以婉言奉劝懋义,这样做事适得其反的。请老兄考虑。

寄上法师印存,请查收。我找不到许霏刻的,他刻的是那些,只有天晓得了。

周颖南在影印件末尾注上"1983"。

周颖南与刘海粟相识更早,始于 1942 年,交情甚深。

1977 年,周颖南与马来西亚画家李家耀等一起把新加坡收藏家们手上的,以及自己收藏的刘海粟画作汇编成画集《海粟老人近作》。又把刘海粟为自己画的山水小景编成《海粟大师山水小景》付梓。刘海粟介绍张人希认识周颖南的初衷就为了请张人希转递这本《海粟大师山水小景》。

1982 年 12 月 1 日,周颖南在信中对张人希说:"海翁函件,我已全部印寄上海,供其选刊。您处为数 40 封,至可宝也。"可惜林竹青于 2008 年出版《张人希的艺事与生平》时,从家人处得到的刘海粟信函相片仅十一封,其他硬笔字的为后来陆续找到的信函及副本。

刘海粟去世后,周颖南出版了《大师华翰——刘海粟周颖南通信集》。

周颖南十分喜欢张人希的古道热肠,每次返乡必定途经厦门,下榻厦门宾馆,因为离张人希位于信义里的家仅一箭之遥。周颖南告诉林竹青说,每次到厦门,他和张人希必定互访,谈古论今。他还告诉林竹青说,他极力怂恿张人希到新加坡开画展,最终促成张人希在 1992 年底到新加坡举办"张人希书画欣赏会"。负责主办这次展会的是他的亲家,时任中华总商会会长的孙丙炎。

张人希和周颖南互通许多信,彼此推心置腹。周颖南每有什么文章发布,或者新书出版,不管上架的没上架的,都会馈赠给张人希一册。而张人希也给周颖南寄去剪报与杂志,帮他向高马德、程十发等名家求画。

2007年4月6日,林竹青为了帮助外公写传记第一次去拜访周颖南时看到其公司的玻璃大门上贴着一张纸条,上面写着:"周颖南欢迎来客。2007年4月6日"。林竹青好奇地问周颖南为何贴这张纸?周颖南有点难为情地答说自己把日期搞错了,忘记那天是星期六,下属不上班。他担心公司里空无一人,林竹青见到没人就走了。

　　周颖南特地为林竹青的到访准备了一些资料,包括张人希给自己的三封信,《周颖南文库》"张人希函"复印件、《叶圣陶、周颖南通信集》3—9页的复印件,及图文并茂的《新明日报》剪报,内容为"张人希向各会馆负责人说明画的内容"的照片以及报道:

　　　　由本地七间宗乡会馆联办的张人希书画欣赏会,昨天在晋江会馆举行开幕。到场观礼的有七间会馆的主要负责人,包括孙丙炎、林文鹙、傅新春、陈笃汉、陈新荣和蔡成宗,以及我国著名画家刘抗,著名书法家潘受。
　　　　······

林竹青初访周颖南时留影

　　大半年后周颖南收到林竹青的《张人希的艺事与生平》,连续打了几次电话到林竹青公司,请她回新加坡后立刻与他联系。林竹青的部下忽然接到同乐老板接二连三的电话不知发生了什么事?事后才知道原来是周颖南要请林竹青吃饭。

那天周颖南请林竹青到他位于莱佛士林荫大道八号滨海艺术中心二层的"寒舍"用餐。林竹青走到餐厅门口看到用很古朴的汉隶题的店名,好奇地问周颖南这墨宝出自那位名家之手?周颖南腼腆地答,是他从碑帖中捡出来用电脑做成的效果。用餐时,周颖南很高兴地告诉林竹青之所以要请她吃饭,是要谢谢她的一片孝心,为自己的朋友做了份如此特别的九十岁生日贺礼。林竹青听了啼笑皆非,孝顺自己的外公为什么要外公的朋友致谢呢?周颖南让他的厨师专门为两人炮制了几道餐牌所没有的菜式作午餐,并兴致勃勃地将自己如何起步打造同乐集团,以及他几个孩子的故事告诉林竹青。食物很精巧可口,林竹青吃得津津有味,尽兴而归。

几个月后的中秋之前,林竹青的下属再次接到周颖南多个电话。林竹青返星后回电,又再应邀赴约。这回,周颖南请她在 VivoCity 同乐集团的餐厅吃饭。他送给林竹青一本书,是他的八十岁纪念专辑。吃完午饭周颖南突然提出一个要求,要林竹青点评刚才的菜肴。他说上回请林竹青吃饭,看她吃的样子就断定她是个美食家。林竹青被饮食业大王这么一恭维,难免飘飘然。此为题外话。

4.6 新加坡翁雅才

翁雅才 1946 年出生于新加坡,南洋华侨中学毕业生。他学生时代就对书画篆刻兴趣浓厚,在新加坡芽笼蕃萄院(即广洽法师私人精舍)谒见了广洽法师,60年代认识丰子恺并与之通信。70 年代中,他的老师韩怀准去北京时邂逅了许多老画家,经其介绍与刘海粟结缘,并与之通信。

翁雅才是海关关员,靠薪水吃饭。因为喜欢中国画,便帮助张人希的许多书画朋友将其作品推介给新加坡的中国书画爱好者。

据翁雅才回忆,他经过刘海粟认识了张人希。

1977 年中,刘海粟给翁雅才的信通过张人希转寄。

从目前看得到的刘海粟信函中,有三封提到翁雅才,都写于 1977 年,日期分别为 6 月 12 日、8 月 12 日、及 12 月 5 日,内容依次为"黄国华已有来信,翁雅才尚无消息,费神费神""翁雅才尚春来信,黄国华有信,并言前后三次共寄《海粟山水小景》32 册,迄未收到",及"周颖南黄国华翁雅才多位均有来信,都寄出画册,如得收烦转寄《近作》,留一本纪念。"彼时,刘海粟和海外的通信还受到监督,所以通信皆由张人希代为收发。

现在看到的翁雅才致张人希信函始于 1978 年 5 月 2 日：

人希贤兄：您好！

您寄来国画三种，经于四月廿九日妥收，谢谢！梅、松已分赠明发。成吉二先生珍藏，他们均对您的浓情高谊深为感激！

吾兄所作的松梅均佳，尤以梅为最，我亦神往！只见满纸枝干有如龙凤舞，红梅点点烧空尽赤，灿烂极了，充分表现了梅的性格和生命力，颇有海翁师的笔意！画件收到后，几位美术同好见了皆好欢喜，当场托弟向吾兄再次索画！胡荔珠、沈瑞卿二女士求红梅各一幅，一直幅一横四。另陈俊华先生则求写彩墨荷花一帧，望吾兄早日写寄是盼。

寄来画件中有幅王仲谋君所作的双鸭图，想必是吾兄代为求赠者，弟万分感激！此幅的笔墨，意境俱佳，我很喜欢。未悉王君是专业画家或业余画家？请代致谢意！

不日汇点款供您买纸墨，数目不多，不成敬意，敬请哂纳！海翁师请代候安，匆复，即祝
艺安！

弟

翁雅才敬上

1978.5.2.

在张人希 70 年代开始萌生帮助朋友将画作推介到海外时，除了香港的许晴野外，翁雅才可能是最内行的一位。他的信函会直接点出画家们的名字。比如 1979 年这一封：

人希兄：

5 月 16 日手教及寄来的十幅画均于今日妥收，请勿念。此次收到的画，计张英四幅，仲谋六幅，稍缓将画分赠各艺友后，当再汇奉一些润笔由兄代转，谨先笔谢！

寄宗毅处林岑先生的画，早已妥收。弟曾嘱他即刻复信，惟此人做事慢

吞吞,迟迟始回信,实属不该,请兄勿见怪才好。我经常有到国华的家去,今后如拟惠寄画来,寄国华处亦甚妥当。

函悉兄拟于秋季出游,一来可访唔各地艺术界老友又可顺便参观盛大美术展,此意极佳!且秋高气爽,正是游览胜地的好日子。届时弟当设法再汇奉些款赠作旅途所需。

闻不久会陆续收到各地名家寄来的佳作,实在兴奋不已!老实说,若非兄的大力帮助与介绍,弟等怎能收到这么多书画?您的盛情高谊,弟是感激于心!

区丽庄女士、明华、陈之中、杨镇和林生等西安画家拟寄来托弟等帮忙找出路,弟当尽绵力。得便请各位各写就几幅先行寄下,如欲题上款,请题文斐、明发、成吉、潮兴、德富等名字,若无上款也没关系。弟通常是先向几位艺术知音和亲友介绍,然后推而广之,另一位艺友法因法师是弟的方外之交,爱好书画,急公好义,见生活困苦的艺术家,一定帮忙,是一益友。有生活困难的画家好友如托介绍,请兄尽管代将画寄来,由弟转交法师,并负责将笔润汇奉。

西安杰出的老画家石鲁先生,久未见到其大作出现于美术刊物,不知其近况如何?区丽庄女士与石大师不悉是否有渊源?弟对石鲁大师那大拙浑古、气势磅礴且金石趣味极浓的画,心仪已久,倘有机缘,请兄代托区女士转求一小幅石鲁的画留念。惟一切随缘,但勿强求。

娄师白、司徒杰、俞致贞、张世简、洪世清、史岩诸大师,还有南京的吴俊发和陈大羽,人物画名家杨之光及广州山水名家黎雄才,皆久仰其大名,惜无缘拜识!想兄为人豪迈,知交遍海内外,如与诸大方家交情深厚,今后如有机缘,盼予介绍是幸!

司徒乔的画弟有见过,有独到的工力。蔡鹤汀先生的作品则无缘拜读,不知他擅长哪一类的画?中国奇伟的名山大川,蕴育了无数的美术大师,然而有许多奇才因种种环境关系而锋芒不显,致使海外人士对许多好功力的画家感到陌生。

刘汉似乎是擅长人物画的,他的作品曾连同维宝等位在香港雅博画廊展览。在作品介绍目录页上曾见到两幅他的作品,唯因印刷不好,未能体会出他的功力。维宝最近曾寄一幅巨幅的"三峡图"给我,是在广州展出的复制品。其巨幅画更能表现出他的功力,弟猜想廿年后(也许太久)中国山水大师中他必定占一席位!

前信曾提到托请一位主办画廊的友人帮忙张英兄等找些出路,尚未见复,一有下文,弟即会去信兄处,征求您的意见,并请转达张英。

俞平伯先生的作品独树一帜,弟亦十分喜爱。未悉颖南先生是拜俞学画或是习字?愿闻其详。万老前辈是否还有作连环画?他的卡通画是我最崇拜的,见时代候好!

弟的友人是随旅行团到中国各地观光,去时有带我的介绍信。一是想见海翁师,二是想晤大兄。惜到各地的逗期短促,时间逼促,像赶鸭子似的参观完一处,就得匆匆赶往下一个目的地,至他返新加坡,才获知两位均未见到,深感遗憾!

匆匆草复,未尽欲言,余续谈。顺祝
大安!

弟雅才敬上

26.5.79.

陈大羽是张人希旧交,可惜缘悭一面,最终没有帮翁雅才引介。

从翁雅才的信中可以看见,张人希和翁雅才是双向的互动。一方面张人希请求翁雅才的帮助,为福建、西安、北京等地画家作品寻出路,另一边厢,翁雅才也请求张人希的帮助,求他久仰的名家作品。

1979 年 7 月 18 日,翁雅才的信中有:

我于 7 月 6 日寄出的信与汇款,谅蒙收到?

谢谢您又为我们求得万青力兄和刘汉的画!今后兄如出门代为求画者,请为下列几人各求几幅即好:计有法因师、德富、朝华、潮兴、锡和、名法、国华和宗教。前此由宗教所提出的求画名单,其中多属一般的好爱者,欣赏力不高。您前寄来张英、仲谋与林岑的画分赠他们后多无什么表示。故求画名单略改,请兄谅察! 画如没上款,弟会酌情处理。

石鲁的画我的确喜爱,今闻其佳作多毁于文革时期,深感惋惜!今后兄如能代为访得一幅其作品,弟当感激无似!丽庄女士处暂请不必麻烦她。

海翁师在京的个展,海外一些杂志有介绍,唯多不详尽,兄这次到海翁家,乞代索一本画册赠我留念可好?

兄的好友洪世清的画,功力极佳,弟最欣赏他的熊猫。他不学吴作人的,有自己的面目;其风景粉彩亦佳。好友德富、锡和与名法均想托兄转求洪兄的画留念。见时祈代道及。又,他们亦想求兄的书法,二尺条幅即好,便乞书赠是幸!

鼓浪屿的藏画,出口既会有问题,只好请兄给我一些时间,找好友商量,看看稍缓是否有可靠的人回国,若能设法托人见到您时,再作具体详谈。

今后寄来的画,如是较珍贵难得的,请兄以空邮挂号寄下,邮费由弟汇奉。这是因为能较快收到,免悬念也。

您为刘汉及陈积厚教授所治的印,刀法朴茂稳实,深得汉印神韵!弟对兄那具有高度艺术性的篆刻,至感钦佩!

兄拟于何时出门?旅途若得便,请随时赐佳音,以慰远念。

我有写信给维宝兄,告诉他您可能会经广州去看他。今日我收到一件徐希的人物画,很不错,是维宝兄替我求的。徐希是位很有潜质的画家,兄可否认识他?

可见张人希虽然非常努力地帮助朋友推广,但并非所有推广都必定成功,比如区丽庄的画作。她是介绍张人希与刘海粟认识的人,在厦门,曾经和张人希一起创作了一幅画,画中有一只老虎在水中回头虎视眈眈。区丽庄画虎,张人希补竹。此画赠送给长女张君平,曾经悬挂在她香港北角的家里多年。张人希很欣赏区丽庄,但翁雅才则请他暂停向区丽庄接画。

1980 年 8 月 6 日的信中,提到了俞平伯、韩美琳、郑乃珖,也提到张人希的画展。还提到一个买与卖的问题。同一个画家,并非所有作品都获得买家垂青,比如石鲁,新加坡想要的是他的山水风景,而荷花则不愿意要。

前呈惠来俞平伯先生书法一件,已妥收,并回一信,未知何故未收到?……

兄与王仲谋先生联合展出的剪报,读了很高兴。该报给予兄的作品高度评价,可见兄的成就不俗!又悉您的作品将于较后到新加坡、香港、广州、及美国洛杉矶展出,更是兴奋!

前信提到石鲁画的事,因忙未及时复信,望谅恕!不知除了荷花,能否找到他的山水风景画?每幅润例祈示知。

……

韩美琳的画不知兄有没有办法弄到?有朋友想要。福州郑乃珖的画极佳,兄与他是否相识?前托法因师带来的画经妥收。勿念。

同年10月12日,翁雅才信中再求其他人的画作:

欣闻周哲文先生系兄的老友,并悉兄与周老的作品均入选在"全国书法篆刻"展出。作为艺友的我,真是闻之心喜!兹附上剪报一则,便请转给周老如何?周老的书法亦佳,弟很想求幅他的字留念。福建美术家郑乃珖先生的画极好,兄是否与他熟稔?

兄以前来信曾提到有办法求得范曾、刘旦宅、舒传喜等人的画,如遇机缘,乞兄代索一幅赠我留念可好?范曾的诗、书、画俱佳,是一位很有前途的青年画家,他那"为艺术而艺术"的精神,深得我心,兄如识他,可否介绍与弟结个神交?还有,黎雄才的山水画,气派雄奇潇洒,我非常向往;后起之秀吴冠中的画很特出,兄是否能为我求得一幅?

……

我有一好友拟求兄的,便寄幅"松鹰"中堂赠念。画收到我会将他的笔润汇上。上款请题良端先生。

张人希与吴冠中并无私交,但他没有忘记翁雅才想求吴冠中画的事。1985年11月,时任中国美术家协会副主席的古元到厦门,张人希给予热情款待。古元1986年1月3日给张人希写信道谢,说:

我初次认识您，在短暂的相处中，您给予我深深的美好印象。读完《听涛》，使我得到较多的理解，更感到您和蔼可亲。

张人希在1月7日回信时请求古元向吴冠中转达翁雅才的请求。古元三十日回函道：

我已写信告知吴冠中同志（他在中央工艺美术学院任职），问他是否愿意答应新加坡翁君的要求，并请他写信和您联系。

吴冠中接到古元的信后于1月25日给张人希去信婉拒了：

古元同志来信转告，谓新加坡翁雅才先生拟购我的作品。但这些事目前不好办，故我均婉谢了（因海外友人及外国人来求索的较多）。新加坡报社联合机构拟邀请我前去展出，时间未定，若他日前去，则翁先生之觊觎当较易达到，请转告并代致谢意。

翁雅才曾说，当年他和朋友们都是工薪阶层，没有能力付高价，所以能帮助那些画家的润格都很羞涩。然而，如万青力上述信函所写，便知道当时市场行情也不过如此。

2002年11月7日，翁雅才在信中提到：

唯近几年来，东南亚经济衰退，股市萎靡不振，一些玩画的朋友也阮囊羞涩，提不起买画之劲，奈何！与国内的一些大城市如上海、北京、南京与苏州相比，新加坡近年来确实下滑甚巨，真是卅年风水轮流转矣！

2004年，翁雅才忙完了一轮退休后创业，却最终退股之后，又将注意力转回书画雅好上。此时，中国的赝品画已经大行其道，而且波及新加坡。从8月30日的信函可见一斑。

近来有否看到好的字画？前次介绍的大千小品、永玉大作未知有人买去了没？弟很想找一幅陆俨少的山水，如有人要出让，可代留意。朋友不久前买了一幅何海霞的山水与一件唐云的花卉，结果竟然是假的，卖者已回西安了，奈何！

9月18日，翁雅才给张人希写信曰：

唐云的竹，请示知尺寸大小，要价，如有照片可寄下一睹更佳。陆俨少的大作心仪已久，只是无缘拜识，不知兄与陆老相识，真是可惜！

其他如有程十发、黄胄、谢稚柳的作品也可代留意。范曾虽人格不佳，其作品也有人在找！

在11月30日的信中，翁雅才请张人希帮忙鉴别朱屺瞻的山水手卷，并在卷尾题字：

今乘紫平返厦之便，特托她带上短信一封，顺便还托她带上一卷朱屺瞻山水手卷，请兄代为题上数行字于卷尾，以补其缺。此卷是我向一位在本地教书的西安教授买的，应是真迹无疑。不过还是请兄代为鉴别较妥。

有友人在找启功的字，兄如有遇到，请予介绍。

唐云的画，如卖家肯，托紫平回新时一并带来，如何？

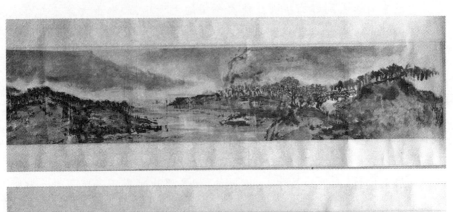

非南宗又非
北宗非八大
又非石谷但
觉江山气但
壮画在笔墨
之工
好友雅才凡
所藏屺瞻前
辈山水长卷
真佳作也
甲申仲秋
泥人布题

朱屺瞻山水手卷

张人希的二女张紫平夫家在新加坡。1990 年 4 月,她与四个女儿及怀着的尚未出生的儿子一起随丈夫吴汉雄移民新加坡。因为家中仅吴汉雄一人工作,收入低微,不足以养活一家子。而张紫平又得照顾五个孩子,也无法工作。张人希便将他的画作大捆大捆地让女儿带到新加坡待价而沽。人生路不熟的张紫平是没有能力去推销那些画的,所以翁雅才一直帮助张紫平介绍买家。

4.7 新加坡王梅窗

王梅窗是张人希解放前在厦门的老朋友。王梅窗移民新加坡后一直任华文教师,同时也是一位作家。退休后,于 1986 年前后定居台湾养老。

1982 年 5 月 12 日,王梅窗写信谢谢张人希的画,并告诉他说自己准备 9 月中旬回国,请他帮忙打听华侨招待所的价格时道:

> 梅窗自前年由美国返星之后,便患上风湿症,经几个月的电疗,稍为好点。又因搬家忙,致疏于修候幸谅之。
>
> 您给我画的那幅荷花现在裱起来挂在新居,大家异口赞美,叹为杰作。真为蓬荜添辉不少。

80 年代后期,王梅窗得知虞愚死讯时给张人希写信道:

> 别来不觉几易寒暑,想您一切都好。
>
> 我一九八六年由新加坡迁来台湾,因当时环境所限不便通讯,仅从舍弟处探知尊况而已。
>
> 罗丹及虞愚二公先后作古,不胜惋惜。
>
> 如果日后可望通航,我们或者犹有见面之机缘。否则天涯咫尺,即使缩地有术,亦只有隔岸兴叹矣。

虞愚教授于 1989 年去世。

1991 年 10 月 5 日,王梅窗从台湾给张人希写信时有:

> 鹭江一别,亲友凋零,同深哀痛!即便他日通航,再度返厦,亦无复当年

之景象。梅窗来台瞬已六年，此间环境幽静，设备完善，尤其图书余存，书甚多，足以饱览，安度余年。……

1993 年元宵，王梅窗给张人希信函中有：

近得舍弟信，知先生曾在星洲展出，盛况可以想见。惜梅窗早已离星，否则正好把盏畅叙。梅窗来台瞬已八年……回忆鹭江诸友，经常一起交换意见，依然如眼前事，而人事沧桑，不胜凋零之感！兹奉上近作数阕，藉以舒怀，俾知山间生活之一斑也。

信函第二页为王梅窗的《山中偶成》

(一)
几度升沉迷宦海，翩翩终似一沙鸥。
来经云路三千里，寄住蓬山十二楼。

(二)
年华一似东流水，风月赢他两袖清。
三径犹怜松竹在，安排笔砚了余生。

(三)
三匝南枝力已疲，闲云野鹤欲何之？
罗浮一觉寒梅老，待说归期未有期。

咏白梅
冻云催雪雪催花，千里重寻处世家。
却喜淡妆依野谷，不因脂粉损风华。

蝶恋花
水软山温春似醑，如此湖山，何用江南去。
翠柏通幽路几许？红楼一角云深处。
自是夕阳无限好，九十韶华，一霎成轻负。
花谢花开谁与护？帘前一恁风铃语。

前　调

漫托琵琶倾积愫，湖似琵琶，谱尽风和雨。

风雨宵深香一炷，香消宝鸭锁金镂。

曲曲回廊依玉树，五指山幽，隔断黄尘路。

燕子未归三月暮，雕梁隐约呢喃语。

1994 年 9 月 5 日，王梅窗在厦门的弟弟王守成给张人希写了一封信，说：

  家姐梅窗育二儿，长子树中，次子树华，均旅居美国。树中因犯胃癌，经三次开刀，胃全切掉，虽有美国先进医药，仍不能幸免。家姐晚年丧子，心情恶劣，嘱我录上近作，请斧正。

1997 年 6 月 5 日，王梅窗最后一封信还说：

  希望先生不久能来台北展出。五指山虽小，山静水幽，草木宜人，或有助于先生之诗情画意。

  网上能找到的王梅窗在新加坡任教的历史资料甚少，仅获知她也是一位作家。从她那阕《蝶恋花》看，她当时已经九十了，即便是虚岁，出生年份大约在 1905 年，比张人希年长了十几岁。信中有"惜梅窗早已离星，否则正好把盏畅叙"，"回忆鹭江诸友，经常一起交换意见，依然如眼前事，而人事沧桑，不胜凋零之感！"可见年轻时交往良多。在两岸隔绝以前，王梅窗、张人希与一群人曾经经常一起谈诗论文。

4.8　台湾宋子岑

  离开厦门前，宋子岑曾任厦门警察局侦查队长。到了高雄后，两岸隔绝，联系曾经一度中断。退休后，宋子岑担任高雄诗社社长。1987 年，曾与蔡宝明、蔡贤成等发起组织高雄市泉州晋江同乡会。

  1993 年 4 月 20 日，宋子岑写信给张人希说：

台驾到星岛开画展,想必轰动一时,可喜可贺。兄拟来台展出,明后日弟当专程去高雄文化中心拜托李主任,试试看。如困难再联络此间画社代为申请,请待消息。

兄为弟介绍王梅窗词长,学习诗词,至感。唯拜师须何礼节乞为先示。日后北上,当专程至翠柏新村拜候。

兹学步王老师《山中偶成》第三首原玉及《詠白梅》元玉各一首,抄录如下,请为删正。(略)

弟子岑敬上一九九三、四、二十

敬步王梅窗先生《山中偶成》第三首原玉

老当益壮岂言疲,野鹤闲云任所之。

闲说孤山梅正艳,何妨携酒趁花期。

又步《詠白梅》原玉

谁云雪白胜梅花? 何处咨询处士家。

艳蕊芬芳春景好,多情彩蝶擅风华。

同一个信封里又夹了一封 4 月 30 日的信函,道:

有关兄驾来台开画展事,已征得某画廊同意代为申请。希即速将有关吾兄资料,诸如 1.属何会社? 2.过去展出情形 3.得过奖项 4.著作 5.其他相关资料,整理后寄下。弟可能于五月廿五日由高雄启程至厦门。兄须尽速在弟离开之前寄到,以利转达。

张人希在此前曾参加过一次台湾画展。台湾方面一切按计划进行,可是张人希的入台证却因为解放前的地下工作身份而没有获得批准。后来,台湾当局要求张人希出示一份官方文件,证明他已经退休,离开了政府部门方可接纳。等到张人希从北京中央统战部打完证明,展览已经结束了。张人希为此耿耿于怀,一直想再到台湾参展。

有了第一次的证明,加上宋子岑等台湾友人的大力帮助,张人希很顺利获得了入台签证,展览期在第二年。

就在展期逼近时,张人希因双脚痛风后误食过量阿司匹林导致胃出血入院差不多四个月,又一次与画展失之交臂。

1999 年,宋子岑给张人希的信函说:

人希老友贤伉俪健康长寿双安:

　　岁月不饶人。别来首尾仅四年时光,而我已苍老不堪其憔悴矣。这几年来为病魔所困扰,累得人不成形。其不死者乃耶稣不许也。

　　思乡情切,无如愿难遂耳,徒自相思而已!

　　昨日有人叩门,老妻下楼接应,捧上吾兄寄赠之巨构《花鸟册画》乙本,知兄不遗在远,感极泪下,既谢且愧。待欲邀客上楼款叙,云已去矣。失之交臂,无从得知询问近况为憾。

　　前年春节兄寄赐红梅乙幅,曾赋小诗一绝,后于诗社集作钞以缴卷。兹特寄呈一粲,乞予斧正为祷。尚肃铭谢,敬颂
潭安

弟宋子岑敬上一九九九年四月廿二日

梅

　　一树梅花墨露濡,幽香澹荡世间无。

　　天生傲骨凌霜雪,地上于今有几株。

　　新春前夕,厦门张人希兄寄来近作红梅一幅,向余贺年,幽香满纸,澹泊明志,感而赋此以誌。86.2.5.

86,即公历 1997 年。

2001 年九月四日,宋子岑从加拿大温哥华给张人希写信道:

人希老友:

　　久违,念甚。我俩相交近六十年,互称老友应符事实。只是遗憾中间相隔四十二载,不能见面,衷心未免戚戚然。近况佳聘可卜。想贤伉俪俩贵躬素甚健壮,真所谓"老当益壮"也。至堪祝庆。弟久居台岛,廿多年前从工作岗位退休下来,创办"闽光杂志",因主旨与当政者不合,时遭无辜刁难,迫台

独执政,刊物已无法经营,只好于届满二十周年停刊。现闲散又将两年矣。去岁犬子不幸逝世,白发人送黑发人,内心悲痛已极,乃远走国外散心疗痛。现在加拿大温哥华依女儿生活。因体弱多病,日与药炉为伍。稍觉痊愈,又感寂寞,故时作无病之呻吟,只恨根基浅薄,乏师指导,终不成器。回忆往昔,窃思如能长随座右,则此时我之作业必可呈现人前也。兹录呈拙作二律,请赐呈改。公暇盼示近况以慰远念,为祷。专此敬颂

俪安

小弟宋子岑敬上二零零一年九月四日
于温哥华

人希老友赐正

邂逅当年正少年,情投意合喜亲贤。

君为无冕之王业,我负群黎的仔肩。

职责相因须配合,舆论互许最优先。

方欢悻获提携手,暴雨来临断我缘。

二

五七年前俱少艾,而今侪辈尽苍颜。

狂懂胜利昏头脑,猛省灾殃到眼前。

亡命异乡图苟活,幸存乱世望家山。

孳深忏悔皈基督,此后余生听主安。

弟宋子岑谨上二零零一年八月卅日

(后还附有两页诗词,略)

从宋子岑第二首诗分析,两人相识于1945年。彼时,都是年轻人,可一别便是42年。当其时,张人希在台湾有多少如今已经连名字都找不到的朋友们和宋子岑有一样的境况?

4.9 美国蔡实鼎

蔡实鼎是泉州人,1925年农历四月初七出生,比张人希小了六岁半。浓眉大眼、身材高大、气宇轩昂,年轻时是个美少年。

蔡实鼎曾就读泉州培元中学,而后进师范,喜欢舞文弄墨,常以学生身份在

《时代晚报》的"一个师范生的日记"专栏投稿，每周两篇。毕业后一边教书一边兼任《时代晚报》的副刊编辑。

蔡实鼎告诉林竹青说，那时正处于抗战时期，众人的生活很清苦，自己亦然，但有朋友们在精神上彼此支持，苦中作乐，也穷开心，生活过得还是挺充实的。

蔡实鼎彼时生活在泉州，而张人希则往返于泉州和石狮之间，两人经常隔三岔五地一起喝酒，谈时事、论政局。

抗战胜利后，蔡实鼎和张人希一样到了厦门。他先任厦门《时代晚报》总编辑、后转任侦缉队队长。

蔡实鼎说：在厦门的时候，朋友时常聚会，天南地北无所不谈。张人希为人诚恳，关心民生，热爱国家，对时事政治的个人观感总毫无保留地与朋友们推心置腹地交流，对社会上种种不平等的事总义愤填膺，在各报章上发表文章针砭时弊。由于张人希洞察力很强，对政局的分析挺有自己的独特见解，朋友们很为他的爱憎分明、为人正派、富有正义感所感动，十分钦佩他。

除了国事天下事，张人希最喜欢和朋友研究篆刻。谈起艺术，他便表现得特别轻松，评论起来头头是道，所以蔡实鼎对他由衷喜爱，一直收藏着他不同时期所馈赠的许多方印章。

那时，蔡实鼎美丽的未婚妻洪珍珍是鼓浪屿人，和张人希也很熟悉。日本投降后不久，蔡实鼎就和洪珍珍随其家人一起去台湾，弃官从商，想创一番事业，因此时常穿梭往返于台湾与厦门之间。1949 年底蔡实鼎离开大陆后，遇到政权转移，海峡两岸长期对峙，与泉州、厦门的亲友们从此一水隔天涯，而这一隔，就是四十年，杳无音讯。

上世纪 80 年代后期，中国的改革开放吸引了许多港澳同胞和华侨回国投资，也吸引了海峡对岸的台湾同胞。蔡实鼎的夫人洪珍珍参加旅行团回国旅游。她一到厦门后，便四处打听多位阔别四十多年的故友，其中一个就是张人希。

洪珍珍下榻华侨大厦，张人希去找她，在大堂巧遇正要去探望从新加坡回国的高中同学的林文衍。张人希便将洪珍珍回来的消息告诉林文衍，并一起去看望洪珍珍。不巧洪珍珍正好身体不适，林文衍将名片托洪珍珍转给蔡实鼎。

从海外回来的港澳台胞每人每年可以带三大件免税家用电器。洪珍珍知道张人希虽然声名在外，家庭经济却不宽松，于是送了一架彩色电视机给他。张人希投桃报李,将自己画的鼓浪屿"日光岩"及向高马德买的画作"贵妃醉酒"作为回礼。他给蔡实鼎写了一封信托洪珍珍带回去。

蔡实鼎告诉林竹青说,当他读了张人希的信后异常激动,感觉这是自己离开厦门三十七年以来最开心的事情。听说洪珍珍还见到林文衍,更是喜出望外。

1991年,蔡实鼎邀请张人希去美国开画展。为了签证申请,蔡实鼎给张人希写了一封十分恳切的信:

亲爱的人希兄

费了千辛万苦,我们终于找到了彼此的地址,这是天大的喜讯。忆自一九四九年秋天我俩在厦门分手后,四十多年来,音讯全无,生死不明,恍如隔世。弟于二十多年前举家移民美国,子女四人均在美学成立业,弟在美经商,先后在加州旧金山创设贸易及企业、地产等公司,并独资拥有假日大旅馆及 Best Western 等二家旅馆,家庭与事业托福堪称顺利。但因商务太忙,未能抽空回国聚晤,非常遗憾!非常思念!现在惟有恳请您到美国一游,由西岸到东岸,兼及各大名胜风景区,看看这个当今最富有、最繁荣的国家,同时也聊补我们兄弟近半世纪久别相思之苦。希望您能答应我们恳切的邀请,并赶快开始办理申请签证手续。旅游计划,时间大约三至五个月,所有旅美期间生活等费用,均由我负责支付,随函附上此间公证之生活保证书及完税文件,敬请

查收洽办,如您无暇出国过久,至少二三个月也好。务乞俯允,为听。

专此书恳并请

文祺

弟蔡实鼎拜启

九一、二、二十

于旧金山

蔡实鼎是个细心的人,他特地飞往香港和张君平一起商定张人希旅美的行程安排。

1991年5月10日中午一点五十分,张人希搭乘中华航空 CI652 从香港飞

往台北桃园中正国际机场,接驳中华航空 CI004 的班机从台北飞往三藩市。蔡实鼎买了从台北飞三藩市同一个航班的机票,于是,分别了四十几年的老朋友在台北桃园机场里戏剧性地拥抱了。

可以想见,哥俩拥抱时是如何不能自已、悲喜交加!忆从前两人都是风流倜傥美少年,倏忽四十几载,流年似水,再见时彼此都已古稀。可恨那一水隔天涯啊,重逢如梦似幻,焉能不心潮澎湃?

抵达三藩市后,张人希住进蔡实鼎位于湾区的家居,蔡实鼎夫妻俩对张人希照顾得无微不至。张人希十分开心,旅途中写了好些简短日记。

1991 年 6 月 1 日至 5 日,张人希假湾区华侨文教中心举行了个人画展。6 月 8 及 9 日又假佛斯特市假日旅馆(即 Crown Plaza)举行画展,两次展览共展出七十幅画作。

画展十分成功,三藩市华人社会反应热烈。蔡实鼎介绍许多华侨朋友给张人希认识,包括洪珍珍的台湾女画家同学张子君。张人希虽已年逾古稀,但风度翩翩、谈笑风生,赢得了当地许多艺术爱好者的友情。

美国之旅是张人希一生中走得最远、玩得最尽兴的旅程,他十分感激蔡实鼎夫妇。

6 月 16 日,张人希怀着十分不舍的心情离开美国。临别依依,他挥毫留下一首感情真挚的诗赠蔡实鼎夫妇:

> 海外逢君倍觉亲,坦诚殷勤最纯真。
> 明朝我向桑梓去,万里迢迢忆故人。
> 1991 年挚友实鼎珍珍邀约访美,坦诚相见,殷勤款待,感激莫名,临别依依,谨以上 28 字留念。

蔡实鼎一直珍藏着这幅字,十几年后回到故乡,将之裱褙后悬挂在鼓浪屿别墅的大厅墙上。

有道月是故乡明。上个世纪的 90 年代中,蔡实鼎开始频繁地往故乡跑。尽管他早已是一位成功的企业家,但年轻时钟爱艺术的兴趣与爱好从未改变。他告诉林竹青说,相识满天下,但朋友中在文化艺术领域能多姿多彩、毕生对艺术保持一贯爱好、才华横溢、兼有很好的造诣的唯其外公张人希一人。

厦门人有行客拜访坐客，坐客回拜的风俗。行客指远方来客，坐客即生活在本地的人。后来，无论是蔡实鼎因私回家乡小住，还是因公到厦门参加海景皇冠假日酒店的重要会议，林文衍、张人希及蔡实鼎一定互访。老友相聚，把盏聊天，其乐融融，每每闹到三更半夜。除了那些老掉牙的陈年往事，他们海阔天空几乎无所不谈。大家都是记者、编辑出身，话题难免围绕着时事政治、国际要闻，不过，最让大家感兴趣的始终是文化艺术。

弘一大师与泉州渊源殊深，对他们三个泉州人的影响至深，尤其是对张人希。国内外弘一大师的研究者时常来厦门拜访张人希。这类交流令他对大师增添了许多认识，愈发崇拜。于是，有关大师的轶闻便成了聚会的重要话题。蔡实鼎非常喜爱大师的艺术作品，张人希便将后人为大师结集成册的作品集赠送给蔡实鼎。蔡实鼎十分珍惜，一直将它珍藏在自己的书房里。

2000 年，蔡实鼎从美国回来，兴致勃勃地与张人希和林文衍聚会，把酒言欢到凌晨还舍不得离去。在厦门假日皇冠海景大酒店的客房内，他一时兴起，写了首诗送给张人希：

千僖鹭岛访知音，宾主满怀敬慕情。

诚祝希公彭祖岁，诗词书画享清平。

4.10　荷兰陈依鸿

陈依鸿年约六十几岁，是一位出生在印尼新几内亚（New Guinea）的荷兰籍侨生，祖籍福建南安诗山镇。她祖父曾是福建德化的盐官，掌管永春、德化和仙游。1938 年二次世界大战前，她父亲才漂洋过海到了新几内亚。陈依鸿小学三年级时曾经到香港接受教育，住在跑马地，入读苏浙公学。后来她父亲选择定居荷兰，于是陈依鸿便移居荷兰。

由于酷爱艺术，陈依鸿在阿姆斯特丹大学的本科与硕士均主修东亚美术史。

1986 年夏天，陈依鸿回父亲老家途经厦门，去画廊参观，想了解福建有哪些知名画家，于是远亲便带她去拜访张人希。

张人希与陈依鸿的通信能找到的不多。从信的内容看，他寄给陈依鸿的信始于 1989 年,而陈依鸿寄给张人希的信函现存的则始于 1990 年。

显然,1989 年 3 月 16 日写信给陈依鸿之时,作品已经开始在荷兰脱手,因为他信中说:

> 来信收到,50(美金)也收到。这样寄很危险……我没有银行户口,但只要用汇票由邮政局寄来,就可以向中国银行领取,很多外国朋友都是这样寄的,从未曾遗失。

1992 年 3 月 7 日,陈依鸿给张人希写信道:

> 前侄女曾提及要开展览会一事因碍于各种原因而取消。现已决定于三月间开一演讲会并在会中将伯伯的佳作翻译介绍,至伯伯的佳作尚未售出,顺此一告。兹有恳切如有可能望给花鸟山水画一幅以便在演讲会中多为介绍伯伯之佳作。

3 月 28 日,陈依鸿果然组织了一个活动,假荷兰 Ede 一家画廊为人希举行了一个小型展销会,现场销售了十几幅张人希画作。这件事陈依鸿深感得意。

因为陈依鸿所保留的张人希信函都剪掉了邮票,没有邮戳很难辨别年份,但有个别的结合她写给张人希的信还是可以辨别时间。比如下面两封通信:

1997 年 2 月 25 日,陈依鸿信中说:

> 二月六日我有在荷兰银行汇交伯伯荷币一千盾如收到望回信示知是盼。我大约能在今年或明年再到国内一游望伯伯的电话号码详细告知以便以后好作联络也。

张人希在 3 月 7 日回信道:

> 2.25 信收到。您汇来的 1 千荷币收到后,马上发信,信中并夹四张小画,有没有收到?收到时,请回信。我家中电话 2033852。欢迎您回国,我

们已多年不见了。

1999 年 7 月 22 日,张人希给陈依鸿写了一封信推荐了一批画。

依鸿女娣:

前日去一信,问画收到否? 见信请速来告知。

最近黄山画院有人带一批画来:

(一)大张一张,约 120×80 公分,内容是松、梅、竹、石,作者为朱屺瞻、陆俨少、谢稚柳、唐云,四人合作,此四人为当代大名家。(保证真品)

(二)扇面六面:

一、黄君璧山水(黄是台湾大画家,做过宋美龄老师,与张大千不相上下)

二、杨善琛,香港名家(岭南派代表人物)

三、钱松岩山水(钱的名气在国内甚大)

四、魏紫照山水(魏的名气在国内甚大)

五、吴茀之的毛蟹(吴为吴昌硕大弟子)

六、徐希山水(徐系上海革新派画家)

(这些作品均新又真)

这些作品价约人民币 10 万。如果有人要买,要先汇款来,然后由邮政寄去。

请你查问有无对象,如有对象,请来函通知。

这些作品是黄山交际处处长的儿子带来的,黄山是中国有名风景区,很多画家都去游览,当然每人都留下作品。

匆此　即问

龙安

张人希 7.22

根据陈依鸿说,她曾经卖了不少张人希的画。同时,也卖过高马德的白蛇传戏曲画,还卖过洪世清的指画熊猫。

张人希绘画、黄永玉题字之作品

陈依鸿在向参观者讲解张人希墨宝字意

20 juni

8 ▶ Chinese kunst in Nagele
Gastconservator mevr. drs. I. H. Tan geeft morgen en op 16 augustus uitleg over de kunstwerken uit China, die worden tentoongesteld in Museum Nagele. Het betreft schilderingen van Zhang Ren Xi (1918-2008) en blanc de Chine porselein van Su Xian Zhong (1968), uit de provincie Fujian. Een aantal objecten is te koop.
Drs. Tan studeerde in Amsterdam kunstgeschiedenis en archeologie van Oost-Azië. De groepsgrootte tijdens deze uitleg is beperkt.
Opgave: info@museumnagele.nl.
De dubbelexpositie is te bezichtigen tot en met 31 augustus.
Tijd: 12.00 uur
www.museumnagele.nl

▓ Schildering van Zhang Ren Xi.

荷兰报章关于张人希画展与同期举行的德化陶瓷展报道

张人希去世六年后的 2014 年 6 月 1 日至 8 月 31 日,陈依鸿为张人希在荷兰 Nagele 博物馆(Museum Nagele)举办了一个个展。会上的张人希书画作品共 24 张,除一部分是陈依鸿自己的藏品外,大部分是从买家手中借回来展出的,其中包括张人希画水仙、山石、黄永玉题款之作。

第三章　艺术成就

第一节　国内参展

迄今为止,有资料,包括展览会刊、出版等信息显示,张人希自50年代起参与的国内书画篆刻展览无数,其中较重要的有:

1956年7月以《海防前线鼓浪屿》画作入选由中华人民共和国文化部暨中国美术家协会主办的"第二届全国国画展览会"。

1980年5月,篆书作品参与在沈阳举行的"全国书法篆刻展览"(即第一届国展),并辑入由人民美术出版社出版的《全国第一届书法篆刻展览作品集》。

1983年8月份,哈尔滨市书法家协会举办了"当代篆刻作品邀请展览"。

1984年9月,其隶书作品参与在北京举行的"第二届全国书法篆刻展览"(即第二届国展)。是次展览没有出作品集,中国书法家协会颁发的参展证书到1986年8月10日才正式发出。

1985年9月29日中秋节,书法作品参与了在漳州举行的"统一祖国书法篆刻展览"。12月,行书作品参与在福州举行的"纪念郑和下西洋五百八十周年全国书法篆刻展览",作品辑入同名作品集,由福建美术出版社出版。

第一届国展作品集封面

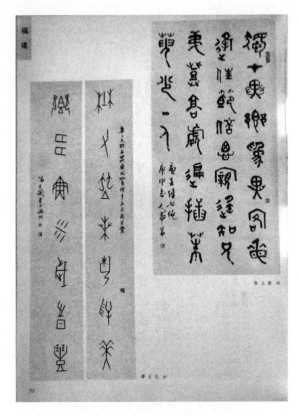

第一届国展参展作品(右上角)

1986年7月,国画作品入选并参与为纪念中国人民抗日战争五十周年、中国人民解放军建军六十周年在中国人民革命军事博物馆举行的"中国书画展览",参展作品于1989年4月出版。

1989年4月,画作辑入长城出版社出版、邓小平封面题字、作品涵盖已故领导人毛泽东、周恩来、朱德、刘少奇、任弼时、彭德怀及叶剑英在内的《中国书画选》。

1991年12月,画作"江南二月燕子飞"及行书中堂参与了"厦门美术书法摄影展览",分别于1日至5日在北京军事博物馆四楼展览厅,17到22日在厦门工人文化宫三、四楼展览厅展出。

1993年4月24日至29日,书法作品参加连云港"当代书法家兰亭序集联墨迹展"。

第二届国展参展证书

1997年,由泉州市书法协会、香港书谱社、泉州市佛教协会、弘一法师全集编委会及泉州晚报社发起的"纪念弘一法师圆寂四十五周年书法篆刻展览",行书中堂亦参与展出。

2004年4月20日至5月7日,上海龙华庙会举办"张人希、林英仪、陈秀卿书画展"。

第二节 国际参展

同样,张人希参与的国际书画篆刻展很多。较重要的有:

1985年1月26日,参与日本中国友好协会和日本泛亚细亚文化交流中心于当年8月和翌年在日本举办"中国知名书法家书法展"。该展览全国仅五十位书家获邀参与,福建仅张人希一人,与刘海粟、李可染、吴作人、赖少其、周而复等大家们同场展出。

1986 年 5 月，书法作品参加 14—22 日在东京西武百货商店举办的"中国现代书画家作品展览"。

1988 年 4 月 28 日到 5 月 28 日，书法作品参与由日本书道教育会议连同成田山新胜寺联合征集主办的"成田山新胜寺开基 1050 年纪念展"。

1991 年 6 月，在美国三藩市湾区华侨文教中心及佛斯特市假日旅馆（即 Crown Plaza）举行个人画展。

1992 年 3 月 1 日，在荷兰 Ede 市举行个人书画展销会。同年 12 月，在新加坡的晋江会馆举办"张人希书画欣赏会"。

1994 年 2 月 1 日，获中华逸吟神墨诗书画国际展览会颁发国际文化交流荣誉金奖。3 月 1 日，获菲律宾中华逸吟神墨诗书画国际展览会颁发"国际文化交流荣誉金奖"。5 月 10 日，获台湾岭南国画学会连同台湾、日本、澳门等地机构主办的"第四届诗、书、画、摄影作品大展"颁予国画"金岭奖"。

国画金岭奖

2002 年 9 月 13 日至 15 日，书法作品参与香港书法家协会主办、假座香港大会堂八楼高座展览厅举办的"书法荟展"。

2004 年 5 月,印章作品参与由日本篆刻家协会主办、在大阪市美术馆举办的"第二十回日本篆刻展"。

第三节　发表作品

张人希发表的主要作品有:

《书谱》,1978 年第四期"弘一法师的篆刻艺术"文章、第五期"郑板桥书法之我见"文章。

《书法》,1979 年第六期"弘一法师的篆刻艺术"文章、1980 年第二期篆刻作品与"登高望远心犹壮——梁披云的书法和香港(书谱)"文章、1981 年第六期书法作品、1982 年第一期"对弘一法师"叵"字的释疑"文章、2002 年第二期书法与篆刻专题。

《福建文艺》1979 年第一期发表的篆刻"毛主席诗'七律:悼罗荣桓同志'"。

《语文战线》1983 年 4 月号文章"一划之差——对'疆埸'与'疆场'二辞的我见"。

《人民日报》1985 年 11 月 24 日发表画作。

《现代印选》西泠印社 1990 年 3 月期发表两枚印章。

《人物》1993 年第二期文章"轶闻轶事也应真实"。

《张人希花鸟画》,1998 年 8 月出版。

《中国名家书画精品集》"中国书法家协会书法作品",书法作品。2000 年 12 月由中国美术家协会和中国书法家协会联合为"朝霞工程"合编,以及出版《张人希作品集》。

2002 年 6 月,格律诗 13 首收录在中国文学出版社出版的《华夏吟友第五卷》。

第四节　辞典收载

1980 年 3 月,四枚印章辑入由丁吉甫编辑、江苏人民出版社出版的《现代印章选集》。

1982年8月,篆书"明月人观今古异,夕阳山在有无中"辑入连云港市书法篆刻研究会暨连云港市教师进修学院联合征集,并由湖南美术出版社出版的《当代楹联墨迹选》。

1987年9月,书法作品辑入由沙孟海主编、中国文联出版公司的《中国新文艺大系1976—1982书法集》。

1988年11月,书法作品辑入邹德忠和徐扣根主编、北京工艺美术出版社出版的《当代中国书法作品集》。

1989年12月,传略辑入雷正民主编的《美术辞林》分卷《中国现代美术家人名大辞典》,由陕西人民美术出版社出版。

1990年1月,传略辑入由刘瑞轩和吴三元主编、黄河出版社出版的《中国当代书法家大辞典》。8月,传略及国画辑入由金通达主编、浙江人民出版社出版的《中国当代国画家辞典》。

1991年4月,略传与书法辑入由佟韦、刘艺、权希军、张海及王景芬联合主编,河南美术出版社出版的《中国现代书法界名人辞典》。

1992年1月,传略与书法作品辑入由邹德忠、徐扣根主编、哈尔滨出版社出版的《当代中国书法艺术大成》。5月,传略辑入由龚继先主编、上海人民美术出版社出版的《中国当代美术家人名录》。7月,传略及四枚印章辑入由沈沉主编、哈尔滨出版社出版的《当代篆刻家大辞典》。

1993年1月,传略及画作"紫藤飞燕"辑入香港汉荣书局有限公司出版的《石景宜先生藏华夏千家书画集》。5月,传略辑入由中国美术馆编、广西美术出版社出版的《中国美术年鉴1949—1989》。6月,传略辑入金鑑才主编、西泠印社出版的《中国印学年鉴1988—1992》。8月,传略辑入郭翔主编、河南美术出版社出版的《中国当代书画家名人大辞典》。

1999年7月,传略与画作辑入由苏人主编、香港亚太国际出版有限公司出版的《华东二十世纪书画家谱(福建篇传世珍藏本)》

2000年10月,传略与画作辑入浙江图书馆编、浙江人民出版社出版的《浙江图书馆馆藏现代书画作品集》。11月,传略与画作辑入王传波主编、中国画报出版社出版的《中华翰墨名家作品博览(世纪珍藏版)》。

2001年2月,传略与国画及书法作品分别辑入由宋柯主编、国际文化出版公司出版的《中国美术家选集》;及《中国书法家选集》。

2003年4月,传略与格律诗九首辑入由袁第锐主编、作家出版社出版的《中华诗词总汇当代卷》。6月,传略辑入由厦门市图书馆王丽主编、鹭江出版社出版发行的《厦门人物辞典》。

2004年3月,传略辑入由中国美术家协会编著、人民美术出版社出版的《中国美术家协会1949—2002会员辞典》。4月,传略辑入由陈济谋主编、作家出版社初版的《福建省文艺家辞典》。

第五节　其他成果

1988年5月,书法作品也入选云南省曲靖市爨碑书画碑林及陈列馆珍藏。

1988年10月,古诗篆书获江苏省美术馆收藏。11月,画作《铁骨生春》由中国共产党梅园新村纪念馆收藏。同年,厦门植物园新碑林摩崖石刻作品"万壑千岩锁碧烟"。

1989年1月,草书入选河南郑州巩义市米河镇神墨碑林刻石。

1989年5月10日,国画由刘少奇同志纪念馆收藏。

1993年秋为南普陀寺禅堂修建记书,刻碑立于堂前。

1998年11月,画作《梅花》参与《纪念刘少奇同志诞辰一百周年大型书画展》,后为刘少奇同志纪念馆收藏。

南普陀寺禅堂修建记

第四章　祖孙情深

————

　　爱是张人希一生的主题。虽然经历了无数磨难,但他却非常富有,因为他的一生从来都不缺爱!他有把自己的一生倾注在他身上的母亲王益舍,有心甘情愿站在他身后无条件支持他的妻子李惠若,有 7 个子女、11 个孙辈和 3 个重孙。张人希和李惠若都是非常开明的人,张家没有内外孙之别。

　　俞平伯有个好外孙韦奈,张人希也有他的韦奈,那就是自幼承欢膝下,长大后敬爱、支持他的外孙女林竹青。

　　张人希一生最疼爱的是他的"桂花孙女"林竹青。外孙女出生时张人希还未满 46 岁,非常年轻,精力充沛,所以,他在她身上所投下的时间与精力最多。

　　从小,林竹青就被外公宠得上房揭瓦。

　　张人希作画写字时只有林竹青可以在他房间帮他研墨拉纸。林竹青淘气,看到外公作画写字饶有兴致,等外公出门、外婆不在家时便偷偷地溜进外公房间把门拴起来,用外公的宣纸大模斯样地依葫芦画瓢胡乱涂鸦。她虽然调皮,但心里仍怕外公发现了会生气,于是狡猾地在玩完笔墨颜料后把用过的笔洗好放回笔筒,涂鸦完的宣纸偷偷丢掉。她以为神不知鬼不觉,可小孩子哪能理解在那个极端困难的年代,宣纸如此昂贵,人家求字画时尚且要自备宣纸,张人希怎么可能没有发现呢?但他实在太疼爱这个调皮捣蛋的外孙女了,所以总装作若无其事,以至于小竹青屡试不爽、自以为得意。

　　张人希很少带孩子出门,却喜欢带林竹青走街串巷,以至于许多第一次见面的人把林竹青误作张人希的幺女。

　　张人希带林竹青去看电影《大闹天宫》、去政协办公室看画报,还成天逗她玩,故意跟她打舌战。林竹青被惯得没大没小,时常对自己的外公叫"假手枪"。假手枪是厦门话,意思是讽刺外公装蒜,好像自己很了不起似的。而张人希则以牙还牙。有一天从外面回来得意地送了林竹青一本连环画,书名就叫做《真手枪》。意思是：我不是装的，我是真的了得！爷孙俩就是这样闹着玩只有他们俩懂的游戏。舅舅、阿姨们管外甥女叫"外孙王"。家里除了王益舍都归张人希管，而张人希则归林竹青管，因此，林竹青俨然是张家的"王"。

张人希一辈子没有责骂过林竹青一句。终其一生，唯一最重的那句话就在1982年春节，当17岁半的林竹青拒绝陪他去和刘海粟吃晚饭时，他忍不住批了林竹青一句："小孩子不知天高地厚！"

1978年6月，刚满14岁的林竹青要随父母移居香港。临别时，张人希在餐桌上郑重嘱咐张君平："青儿很聪明，学习很好，你将来无论如何一定要把她送到美国深造！"

张人希对桂花孙女不仅仅疼爱，将希望寄托在她身上，还对她充满信心。他给刚去香港的张君平写信说，自从小鸟飞走了，一个家突然变得很安静，回家总觉得少了点什么，叫他十分失落。他还叮嘱女儿说："你教育不了阿青。她不需要你教育，她懂得教育她自己，坏不了！"

1981年秋，林竹青的独幕剧《笼》获得一致好评，夺得闽侨中学高级组剧本创作赛冠军，奖品是一根刻着得奖者姓名的"派克笔"。林竹青很珍惜这份荣耀，1982年春节返厦时将它转赠给自己的外公。

张人希给林竹青写信就像和至交好友通信一样，分享自己的思想、得失与悲喜。可惜数度搬家时张君平丢的许多东西中包括张人希的家书。现存的张人希给林竹青信函集中在1981年至1984年间，那时林竹青正就读闽侨中学四、五年级及岭南中学港大预科班。

1981年10月15日，张人希给林竹青的信函中说：

> 我最近还是很忙，一些事推也推不掉，也只好硬着头皮接受。最近一些报刊杂志都登我的画、印、文，苦中作乐，而只好如此。人，要在困难中抬起头来，不能被环境压服。这次老友黄永玉来，他在作学术报告中，有一句话我很欣赏："在得意时，不要以为自己是神仙，要记住是人；在失意时，不要自以为是狗，要记住，是人。"

信中夹着张人希9月27日刊登在《厦门日报》的文章"诗情画意、笔墨传奇——青岛等四市国画观后"。

1981年11月28日,张人希在信中说:

我最近很忙,省为我及5位朋友联合开一次展览会,展期一个月,元旦在泉州展,还有几个地区来联系。

最近中央新闻电影制片厂,中央、省、厦门电视台,也来拍电视,我们这次的画展也有电视,这些事都是水到渠成,并不是强求的,推也推不了。

我不愿意放下画笔,我不完全是为了名与利,我的目的,是要给那些过去围攻我的左先生,让他们看看,到底是谁对,让他们知道,他们过去是枉费心机。人,总要有一点志气。

最近人民美术出版社,印一本全国第一届书法的作品,是分省的,我想不到福建把我排在第一张。这本书我已经收到了,待发行时,我会寄一本给你做纪念,也可以给你做学习资料。

叔平已经回家一个多月,现在他的精神状态比之未入病院之前正常,我希望他不要复发就好了。

您和你母亲及阿柏,当时离开我,我很难过,但还有二姨及凌波。凌波去港,我就很舍不得,我记得,他要离开时,在车上,一句话都不说,没有笑出声,但泪如雨下。此情此景,我永远记得。想起来,很难过。当时我写了两首不拘平仄的诗:

1. 卅年聚首膝依依,此去离多会便稀。

   他日香江江畔上,毋忘此夕泣别时。

2. 憨态咿哑学吟诗,幽居伴我寂寥时。

   别后阿公须沉醉,醉时歌哭醒时悲。

我这些诗,有时吟起来,很自然就流下滴滴的泪珠。这些诗指的是谁,就由你猜罢。

写到这里,不想再写了,也写不下去了,以后如有时间,又有心情,我会多给你写信,因为理解我的人是不多的。我可以说是"身有傲骨,面缺媚容"。但这样的人,是注定要碰壁的。

信中附贴在福建日报便用笺上的一则广告与一篇快讯。

林竹青离开厦门时,张人希二女张紫平的第一个孩子吴凌波才刚刚一岁半,开始咿呀学语,多少填补了他感情上的空虚。吴凌波三、四岁时,张紫平就开始教她背唐诗,逗外公开心。1981年,张紫平和快五岁的女儿也批准移居香港,张人希难掩失落。

1981 年 11 月 17 日,中国美术家协会会员工作部正式发函给张人希授予国家美协会员资格:

张人希同志:

　　我们十分高兴地通知您:8 月 1 日中国美术家协会书记处召开会议,讨论并批准了您的入会申请;自即日起,您成为中国美术家协会会员。谨向您表示祝贺! 我们衷心祝愿您在新的长征中,为发展我国社会主义美术事业不断作出新贡献。

张人希收到通知后非常开心,12 月 7 日写信给林竹青道:

　　前日寄出《书法》一本,未知收到否? 最近一些报杂都在发表我的作品,艺术这个东西,不能强求,当你有用一分功,到了一定时间,自然水到渠成。

　　我申请参加中国美术家协会,当时填表也不抱大的希望,因为这是国家美术界的最高组织,以我的水平还差得远,但想不到竟然被批准了,我勤勤恳恳地爱好了几十年的艺术,直到今天才被接纳为全国美协会员,参加了这个组织,才被承认为正式的画家,不然还是地方性的画人。我被接受以后,我应该更大的努力,才是名符其实的画家,不然,也是虚名而已。我非常高兴,数十年梦寐以求的,今天是实现了,能不使人兴奋? 我应该及早让你知

中国美术家协会函

道，为我分担一分高兴，我知道你是比较了解我的。

信中除了中国美术家协会全国会员的录取通知，张人希还附了12月4日发表在《厦门日报》"海燕"第83期的画作"春归燕子忙"。这幅画多少说明了他彼时对自己被认可的愉悦与憧憬。

1981年12月24日，张人希的信里说：

来信说我没有给您信，其实我连发数信，还夹了剪报，还有《书法》，你都没有收到吗？

关于房屋的问题，和香港不同，厦门非常紧张，哪能容易找到房子，否则，我是不愿意这样的。听说明年市要盖一部分房屋照顾一些人，如实现我可能争取得到。

……

你母亲说可能回来过年，如果真的要来，我希望她什么都不要买，便人来就好。现在我们家里没有缺乏什么，用的穿的，都过得去，买了多花钱。绝对不必要。

昨天寄出去第一届全国书法展册子，给你留作纪念，是挂号寄出的。

又及

信中附《厦门日报》12月20日剪报。其中一则剪报是张人希画的竹子。

厦门、外省，乃至国外关于张人希的报道渐多，日益出名没有使张人希飘飘然忘乎所以，反增加了他的忧患。他对自己的水平愈发不满意，给林竹青写的信中流露不安情绪。

1982 年 3 月 26 日的信中说：

　　这个月来，文代会才开结束，政协又开了一星期，要月底才能结束，在会中消耗时间，我一想起来，是多么痛心。人到老年就很爱惜光阴，你们这次回来，估量再过三年才能回家，如果真的这样，再过三年我已七十岁了，古人说："人生七十古来稀"，但能活到那年，那算是不错了，一转眼，1982 年又过了四分之一，感到很短，你和阿柏，一定要互相鼓励，爱惜光阴。

信函附有《厦门日报》3 月 21 日剪报，为"市第五次文代会昨胜利闭幕"的专题报道，下方有市第五次文代会代表参观特区的照片，左起第一位就是人希。

1983 年 1 月 6 日，张人希的信有：

　　我最近很忙，因为厦门是特区，外地很多画家来，我都要作主人陪客，可说是川流不息。来开展览会的就要我写介绍文章，有的推也推不了。近日两位香港画家来，也要我写介绍，不是我骄傲，那种水平，我是不愿意写的。写得太好，同行会笑我眼低，写得不好，作者又会有意见。现在我们重视"三胞"工作，我只好奉命执笔，其中行文，有的可说是"顾左右而言他"。

　　最近也发表了不少画，有的都没有存稿，剪寄一二给你。

信中附有剪报三份，即张人希短文《泉州唐墓砖浮雕》《岭南画派和赵世光父子》，及国画《八哥黄葵》。

1983 年 5 月 25 日，因为林竹青正在忙于参加香港中学会考，张人希给女婿林长茂写信道：

　　前日寄一本《当代楹联选》给阿青，不知收到否？她如收到，如忙，不必写信，用明信片，说书收到了就好。

　　最近为《语文战线》写一篇文，四月份已发表，但杂志可能被邮局所误，至今尚未收到，如收到我会寄一本给阿青。这篇文章颇有趣，有很大的影响。

忙些没有关系，像我这样的年纪，如不多珍惜时间，一瞬即过。有一位哲学家说过："人常常做出这样的怪事：他常为失去财富而悲凄，却从不为生命的岁月一去不返而惋惜"。

现在，我在艺术方面有些成就，但"人怕出名猪怕壮"，无形中也引起一些人嫉妒，还可能招来虚伪的朋友和真正的敌人，但也防不胜防。我决定不管他们，走我自己的路。

最近有一位文友，为我写一篇传记体的散文，可能不久会发表在全国性的杂志。我是反对的，但上海一些旧友（文化界）认为我是傻瓜，他认为应该这样做，甚至认为现在已经较迟，但还来得及。我觉得"船到桥头自然直"，艺术来不得丝毫虚伪。这么做，总难免有些吹嘘。艺术家如变为江湖术士那就一点没有意思；这篇文章如发表，我心里实在有些不自在。

……

阿青考期到未？阿青胸怀大志，勤勉向上，要鼓励她，但也要注意健康。一切事当然要争取成功，但世间事"不如意事常八九"。要懂得这个道理，才不会精神打击。

5月31日张人希又追了一信给林长茂和张君平：

前日去一信，谅已收到？寄一本《楹联》给阿青收到没有？
……

交代阿青，如经过三联书店（或别的书店）有看到《当代中国作家风貌续篇》寄一本。这个作者是三联书店副总编，和我是朋友。他笔名彦火，正名潘耀明，南安人，但我不爱写信向他要。如看到蒋碧薇的《回忆徐悲鸿》（好像是这个名）也买一本来。蒋是徐的前妻，书在台湾出版的。这些书不急，有看到就买。

林竹青会考后买了蒋碧薇的《悲鸿与我》，自己先读，在给外公的信里表达了自己的看法。她对蒋碧薇寄予很大的同情。蒋碧薇为了爱情与徐悲鸿私奔她并不反感，但对蒋碧薇私奔后回头向家人伸手则不以为然。至于徐悲鸿，林竹青深感不齿。林竹青从小就知道徐悲鸿画马天下无双，但如此没有担当，其人品自当打上问号。

张人希接到信后，给林竹青回信道：

关于徐某事，你的看法不错。我年青时对他很崇拜，中年以后，对他的画，对他的为人，我很不满。"人格即画格"。一个搞艺术的人，人格低级，画格自然也是低级的。最可怕的，是他现在在中国成为一大派，把持艺坛，凡非他族类，一律格杀勿论。他们也认为我不属他们体系，但我不管，我行我素。我也不想在艺坛与人争高下，不买他们的帐。

我要买这本书，不是崇拜他的画，而是看不起这样的人。为了更清楚这低类（闽南话，意思是下流胚子），而要买的。我去年曾写信给叶圣陶老，也提到此君。我不齿他。做一个人就是要有是非感，没有是非感就不是人了。不过这类的人很吃亏就是。我的一生，不会与不善者合流，所以我不会出头，但我认为学术才是生命，别的都是空的。我就是要在学术方面，打我的天下，但这条路是不平坦的，尤其到了这么大的年纪，但我不失望，一息尚存，继续不断。

我最近写一篇短文，因为对不少人刺了一下，如毛、郭等，结果许多报杂不敢发表，但也有敢于顶的编辑，四月份在《语文战线》发表了。虽是短文，但在文坛上投下一块石子，起了小波浪，和几个漪涟。我打算寄一本给你，但是否寄得出？还不知道。如果寄正本的不出，就把那篇文剪寄。

你是读到高中，现在才到社会做点小工作，吃了一点苦，觉得苦吗？阿青！您想想，我当时读了两年小学，无依无靠，到社会上做最低级的小学徒，什么人间苦味，我都尝试了。但从小就有睾脾气，能咬紧牙根，竟就熬过来了。现在，年纪大了，学术方面还很浅薄，这一点，我很难过，觉得过去时间白花了不少，现在追不回来了。现在我是把时间尽可能的利用，但来日无多，"夕阳无限好，只是近黄昏"！

小工作指的是林竹青中学会考后在生产傻瓜相机的电子厂做暑期工，她要用自己赚的钱买机票去菲律宾看望爷爷奶奶。

信中附上 4 月 18 日刊于《厦门日报》的"丹青惆怅失英才",记顾一尘、石雪庵、肖百亮、罗丹、腾崖草遗作展览作品选登。

1983 年 8 月 1 日,张人希给林竹青的信中写道:

说实在话,像我这样的人,也仅仅是靠一点小聪明,学问有如大海,一个人如能得到一滴水,那就很好了,古人说:"生也有涯,学也无涯",我现在是 66 岁了,在这几十年中,我能得到多少学问呢? 看到那些鸿儒博学,我很惭愧,过去花了许多无谓的时间,现在追不回来了,现在,我恨不得把一分时间当为两分用;事实上,我是"偷食孔子饭"。肚里很空虚,外界的人,把我当为有些学问,实在是骗骗人而已。

最近北京死了一位老画家,我写一篇文章追悼他。事实上是在吐我胸中的不平。这篇文章写了 2 千多字,因为版面的关系压了近千字,事实上把一些要说的话都去掉了!

前天世界冠军郭跃华、栾劲回乡,政协招待他们,要我作陪,并当众作画送他们留念,还拍了电视,这个电视省市都放了,你们没有看到,不然也会为我高兴。我现在的所为,都是无形吐吐胸中闷气,让人们看看,我并不是像过去人们所想像的"那样坏的人"。剪报附去,给你们分点高兴。

去菲旅游愉快吗? 你祖父母都好吗? 来不及请你们转向他们问好。

全国篆刻协会要在哈尔滨开会,来信要我去参加。路太远了,那时气候也冷,我不想去,我一生未曾出关,失去了机会,也是可惜。但事实上是放不下,我只有寄去一些作品和一篇论文,还有一首祝诗:

且喜滨江秋正浓,艺坛佳话又重温。

中华诗老临高会,汉石秦金仔细论。

诗写得平平,不过,我的功夫也仅仅这一点。"滨江"是哈尔滨别称。"汉石、秦金"指汉印和秦代"金文",金文是铸在铜器上的文字,这些都和刻印有关系。

我劝你,有时读点诗词,会陶冶人的性灵,培养高尚的人格,可能,初读诗不知所云,但一读多读熟自然就会融会贯通,读多了,有如吃橄榄,越咬越有味,你们身在香港,如果读到"月是故乡明",一定别有所感。好比你们回来,要回港时,如果读到"相见时难别亦难",一定会自然联系。多读诗,人不俗。

……

清华婶已批准,近日去香港,她到时会去看你们。丽玲姑和我们关系很好,以后如有什么事,可以托她协助。

《书谱》已出版,速寄一本来。悲鸿的书也即寄来。

"偷食孔子饭"是泉州方言,意思为冒充斯文。

张人希对文革时人们的批判还耿耿于怀,要争一口气,证明自己并"不坏",也要证明自己有真功夫。他很有自知之明,对自己的水平从不夸大其词。他鼓励林竹青读点诗词。附上的剪报有一张 3R 左右大小的照片,相中的张人希正即席挥毫,而他身后则站着郭跃华和栾劲等一帮人。郭跃华是林竹青三四岁时跟随母亲到坑内军人子弟学校时一起疯玩的大哥哥之一。

1983 年 8 月 25 日,他说:

我还是这么忙着画、写,我这时如不努力,还有多少日子?"一息尚存,继续不断"。做艺术工作的人,要抱着这个态度,不过,到现在我还画不出好作品,也写不出系统的文章。前天有一位南京名画家,给我信,认为像我在人生道上走了这么多的弯曲路,要写"回忆录"对人有好处,但我还没有这个打算,因为没有什么值得写的。实在说,我是一个平凡的人,但又碰到一些不平凡的遭遇,叫我从何写起呢?有一位做文章的朋友将我做题材,写了两万多字,但还未发表。他把我写得很"传奇",我一直不同意。我认为做人谦虚一点好。

这两万多字的文章指的是傅子玖的"听沨——张人希和他的书画篆刻",发表在深圳市文联特区文学社出版的《特区文学》1984 年第二期。

1983 年 12 月 18 日,张人希写给林竹青的信里夹了一张剪报画作"微风燕子斜",一张 1983 年 11 月 14 日菲律宾《菲华时报》"艺术"副刊的"福建当代画家介绍:张人希",配有一张人希作画的正面照片以及一幅张人希的画作。另外还

傅子玖的《听沨——张人希和他的书法篆刻》

有一张剪报在"闽台骨肉情"里,是张人希的两首诗。一首为《题赤嵌楼图》及一首应当是写给吴耀堂的《寄东瀛友人》。诗文:

题赤嵌楼图

一别东瀛四十秋,白云苍狗使人愁。

何时泛海携樽去,莫醉郑公赤嵌楼!

寄东瀛友人

卅年海峡隔鸿沟,应泯恩仇为国谋。

同是黄炎亲骨肉,洗将兵甲复金瓯!

信中说:

寄去菲律宾菲华时报的剪报一份,还有刊登在福建日报的诗两首,这两首诗是朋友偷偷抄去的。旧诗要写得好很难,音韵平仄一字不能移易。一字之差就会成为笑话。所以我未敢问津，当年这诗发表后，就有些报杂要我约诗。我认为不能四面开花，人的精力毕竟是有限的。何况年纪又这么大了。

1984年3月9日，张人希将石楠撰写的《画魂》寄给林竹青，还在内页附了一段话。

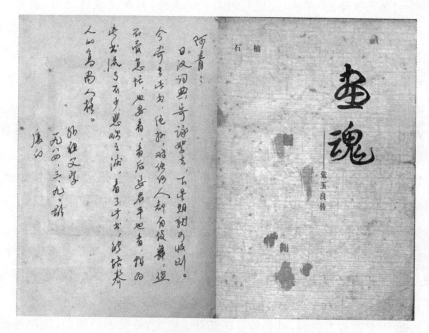

赠给林竹青的《画魂》

1984年5月7日，给林竹青的信里有：

12月份《福建画报》刊登我介绍黄永玉的作品，有图有文，颇有影响，在港可以看到否？

《特区文学》介绍我的文章，已刊载第二期大概五月底就可以和读者见面，这篇文章，可能影响面较大，也许是毁誉参半，有的人会吃醋，这是难免的。不过，这也是对我的鞭策，至于人家如何评价，就让他们怎样好了，自己也无可奈何也。

张玉良传在杂志发表后，人民出版社要出书，制片厂要拍电影，电视，但遭到一些人吃醋，进行横加破坏，原因是张氏是刘海粟提拔的。解放前，徐悲鸿与刘海粟是死对头。解放后，徐氏得势，刘是右派，现在徐的学生吴作人是中央美院院长，全国美协代主席，声势极大。他接了老师的衣钵，继续与刘作对，为了这本书，他们在北京开座谈会，上书宣传部，极力破坏，但邪不胜正，经过斗争，书已出版，为了这事，我看透了是非。

《特区文学》介绍我，也谈到刘对我的关怀，对我成就的评价，也可能遭到徐派对我的非议。以前北京有些人，说我是刘氏的人，这篇文章发表后，也可能有余波。但我不管这许多，横直我也不依靠他们什么，也不向他们有所求，我行我素，年纪这么大了，无所畏惧也。

张人希非常同情与欣赏张玉良。多年后，他忘记自己已经赠送给林竹青一本《画魂》，又赠送第二本。

1984 年 8 月 13 日，张人希给林竹青寄了一幅剪报，由张晓寒、张人希、王仲谋、林英仪、孔继昭、林岑、闻芝、镇翁合作，由许霏题词的国画《万紫千红又一春》。还有他为"八闽.九州"及"黄金海岸"等刊头题的字，刊登的两幅国画。

张人希写给林竹青的信中常夹着剪报，有时还有杂志。林竹青很想念外公，在她心中，外公有不可替代的位置。二十几年后林竹青编撰《张人希的艺事与生平》时，书中的诗文部分大多来自当年张人希寄给她的剪报。

1988 年李惠若大病后，见到外婆医药开支巨大，外公不胜负荷，刚刚开始创业的林竹青主动负担医生开出的偏方：燕窝加花旗参，前后 17 年，直到外婆离开人间。

1989 年 5 月，张人希参加香港福建书画研究会成立典礼重临阔别了整整三十九年的香港，一众朋友欢欣雀跃。访港期间住在长女张君平位于北角和富道的家，除了拒绝陪外公前去拜访黄永玉外，林竹青天天陪着外公迎来送往。张君平的家仅 470 几平方英尺，被张人希的老朋友们挤得水泄不通。林竹青见众人欢天喜地聊个没完没了，每到午饭时间便学曾祖母、外婆把大家请到餐馆，奉上佳肴美酒，使外公的朋友们尽兴而归。

张人希的心情很激动，他用七绝记下了那时的心情：

一别香江四十年,良朋聚会亦前缘。

恢宏艺苑吾侪事,盍有心裁出锦笺。

1991 年 5 月,张人希要去美国开画展,林竹青特地到广州白云机场接外公,然后从广州乘火车往深圳。在广州火车站巧遇张人希山西旧友李先生,李先生见行李多,一直将爷孙俩送到深圳边检入口。

出境时因为证件不同不能一起过边防检查站。林竹青拖着行李经回乡证通道出关,张人希则持中国护照从另一楼层出境。由于事先不知道下午四点后中国护照已不受理,张人希滞留在深圳边境进退维谷。林竹青站在罗湖桥上左等右等见不到外公,感觉不对,只好折回深圳,将行李寄存在华侨大厦,然后往边防检查站询问。边检人员带她上楼,果然看见 73 岁的外公十分无奈地坐在那里等待救援。

爷孙俩就近在靠近边境的华侨大厦酒店下榻了一晚。林竹青带着疲惫已极的外公去深南中路吃晚饭,那里有条大排档街,提供全国各式各样的风味美食。张人希选了一家粤菜海鲜档,叫了瓶绍兴酒,教林竹青喝黄酒。张家的人都能喝。1986 年林竹青初出茅庐第一次回厦时外公就给她一杯三星白兰地,几年后教她喝竹叶青,如今又授以绍兴酒。虽然不能如期往港,两人很快便兴致勃勃地对酌聊天。

次日清晨八点,张人希已迫不及待地赶到深圳海关,等了一个多小时才得以通关。在罗湖海关他又等了两个多小时,直到下午一点才完成入境手续。他在旅行日记中形容这次出国:"手续之多,千难万难。"

林竹青担心不黯英文的外公在美国入境时会遇到麻烦,于是写了几张卡片,正面用中文写上诸如"我不懂得英文",背面则是相对应的"I can't speak English",让外公应付美国移民官。不过,这些安排最后都被证实是多余的,因为有蔡实鼎从台湾机场开始全程陪同。

1992 年上半年,初生之犊不畏虎的林竹青跑到江苏投资。在上海华亭宾馆签署投资协议时她还不满 28 岁。

1993 年 3 月下旬,林竹青邀请外公外婆到杭州、无锡、苏州、上海旅行,并邀请父母一起去,帮助自己照顾老人。

3月19日张人希、李惠若飞抵杭州后下榻黄龙饭店。放下行李,张人希已迫不及待地先访西泠印社。20日游西湖。21日去灵隐寺,到虎跑泉瞻仰李叔同纪念馆。他诗兴勃发,沿途写下了几首七言诗。

张人希与李惠若摄于杭州黄龙饭店

游西湖

碧水青山举世无,阑珊春事访西湖。

凭谁乞得荆关笔,细写风光入画图。

访曼殊苏小小墓

又因尘事泛西湖,捨棹登丘访二苏。

艳骨荡然悲老地,断鸿难续泪应枯。

过岳庙

直捣黄龙事竟空,君臣误国罪应同。

坟前长跪何无构,史论千秋已欠公。

虎跑谒弘一纪念堂

抛却红尘了此生,世人谁不慕师名。

我来瞻仰皈依处,怀旧宁忘太上情。

林竹青原意想带外公外婆去西湖看一层桃花一层柳的,可在香港长大的她习惯了二月底桃花就开,不知道杭州的桃花比香港开得迟。早春三月,杭州天气还十分寒冷。连日阴天,西湖并无预期中的桃红柳绿。寥寥几枝含苞初放的桃树孤寂地立在湖滨,而柳树刚抽芽,新绿被朦朦的雾冲淡了颜色。但这一切并没有扫李惠若的兴,她开心不已,结婚五十四年,熬过无数苦难,这是她第一次与丈夫真正外出旅行。

　　在西泠印社,张人希向负责人打听多年不见的洪世清。可惜没有预约,洪世清不巧到外地写生不在杭州,张人希不无遗憾。

　　3月21日,一行人先到无锡鼋头渚,张人希讲了范蠡西施的传说。中午品尝甜得发腻的无锡排骨。然后前往苏州,入住雅都酒店。

　　3月22日,张人希重游北寺塔,缅怀昔日华东政治研究院的快乐时光。然后游寒山寺,留下两首七言绝句:

重游寒山寺

其一

独立枫桥望远山,辛夷花发鬓斑斑。

卅年我践寒山约,今日来游带雨还。

其二

零风碎雨近清明,又是寒山拾步行。

劫后江山春欲暮,孤怀荡荡听钟鸣。

　　天气十分不好,连日的旅行让体弱病多的李惠若渐感吃不消。3月23日上午大家先游玩了拙政园与狮子林,原打算下一站去虎丘剑池,岂料天不作美,突然下起倾盆大雨。为了李惠若的健康,大家只好取消虎丘剑池的行程。张人希大为遗憾,一再说:“没到虎丘,等于没到苏州。”林竹青频频安慰他说有机会的,等外婆身体好一些再到苏州来。然而,李惠若的健康竟一蹶不振,所以张人希再也没有到苏州。

　　3月24日离开苏州前往旅程的最后一站:上海,下榻扬子江酒店。第二天,张人希让张君平去将何满子邀请到酒店共进午餐。

何满子正在装潢天钥桥路的房子，老伴吴仲华则因病入院。他还是一贯的清癯，也一贯地好小酌两杯。张人希和何满子在酒店二楼餐厅一碰面便浑然忘我，将所有人晾在一边。大家静静用餐，既不敢打断他们，也完全插不上一句话。

午后，张人希与李惠若虽然意犹未尽，但还是依依不舍地从虹桥机场乘飞机返厦。

1993年张人希痛风住院期间，林竹青回厦门看望他。他口中吟咏着"滚滚长江东逝水，浪花淘尽英雄。是非成败转头空。青山依旧在，几度夕阳红"。听说林竹青要去巴黎开会，情绪有点失控，流泪要求林竹青到张玉良坟前替他献花。林竹青应允，但到巴黎参加博览会时工作太忙，终于没有时间去。后来林竹青再访巴黎时致电中国大使馆查询，工作人员竟不知张玉良何许人？迄今也没有找到张玉良的长眠地。

1997年12月，林竹青为外公在厦门白鹭洲欢乐园国宾厅内举行八十大寿（虚岁）酒宴。张人希爱美，他身上的着装一直是林竹青为他准备的。八十大寿

人希与孙辈及重孙女合影

后排左起张聪颖、吴凌云、吴卿云、林竹青、赖映雪、张映珍、吴凌珊、吴凌波
前排左起张聪达、李惠若、张人希、吴家龙
人希前面林咏仪

林竹青引领众弟妹们为外公唱生日歌

前，林竹青为外公准备了一身英国名牌 Aquascutum 雅格斯丹行头。张人希笑着对朋友们说，他这辈子第一次穿六千多人民币一套的西装。其实，他身上所有的衬衫、领带、T恤衫、羊毛衣等皆尽名牌。林竹青自己很朴实，但为外公打扮则是另一回事。

那晚筵开四席，自己人占了近一半，另一半是张人希的好友们，十分热闹，大家都很开心。晚宴特地请专人来拍照。张人希身着笔挺西装、精神抖擞。服务员窃窃私语，频问是否在为寿星翁庆祝六十岁生日。

天有不测风云。1998年10月，张人希的二子张思平不慎从楼梯意外摔下头部受伤不治身亡，留下刚刚小学毕业的女儿张映珍。白发人送黑发人，张人希与李惠若深受打击。

出事时林竹青在新加坡，闻讯立刻赶回厦门。见外公心情沉重一直说："可怜了那个孩子。"而外婆则不断掉眼泪。

去看望二舅的遗孀与女儿时，亲家奶奶不停地唠叨，骂进骂出。林竹青会意，当下给了一万人民币白金，老人家顿时闭嘴。

张人希发愁地说,张思平留下这么个才小学毕业的孩子,日后的生活怎么办?林竹青轻拍外公的肩膀道:"有我呢,表妹就由我来抚养吧!"张人希终于舒了一口气,李惠若也破涕为笑。

为了表妹健康成长,林竹青与之约法三章,只负责到她踏入社会为止,要她好好求学。对她保证说,只要她愿意读书,表姐愿意供她一直读到她够得上的最高学历。可惜张映珍个性像极了乃父,很贪玩。几年后坚持考大专,无论表姐怎么苦口婆心,她死活不肯花时间读大学。因此,林竹青供表妹读到大专毕业。

2001年2月26日,张人希无意间发现林竹青新的上海办公室地址在天钥桥路上,于是给她寄了一封信,要她去看望何满子。

2001年3月25日,林竹青回厦邀请阿姨、舅舅几家人陪外公外婆在白鹭洲欢乐园酒楼吃晚饭。那天,恰好张君平带着孙女林詠仪也回厦在场。席间张君平拿父亲开玩笑,说张人希年轻时风流倜傥,还是个舞林高手。林竹青心血来潮,突发奇想,便邀请外公外婆饭后到餐厅隔壁的"友福城堡"去唱卡拉OK。张君平试图阻止,不料张人希和李惠若却兴致很高,欣然应允。于是全家人饭后移师友福城堡的KTV。张君平抱怨卡拉OK震耳欲聋的音乐声会让两老难受,但张人希和李惠若都很投入。张人希一边看着林竹青和张玄平载歌载舞,一边和着"九月九的歌"的旋律哼唱起来。张君平一直催促两位老人赶快回家,可林竹青和张玄平又唱又跳,逗得两个老人乐得合不拢嘴,怎么也不肯走。末了,林竹青深情地为外婆献上一曲林忆莲的歌《至少还有你》。

我怕来不及我要抱着你

直到感觉你的皱纹有了岁月的痕迹

直到肯定你是真的直到失去力气

为了你我愿意

动也不能动也要看着你

直到感觉你的发线有了白雪的痕迹

直到视线变得模糊直到不能呼吸

让我们形影不离

如果全世界我也可以放弃

至少还有你值得我去珍惜

而你在这里就是生命的奇迹

也许全世界我也可以忘记

就是不愿意失去你的消息

你掌心的痣我总记得在那里

李惠若的健康反反复复,林竹青更加频繁地往厦门跑。每一次回去都会小住一两个晚上,陪外公外婆吃饭,逗两位老人开心。如果天气好,张人希便邀请林竹青陪他去晨运"爬山"。

清晨六点左右,林竹青抵达信义里时,张人希已经为她备好了早餐,沏好了茶。林竹青吃完面包喝完茶,祖孙俩便出发。张人希不走同安路,而从信义里另一端抄小路慢慢往植物公园走去。只有他们两个人相处的时候,张人希的话特别多。他喜欢和桂花孙女聊天,内容包括平时不方便对其他人讲的隐私及敏感话题,也喜欢戏说年轻时的事,包括郑玄静的故事。他总是十分愉快地侃侃而谈,人生、时事、轶闻、天南地北即兴发挥。林竹青是最好的听众,很少插嘴,让外公尽情说话。每个人都需要知心朋友,在林竹青心目中,外公是自己最知心的人,而自己也是最了解外公的寥寥数人中的一员。不能时常陪伴他,和他交流,

张人希与其父亲遗留册页

听他说那些不愿意对平常人说的话而令外公不得不将许多事憋在心里,林竹青深感内疚与不安。

2001 年 5 月 17 日那天,张人希又拽林竹青去晨运。回家后,李惠若还在睡大觉,而张楚平已出去买菜了,家里很安静。张人希突然拿出自己的"镇家之宝",他父亲请泉州地方名家绘制的那本册页出来给林竹青欣赏,指给她看弘一大师的题跋。林竹青见外公那么开心,便为他拍了几张照片。

随着林竹青越发频密地回厦看望两老,祖孙俩之间的通信便日渐被电话及见面取代了。

2001 年 8 月 18 日,张人希给林竹青写了一封信,信中说:

> 信中您提到我没有复您的信,我对您是关心的,但为什么又不写信? 原因是万言千语都说不完。
>
> 从您的优点来说:
>
> 1. 聪明好学,有事业心;
>
> 2. 为人热情愿意帮人;
>
> 3. 抱有雄心大志,敢闯江湖。
>
> 从缺点上来看:
>
> 1. 俗语说:"害人之心不可有,防人之心不可无",您没有害人之心,但完全不懂防人,这个问题上,您想想看,吃了多少亏?
>
> 2. 对人热情是好事,但过了界线,就要食亏,您当在热情对一个人时,就不能接受第三者的劝告,结果又是您吃亏。
>
> 3. 一个人在社会上做事业,食了亏,如不提防,一再的出问题,一生能食几次亏,可能会妨碍了事业的发展。
>
> 要防止骄傲,像您年纪那样小,已经行南走北,做了大生意,很容易骄傲,这一点要注意,骄傲使人退步,千万要记着。

林竹青读罢十分感慨,知孙莫如祖啊!

2004 年 4 月 20 日张人希等人的画展开幕那天,何满子应邀为张人希剪彩,下的士时在雨中摔了一跤,所幸未伤筋骨。5 月 11 日柯文辉给张人希写信道:

"何先生来剪彩雨中跌了一跤,幸未伤骨,也要疼痛四十天,我送他去医院检查,甚不安,他重友情难得。请去一笔慰之。"

张人希闻讯大惊,5 月 19 日立刻给林竹青写信道:"我这次去上海开画展,何满子兄很高兴,到场剪彩,那天下雨,不慎跌倒,经医生检查,骨部无恙,但可能要卧床一段时间。我为此甚为挂怀,曾经去一信,无复,不知情况如何?请您就近探望,并报情况来知,并转达我对他思念。"

林竹青忙得晕头转向,不仅没有读到这封信,连大会的邀请函都没看到。下属从报章上读到报导后派代表去赠送花篮,并在画展最后一天把林竹青拽到龙华庙会去看展览。

林竹青摄于龙华庙会画展现场

李惠若的身体每况愈下。为了张人希,她生了七个孩子,操劳了一辈子,致使她的头发很年轻时就已经全白了。她日益衰弱下去,频繁住院,接受各种治疗。

林竹青再忙,每十天半月一定会给外公外婆去电话,过两三个月就跑一趟厦门。为了不让两位老人家担心,无论在外头遇到多大的困难与挫败,林竹青从不将事情带回家。回到家里,她永远是外公外婆淘气的小外孙女。她在外公外婆面前特别活泼,有说不尽的精彩故事和笑话。她去过三十几个国家,百多个城市,旅途中总要遇到老人家所陌生的世界里的稀奇古怪故事。加上林竹青善于逗老人家开心,讲起来绘声绘色,外公外婆自然爱听。因此,张人希总怂恿林竹青写游记。林竹青忙得连睡觉的时间都没有,哪有功夫写游记呢?但外公并不知情。

同样地,张人希在外面有多风光,都和厦门本地朋友们如何交往,林竹青也不知道。在她眼中,外公就是外公,一个比一般人成功的平凡人。对于家里高朋满座,林竹青早已见惯不怪。偶遇张人希不在家,林竹青会帮忙招呼客人。其中有一回招呼一位新华社记者,从对方的口中,林竹青获悉许多闻所未闻的故事。厦门的朋友和商业伙伴们似乎比林竹青更留意张人希,每回见面总要告诉她你外公哪天上电视哪天又见报了。有一回有人告诉林竹青,说厦门市最有名的古画鉴定家是她外公,林竹青大感意外。成天见外人拿画来给外公欣赏,懵懂无知的林竹青将这件不寻常的事情看得很平常,从来不往心里去。她好奇地跑去问外公可有这回事?张人希不无得意地说,自己确有这方面的心得,还小有名气,那些画廊里买卖古画的朋友怕买到赝品,所以常在交易前先将古画拿来请自己鉴定。有一回,国家美术馆还特地从北京送来一幅明朝的古画请自己鉴别呢。

所谓智者千虑,必有一失。张人希的鉴定水平哪里追得上他年迈时社会上层出不穷的造假技术?那叫张人希后悔莫及的鉴别错误,此时已然埋下伏笔。

张人希总说自己"偷食孔子饭",喜爱文学与古诗,林竹青在他膝下长大焉能不受影响?学生时代开始便在报纸副刊上发表文章。写诗林竹青不在行,酒桌上接龙讨外公开心还是可以的。每回张人希酒到半酣吟上两句,林竹青便接下一句。张人希老怀大慰,对半吊子外孙女另眼相看,以为自己满书房的书只有她能读懂。林竹青在香港接受的是英文教育,中文并不灵光,离外公的期许其实相去甚远。

有一回全家人聚在一起用餐,吃到一半时张人希突然煞有介事地当众对林竹青说:"将来我书房里的书信全部送给你。""我?"这是林竹青的第一反应。张人希点点头,林竹青心里十分忐忑。

林竹青自命清高,目下无尘,从小就看不起商人,认为商人都是重利轻义、唯利是图之徒,奈何命运弄人,最不屑商人的她却阴差阳错地进了商界。

繁重的工作令从小抱着药罐子长大,五岁与九岁曾经两度病倒卧床各一年半的林竹青身体更加虚弱了。2003年,在一片狼哭鬼嚎的"非典"声中她应声倒下。她是到曼谷高危区开会被传染的。回新加坡后高烧不退,咳嗽得说不出话,任何退烧药及抗生素均无效。从事药物生产经营十六年,她当然知道自己发生了什么事?此时新加坡是继广东、北京、香港之后第四个重灾区,风声鹤唳,只要走到医院门口,体温超过三十七度半,立刻被隔离。不巧的是,这时她正准备英国的MBA第三学年的四个学科考试,绝对不可以被隔离。于是,她上网搜索香港和广东治疗非典的报道及用药资料,请上海的下属用EMS将"病毒唑"与"板蓝根"寄到新加坡。体温果然控制住了,可一直徘徊在三十八度左右低烧不止。张人希从报道看到新加坡是重灾区之一,拄着拐杖颤颤巍巍地走去公园邮政局给林竹青挂国际长途。电话中他听到林竹青不停咳嗽,无法完整说出一句话,心如火焚,坚持要林竹青回厦门避一避。尽管国际长途电话非常昂贵,但张人希苦口婆心地在电话中反复告诉外孙女,说香港很多朋友都跑回厦门,因为厦门是个安全的所在。可是,张人希一时情急,根本来不及想到林竹青完全无法登上飞机。那时只要体温达到三十七度半,就如潜逃的囚犯一样四处被追捕,哪有安身立足之地?林竹青咳得那么厉害,体温早已超过警戒线,无法外出,只能孤零零地将自己隔离在家中与"非典"搏斗。因为她身边没有任何亲人!

林竹青将家里的所有窗口打开,人很快便处于半昏迷状态中,醒来逼迫自己进食吃药,便又昏厥过去,一昏就是五六个小时。如此这般两个多星期,到了考试前三天,林竹青突然苏醒,烧也退了,咳嗽戛然而止。"非典"最后全靠自身的免疫系统调节挺过。林竹青幸运地挺过去了。

繁重的工作让弱不禁风的林竹青越来越吃不消。自踏入社会她已经数度因疲劳过度而住院。李惠若心疼外孙女,看到她回家非常开心,可每当林竹青要走,李惠若的情绪就显得异常激动。有一次她突然站起来抱着外孙女猛吻她的额头,豆大的泪水如断了线的珠子夺眶而出。林竹青见外婆这个样子心都碎了。自此以后,每回要离开都选不同的时间,等外婆午睡、上洗手间或被什么事情缠住,悄悄地不辞而别。

与李惠若的感性大相径庭的是张人希的豁达。随着年龄的增长,他越发有了平常心,不轻易感伤,但遗传自母亲王益舍的同情心也越发不可收拾。

张人希晨运回家路上看到七十开外的老伯违规在路边摆摊卖自制的早点,便拿份早餐放下一百元就走。有一次回到家被四子张楚平发现了,问父亲:"为什么给那么多钱? 这一份了不起三两元啊?"张人希答:"人家年纪大了。"张楚平十分诧异,"您都八十多岁了不比他更老吗?""怎么可以这样比? 我会赚钱啊!"张人希反驳。张楚平为这事向林竹青投诉,问:"你外公是否老糊涂了?""哈哈!"林竹青听了忍俊不禁:"外公才不糊涂,他知道自己在做什么。"

张人希常常对林竹青说:"你阿祖是位极善良的人,很有同情心。乡下来人,不管家里有多困难,她从来没有让人家饿着肚子离开过。"他生病的时候,悲从心中来,又常对林竹青说:"树欲静而风不止,子欲养而亲不在,是人世间最叫人难过的事!"说着说着便哽咽着老泪纵横,不能自已。对守寡将自己养大的母亲,张人希有极深厚的感情,遗憾的是命运捉弄人,苦了一辈子,等家里经济开始好转,寡母竟那么没福气地撒手去了。虽然如算命先生说的,张人希会侍奉母亲到很老很老,但母亲到底没有因此而享过清福,这是张人希一直无法忘怀的憾事。

2000 年后,张人希和李惠若都已是垂暮之年。张人希几次大病入院后走路需要拐杖了,上下信义里五楼住宅开始力不从心。

2003 年上旬,张人希趁厦门房地产低迷时买下了位于思明南路紧傍着鸿山寺、海景皇冠假日酒店斜对面带有电梯的鸿山大厦房子。这座房子的面积比信义里的大了许多。那时,张楚平已经成家多年,并有一个已经十来岁的儿子。买下鸿山大厦的房子让家中的拥挤窘迫得以舒缓,电梯则让张人希和李惠若免于攀爬五层楼之苦。

2004 年 1 月下旬,林竹青没有回新加坡过春节,选择回厦门陪伴外公外婆。

春节是中国人最重要的节日,也是一家团聚的日子。林竹青打算高高兴兴地与外公外婆好好聚几天,因为,这是打从她 1986 年出来工作后十八年来第一次回家陪外公外婆过春节。

大年初一一早,林竹青便将自己打扮得漂漂亮亮兴冲冲地回家给两位老人拜年。她身着天蓝色套头毛衣、呢短裙、大红呢大衣、蹬着高筒靴子。从酒店到家仅几百米的路途,林竹青脚步轻快,心花朵朵,就算寒冷的海风吹到脸上也不觉着冷。

"新年好！恭喜发财！外婆、外公！"林竹青总是那么长不大似的一进门就大呼小叫。张楚平的妻子来开门，李惠若笑容灿烂地回贺："新年好！祝你健康！赚大钱噢！"而张人希却不在厅里。

"外公呢？"林竹青还在兴奋地叫。"在书房里。"张楚平的妻子回答。

张人希应林竹青的呼喊声手上抓着一叠折好的宣纸从书房里缓步走出来。"新年好！"他微笑着对外孙女说。

"正月初一大清早您躲在书房里做什么？"林竹青奇怪地问。

"答应了人家的画，等一下要来拿了。我没有时间作，只好一早赶给人家。"张人希平静地解释。林竹青的眼泪差点掉下来。这些画都是卖钱的，是外婆的医药费。自己真没出息，无力帮助外公，致使他老人家连大年初一都要起早摸黑地赶工。堂堂一位书画家俨如一个小画匠靠卖画为生啊！林竹青的心被无情的现实狠狠地抽了一下。

张人希在大厅的窗台外养了许多花草，以为搬进鸿山大厦后生活可以更加惬意了，不料李惠若的健康却江河日下。多年来除了乳癌手术、肾结石手术外，还安装了心脏起搏器等，身体日益不济。

搬进鸿山大厦没多久，因为心脏衰竭，李惠若的腿脚开始发肿，无休止的疼痛使她情绪非常低落。心情不好时难免要唠唠叨叨，埋怨病痛与生命中种种不愉快。张人希开解她，说："看看这个世界，还有多少人没有饭吃？多少人还生活在战火中担惊受怕面对生存的威胁，我们已经很幸福了！"

但是，张人希的开解到底解决不了李惠若的病痛。到2004年中，李惠若开始大脑萎缩，记忆力慢慢下降，最后连人都认不清了，生活完全不能自理。自此，但凡见到比较年轻的女性，李惠若就叫她们"青儿"。家人和看护们听了很难过，知道李惠若惦念远方那个为生活奔波挣扎的外孙女。

林竹青不停地跑厦门。她在江苏的新药厂正处于建设初期，缺乏得力的助手，事必躬亲，极度疲惫。工作困身，无法天天陪在外婆身边，连送到病房里的花篮外婆是否喜欢都来不及问。

张人希身体也不好，心脏、痛风、前列腺等老人问题一一出现。医生一再叮嘱他不能再喝烈酒，所以他改喝葡萄酒。他依然会和林竹青谈天说地，只是情绪有了变化。三杯下肚再不是"天生我材必有用，千金散尽还复来"，而是"人生有酒须当醉,一滴何曾到九泉?"

"我记录下来"。有一天,当张人希又端着酒杯重复这句诗时,林竹青当真拿了支笔,信手在半张白纸上记。

张人希看了兴起,接过纸,写下宋朝高翥的《清明日对酒》:

南北山头多墓田,清明祭扫各纷然。

纸灰飞作白蝴蝶,血泪染成红杜鹃。

日落狐狸眠塚上,夜归儿女笑灯前。

人生有酒须当醉,一滴何曾到九泉。

林竹青叫好,张人希于是反过纸,又顺手写下汉武帝刘彻的《秋风辞》:

秋风起兮白云飞

草木黄落兮雁南归

兰有秀兮菊有芳

怀佳人兮不能忘

泛楼船兮济汾河

横中流兮扬素波

萧鼓鸣兮发棹歌

欢乐极兮哀情多

少壮几时兮奈老何

又有一回,林竹青向张人希汇报自己阅读《傅雷家书》的体会,不料张人希悲从中来,说:"⋯⋯傅雷将悬梁自尽的夫人抱下来,在床上安放好,将她的衣服拉整齐,然后自尽。这样悲惨的事情啊⋯⋯"他的脸因痛苦而扭曲了,右手食指在空气中敲了几下,哽咽得说不出话来,老泪纵横。

外公变得多愁善感,叫林竹青十分担忧,说话总得小心翼翼地捡话题,深怕一个不慎又勾起他的伤心事。看他依然面带微笑,听见人家的恭维依旧发出"嘿嘿"应酬般的笑,林竹青心里觉着苦涩。她明白,外公心灵深处的隐痛此刻皆尽融入那紫红色的葡萄酒中往肚子里去了。

张人希一直感慨"树欲静而风不止,子欲养而亲不在"。失去寡母,如今又将失去老伴,心底无限苍凉。曾经无限好的夕阳,此刻正逼近地平线啊!

为了分散张人希的注意力,林竹青不停地找话题和他瞎掰。有一回跑到感

情课题上去。林竹青的感情路走得曲折,叫张人希十分揪心,他对林竹青说了一个故事:

有一个年轻人失恋了很痛苦,某一天遇到一个和尚,和尚拿了面镜子给他看。镜子里的景象是片荒郊野岭,小道边有一个人死在那里。这时来了第一个人,看了一眼难过地摇摇头便走了。然后来了第二个人,动了恻隐之心脱下外衣盖在尸体上。最后来了第三个人,实在于心不忍,便动手将尸体给埋了。和尚告诉年轻人说,那个死去的人就是前世的你,如今轮回转世,这辈子,那第一个摇摇头走掉的将与你擦肩而过,因为你们没有缘分。而第二个给你盖衣服的则有缘无分,即使爱上了也终归要分开。至于第三个埋掉你的,因为你欠了她的情,今生今世便注定要和她厮守一生。

多年后网上开始盛传一个叫"上辈子谁埋了你"的段子,就是这个故事。张人希第一次讲给林竹青听的时候在 90 年代,那时还不流行网上故事。

人世间的感情岂止于儿女私情? 但凡父子、夫妻、朋友、同僚都是前世欠的债或修的缘。因缘聚会,缘尽了,该走的是留不住的。而每个人从哇哇坠地的刹那起就注定走向生命的终结,无一例外。

无论家人如何不舍,2004 年 12 月 15 日中午,李惠若终于寿终正寝,在午饭的时候安详地离开了人间。上苍给了李惠若这颗善良的灵魂一个最完满的句号:善终。这一次,她沿着那条黑暗而狭窄的通道飞向那扇有着美丽、吸引人的光亮的大门去了。过了那道门,就是天使们列队欢迎她的天国,一颗善良的灵魂永生的地方!

"青儿回来了"。门后面传来林竹青已经到家的通报声。林竹青拖着沉重的脚步进客厅,只见正面原本放置大沙发的地方被落地的白色布帘取代了,她透过若隐若现的帘子看见安卧着的外婆。张人希此刻正坐在李惠若脚跟边上的单人沙发上。林竹青下意识地走过去,像泄了气的皮球一样瘫坐在沙发的扶手上一句话也说不出。坐了好一会儿,张人希拍了拍林竹青的手背,温柔地道:"坚强一点!"林竹青回过神来,眼泪像豆大的雨滴哗哗而下。张人希又再拍了拍林竹青的手。此刻的他表面是那样的安静,没有哭,可是林竹青理解外公内心深处强烈的悲痛,即便人世间的生死荣辱早已参透,不以物喜、不以己悲了,但一世夫妻,情何以堪?!

一字一泪,林竹青写了她平生第一首悼亡诗:

给外婆

想您卸下八十三载的旧外壳

现在一定很轻松

想您断却了人世间的缘

如今一定没烦恼

想天国的美丽

祥和的云　轻柔的风

想那门前黑暗的漫长通道

啊　天国路遥

走好　一路走好啊外婆

我再不能扶您的手陪您左右

您的欢欣　您的哀愁

如今都已随烟　去了　去了

是我不够乖　不够听话?

是我不够好　不够出色?

我一定不够孝顺　不够诚心

所以菩萨辜负我为您求寿的绵绵香火

"听沨楼"将从此寂寞

尘世的美誉暖不了外公孤冷的心

满墙满壁的诗书字画依旧

丢失的是相濡以沫六十几载亡妻的魂

一路走好　我的外婆

天籁已响　天国洒满芬芳

看见曾祖母、大舅、二舅在招手吗?

我们终有一天会在天国重逢!

......

李惠若去世后，年已八十六岁的张人希越发孤寂。

蔡实鼎到厦门去看望张人希，酒后突发奇想，建议张人希续弦。张人希听后若有所思。有一天林竹青去看望他的时候，他将林竹青拉进自己的卧室征求她的意见。林竹青并非食固不化之人，自己已到了不惑之年，经历过人世间的沧桑，喝惯洋墨水，思想开通。然而她对外公是否续弦这个问题却显得十分谨慎。她没有正面回答张人希的问题，而是半开玩笑半认真地问外公："您需要的究竟是保姆呢？还是妻子？如果是保姆，就不一定要续弦。如果是妻子，一时间能找到一个真心爱您而非那些只看中金钱或者名气的肤浅女人吗？"

林竹青自以为很聪明，但做梦也没想到自己这一问，竟然给自己的外公带来另一个致命打击。

第二年十一月下旬，张人希因前列腺癌手术入院，林竹青正在杭州开会，闻讯飞回厦门。她一下飞机便跑去已经非常熟悉了的花店买了一个大花篮赶到医院去探望外公。进门见张人希神情憔悴，十分苍白瘦弱，心里有说不出的难过。更叫林竹青惊讶不已的是外公突然颤巍巍地从枕头下摸出了自己的钱包。正当林竹青大惑不解时，张人希从钱包里摸出了一张折叠着的小信纸，是漳州某位朋友给他的回函，上面写道："……查询友人最新消息，由徐永福先生提供（原市集邮公司经理、工会主席，现退管会负责人）：郑玄静女士已在香港病逝，享年 50 多岁。家庭情况一无所知。张老寻友、思友，情真意切，尽心尽力，可自慰……"

与李惠若厮守一生，张人希从来没有辜负过结发妻子。倘使他曾经在不经意中对第二位女性动过心，那么此人一定非郑玄静莫属。六十几年前的那段往事此刻一定因为林竹青的一问而突然清晰地浮现在眼前。那是真心仰慕自己的人啊！《一个失落的梦幻》一语成谶。此情可待成追忆，只是当时已惘然。上辈子，郑玄静一定是那个走过去，为张人希盖上衣服的人。

......

李惠若之死与郑玄静的结局沉重打击了年老力衰的张人希，他心力交瘁，一下子老了十几年。他的话再没有以前多了，同时除了写字作画外也更加手不释卷了。一天到晚总捧着书，连午休也要躺在床上看书，生病住院亦抱着书本杂志。年纪老迈，手会轻微发抖，篆刻早已刻不动了，唯书画仍不间断。作画和练字是他每日必修的功课,除非病得动弹不得或住院留医,他没有一天不把一大部分的时间消磨在书房里。

除了书房,张人希时常要去的还有名家画廊。

名家画廊原本是厦门书画院的经营部,早期由翁铭泉任经理,业务以卖画、表框为主。翁铭泉擅长书法篆刻,曾得张人希的指导,一直对人宣称自己是张人希的"入室弟子"。

1992年,何建伟接手经营,改名为厦门书画院名家画廊,以举办画展为主业。

张人希是厦门书画院副院长,自然是常客。这时候画廊已经搬到虎园路九号市政府接待上级和外宾的厦门宾馆对面。张人希在那里常与热爱艺术的画院同仁不期而遇。市长张昌平调离前曾通过何建伟向张人希求字。张人希赠他两幅墨宝,一出自《离骚》"路漫漫其修远兮,吾将上下而求索",另一则出自《岳阳楼记》"先天下之忧而忧,后天下之乐而乐"。

何建伟对林竹青说:"和你外公多年聊的,内容太广了。老人家学识渊博。从宗教,主要是释、道,到哲学,历史,诗词,掌故,野史,当局政事,无所不聊。"

除了画廊,张人希也常常到中山公园西门的南乐社团去看人家练习,一坐就是好几个小时。

每个星期,张人希还去参加一群老朋友自发组织的周宴,宴会地点在斗西路的"亚珠大酒楼"。这家酒楼提供相对地道的厦门菜肴,价格适中,生意非常火爆。他们全是八九十岁的老人家,都见证了近一个世纪的中国现代史,饱经沧桑。一桌食客年龄加起来超过一千,惺惺相惜,话旧作乐。

2006年8月20日《厦门日报》头版头条新闻"为新一轮跨越式发展引吭高歌——厦门市文学艺术界联合会第八次代表大会昨开幕,中国文联发来贺电",正中央刊登的大彩色照片题为"厦门市文学艺术界联合会第八次代表大会昨开幕,老中青文艺家欢聚一堂"。照片正中是右手挂着拐杖,白发苍苍,眼袋下垂,容颜憔悴的张人希。他的右手由一位白发但年纪显然年轻许多的老人扶着,左手由一名中年男子搀着,那颤巍巍步履维艰的模样看得林竹青鼻子发酸。"饶了我外公吧,他都快九十了,身体又那么虚弱。他在厦门已经出风头够多年了,让他好好休养,享受一点清净吧。"林竹青对这种参与很不以为然,心里暗自为外公祈祷。

张人希的记忆开始衰退了,他已经认不出自己的小女儿的女儿,却还挂念着何满子。每回见到林竹青,总可以在一个小时之内反复问上几遍:"何满子最喜欢喝酒了,他现在还喝吗?"

2006年12月下旬,林竹青去沈阳药科大学招工。回程那天慕名去沈阳清故宫,只逗留了一个多小时。回到上海便得了急性肺炎。此时正逢李惠若的忌辰。张人希想念林竹青,三番五次挂电话催她回去。林竹青挂了三天药,第四天乘清晨八点的飞机返厦,中午上完香烧罢纸钱立刻返沪直奔医院继续挂水。

病中更思祖辈恩。林竹青自出道就浪迹天涯、萍踪漂泊,此刻对自己外公的思念之情尤甚。她常常问自己:我能为他老人家做点什么呢?反复思量苦无计。她最向往的圣诞佳节就这样在病榻上度过。

2007年12月22日是张人希的九十大寿(虚龄)。十年前的1997年12月在张人希的八十大寿宴席上,林竹青曾当众许下诺言要为外公在厦门皇冠海景大酒店庆祝九十大寿,她一直期待着这一天。

送什么礼物给外公好呢?林竹青琢磨了很久也没有想出个所以然。就在这个时候,博客里的网友们给她出了个好主意:为你外公写本传记。

这真是一道灵光!

是呀,外公的一生颇具传奇色彩,他的奋斗历程是一个活生生的励志故事,既然鞭策着自己,就一定可以感染他人。他实实在在只读了两年书,凭借他不懈的努力终于获得今天的成绩,那么,那些贫苦人家的孩子只要肯发奋用功,终将有出人头地的一天。林竹青心里暗暗思忖。

可恨学到用时方恨少,林竹青很有自知之明,知道自己不是吃爬格子这行饭的料。才疏学浅,难当此重任。可张人希已九十高寿,此时不写更待何时呢?整个元旦,林竹青一直陷于激烈的思想斗争中,寝食不安,最后还是鼓起了勇气。

2007年1月10日,林竹青从英国伦敦给张人希寄了一张明信片:

今年我会常去看望您,因为我在准备一份您九十大寿的特别贺礼,相信您喜欢!

为了收集张人希的生平事迹,林竹青一反常态,主动走访了她外公的多位好友:何满子、林文衍、蔡实鼎、周颖南、黄永厚及柯文辉等许多人。那时林竹青工作非常忙碌,时间与精力有限,手头上的资料也有限。为了在外公生日前出版,只好将未到手的资料暂搁一边等待修订时再加进去。

林竹青在新浪网上找到柯文辉的博客,并经由帮助柯文辉建博客的编剧苏健与柯文辉取得联系。柯文辉给了他新家地址以及黄永玉的二弟黄永厚的地址。2007 年 6 月 27 日,林竹青到沈阳参加了自己公司与沈阳药科大学合作实验室的揭幕典礼后,从沈阳飞北京依照柯文辉的地址前去寻找外公口中的高人知己。不巧的是下午四点五十的航班因为北京暴雨成灾而一再延误,直到晚上十一点后才抵达北京。第二天去到柯府,没人应门。管理处告诉林竹青说,自从 24 日搬进许多书之后就没有再见到屋主。林竹青根据五年前在北大读 EMBA时外公写给黄永玉为她引荐的信及电话致电万荷堂,却发现号码是空号,查114,答没有登记。林竹青不想白跑一趟,只好硬着头皮去找黄永厚。黄永厚给了林竹青很热情的欢迎,并和她聊了整整四个多小时。临走,林竹青留下自己撰写中的《张人希小传》稿件及张人希写给黄永玉的字条请黄永厚代转。黄永厚也赠送黄永玉妻子张梅溪的画册给张人希,请林竹青代转。同时,赠送林竹青他自己的画册一本以及报道他的杂志两本。黄永玉于是为《张人希小传》题字,让黄永厚转交给林竹青。

《张人希小传》帮忙审稿的除了何满子,还有林文衍。何满子像导师一样辅导林竹青做功课,并将刘海粟的所有信函译出来。当时,何满子也已八十九高龄,健康很差,每天都得吸氧,但为了张人希,他不厌其烦地将《张人希小传》、交往名流书札手迹、张人希的诗文存,及评介选辑共超过十八万字的文稿前后认真审阅了六遍。其伸出的温暖之手尽显友情的真谛!

林竹青依然每隔一两个月就回厦门看望外公一次,但是,实际能做的只不过是陪他吃顿饭,喝杯酒,聊聊诗画,或者时事与海外见闻。但是,渐渐地,张人希住院更趋频密了。

2007 年初某一天,医院病床上的张人希突然想起了母亲。回忆往昔,和林竹青聊天的时候突然深情地用南曲唱道:

青山长在

绿水长流

永远要来共君您相随

......

　　每逢张人希住院,林竹青回到厦门便先跑去买花,所以张人希睁开眼睛一看到花篮,就知道林竹青回来了。

　　祖孙俩一聚首就很逗。开始的时候为了让病房显得有生气一点,林竹青选择了暖色调的红色百合、勿忘我及红玫瑰送给张人希。岂料张人希一看劈头就批评林竹青:"没品位!""为什么?""全是红的紫的颜色搭配糟透了!"这是张人希给林竹青上的美术课。所以后来林竹青便改为白色的香水百合、紫色的勿忘我和红玫瑰配搭。

　　有一回林竹青去买花的时候香水百合卖完了,玫瑰也不够新鲜,非洲菊倒十分灿烂。她灵机一动,买了一大篮子的香槟色非洲菊。张人希看到了很喜欢,问林竹青:"花为什么不香?"林竹青愣了一下,马上打开手袋,取出自己的法国香水直接往非洲菊上喷了又喷,然后将花篮捧到外公面前问:"现在如何?"张人希点点头笑道:"现在香了!"

　　2007 年底开始,除春节几天外,张人希在医院里度过他生命最后的八九个月。他极想念远方的林竹青,感情上对她更加依赖。而林竹青每个周末一定要飞到外公身边陪他。

　　有两回由于出差分身乏术,林竹青向张人希告假。张人希很不情愿地同意了。可是,再见面的时候,张人希便紧闭着嘴不说话。林竹青问:"生气了?"张人希点点头孩子似地答:"嗯!"跟着,委屈的泪水从眼眶顺着脸颊落下,林竹青见了如打翻五味瓶。

　　有两回张人希请求林竹青:"今晚在这里睡吧!""这里?"林竹青惊讶地看看四周。这是高干病房单人间哪? 睡哪? 张人希不管,固执地重复:"今晚在这里睡吧!"林竹青央求外公道:"俺公,青儿累极了,青儿需要睡觉。还是回酒店睡吧,啊?"张人希才十分不情愿地点点头。那时,林竹青平均每天的睡眠时间只有五小时。人不是铁打的,何况长年累月奔波劳累,严重缺乏睡眠?

开始几个月，每逢周六，张人希就会问医院陪他的孩子："青儿几点来？今天要来了！"林竹青好奇地问："俺公，您又不戴手表，怎么知道今天星期几？怎么知道我会来？"

最后两三个月，张人希常常问众人林竹青为何没有来？大家告诉他道：她昨天刚刚走！"真的吗？她这个星期没有来！"来了，您看看桌子上的花，刚开呢！张人希看看花，才安静下来，因为只有林竹青会买花，而且都是一大篮，可以开整整一个星期。

也许当一个人快走到生命尽头的时候，就总想念他或者她最疼爱的那一个人。和李惠若一样，日渐老去之时，张人希越发粘着林竹青。

按照林竹青的计划，张人希的九十大寿应该是在厦门假日海景皇冠酒店庆祝的，但遗憾的是，张人希的九十大寿毫无悬念地只能在医院里度过。那时，他已经非常的虚弱了。林竹青因为书号的关系来不及赶在 12 月 22 日前将书出版，送给外公的是已经装订好，还未印上书号的样书，但张人希异常开心。那天，他兴奋地坐了起来，而且很专注地翻阅了《张人希的艺事与生平》良久。

2008 年 7 月 26 日是个星期六。林竹青照例风尘仆仆地从上海飞到厦门，抵达厦门时已是午后。她准备停留一晚后回新加坡开会。

到海景皇冠假日酒店放下行李，林竹青没有直奔附近的第一人民医院，而是依惯例先去花店买花。这一次，她心里有莫名其妙的焦急，所以，不像平时那样耐心地等花插好了叫辆的士捧到医院，而是给花店支付了费用，请他们插好送过来，自己迫不及待地往医院去。

冲到高干病房门口，林竹青看见张人希侧着身子躺在病床上脸向着门仿佛在熟睡。她蹑手蹑脚地进去，坐在外公对面的椅子上，却发现外公的嘴巴微张，呼吸的时候嘴里流出浓浓的发臭的液体。看护人员将一块毛巾放在他的嘴下方，已经湿透了。林竹青有点吃惊，又不敢惊醒外公，轻轻地移去脏兮兮的毛巾，改用纸巾帮外公擦干净嘴巴与枕头。可是外公并没有因为她的动作而醒来，依然睡得深沉，同时，嘴巴依旧不停地流出那些液体。林竹青等了半天发现情况有点不对。这时，她的三舅张叔平走了进来。林竹青疑惑地抬起头用目光询问，张叔平很严肃地说："是，已经昏迷了快两天了。"

张叔平的话犹如晴天霹雳，震得林竹青从座椅上跳起来。"昏迷？为什么不

张人希与他的桂花孙女

通知我?"张叔平淡淡地答:"说你今天就要回来,所以大家不想让你担忧。或许,一会会苏醒呢?"

林竹青的心仿佛沉下了太平洋。她有非常不祥的预感,跌坐在外公面前,把他老人家的手放在自己的脸颊上,闭着眼睛任眼泪狂奔。

不知道流了多久的泪?过了很长时间,送花的人来了,一进门看见林竹青在哭泣便傻眼了。张叔平叫林竹青,林竹青只回头看了那花一眼,示意依然放在墙角。她隐约感觉到,她最心爱的外公再也看不见自己买的花了。

晚上七点,张楚平来接张叔平的班,要在医院里陪伴父亲过夜。他看到悲痛不已的林竹青,说她太累了,应该好好地去吃顿饭及早点休息。林竹青不肯离开医院,于是张叔平推说她不走他也不走,最后两个舅舅把林竹青劝走了。张叔平看见林竹青失魂落魄的模样,提议一起去她喜欢的大排档吃小海鲜喝两盅。

回到酒店,林竹青在新浪博客上敲了一篇博文《谁的眼泪在飞》,发表时间是晚上十点五十四分:

当我们拥有幸福的时候，我们总以为它是理所当然地属于我们的，只有当我们失去了，才会伤感和懊恼！

……

那肿着的脸，因为鼻子塞着氧气管而张着嘴呼吸，因此有了扭曲着的肿着的唇。

外公闭着眼睛，像熟睡着一样，不同往常的是，嘴唇半开着，口水带着痰不停地，虽然不是特别快地，沿着斜枕着的脸颊流下。

身后，高高的两个架上分别挂着两袋液体，点滴在进行中。同时，头的后面，一台显示仪分别显示着外公的心跳速度、含氧量等。一个大夹子夹着他早已扁了且关节都肿得像水泡似的左手指。左手臂上靠近手掌部分埋着针，同时进行挂着的那两种药物的点滴，而靠近肩膀部分则束着如量血压一样的黑色塑料布套。

右手无力地自然伸直，手臂在床上，手掌垂在床沿。

左手和右手从红色英国 Dunhill 名牌短袖 T-Shirt 袖口外到近手掌处全是紫得发黑的淤血，显得那么不协调。那漂亮的 T-Shirt 是我上次回来送给外公的，他爱漂亮，爱红色的 T-Shirt。

我俯首在他耳边轻轻呼唤："阿公，我回来了，我是青儿！"但是，他睡得那么沉，像很困很倦了一样，睡得那么沉，嘴角流着带痰的口水。

我头紧靠着我双手握着的外公垂下的右手掌，无助地哭了，眼泪鼻涕成串像瀑布一样从我低垂的脸上直挂到我的裙子上。虽然，我答应过柯老先生不哭不哭，但是，我还是哭了，无声哽咽着，我不够坚强。

天空有流星吗？为什么？

没有流星的日子也有眼泪在飞？

那是谁的眼泪？

在为谁伤悲？为谁心碎？

外公、外公，求求您醒醒，看看您的青儿，您不是天天在惦念着我吗？您不是天天在盼望着周末吗？

……

沐浴后上床时已经子夜了。林竹青哭得太累,加上酒意与安定,很快便沉沉睡去。为了得到医院里来的消息,林竹青那晚没有关掉手机响铃。

凌晨四点半之后,林竹青在手机铃声中从床上跃起。她颤抖地抓住手机,电话那头张楚平对林竹青说:"青儿,怕不好了,断气了,快来!"

林竹青跳起来,迅速换完衣服,步行往医院。虽然是仲夏,但迎面来的风却寒彻骨。她一路哆嗦着,上下牙齿直打架,一步深一步浅颤抖地赶到医院,只见家人正在为外公穿上寿衣。

······

张人希告别会的日期是林竹青定的,2008 年 8 月 2 日星期六。她选择这一天是为了便于外地人士赶来吊唁,也方便本市的私交得以在双休日前来送张人希最后一程。那天,是张人希的头七。

林竹青接受不了外公去世的现实。她回到酒店,临退房之前,又在新浪博客上敲了一篇《梦游》,发出时间是上午十一点五十分:

> 那该死的铃声,在凌晨四点四十九分响起。
> 一种不祥的预兆抓住我的心,我冲到写字台上抓起手机。
> 四舅说断气了,是真的吗? 我想我一定还没醒,我在做梦。
> 我机械地问,通知大家了吗?
> 通知了。
> 好,我马上来。
> 更衣,梳洗,头发扎在脑后。
> 我匆匆地三步并作两步直奔医院。
> 亮着的街灯在我的身后熄灭,好像,新的一天即将来临。
> 房间内,如同电影里的场景。
> 外公穿着古装,大红的锦缎上衣、咖啡色的锦缎裤、脚上还套着白袜。
> 干什么呢? 我想,我在做梦。
> 三妗的哭声打破沉寂,我下意识地将她推出房外叫她冷静冷静、别哭。
> 工作人员来了,将绣着莲花的白色底单垫在外公身下面,再用绣花红绸缎盖在他身上。

我对家人说，来吧，我们念经。于是，众人喃喃念着：南无阿弥佗佛！

……

一定是梦游，一定是的。

上次外公还用闪闪发亮的眼睛盯着我看，嘴角笑成上弦月。

昨天我还伏在外公的右手上饮泣。

一定是梦游，一定是的。

多少回我在梦中梦见外公梦到哭醒。

一定会醒的，会的，梦醒之后，外公还要给我一个灿烂的上弦月。

一定！

一定！

一定！

……

在回新加坡的飞机上，林竹青悲痛地敲下了一篇长文《张人希小传外一章——五福临门》，并在到家后贴到新浪博客上，发布时间是当晚的十一点四十四分：

2008年7月27日凌晨四点三十分，我的外公安详地悄悄搭上那列通往永生的列车，去西方极乐世界和久违了的我的外曾祖母、外婆、大舅、二舅团聚。在那个没有尘埃、没有硝烟的地方，等待他的还有他最崇敬的师傅弘一大师、有他无数如叶圣陶、俞平伯、刘海粟、张晓寒、林英仪等良师好友、有他出生十个月还来不及长记忆就阴阳相隔的父亲。

善良的外公，终于五福临门！

……

写传记伊始，外公前列腺癌已经到了末期，且在一年多前的八十八高龄时动了切割手术。医生说手术再成功，顶多只能多活一两年。2007年初我第一次对外公进行采访录音的地点就在医院的病房里进行，那时，他的记忆已经严重衰退，除了他父母的故事，他基本上只能重复出世到十来岁的童年往事。

外公后来回过家里一段短暂的日子，但是，记忆依然模糊。我说您要不能讲故事，我的书就写不成了。外公于是告诉我说："资料都在书房里，你自己去找吧。"乖乖，外公的书房从地板到天花都塞满了书籍和杂志报纸，基本上除了勉强可以容得三两个人同时站立的位置外，地上没有一处不是散乱着的书画习作。这样个状态对于我每回只能今天下午来第二天中午最多下午就必须走的过客而言如何可以搜寻到他口中所谓的资料？于是，除了走访他的朋友，在出书前我就只能在小阿姨的帮助下收到几封没信封、没日期的朋友来函影印件权充资料，所幸外公许多年来寄给我的书信、杂志、报纸如数珍藏着，所以还能勉强凑合出一本传记。

去年12月22日（农历十一月十三）外公做九十大寿时已经无力离开病床，遵何满子老先生夫人嘱，我们在病房内为他进行了个小小的生日庆典。除了家人外，林文衍伉俪、李度青老先生及特地从北京远道而来的柯文辉伉俪都前来祝贺。我送上九十九朵鲜艳欲滴的红玫瑰心型花篮，小阿姨送一个偌大的载有各色花卉的花篮，我的小玩伴送了红色百合，我公司同仁送上黄色百合，下属王燕也送了花篮，一时间，整个房间花团锦簇。那个喷出火焰、会响生日歌的蜡烛将切蛋糕仪式推向高潮，外公显得很兴奋，但最吸引他的眼球的当数这本《张人希的艺事与生平》的样书（注：当时文号还未批下来），从头到尾他的眼睛几乎没有离开过我的礼物，迫不及待地想翻阅。据说，那天下午众人离开后外公花了好几个小时去仔细翻阅这本书。

开始的时候，和往常一样，每一次我回厦门，外公就会关切地问我从哪里来？当听说从上海来时总要问："何满子还喝酒吗？你去看了他吗？"当然，也会问诸如上海冷吗之类的问题。

后来外公身体日渐虚弱，渐渐地开始不认识某些人了，比如小阿姨的女儿映雪。他知道映雪在我企业里工作，所以，每次见到她就反复问了平时他问我的这些问题。开始映雪也不在意，但紧接着的问题就让她抓头了。"玄平的女儿还在你那里吗？"映雪这才明白原来外公将她当成我，于是提醒他，我就是吉吉啊！噢，外公好像恍然大悟一般，你是吉吉（注：映雪的小名）。

又有一次，映雪跟在我身后进去病房，外公见到我很兴奋，却不停问我："她是谁？"我知道，外公的大脑正在急速衰退，就像当年外婆一样。再后来，他连天天照顾他的二妗也时常不认识了。

但外公却有种超能力——计时。不戴表，没有日历，长久呆在医院病房中，我不知他这种超能力从哪来的？如何判断日期？只知道，我答应他多久回去，何时回去，必须做到。因为，在我答应的日期的前一两天，他就开始坐立不安，不停地问："青儿不是说好周末要回来吗？怎么还没回来？"不管是两周，还是四周，他都能清楚地计算出时间来。

有一回，我因事要返新加坡，于是在周三先去厦门，周四从厦门飞往新加坡，结果，外公到周六不见我来，不断问家人为什么我没来？家人回答说我不是刚刚才走吗？他却固执地坚持没有，因为那天才是周末。

上两个月，我两度爽约了，因为工作真的太忙，由于突发的问题，不得不改期，于是外公感受到委屈。

记得第一次，新加坡的二姨也在场，当我第二个周末步进病房时，他正在睡。二姨伏在他耳边说："青儿回来了。"外公看了我一眼不理我，过一会挣扎着坐起来，给我的不再是灿烂的如同上弦月的微笑，而是垂着头，眼泪掉了下来。我慌了手脚，他抬头瞄了我一下，目光中充满着委屈。

再一次，也是因为工作走不开，我隔了一周才去看他，他依然挣扎着坐起来，却直直地盯着地板。我轻声问："您生气啦？"他点点头，用力地挤出个："嗯！"

外公每次看到鲜花就会问："青儿回来啦？"因为每次去看望他，我就会带上花篮。有时候，见到他沉沉睡着，我放下花篮出去办点别的事情，可是，他醒来看见花篮就开始到处张望，看不见我便要家人打电话促我立刻出现。久而久之，连别人探望他买了花篮他都要误会一番。

最后的一年，他几乎离不开病床离不开医院，春节回了趟家不到一个星期就病情大发，吓得家人再也不敢带他回家，而他自己也从此不再闹着回家。

人道是：久病床前无孝子。在厦门的两个舅舅、三个舅妈及小阿姨、小姨丈长期轮值照顾，我父母也从香港回去轮值，到底聘请的全职看护是外人，没有自己人在身边总是不放心。四舅四妗还要负责买菜烧饭给外公吃，而三舅也常常炖青蛙汤给外公喝。医生数度感慨地说："你们家照顾得真好啊,否则,张老哪里扛得住这么久?!"

外公的癌症向全身扩散,开始呈现肺积水积血,不能躺,长久坐着又难受,于是躺下没一会儿就坐起来,坐了一会儿又躺下,一天二十四小时不停地躺躺坐坐、坐坐躺躺折腾着,肺部抽了多次积血,生命全靠输白蛋白及血浆维持着。

此时,他已经完全不能自理了,最后的日子连知觉都时常显得迷糊。

据说,前阵子外公有两度痛得大叫,医生于是给他注射了吗啡。对于癌症末期病患者而言,整整两三年的时间只叫那么两次,叫医生百思不得其解,一个劲地说:福气啊福气!

三周前,由于工作疲惫至极,我无力返厦,周日半夜近一点时突然接到四舅电话,告知外公危殆,医生要我们召集所有子女到场,于是他请我赶快通知海外的母亲与二姨。后来终于抢救过来,一切似乎恢复正常,只是不能像平时那样进食了。

上两周的周一,我刚刚回去看望了他三天后的黄昏,三舅突然来电话告诉我说外公昏过去了,但一个多小时后又来电说苏醒了,我悬着的心头大石才算落地。

上周四,我打电话去医院,告诉二妗我周六回来,二妗转告外公,外公还认真地点了点头表示知道。在此的前一周,因为投资者及供应商来访,我走不开,没有回厦,于是买好票定于昨日(七月二十六日)回去,不料,外公却在周五上午开始陷入昏迷。家人见我疲于奔命,想着反正我第二天就要回来了,怕我睡不着决定不告诉我,因此当我开开心心地去到医院时,见到脸部及手脚都肿胀的外公"睡"在那里,带痰的口水不停地沿着枕着的腮流下来。我一时还没能反应过来,尝试在耳边呼唤他,可是,他已经不能回答我了,我不禁握着他垂下的右手呜咽着饮泣。

晚上七点过后,四舅来了,他当晚轮值照顾外公,于是我拖着疲惫的身体去吃了晚餐,十点回到酒店上网贴博文,泪水一直挂在脸上,边敲键盘边哭泣。贴完博文已经很晚,于是沐浴休息,但辗转反侧如何也无法入眠,眼泪爬满了脸悲恸地饮泣,无计可施,只好爬起来插干泪撩了鼻涕,吞三颗安定,缓缓睡去。

7月27日凌晨四点四十九分，手机铃声大作，我心猛地一沉，一个不祥的预兆抓住我的心，我知道，我最不想面对的事实终于降临了。四舅在电话那头说：心跳停止了！

我匆匆忙忙赶到医院，见到的外公已经净身并穿上红色的绸缎寿衣、咖啡色绸缎寿裤、脚上踏着白袜子。他的身体还那么软，直到医院太平间的工作人员来了，在他身下垫上绣着两朵莲花的白布单，绣花红绸缎连他安详地仿佛熟睡着的脸一并盖住，我还呆呆地立在那里。

三妗哭了，我惊醒过来，想起柯文辉老先生的吩咐，连忙将她推到房外，促请她去洗把脸冷静一下。回头我对众人说，我们为外公念经吧，于是，大家喃喃地反复念着："南无阿弥佗佛！"

没有人掉泪，没有人哭泣，我们要让外公无牵无挂地带着他平静的心奔向西方极乐世界。

我一直那么冷静，冷静得几近麻木。

到了殡仪馆，安排好周四到周六的悼念时间及周六中午的追悼会时间后，大家回外公位于鸿山公园旁边的家，而我则因为极度疲惫两脚浮浮地乘计程车回酒店准备休息片刻。

正当我换了睡衣坐在电脑前敲打键盘时，电话铃声又响了，四舅说，《厦门日报》记者要来采访，要我立刻赶往家里，于是我又脚浮浮地飘回外公家。

到家里时发现，外公的好友李度青先生已经来过走了，沙发上坐着的是外公的至交林文衍伉俪。很快地外公的好友、名家画廊的何老板及香港的朋友赶来慰问，外公的高足、厦门篆刻名家翁铭泉也接了《厦门日报》的记者来。还没来得及采访，农工民主党、统战部的部长们一起来慰问。接着是负责出讣告的《厦门日报》朋友来斟酌字眼。一时间，家里全是人。

好容易等到近午，众人都散去，我连忙赶回酒店去收拾行李准备退房。又接到家里电话，说外公在泉州的一众外甥、外甥女、外甥女婿等到了，于是，一起去新开张的海鲜大排档吃午饭。

我故意调侃，企图将悲痛中的气氛搞得轻松一些，再怎么说外公以九十一虚龄高寿仙逝也是喜丧，便叫嚷着：砍外公一顿饭吧，大模大样地点了几道菜，叫来高粱酒及啤酒、饮料等。泉州的表姨丈说我能喝，尽管，我从没有和他吃过饭,但他一眼便看出我继承了外公的酒量。于是,表姨丈、三舅、四舅和我喝掉两瓶丹凤高粱。餐桌上我谈笑风生,好像真的在庆祝外公脱苦海、办理笑丧一样。

吃完饭,我独自回到酒店,想醒醒酒,便拿着饮料券去后面的酒廊要了杯咖啡。

当我离开了众人,卸下轻松的伪装,感情突然崩溃了,泪水完全失控地如决堤的长江水一样澎湃汹涌。我无法止住自己的泪,从酒廊哭到机场,从机场哭到机上,从厦门哭到新加坡。

外公走了,我的心碎了,人世间的眷恋薄了,我精神上的支柱断了。漫漫人生,前面的路途我将如何走? 外公会在上面看着我吗?

......

第五章　千帆过尽

第一节　名家点评

张人希的一生,是一部真真实实的奋斗史。他说:"命运这东西,据说,只有一半是天定的,而另一半,却掌握在自己的手中。"他这样勉励林竹青,也这样身体力行。成功与失败最大的区别如果只有一丁点,那一定是争取自主权,掌握自己的命运。

张人希自小就酷爱美术,尊崇赵之谦的"求仙有内外功,学书亦有之,内功读书,外功画圈"。遂茹苦磨砺,广泛钻研古今书画篆刻论述及名作,汲取精髓,书法篆刻有画意,山水花鸟有书篆味。他为人热情友善,海内外交游甚广,与艺友观摩磋商,敬慕贤智,老而品性益谦。性情、人品、艺格熔冶一炉。

刘海粟见张人希为叶圣陶治的印,赞喟"风趣已胜㧑叔(赵之谦)"。见张人希为自己治的印则称"肃穆可喜",并书陈师曾的"文何圆洁气雍容"一诗回赠寄意。

何满子在"序张人希画集"里说:

> 乍看去,人希兄这人很随和,广交天下朋友,很结人缘而无挂碍,但我深知他的灵魂却是孤介的。人有两种孤介法,一种是封闭型的孤介、傲然不群,这就多少有些故作矜持,或曰拿腔。一种是仿佛和光同尘。不见棱角,但骨子里绝不随俗附众,坚持自己的独特见解。宁肯光荣地孤立。人希兄是后一种。我深信我的评价错不到哪里去。
>
> 唯其是本质的孤介,倒反而对世情,对人生,包括对朋友十分热情。这

似乎是悖论,但事实确是如此,不孤介就无执着,无执着就朝三暮四,对世事既无由衷的爱憎,处人也就会以利害而易心,妓女似地生张熟魏,师心冷暖,更不说利用排挤,落水下石了。咱们这辈饱经风雨的人,世面确实见得多了,对人头也体会的多了,看人大致能八九不离十,我的定评是,人希兄是孤介的,同时又是十分热情的人。

苏晨在《福建乡土》的"听沨楼头张人希"提到他对钟兵介绍张人希时这样写到:

简括地说,我认为他是一位一辈子都很能把握自己命运的人;是一位像恩格斯在《自然辩证法·导言》里盛赞那种"没成为分工的奴隶"的人;是一位真正自学成才、在艺术领域的多门类都取得卓越成就的人;更是一位在任何情况下都能坚持正直人类的交友之道,因而也极受朋友信任和尊重的人。为这最后一句,我还特别指出这很不容易。

柯文辉先生在"以诚还诚的废话——张人希作品选集序"说:

人希的艺术排列起来印第一、书第二、诗第三、画第四。这里所述管见,绝无白石老人用画抬高自己诗书印的意图。仅仅是一家言、欢迎读者专家教我。

把人希说成大家,显系溢美。他没有提供前人所无的审美观与审美内容。列他为当代名家,可以无愧。

他的印出于汉人,对清人及近代名流,从邓石如、赵之谦、吴昌硕、齐白石、来楚生都下过大力去研究。在赵古泥作品出版以前,一度热衷邓散木。面受教益最多的是弘一上人。构图不拒绝图案之美。长处在于隐厚朴茂中有变化而不陷于机巧。并及大众趣味又摒除甜靡,行刀畅达,时有古涩意态,出于自然。边缘也有敲破处,不露斧痕。人希撰文论述弘一大师篆刻,大师文中有一"𠫑"字,许多大家都不识,推测纷纷,后经人希查过群书,最后定为"私"字,叶圣老大为称道,俞平老给他来信说:"弘一的'𠫑'字据古印文定为'私'字。良确。已询诸专家,答复亦同,可无疑问,此近闻中之一快也。"胡适说发现一个古字的意义,与发现一颗新星相等,或过夸大,人希做了我们一字师,启迪很多,更不限于印学。

人希的书法结体、穿插有匠心,无匠气。他引金石气入书法,隶书潇洒,可惜于转折处稍欠浑涵,开张不够,他毕竟不是准美术家,求全失之苛刻。隶书以汉碑为骨,对邓石如、金农、陈曼生也有吸收,敦实凝重,遒丽流妍。行草笔兼刀法,比较放松,便较之隶书,气象稍弱,缺少熟后转生的蕴藉。如非治印根基,便有熟滑的危险。但他在险处立定脚跟,运用自如,略带曼美,以不经营见韵致。

柯文辉在《张人希艺事与生平》中的"张人希小传"序里又有:

人希本质上是一位诗人,他的绘画、书法、篆刻里都颤动着诗的原素。年已九十,不染世故,大璞不雕。对艺术一往情深,历尽风涛,初衷灼人。言行如一,不卑不亢,方圆有节,垂老不失青春气息。年高于他的,事之为师、叔、兄,年轻些的关切若弟、侄。人有所长如己有之,是非明辨,不因情而障目。以上是他内在诗核,不尽见之文字。

他的印朴茂清雅,开阖自如。行刀有控制力,不鼓努求壮,纤尖求秀,阳刚又富顿挫,具北方大汉风采。他的隶书畅和朗润,不运笔去追寻风雨剥蚀痕迹和运刀效果,见一定才气,却不炫才,无过无不及,洗尽霸悍。行草俊逸,略显拙辣,风行水上,牧笛悠扬。

他的画里春光骀荡,生机流衍,禽飞虫唱,境界温煦和平。邀请我们入画坐卧游历,生欢喜心,感知宇宙恩德,文化积累来之不易,珍惜美好情味。诗书画印和谐共处,耐得吟詠。

这些看得见的诗与感觉到诗的存在又不着相的成分相映,便有人格的魅力。

得知我在写弘一大师传《旷世凡夫》,他陪我去日光岩下及南普陀等地方,重温先哲足迹。写信给妙莲法师(他的师兄)让我拜读杰作《悲欣交集》原件;劝我去泉州清真寺观摩元明雕刻,拜谒清源山老子石像及弘一塔院;

还向蔡吉堂先生借得《改过经验谈》墨宝供我研读。书出版后又来信指出郭沫若先生称弘一老人为"澄览大师"是误读,再版时应删去。又附资料揭露一位名人伪造大师文章吹捧自己;剽窃他人刻赠张大千印稍加改动印入自己印谱;借去大师致马海髯信换成自己为受信人发表等劣迹,可谓义正辞严,刚正大胆,不怕高位者。而我虽写成文章,迟迟压在抽屉里,几年后批评对象去世,我又片面强调宽容,怕承担"鞭尸"恶名,为不贤者讳。事过十余载,回想起来背如芒刺,对大师及先生均有负罪感,软弱不得借善良外衣自谅,两者有原则差异。先生!您听得到我的忏悔么?

鼓浪屿有一座牌坊,有位年轻人不知天高地厚,好名过了头,竟敢把弘一大师联语书法刻在旁柱上,自己并未形成风格的字刻在正中,让中外游客嗤之以鼻。我说:"小伙子是您学生么?"他说:"不敢当,他比先师都高明,我教不了他! 当然,我痴长他五十岁,没有对他讲清道理,让他做错了事,我有责任,对不起他,很难过!"接着长叹一声,久久怏怏不欢。

十年前我心动过速,每分钟达 110 次,先生寄来 2000 元助我加强营养。我虽退回了钱,驰书特别感激。友情是枯涩行程中不可或缺的润滑油,也是无所作为的小人物唯一的财富了。

南京诗人呼安泰曾任《江南诗词》执行主编,儿子不幸患尿毒症,月月透析,开支很大。人希听我说及,悄悄寄画两张,嘱诗人卖去小补家用。老呼热泪盈眶,千恩万谢。而先生从不谈此事。

2004 年初冬,我的小女儿得了癌症,人希闻讯,特地寄来二十棵水仙,要我养在孩子床前,汲取生的能源。水仙一尘不染,碧如翡翠,沁我肺腑,香在意而不在味。药石有灵,女儿脱险,几个月后正常上班。在我们父女小小的心园之内,水仙四季开放,那些绿叶联成一条细细的长虹,我与先生各持其一端甩动,让女儿跳绳般地跃过障碍,再次拥抱了生的意义。

先生在 84 岁以前步履稳健,多少平平常常的日子,拉着我去观海、登山,笑谈当年旧事,豪气扑人眉宇。他善饮而不贪杯,兴来可尽三两,从不向朋友劝酒,也烦别人打酒官司废话不休。衣冠楚楚,风仪翩翩,书卷养成的雍和,状如南国冬天的艳阳,侧影闪现出他那一代人的风流。前岁他患重病,我专程去厦门探望,前两次对坐病房,他总是拉着我的手无言浅笑。后三次怕扰乱他的休息,便远远站在过道上遥观他或坐或卧,平静安详。语言有时负担不了交流的重荷,甘心退让于沉默,受到天风海涛的协奏。那是师友兄弟怡怡,远离尘垢、恐惧、自满、功利,胸口透明如水晶,芸芸小人物互相充电,熨平累累伤痕,一辈子难得又不可或缺的境地。不拘是繁花点头浅笑的林荫道边,展厅之外幽寂的长廊靠椅上,热闹非常的会场一角,钟声摩顶洗去虚掷岁月的悔恨之后,石无言海无语的星光之下,行将分别的挥手之间,共同品嚼生的苦涩与依恋,当众孤立的宁静,兴高采烈充当风景一个细胞的充盈。尤其当烦躁、委屈而厌弃自我的时刻,他的侧影闯进思维,让我降回常温求实地跳出泡沫(以后还会不断再陷进,人性弱点使之然,几人真能摆脱?)当下就澄明凉爽了。可贵又太容易被忽略的当下啊!

第二节　还事件一个真相

佛家说人世间的一切皆"因缘"。由于柯文辉几十年来一直在研究弘一大师,且为刘海粟的生活秘书,著述过《旷世凡夫——弘一大师传》与《刘海粟传》,张人希对柯文辉佩服得五体投地。

柯文辉带给张人希许多精神上的愉悦,但也给他带来了无法弥补的创伤。这对张人希的一生来说仿佛在一朵莲花上贴了一块万能胶裹着的污泥。这污泥就是错判了弘一大师的赝品画,还为其出版写了一篇序。

张人希一生洁身自爱、人品清高,为何会干出这样糊涂的事呢?这里就牵扯出一群人,其中关键正是柯文辉。此所谓成也萧何,败也萧何!

2012 年 3 月 13 日,经过多年调查、联系、走访了多位相关人士、检索了相关人员的信函与文章中所提到的所有杂志后,林竹青在新浪博客上发表了一篇文章:《还事件一个真相》。全文如下:

　　还事件一个真相
　　——我所知道的弘一大师假画案鉴定经过及疑问

外公是个清高而自律的人,性格刚正不阿。然而,2006年下半年,时89虚龄的他对到访的广州原花城出版社主编苏晨老先生说:"我的鉴定看来是错了,虽然开始也觉得怀疑,但碍于情面,所以,做了真迹鉴定,并写了序言。"

外公走了,留给熟悉他的艺术、宗教、媒体界晚辈们一个疑团:向来洁身自爱的张人希老,为什么晚年竟然会为一批疑点甚多的所谓弘一大师观音册页鉴定为真迹,还为罗汉册页作序呢?

……

据新加坡居士林林长李木源居士说,弘一大师的这一大批朱砂佛像与罗汉图最早曾来新加坡请鉴别,当时有位对大师颇有研究的林老先生一看当场便骂,说这是赝品。

众所周知,这批画也在其他许多地方找人鉴定,有鉴定为真迹,但更多的人对它们存疑。其他专家为什么鉴定为真迹,我不知道。这篇文章里,我只想弄明白外公为什么鉴定这批画为真迹。

2010年第一期《文物天地》发表中国文物报记者钱冶文章,报道天津刘章昆先生揭发画作乃出自他的手笔,说所谓弘一大师朱砂像都是他画的。大概2000年前后,天津有一个画商拿了几本又黄又硬的册页请刘章昆先生画朱砂佛,随后又拿了几条做旧的纸叫他画罗汉。至2002年刘章昆先生一共为这个画商画了各种尺寸的朱砂佛像几百件,2004年5月至2004年12月又为画商画了许多中堂和长卷朱砂佛像。

这报道如平地一声雷。1月12日,网友张今声与我沟通,我当即道:"错不是可怕的事情,可怕是没有勇气看见自己错了。我相信外公不是这样的人,他是个很勇敢的人,他深知何为'知耻近乎勇'。"(见张今声新浪博客2010年2月23日,http://blog.sina.com.cn/s/blog_59e6f4a70100gpvt.html)

可想而知,当我拜访苏晨老先生,得悉外公生前知道自己错了却没有纠正时,我懵了,这怎么可能呢?冷静下来后,我想其中必有隐情。我走访了许多相关人士、外公朋友暨我在场的家人,并研究外公留给我的他的朋友们给他的信函,将故事大致整理出一个排序。

在这里，我必须事先声明：

1. 观音、罗汉册页若是赝品，那么外公的错误便是客观存在的事实。错误不应该刻意隐瞒或为其辩护，更不可以将错就错把赝品当真迹，否则无异于亵渎弘一大师。

2. 我是书画艺术的门外汉，对弘一大师并无研究，只听说大师有出家后"诸艺皆废，惟书法不辍"之说。也听刘雪阳老先生说弘一大师给他父亲刘质平的墨宝皆有书函详细交代，换言之，每幅墨宝皆有出处，有据可查。

3. 我非常认同雪阳老的客观态度：鉴别为真必须有证据，反之，也必须有证据。因此，我撰此文，并非为鉴别真伪而来，只想将我所能了解到的事实陈述出来，提供给大家，以资侧面了解我外公为观音册页鉴定为真迹，及为罗汉册页作序的缘由。

4. 文章中牵涉到的人不乏外公的多年知交，为便于大家看到我陈述的脉络依据，引用外公朋友的信函，希望得到理解，若与事实有出入请指正。

一 外公撰罗汉画序的疑团

2002 年 4 月 25 日柯文辉函："有关弘一大师作品先寄上一册，先生撰文时，不必把话说得太绝对，有松动才有辩证余地，避免被动，也减少了压力。说假为真，认真为假都是错，说假也要有说服力，说活些不是滑头，而是学术无涯，见闻有限，实事求是。"由此推断此所谓弘一大师作品先寄上一册并请撰文的指罗汉册页，因为外公此生仅撰写过李新华先生所出版的罗汉画序。李新华即"弘缘居士"。

然而，柯文辉先生于 2004 年 11 月 3 日《弘一大师书画集前言》中，称李新华先生是 2003 年 11 月由刘雪阳老先生介绍给他的。"2003 年 8 月，弘缘君来京，携来有关一公藏品……同年 11 月，刘质平先生长公子雪阳兄介绍，弘缘居士藏有一批大师手绘作品，我十分震惊。"

对此我不免感到疑惑：柯文辉先生是如何能够在 2003 年 11 月认识李新华先生以前的 2002 年 4 月就将李新华先生的罗汉画册（书样？）寄到厦门请外公作序的呢？两者时间相互矛盾，那柯文辉先生究竟于何时、何地、经何人介绍认识李新华先生呢？

二　李新华登门造访刘雪阳的疑团

2003 年 11 月之前（时间根据柯文辉先生 2004 年 11 月 3 日撰写的《弘一大师书画集前言》所述），刘质平长子刘雪阳府上突然出现一位自称李新华的云南大理来客，带来一些像片，说是弘一大师的画作，求雪阳老鉴定。雪阳老很惊讶，问画作出处？答：来自国民党高官家眷。问收藏者姓名？答：是秘密，不便透露。雪阳老表示自己的专业是音乐，不是艺术，无法鉴别真伪，建议他到北京找柯文辉先生，因为他与柯文辉先生认识多年，并准备将柯文辉先生所著《旷世凡夫——弘一大传》展示在平湖李叔同纪念馆中。奇怪的是，雪阳老一向低调，他上海的私人地址，是何人提供给千里之外的云南大理李新华的呢？

三　外公鉴别观音画为真迹的由来

2004 年新春柯文辉函："云南大理朋友李新华，由刘质平公子雪阳兄介绍给我。他藏有弘一大师的册页，云南北京均无人作出妥善鉴定。只有您是大师唯一健在门人，故嘱他飞去厦门专程拜谒，若是真迹，乞百忙中为写一题签，好装裱成册，我在再版大师传记时刻意写上一笔，也不负收藏者多年苦心。此事在厦门时已与您讲过，请接待。"在厦门时已与您讲过指的当是柯文辉先生 2003 年 12 月到厦门参加刘守信先生女儿婚礼，他在 2003 年 11 月 19 日给我外公来函中提及。

2004 年 2 月 15 日厦门晚报编辑萧春雷先生在我外公家观看李新华先生带来的观音画册页和罗汉画册页，在场的还有厦门刘守信先生夫妇。两册页均为 29.5 厘米×34 厘米，先图后文。观音册页绘有 10 幅线描观音，罗汉绘有 18 罗汉，朱砂墨勾勒，后面均为黑墨书写的《般若波罗蜜多心经》，根据落款推定，两本册页均作于 1932 年，即弘一法师在白马寺时期。李新华先生对在场的人表示："这两本册页，我只给石开、刘雪阳鉴定过，然后，就是张老和你们了。"外公据报非常高兴，在观音画上题签"弘一法师真迹"。萧编于 18 日在晚报上发表了相关报道。题签见 2006 年 4 月云南美术出版社出版的《弘一大师观音画集》，由弘一大师孙女李莉娟作序。可是，根据雪阳老亲口对我说,此前,李新华先生只去过他府上一次,带的是像片。至于罗汉图,还是在2004年9月20日平湖李叔同纪念馆开幕仪式时柯文辉先生带了李新华先生前去参加,李新华先生在宾馆中对雪阳老及柯文辉先生展示。这是雪阳老第一次见到画作原稿,他没有说画作是真是假,只说罗汉画画得挺有水平,因为100多个就有100多个不同姿态。李新华先生描述的时间、经过、内容都与事实不符。

四 外公其他朋友对柯文辉请外公鉴别弘一大师画作的感想

2004年3月23日北京包立民函:"信中附入弘一罗汉像册页剪报,道长为人所骗了。弘一出家后,从未听说过他重操画笔之事,更何况画的是若多罗汉观音像。柯文辉是明白人,对此他一清二楚。为什么他要把这个鉴定真伪的球踢给您?他明知弘一仅存两幅早年出家前的油画真迹,从未有画罗汉观音之记载,他也明知您与弘一也仅有一面之缘,更未见到弘一其他罗汉观音真迹,为什么偏要把您推到第一线当场辨别真伪?他的用意可能是要抬举先生,抬举您为弘一存世弟子,可是这种抬举可是一个陷阱呵,您老言之凿凿的弘一真迹,万一是伪作,岂不在厦门(世人)面前大跌眼镜?!文辉误人,文辉误您,这是我阅后要为您长叹的!当今艺术市场造假成风,去年杭州报载,发现弘一早期一大批油画原作,是媒体炒作的一大骗局。……"

五 2004年4月柯文辉对弘一大师画的态度

2004年4月2日北京包立民函:"关于鉴定事,因不是当行,又与己关系不大,且藏家来迹又不清,可以采取三缄其口。柯文辉我也通了电话,他也说看不准,可能是赝品。"

六 外公作弘一大师罗汉图序

2004年10月25日,外公作《弘一大师罗汉像序》。(见陈星的《弘一大师罗汉画集》,杭州西泠印社2004年11月出版)

七　柯文辉《弘一大师书画集前言》疑团

　　柯文辉先生2004年11月3日所撰《弘一大师书画集前言》(见柯文辉与李新华合编《弘一大师书画集》,2005年由河北教育出版社于8月出版):"弘缘居士,生于华南,未及聆听一公教诲。七十年代中期,有幸与一公友人结缘。十载后复从友人处获得一批弘一大师绘画书法作品,创作时间多在1928～1933年之间。(见书跋)稍后复自济南等地购得多件书法。予生也晚,除在上海叶居士家及厦门张人希先生家,见过大师手绘佛像二件,(注:指外公从厦门翁铭泉处借来的所谓弘一观音像,属于厦门陈茂盛所有。此像据提供者称乃弘一大师于1938年作于鼓浪屿,曾收载在《闽南史稿》,梁桂元著,2001年3月由天津人民美术出版社出版发行)……2003年8月,弘缘君来京,携来有关一公藏品……同年11月,刘质平先生长公子雪阳兄介绍,弘缘居士藏有一批大师手绘作品,我十分震惊。首先便想到当代篆刻书画名家张人希先生曾亲近大师,曾从一公习篆刻书法,以认出大师遗作中'臣'为'私'字而受叶圣陶、俞平伯二翁称赞。便建议弘缘君去访张先生,先生十分热情地接待了他,前后三趟,反复鉴定为真迹,给朋友们带来巨大惊喜。张老的题跋题签小序已陆续发表于西泠印社版大师作品集中。"根据前面2003年11月、2004年新春柯文辉函,及2004年2月15日鉴定题辞显示,柯文辉先生所陈述的与事实不符。鉴定并非"前后三趟反复鉴定",而是李新华先生第一次来访时外公已经当着记者面立刻做了鉴定,并题签。令我疑惑的是外公究竟是老糊涂了?看走眼了?还是另有隐情?柯文辉先生说在厦门时已经对外公说过此事,他是怎么说的?说些什么?

　　"有人打电话关心地告诫人希先生,要他提防作品不可靠,莫作定论。(注:暗指包立民)先生答曰:'我见过原作才下结论;指为赝品的人未见作品有何根据?'(注:外公当真如此对答吗?)厦门工艺美术学院刘守信先生认为:'我曾经去过弘缘居士家观摩两日,居士初见这批东西是在'文革'尾声,'破四旧'狂热过去,'文革'中不会有人制作假的一公作品,因无市场价值。八十年代中期,才归弘缘君收藏。细看纸质确系二十年代产物,由著名纸店清秘阁监制和上海朵云轩出售。纸不能说明什么,晚清好纸,今天仍能觅得。画作气息、画款,非一般画家可以仿作,才是主要的证据。运笔与人希老所藏观音像相近,可以肯定为真作。'"奇怪的是,刘守信既是同行,也是外公朋友,怎么会以为翁铭泉先生所借给我外公的观音画是我外公的收藏呢?

八 珍贵真迹换可疑观音图,外公饮恨

2005年至2006年上半年间,厦门翁铭泉先生带已定居香港的厦门陈茂盛先生来我外公家,问我外公可还记得陈茂盛?外公答不认识。翁铭泉先生介绍说陈茂盛先生三十年前也住在升平路我家附近。说那幅所谓的弘一大师1938年作于鼓浪屿的观音图是陈茂盛先生的珍藏,如果外公想要,必须用弘一大师赠送给我外公的著名的"弘一大师致马冬涵函",也是大师出家后唯一一篇论篆刻艺术的文献作交换。外公同意了。由此可见直到这个时候,外公依然对弘一大师出家后真的绘画观音、佛像和罗汉图深信不疑。后来,柯文辉先生到厦门与刘守信先生夫妇一道拜访外公时,外公还当众对他们展示这幅观音图。

2006年6月厦门陈飞鹏先生发表《对近年发现的弘一法师书画作品的四大质疑》于《文物天地》2006年第6期,萧春雷先生专访陈飞鹏并发表《惊世伪作?500多张弘一大师书画被质疑》于2006年6月18日《厦门晚报》。

九 惊闻外公过失,开始探求真相

2008年年中,我编撰的《张人希的艺事与生平》出版,收到出版社给我的300册样书时,外公已经病入膏肓,危在旦夕。厦门晚报编辑萧春雷表示想提前准备外公离世时的纪念报道,要我书本出来后送一本去给他预备。那天我送到厦门日报社给萧春雷先生,临走,萧编突然对我说:"你外公老糊涂了,那些弘一大师画,许多人都认为是假的,你外公却说是真的,鉴别为真迹。"我当时十分惊讶,因为我对此事一无所知,便问萧编怎么回事?萧编见我不知情,便安慰我说,你外公已经病到这样了,事情既然已经过去,就算了吧。但是,我内心非常不安,很想了解真相。一个多月后外公去世,我万分悲痛,情绪十分低落。

2009年3月中我在江苏出车祸几乎丧命,粉碎的腰椎上打了八颗大螺

丝钉和四根支架，住院五个月后回新加坡养伤。新加坡的二姨在外公处认识李新华先生，时有往来。她告诉李新华先生我在受难，他便多次来短信鼓励我，我十分感动。有一天，二姨告诉我说外公那里的弘一大师罗汉画册和佛像均属李新华先生的收藏品，我立刻联想起萧春雷先生的话，于是便将江湖传闻告诉二姨，二姨当即驳斥我荒唐，并说李新华先生给我外公看了三十年代的报纸，上面明明白白刊载了弘一大师的佛像画。我向李新华先生打听，他回答确有此事。后来我在网上发现有资料指控那份报纸是假的，那个刊载弘一佛像画的版位原本是广告位。非常巧合的是，我正在整理的外公朋友函件突然出现2004年春柯文辉先生介绍李新华先生去找我外公的信函。那天二姨来家里用晚饭，我对她说我要联系他们俩。我先联系李新华先生，问他报纸究竟是真的假的？答："因为报纸里有国民党的东西，结集时重新排版。"这么说，给我外公的证据岂不是假的？他辩称还有其他有力证据，信誓旦旦坚持这些画作全部是真迹，并表示两日后将给我发来他正在撰写的反驳稿件及其证据。跟着我给柯文辉先生挂电话。我问弘一大师出家后可有作画，答已经确认的有两幅，一幅在台湾，另一幅在我外公手中。我又问那李新华先生那些画是真的吗？答："真的也罢，假的也罢，都过去了。"我非常严肃地道："真不能假，假不能真，怎么可以就这么过去呢？"柯文辉先生立刻转换话题并挂线。而那边厢，李新华先生对我的态度突然180度转变，回避我，继而音讯全无。我所疑惑的是，直到2009年底我向他俩咨询时，柯文辉先生和李新华先生究竟还有多少联系？

十　疑团汇总

陈述到这里，各位看官当发现许多有趣的疑问。

从柯文辉先生2002年4月的信函显示，外公所撰写的罗汉画序源于柯文辉先生寄了李新华先生的罗汉画册给外公，并叫外公为其作序。而根据柯文辉先生在2004年11月3日写的《弘一大师书画集前言》所述则显示他直到2003年11月才经由刘雪阳老先生介绍认识李新华先生。时空为何如此错乱？柯文辉先生究竟何时认识李新华先生？

柯文辉先生研究了弘一大师数十年，又与刘雪阳老先生认识数十年、合作撰写文章非常多次,悉知大师任何墨宝均有文字书信详细描述记载,也知道三十年代初大师健康状况非常差,要作如此巨多的画毫无可能。还知道大师因健康问题写字时需要有人研墨、从旁辅助。这批画出处显然是个谜,却偏叫李新华先生去请外公鉴定。为什么?

2004 年 3~4 月间,当包立民先生给柯文辉先生电话时,柯文辉先生这边厢承认画作可能是赝品,可当我外公 2004 年 10 月 25 日方撰写了罗汉画序,那边厢远在千里之外的柯文辉先生在外公稿成的八日后,即 2004 年 11 月 3 日所撰写的《弘一大师书画集前言》却极力"佐证"弘一画作为真迹。为什么?

2006 年陈飞鹏先生的揭发文章出来前曾请柯文辉先生预览,柯文辉先生明确表态支持陈飞鹏先生。2009 年底我电话中向他咨询时,他却回答我真的也罢,假的也罢,都过去了,极力回避。

历时那么多年,我从未见过外公误判弘一大师画作为真迹的始作俑者柯文辉先生作出任何公开的表态,搜集了那么多人的信息只发现他闪烁其词,对不同的人说不同的话,忽悠了事。到底,柯文辉先生对这个事件抱有什么态度?他当真认为是赝品吗?如果不是,为什么不说个所以然解开大家的疑惑,使弘一大师画作得以让更多大师的崇拜者瞻仰膜拜?如果是,作为一位研究弘一大师数十年、前后三版《旷世凡夫——弘一大传》的作者专家,为什么不公开表态,揭露过程,还事件以真相以祭弘一大师在天之灵?

尾 声

我作为弘一大师弟子张人希外孙女已经竭尽所能去了解故事的演变经过。但我既非书画艺术内行,也非弘一大师研究专家,能力有限,目前能挖掘的也就是这些,希望知情者能提供更多更翔实的材料,让弘一大师赝品画幕前幕后的黑手一一现身。惟愿弘一大师在天有灵,赋予尘世智慧,擦亮世人眼睛,还事件一个真相!

十月失怙,张人希对弘一大师敬若父亲。虽然,1938 年初见面时与大师及师兄"胜如"吴紫虹一起合影的相片在历经灾劫时失去了,但大师这一帧遗照却

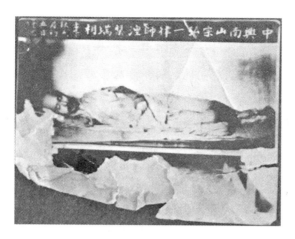

弘一大师圆寂相片

张人希九十大寿合影
左起：林竹青、张人希、柯文辉、段佳

奇迹般地在文革后随零散的文字等一起被退回。住在惠通巷二号的时候，张人
希一直将照片压在他的写字桌玻璃底下，待遗物移交给林竹青时，她收到的已经
是这样从玻璃上取下、残缺不齐的一幅照片。

张人希如此敬爱师傅，做梦也没有想到自己会对不起他。当他发现这是一个局的时候为时已晚。所以，林竹青傻乎乎地不明就里，邀请柯文辉到厦门时顺便来参加外公的九十岁庆贺，而柯文辉携中央影院动漫教授段佳果真带了一个花篮来医院为张人希祝寿时，张人希坐了起来，但没有任何的表示。林竹青曾对此大惑不解，及至明白背后的原因时后悔莫及。此举，无异于往自己外公的伤口处撒盐。

第三节　盖棺定论

人一生的是非功过必须到离开人世那刹那才可以盖棺论定。

张人希是个相对不凡的平凡人。他自爱、自律、自强，但也难逃平凡人的局限，所以犯了他一生最意想不到的错误。为那些弘一大师的赝品画鉴真、作序无疑留给世人一个沉痛的教训，也留给他洁白人生一个污点。厦门名作家，也是林竹青的好朋友高和就拿这个故事蓝本创作了一篇《画局》，刊登发表在《厦门文学》2012年第四期里。

当然，通过九十年的艰苦跋涉，张人希用他的行动留给世人一个虽不完美，却非常正面的形象。

张人希一生有很多朋友、作家、记者写过他、报道过他。本书引用过零星片段，篇幅所限，无法一一尽述。作为一个公众人物与国家干部，张人希最后的"论定"是由官方给的。所以，行文至此，就让官方文字与他的个人官方档案作为此书的结尾吧。

福建厦门著名书画篆刻家张人希先生逝世。

著名书画家张人希先生因病于2008年7月27日逝世，享年90岁。原农工党厦门市委顾问张人希先生遗体告别仪式今日举行。8月2日，原农工党厦门市委顾问、著名书画家张人希先生遗体告别仪式在厦门市大生里殡仪馆举行。

张人希先生的遗体安卧在鲜花丛中，大厅四周摆满了花圈、花篮及书法挽联、纪念诗文。向张人希先生遗体敬献花圈或花篮的领导和个人主要有：原省人大常委会副主任朱亚衍，原省政协副主席许集美，原厦门市政协主席林源、蔡望怀，中共厦门市委常委、统战部部长欧阳建，中共厦门市委常委、宣传部部长洪碧玲，厦门市政协副主席陈耀中、庄威，原中共厦门市委副书记、市委巡视员吴凤章，原厦门市政协副主席李金龙，原中共厦门市委统战部部长张其华，中共厦门市委统战部副部长陈建德、陈素珍、曾汉中、蔡良涯以及张人希先生生前好友、同事、亲属等。

　　农工党福建省委发来唁电并送花圈，厦门市政协，中共厦门市委组织部、宣传部、统战部、老干部局，民革、民盟、民建、民进、农工党、致公党、九三学社、台盟等八个民主党派市委，厦门市人事局、文化局，厦门市文联，福建省书法家协会，福建省美术学会，福建大学工艺美术学院，中国美术家协会创作中心，厦门市书法家协会，厦门美术家协会，厦门市书画院，厦门美术馆，鹭江出版社，厦门市政协书画室，厦门华侨博物院，厦门老年书画研究会，厦门美协山水画专委会，厦门张晓寒美术研究会，厦门市教育基金会，厦门市老年基金会等单位也送来了花圈。朱亚衍、欧阳建、洪碧玲、苏文金、李金龙、张萍、曾汉中等领导及张人希先生生前亲朋好友参加了告别仪式。遗体告别仪式由农工党厦门市委专职副主委陈育斌主持。遗体告别仪式开始后，参加仪式的全体人员向张人希先生遗体默哀，默哀毕，厦门市人大常委会副主任、农工党厦门市委主委苏文金介绍了张人希先生生平，高度评价了张人希先生为统一战线和艺术事业发展作出的积极贡献，是爱国的一生、艺术的一生、奉献的一生，赞扬了他豁达大度，豪爽乐观，自强不息，待人以诚的崇高品格。张人希的大女儿作为家属代表在遗体告别仪式上致答谢词。在向张人希先生遗体三鞠躬后，人们开始依次向张人希先生的遗体做最后的告别。大家再也无法控制自己的悲痛之情，泪水夺眶而出。安息吧，张人希先生！

附：张人希先生生平介绍

　　原厦门市第六、七、八届政协常委、农工党厦门市委顾问、厦门市文联顾问、著名书画家张人希先生因病于 2008 年 7 月 27 日逝世，享年 90 岁。

张人希先生原名张仁熙,别名张弋、伽叶,1918 年 12 月 20 日生于福建泉州。1938 年 6 月在福州投考参加抗敌后援会战地服务队。1939 年至 1944 年任福建日报社记者兼艺术版编辑,1944 年 7 月任晋江石狮区署区员,1945 年区署撤消后任龙溪县政府社会科科员,又任龙溪县政府印刷所总务。抗日战争胜利后,即来厦门任青年日报采访主任,因发表汉奸罪行消息与报社意见不合而辞职。1946 年 1 月任厦门民教馆办事员,同年 5 月在台经商,1947 年 2 月回厦门任银信公会秘书。其间受《世界知识》、《时与文》、《观察》等书刊及接近的一些进步人士的影响,发表《新哭秦庭》等揭露国民党反动统治的文章,1949 年秋因避毛森迫害前往香港。厦门解放后于 1950 年回厦门任粤侨中学美术教员。1950 年 10 月在厦门参加农工党。1951 年 9 月至 1952 年 1 月在华东革命大学政治研究院第二期学习。1952 年任厦门农工党专职干部,历任秘书处处长、组织部部长、副主委等职。1978 年 8 月退休,1985 年 7 月改办离休。

　　张人希先生一生热爱祖国,拥护中国共产党的领导,积极追求进步。抗战期间,他在《福建日报》发表不少弘扬爱国主义的文章。1948 年由周绍龄(中共地下党工作人员)介绍与厦门工委庄建国同志联系,从事地下革命活动。1949 年 6 月中共厦门市第四届工委负责人杨梦周、叶绍书即经常住张家,厦门工委把张家作为联络站,四届工委成立大会(第一次会议)就在张家召开,并在张家刻印宣传材料,接见文艺界的同志。张人希搬迁住所,寻找工作便于利用公开身份掩护地下党负责同志。张人希接受党的任务,在文化知识界开展革命工作,了解搜集社会情况,负责联络和警戒工作,通过各种社会关系和渠道,提供厦门政界、文艺界方面的材料,并在经济上对一些同志给予一定的支持。张人希还从香港秘密购进《新民主主义论》、《整风文献》等党的地下书刊。1949 年 9 月地下组织受到敌人破坏前夕,张人希接通知前往香港汇报工作,解放后回厦。

　　1950 年 10 月张人希由郑静安介绍参加农工党。1951 年 3 月 10 日农工党厦门市工委成立,张人希为 3 人小组成员。张人希是农工党厦门市第一、二、三、四、五、六届市委委员;第五、六届副主委;第七、八、九、十、十一届顾问。张人希先生长期担任农工党厦门市委的领导职务,为农工党厦门市地方组织的建立呕心沥血,发挥了很大的作用。中共十一届三中全会后,统一战线迎来了春天,民主党派工作百废待兴,恢复组织活动,落实党的政策,大力发展党员等大量的工作要做,张人希迎难而上,为农工党厦门市委的组织建设和健康发展做出了重大的贡献。

张人希先生是著名的书法家、画家、篆刻家,是中国美术家协会会员、中国书法家协会会员、美国中华艺术学会永久会员。曾任福建省美术家协会理事,福建省文联委员,厦门市文联委员、顾问,厦门市美协副主席、顾问,厦门画院副院长等职。他自幼酷爱书画,经数十年刻苦自励,艺通众美,在诗、书、画、印等艺术门类均取得卓越成就。博采众长,兼收并蓄,转益多师,自成一家。年轻时期曾得弘一法师亲自指教,并与刘海粟、丰子恺、黄永玉、叶圣陶、俞平伯、端木蕻良等艺术大师交游,亦师亦友,深受薰陶。作品入选第一、第二届全国书法篆刻展,第二届全国国画展,被中国人民革命军事博物馆及刘少奇纪念馆、梅园新村纪念馆收藏。作品收入《中国新文艺大系》、《中国现代美术家名人辞典》、《中国现代书画家作品集》等十余种辞书,国内外书刊均刊登过他的作品,并曾多次在国内外举办个人画展。出版有《张人希花鸟画》,撰有《弘一法师篆刻艺术》等文章。

张人希先生自觉拥护中国共产党的领导,与共产党密切合作,是共产党的亲密朋友。厦门解放前夕,他不惧凶险,尽心尽力执行共产党指派的任务;他积极参与政协活动,为党和政府建言献策;他奖掖后进,扶助危困,德艺双馨,深得广大艺术爱好者的敬重;他以艺会友,宣扬国粹,为促进海内外文化艺术交流做出积极贡献。鹭江潮去感惆怅,听飒楼头立苍茫。张人希先生的一生,是爱国的一生、艺术的一生、奉献的一生。他豁达大度,豪爽乐观,自强不息,待人以诚。他忠诚于国家、人民和党的统一战线事业,为艺术追求锲而不舍,砥砺前行,他优秀的品格,高尚的风范,自强的精神永远值得我们学习、尊敬和怀念。

安息吧,张人希先生!

中国农工民主党厦门市委员会

二〇〇八年七月三十一日

后 记

　　每个人都想活得充实,每个人都希望活得有意义,我自小就非常清楚自己这一生最害怕的是白走人间一遭!

　　……

　　我的外公张人希生活在一个特殊的大时代,见证了中国过去一个世纪头九十年的历史:从民初,五四,抗日战争,国共内战,新中国诞生,历届政治运动,文化大革命,到改革开放后近三十年的演变,历史跌宕起伏,知识分子被置于风口浪尖,仿佛上苍在检阅谁有能耐坚守自己最后的底线。

　　外公并非含着金钥匙出生的麒麟儿,来到人世间才十个月,曾祖父就去世了,曾祖母含辛茹苦地把他拉扯大。他不仅是泉厦广为人知的大孝子,还是我心中自强不息的典范。他仅读了两年新潮小学,却集诗书画印于一身,在书画艺术方面获得了广泛的认可,曾参与第二届全国美术展览,第一及第二届书法国展等。能获得这般成就,其中艰难非笔墨所能形容。仅凭这点,就是我一生的楷模!

　　在烽火连天的抗战初期,外公因为一枚为泉州铜佛寺(又名:百源庵)住持觉圆法师所刻的印章为弘一法师赏识而收为授名弟子,法号"胜是"。也因此在四十年后与叶圣陶及俞平伯结缘,通信近十年。和黄永玉有长达半个多世纪的友情,与刘海粟成患难之交。

　　……

　　今年是外公一百周年诞辰,我借这个契机兑现十年前出版的《张人希的艺事与生平》传记部分修订承诺。

　　我不是职业作家,和写作基本扯不上关系。我谨尽自己最大的努力将这本书写好,希望它的第一章能作为一个励志的故事给年轻的朋友们;第二章能提供一点参考资料；第三章简述了外公的一些成就；第四章则呈现给读者人世间最真实、不加修饰的温情；最后一章为外公做了一生的总结。

这本书有许多不足之处。由于我十四岁就离开外公身边，外公最后三十年与厦门本土艺术圈的交往我是非常陌生的。从他口中、剪报等资料我时常听见或看见诸如林英仪、朱鸣冈、王仲谋、杨夏林、高怀、谢澄光、林岑、余刚、林生、陈文质、杨大生、白磊和陈祖宪等人的名字，其中林英仪和朱鸣冈是我很熟悉的，但信息究竟零碎，无法成文。另一方面，外公留下的信函中有许多大名鼎鼎之人，但并非深交。除了他们的信函，我没有看到外公自己的文字，为免读者眼花缭乱，我一概剔除，或者只在书中一笔带过。

这次修订用到大量的外公朋友信函，其中许多还是毛笔字。除了叶圣陶和吴耀堂用工整的小楷，其他人，尤其那些书画家们，个个落笔龙飞凤舞，把门外汉的我看得晕头转向。所幸许多朋友给了我鼎力的支持，为我译文。在此，我要致以深深的感谢，他们包括台湾颜氏书法大家王宝星先生、台湾篆刻家罗印良先生、西安书法家宫烨文先生、新加坡书法家王运开先生、新加坡书法爱好者席识博与郭书明等十几位热心帮助我的朋友们。

同时，我还要感谢对我的书稿提出批评指正与宝贵意见的文化界前辈们，包括原花城出版社社长与总编苏晨老先生、原《文艺报》编辑包立民先生、原《新民晚报》编辑张循女士、《厦门晚报》编辑萧春雷先生、原厦门博物馆馆长何丙仲先生、《集美学报》编辑吴梅影女士及北京编剧苏健先生。

我在海外所接受的是英文教育，中文水平殊低，公文尚可以应付，传记著述则力不从心，难透纸背。我希望正在读这段文字的您会喜欢这本书，就像我喜欢一位曾经沧海，却不改初心的可敬老人一样！

……

什么叫做活得充实？什么叫做活得有意义？看看我外公张人希，我非常自豪地说：他没有白走人间一遭！希望我也是！

最后，我用菲律宾、新加坡诗友们隔着时空和外公的"游寒山寺"七律结束本书：

原玉：

游寒山寺

张人希

芒鞋漫步出金阊,来踏寒山古寺霜。

败叶迎风憾零落,残碑对客话沧桑。

钟声半夜诗情暗,渔火一江旅梦凉。

我到枫桥看晓色,乌啼月落两茫茫。

和诗:

夜上寒山寺

菲律宾施沧液和张人希

疏钟导客出吴阊,遥望寒山半带霜。

万里西风横野陌,空林落月照枯桑。

枫桥路转梵宫现,渔火波摇水殿凉。

回首红尘多少梦,一声鸡唱破苍茫。

夜上寒山寺

菲律宾施荣焕和张人希

遥思远上古禅阊,遍野枫红染白霜。

石径斜霞通殿阁,晨晖揭夜映榆桑。

钟声破晓繁星暗,塔影知秋素月凉。

世事如丝惊一梦,江风凛冽历苍茫。

和张人希游寒山寺

新加坡邱镇发

枫桥水冷星辰换,秋雨金风逼鬓霜。

古寺三更听暮鼓,楼台一梦笑沧桑。

菩提心点烦喧尽,尘事身离世态谅。

高柳垂阴聊共醉,旧人烟渚两微茫。

和张人希游寒山寺

新加坡席识博

平生未有见吴阊，千里同披月似霜。

陇右布衣怜彩绮，姑苏烟雨好培桑。

我居黄土高山上，不饮五湖秋水凉。

曾梦寒山钟彻响，江枫渔火雾茫茫。

和张人希游寒山寺

新加坡郭书明

枫桥夜泊出吴阊，薄衣不禁寺外霜。

夜半钟声惊旧梦，月圆水鼓叹榆桑。

前贤面壁诗情满，后学凝空世态凉。

千载与君同一醉，方舟瀚海任苍茫。

忆寒山寺

菲律宾客宁和张人希

江枫渔火耀穹阊，月落乌啼冷夜霜。

仰慕先贤怀古迹，瞻迎新友念莲桑。

五洲客旅诗情共，一脉文明置阴凉。

孤影心香听镜海，钟声余韵自鸿茫。

——菲律宾《商报》2017 年 9 月 28 日"大众论坛"

2018 年 7 月 10 日完稿于新加坡

附录： 年谱简编

- 1918 年 12 月 15 日(农历 11 月 13 日)出生于泉州,取名张仁熙。

- 1919 年 10 月父亲去世,21 岁的母亲王益舍为儿子免被人嘲为"拖油瓶"决定守寡。

- 1922 年,三岁多时发现父亲的遗物《芥子园图谱》《古今名人画册》,及几十张三十二开民间书画小品。

- 1926 年,上私塾因被先生打手心责令专心读书、不许画画而退学。

- 1928 年,上新潮小学:泉州立诚小学。

- 1930 年,因家贫无力交学费辍学后,先在泉州培元医院西医王元培处当学徒,后在泉州鸣昌画社当学徒。

- 1938 年,在福州参加"战地工作队"。工作队到漳州后遇到厦门沦陷,撤回到福州后解散,回到泉州。在泉州《福建日报》当校对,因发表《校对生涯》大获好评,被破格聘用为外勤记者。后任《福建日报》驻石狮记者,认识了随集美中学内迁,继而流浪于闽南各地的黄永玉,成了莫逆之交。是年冬,为泉州铜佛寺住持觉圆法师所治的印引起弘一大师注意并因此召见而结缘,或大师赐号"胜是",收为授名弟子。

- 1939 年,与晋江李惠若结婚。

- 1941 年,呈上创作达摩画及印章向弘一大师请求指点,获大师题"无相可得",并馈赠写给漳州马冬涵被退回的信及丰子恺上法师的信。年末,大师赠书录唐代诗人韩偓的七绝:斜烟缕缕鹭鸶栖,藕叶枯香着野泥。有个高僧入图画,把经吟立水塘西。

- 1942 年 10 月,带着已经裱褙好的父亲遗物几十张三十二开民间书画小品往泉州温陵养老院见弘一法师,法师用朱砂在扉页上题"承平雅颂",在册后题一小跋"书画风度,每随时代而变易,是为清季人作,循规蹈矩,犹存先正典型,可宝也。壬午秋,亡言时年六十有三。"法师圆寂后与同为授名弟子"胜如"吴紫虹联名撰挽联:"瞻玉相,赠金经,一瓣心香长塌地。为文人,成佛子,万缘念净永生天。"

- 1943年初夏,潘天寿在大师题跋的册页上题"清季名家遗迹"。

- 1945年抗战胜利后应《青年日报》之邀移居厦门出任采访主任。

- 1948年,被闽中地下党发展为外围组织人员。11月,丰子恺与幼女丰一吟访厦门,在黎丁介绍下相识,作画相赠。题:今日我来师已去,摩挲杨柳立多时。

- 1949年,应香港华南局之邀与庄少萍等成立"五四小组"。9月躲避军统特务追杀远走香港。

- 1950年,厦门解放后于年初第一艘开通的船返厦门。

- 1951年,受政府委托,与郑静安、林絮成组建厦门中国农工民主党,任委员。同年被派往苏州华东人民大学政治研究院学习,与何满子同窗。

- 1952年9月受厦门市人民政府聘为厦门市第二届各界人民代表会议代表。

- 1956年,作品入选中国美术家协会在北京举办的《第二届全国国画展览》。

- 1957年,因遭诬陷差点划成右派,得福建省统战部部长张兆汉营救方幸免于难。寻回泉州古画六幅,完璧归赵。

- 1959年,加入中国美术家协会福建分会。

- 1961年,因陈嘉庚生前喜欢其隶书,参与布置陈嘉庚追悼会场所,用隶书题《陈嘉庚追悼会会刊》及会场横幅。

- 1967年,因被红卫兵抄家到北京上访,回厦后被强迫戴高帽敲破锣游街示众、批斗,继而劳动改造。

- 1970年,大女儿下放,二儿子和三儿子下乡,四子坐牢。

- 1976年,经区丽庄介绍认识刘海粟,代其转递信函多年。

- 1977年,经李远芳介绍认识了叶圣陶,再经叶圣陶介绍认识了俞平伯,彼此切磋文学艺术。

- 1978年,大女儿携子女移居香港,两个下乡的儿子返城。

- 1980 年,1 月 17 日母亲益舍仙逝。四枚印章辑入《现代印章选集》。篆书作品参与在沈阳举行的全国书法篆刻展览(即第一届国展)。

- 1981 年,经黎丁介绍认识丁玲。11 月 17 日,获中国美术家协会会员资格。

- 1982 年,春节期间负责接待刘海粟。篆书联"明月人观今古异,夕阳山在有无中"辑入《当代楹联墨迹选》。

- 1983 年,9 月 2 日厦门市政协画室成立获任为副主任。参加哈尔滨《当代篆刻作品邀请展览》。

- 1984 年,隶书作品参与在北京举行的"全国第二届书法篆刻展览"(即第二届国展)。

- 1985 年 6 月正式离休。作品参加日本"中国知名书法家书法展"。行书作品参与"纪念郑和下西洋五百八十周年全国书法篆刻展览"。11 月,波兰作协主席访问厦门后将其画作带回波兰作艺术珍品收藏。

- 1986 年 1 月,八幅字及两幅画参与日本"中国一流书画展"。任泉州华侨大学艺术系篆刻课客座教授。5 月 14—22 日,书法作品参加"中国现代书画家作品展览"。12 月 10 日厦门画院成立,任副院长。12 月,书法作品辑入《统一祖国书法篆刻展览作品选集》。

- 1987 年 7 月国画参与《中国书画展览》。9 月,书法作品辑入《中国新文艺大系 1976—1982 书法集》。11 月,篆书作品参与《全国书法邀请展》。

- 1988 年 3 月获中国书法家协会会员资格。4 月 28 日到 5 月 28 日,书法作品参与日本"成田山新胜寺开基 1050 年纪念展"。9 月,国画作品两幅参与《八闽名家书画大展》。11 月,画作《铁骨生春》由中国共产党梅园新村纪念馆收藏。

- 1989 年 4 月,画作辑入邓小平封面题字《中国书画选》。5 月赴港参加香港福建书画研究会成立典礼,获委任为研究会顾问。12 月,传略辑入《美术辞林》分卷《中国现代美术家人名大辞典》。

- 1990 年 1 月出任厦门书画院副院长。传略辑入《中国当代书法家大辞典》。3 月,两枚印章辑入西泠印社《现代印选》。8 月,传略及国画辑入《中国当代国画家辞典》。

- 1991 年 4 月，略传与书法辑入《中国现代书法界名人辞典》；作品参加在北京举办的《纪念林则徐诞辰 205 周年书画展》。5 月，书法作品参与《海峡两岸国画书法联展》。6 月在美国三藩市湾区华侨文教中心及 Crown Plaza 分别举行个人画展。7 月 4—27 日，作品参与美国加州圣利安卓中国画廊的《中国画联展》。12 月，画作"江南二月燕子飞"及行书中堂参与了《厦门美术书法摄影展览》在北京军事博物馆展览。

- 1992 年，1 月，传略与书法作品辑入《当代中国书法艺术大成》。3 月 1 日在荷兰 Ede 市举行展销会。5 月，传略辑入《中国当代美术家人名录》。7 月，传略及四枚印章辑入《当代篆刻家大辞典》。12 月 12—13 日，于新加坡晋江会馆举办"张人希书画欣赏会"。

- 1993 年 4 月 24 日至 29 日，书法作品参与"当代书法家兰亭序集联墨迹展"。5 月，传略辑入《中国美术年鉴 1949—1989》。6 月，传略辑入西泠印社《中国印学年鉴 1988—1992》。8 月，传略辑入《中国当代书画家名人大辞典》。9 月 14—19 日作品参展日本名古屋市博物馆举行的"日中水墨画代表作家展"。

- 1994 年，3 月获菲律宾中华逸吟神墨诗书画国际展览会颁发"国际文化交流荣誉金奖"，5 月获台湾岭南画学会连同台湾、日本、澳门等地民间艺术团体联合主办的"第四届诗、书、画、摄影作品大展"国画"金岭奖"，7 月成为"美国加州中华艺术学会"会员。

- 1995 年 6 月 3 日至 7 日画作参与在高雄市五福三路一四五号英雄馆举行、由中华文化总会主办的《第五届国际诗、书、画、摄影作品大展》。

- 1997 年 11 月，国画"汀州雁影"参与全国城市文联书画邀请展。

- 1998 年 8 月，厦门大学出版社出版《张人希花鸟画》。11 月，画作辑入《纪念刘少奇诞辰百周年书画作品集》。

- 1999 年，7 月，传略与画作辑入《华东二十世纪书画家谱（福建篇传世珍藏本）》。10 月，隶书自作诗轴辑入中国文联出版社出版的《庆祝中华人民共和国成立五十周年系列书法大展作品集》。

- 2000 年 11 月，传略与画作辑入《中华翰墨名家作品博览（世纪珍藏版）》。12 月，出版了《张人希作品集》，内容涵盖诗书画印。

- 2001 年,2 月,传略与国画及书法作品辑入《中国美术家选集》,及《中国书法家选集》。

- 2002 年,4 月上海龙华庙会举办"张人希、林英仪、陈秀卿书画展"。6月,格律诗 13 首辑入《华夏吟友第五卷》。9 月 13—15 日,书法作品参与香港大会堂"书法荟展"。

- 2003 年 4 月,传略与格律诗九首辑入《中华诗词总汇》当代卷。6 月,传略辑入《厦门人物辞典》。

- 2004 年,3 月,传略辑入《中国美术家协会 1949—2002 会员辞典》。5月,印章作品参与"第二十回日本篆刻展"。12 月妻子李惠若去世。

- 2006 年 8 月,书法辑入《大风歌书法集》。

- 2007 年 8 月自画像与诗辑入《百美图》。

- 2008 年 7 月 27 日凌晨与世长辞。

- 2009 年 9 月,传略辑入西泠印社《中国美术家人名辞典增补本》。

- 2000 年 11 月,辑入《中国书法》之"关于二十世纪的篆刻及其篆刻大师的调查报告"。

- 2014 年 6 月 1 日至 8 月 31 日,荷兰 Musium Nagele 博物馆为其举行个展。

图书在版编目(CIP)数据

我的外公张人希/〔新加坡〕林竹青著.—上海:上海三联书店,2018.12
ISBN 978－7－5426－6557－7

Ⅰ.①我…　Ⅱ.①林…　Ⅲ.①张人希(1918—2008)－生平事迹　Ⅳ.①K825.72

中国版本图书馆 CIP 数据核字(2018)第 261005 号

我的外公张人希

著　　者 / 〔新加坡〕林竹青

责任编辑 / 冯　征
装帧设计 / 一本好书
监　　制 / 姚　军
责任校对 / 张大伟

出版发行 / 上海三联书店
　　　　　 (200030)中国上海市漕溪北路 331 号 A 座 6 楼
邮购电话 / 021－22895540
印　　刷 / 上海肖华印务有限公司

版　　次 / 2018 年 12 月第 1 版
印　　次 / 2018 年 12 月第 1 次印刷
开　　本 / 710×1000　1/16
字　　数 / 300 千字
印　　张 / 24
书　　号 / ISBN 978－7－5426－6557－7/K·507
定　　价 / 68.00 元

敬启读者,如发现本书有印装质量问题,请与印刷厂联系 021－66012351